LETTRES
DE
S. JEROME

TRADUITES EN FRANCOIS

Sur les Editions & sur plusieurs manuscrits
très-anciens;

Avec des Notes exactes & beaucoup
de Remarques sur les endroits difficiles.

Par Dom GUILLAUME ROUSSEL,
*Religieux Benedictin de la Congrégation
de S. Maur.*

TOME SECOND.

A PARIS,
Chez LOUIS ROULLAND, ruë S. Jacques,
à S. Loüis & aux Armes de la Reine.

M. DCC. IV.
AVEC APPROBATION ET PRIVILEGE DU ROY.

LETTRES
DE
SAINT JERÔME.

LETTRE XXXVII.
Ou Eloge funebre de Nepotien
A HELIODORE.

Saint Jerôme témoigne à Heliodore la part qu'il Ecrite vers
prend à la mort de Nepotien son neveu. Pour l'an 396.
moderer la douleur que cette perte lui causoit,
il le fait souvenir du triomphe que JESUS-
CHRIST *a remporté sur la mort, & de la*
constance que les Païens même ont fait paroître
dans les plus cruelles disgraces. Il fait ensuite
l'éloge des vertus de Nepotien, & nous donne
en sa personne l'idée d'un parfait Ecclesiasti-
que. Bien loin de plaindre sa destinée, il l'esti-
me heureux d'être affranchi par la mort des
miseres de la vie présente, dont il fait voir la
fragilité & l'inconstance.

UN grand sujet est un fardeau trop pesant
pour un petit esprit: quand il est assez temeraire pour s'engager dans une entreprise qui

surpasse ses forces, il y succombe toûjours, malgré tous les efforts qu'il fait pour en soûtenir le poids; & plus la matiere qu'il entreprend de traiter a de dignité & de grandeur, plus il se sent accablé des grandes choses qu'il a à dire, & qu'il ne sçauroit exprimer. Nepotien que j'aimois si tendrement, qui vous étoit si étroitement uni, qui nous étoit si cher à l'un & à l'autre, ou plûtôt qui étoit tout à Jesus-Christ, & qui par cette raison-là même, étoit plus veritablement à nous: Ce cher Nepotien nous a abandonnés sur la fin de nos jours, & par cette separation qui nous a été si cruelle & si sensible, il nous a laissés dans une affliction & un accablement insupportable. Nous sommes reduits vous & moi à pleurer la mort de celui que nous regardions comme nôtre successeur. A qui consacrerai-je desormais le fruit de mes travaux & de mes veilles? à qui prendrai-je plaisir d'écrire des lettres? Où est cet homme qui ne me donnoit jamais de relâche, & qui avec une voix plus douce que celle du ᵃ Cigne, fit encore l'éloge de mes ouvrages un peu avant que de mourir? Mon esprit étonné d'un coup si funeste, demeure sans force & sans action; ma main toute tremblante peut à peine former une lettre; mes yeux couverts de tenebres ne discernent plus rien, & ma langue attachée à mon palais, ne fait que begaïer. En vain voudrois-je parler? puisque Nepotien ne m'entend plus, il me semble que personne ne m'entend. Mon ᵇ style même, devenu en quel-

---

a S. Jerôme compare la voix de Nepotien mourant, à celle du Cigne; parce que l'on prétend que cet oiseau ne chante jamais mieux qu'aux approches de la mort.

b Le mot de *style* est pris ici pour l'instrument dont on se

que façon sensible à ma douleur, est tout couvert de roüille ; & la cire de mes tablettes a je ne sçai quoi de plus morne & de plus sombre qu'à l'ordinaire. Dès que je veux me faire quelque violence pour parler, & que j'entreprens de jetter, pour ainsi dire, quelques fleurs sur le tombeau de cet illustre mort, aussi-tôt les larmes me coulent des yeux, le sentiment de ma douleur se reveille, & je me trouve comme enseveli dans un abîme de duëil & d'amertume.

Les enfans avoient coûtume autrefois de faire l'éloge funebre de leurs parens, en présence de leurs corps, afin d'exciter par une espece de chant triste & lugubre, les larmes & les gemissemens de leurs auditeurs. Mais aujourd'hui l'ordre des choses a changé à nôtre égard, & la nature pour nôtre malheur, a perdu ses droits, puisque l'on voit deux vieillards rendre à un jeune homme les devoirs de la sepulture, qu'ils devoient attendre de lui. Quel parti donc dois-je prendre dans une conjoncture si funeste ? mêlerai-je mes larmes avec les vôtres ? Mais l'Apôtre saint Paul semble nous en interdire l'usage, lorsqu'il appelle la mort des Chrétiens un sommeil. Jesus-Christ dit aussi dans l'Evangile : *Cette fille n'est pas morte, elle n'est qu'endormie* : & il resuscita Lazare, parce que sa mort n'étoit qu'un sommeil. Me réjoüirai-je avec vous de ce que Dieu a enlevé Nepotien du monde, de peur que la corruption & la malignité qui y regne, ne gatât cette ame innocente qui étoit si agreable à ses yeux ? Mais en vain m'efforçai-je de retenir mes lar-

1. *Cor.* 15. 18.

Math. 9. 24.

Joh. 11. 11.

Sap. 4. 11.

servoit autrefois pour écrire sur des tablettes de cire.

mes, je les sens couler malgré moi ; & l'esperance de la resurrection future, jointe aux maximes de vertu que la Religion nous enseigne, n'est point capable de me soutenir dans l'accablement où me met la perte d'une personne qui m'étoit si chere.

Cruelle & impitoïable mort, qui separes les freres les uns d'avec les autres, & qui romps tous les liens que forme l'amitié la plus tendre ! *Le Seigneur a fait venir un vent brûlant qui s'est élevé du desert, qui a mis tous tes ruisseaux à sec, & qui en a fait tarir la source.* Il est vrai que tu as englouti nôtre Jonas ; mais il a toûjours été vivant dans ton sein ; il y est entré comme un homme mort, afin de calmer la tempête dont le monde étoit agité, & de sauver nôtre Ninive par sa prédication. Il t'a vaincuë, il t'a égorgée. Ce Prophete fugitif, après avoir abandonné ses heritages & sa maison, s'est livré lui-même entre les mains de ceux qui cherchoient à le perdre. C'est lui qui autrefois te disoit par la bouche du Prophete Osée, avec un air fier & menaçant : *ô Mort, un jour je serai ta mort ; ô Enfer, je serai ta ruine.* Sa mort a été pour toi un principe de mort, & pour nous une source de vie. Tu as crû le devorer, mais c'est lui-même qui t'a devorée ; car dans le tems qu'attirée par l'appas du corps mortel dont il s'étoit revêtu, tu t'aprêtois déja à le devorer comme ta proye, tu t'es trouvée prise toi-même à un hameçon qui t'a cruellement déchiré les entrailles.

Divin Sauveur, nous vous rendons graces, nous qui sommes vos creatures, de nous avoir delivrez par vôtre mort de ce puissant & redou-

Osée 13. 15.
Jon. 2. 1.

Osée 13. 14.

table ennemi. Avant sa defaite, qu'y avoit-il de plus miserable que l'homme, qui toûjours frapé de l'image affreuse d'une mort éternelle, sembloit n'avoir reçû la vie, que pour la perdre sans resource. Car *depuis Adam jusqu'à* Rom. 5. 14. *Moïse, la mort a exercé son empire sur ceux même qui n'ont point peché par une transgression de la loi de Dieu, comme a fait Adam.* Si Abraham, Isaac & Jacob sont descendus aux Enfers, quel est l'homme qui sera monté au ciel ? si ces hommes justes qui n'étoient coupables d'aucun crime, & que vous regardiez comme vos amis, ont été envelopés dans le peché d'Adam, & dans la peine qu'il s'est attirée par sa desobéïssance ; qu'elle aura été la destinée de ces impies, *qui ont dit dans leur cœur, Il n'y a point* Psal. 13. 1. *de Dieu ; qui se sont corrompus, & qui sont devenus abominables dans leurs desirs ; qui se sont écartez du droit chemin, & rendus inutiles, & qui depuis le premier jusqu'au dernier n'ont fait aucun bien?* Quoique l'on nous représente La- Luc 16. 23. zare dans le sein d'Abraham, & dans un lieu de rafraîchissement ; n'y a-t-il pas toûjours une difference infinie entre l'Enfer & le Roïaume des Cieux ? Avant JESUS-CHRIST Abraham est detenu dans les Enfers ; mais après sa mort, le larron est reçû dans le Paradis. C'est pourquoi lors que ce divin Sauveur sortit du tombeau, plusieurs Saints qui étoient dans le sommeil de la mort, en sortirent avec lui, & parurent dans la Jerusalem celeste : & l'on vit alors l'accomplissement de cette parole de l'Apôtre saint Paul : *Levez-vous, vous qui dormez,* Ephes 5. 14. *sortez d'entre les morts, &* JESUS-CHRIST *vous éclairera.* Jean-Baptiste crie dans le desert :

*Matth.*3.2. *Faites penitence, parce que le Roïaume du Ciel est proche.* Car depuis le tems de Jean-Batiste
Ibid. 11. 11. jusqu'à present, on ne prend le roïaume du ciel que par force, & on ne l'emporte que par violence. JESUS-CHRIST nous a ouvert le Paradis par sa mort, & il a éteint dans son sang ce glaive de feu que tenoit un Cherubin pour nous en defendre l'entrée.

Il ne faut point s'étonner que l'on nous promette tous ces avantages au jour de la resurrection, puisque ceux même qui dans une chair mortelle ne vivent point selon la chair, sont déja censés citoïens du ciel; & que le Fils de Dieu dit dans l'Evangile à des hommes qui vi-
Luc 17. 21. voient encore sur la terre: *Le Roïaume de Dieu est au dedans de vous.* Ajoûtez à cela que quoi que avant la resurrection de JESUS-CHRIST, Dieu ne fut connu que dans la Judée, & que son nom ne fût grand qu'en Israël: neanmoins cette connoissance que les Juifs avoient du vrai Dieu, ne les empêchoit pas de descendre aux Enfers. Dans ces tems malheureux tous les hommes qui habitoient la terre depuis les Indes jusqu'à la Grand-Bretagne, depuis le Septemtrion jusqu'au Midi; toute cette foule prodigieuse de peuples, toutes ces nations aussi innombrables dans leur multitude, que differentes dans leur langage, dans leurs manieres, dans leurs habits & leurs armes, tous ces gens-là vivoient alors & mouroient comme des bêtes, (Car c'est vivre en bête que de ne pas connoître son Createur.) Mais aujourd'hui il n'y a point de nation sur la terre, où le mystére de la mort & de la resurrection du Sauveur ne soit connu: l'on en écrit, l'on en parle dans

tout le monde. Je ne compte point ici les Hebreux, les Grecs & les Latins, ces heureux peuples dont Jesus Christ consacra par avance la religion & la foi, par l'inscription que l'on mît au haut de sa croix. Les Indiens, les Perses, les Egyptiens & les Goths raisonnent aujourd'hui en veritables philosophes sur l'immortalité de l'ame, qui a paru incroïable à Democrite, sur laquelle Pithagore n'a debité que des chimeres, & dont Socrate ne s'entretint dans sa prison, que pour se fortifier contre la crainte de la mort à laquelle il étoit condamné. [a] Les Besses & tant d'autres peuples barbares, qui ne sont couverts que de peaux de bêtes, & qui autrefois se faisoient une religion d'immoler des hommes vivans aux manes des morts; oubliant leur ferocité naturelle & la barbarie de leur langage, se sont accoûtumés peu à peu à chanter les mystéres de la Croix : & aujourd'hui le nom de Jesus-Christ est dans la bouche de toutes les nations du monde.

Mais que fais-je ? quel est mon but & mon dessein ? Que dois-je dire d'abord ? que dois-je taire ? Ai-je donc oublié les regles de la Rethorique ? Occupé que je suis du sentiment de ma douleur, abîmé dans mes larmes, étouffé par mes sanglots ; me serois-je écarté de mon sujet ? Qu'est devenuë cette étude des belles Lettres, dont j'ai fait mon occupation & mon plaisir dès mes plus tendres années ? Quel usage fais-je aujourd'hui de ces belles paroles de Telamon & d'Anaxagore, qui sont dans la bouche de tout le monde : *Je sçavois bien que*

---

[a] Les Besses étoient des anciens peuples de la Thrace qui ne vivoient que de larcins & de brigandages. *Plin. liv. 4*

j'étois pere d'un homme mortel ? J'ai lû tous les ouvrages de Crantor, où Ciceron même a été chercher des adoucissemens à sa douleur. J'ai parcouru tout ce que Platon, Diogéne, Clitomaque, Carneade, & Possidoine ont écrit de plus capable de dissiper les plus grands chagrins : de maniere que si je voulois puiser dans les ouvrages que ces Philosophes ont composés en divers tems pour adoucir les peines de plusieurs personnes affligées, j'y trouverois des sources abondantes, qui me rendroient fécond, quelque sterile que je fusse d'ailleurs sur ces sortes de sujets. Ils nous y font voir la fermeté admirable de plusieurs grands hommes, & particulierement d'un Periclés & d'un Xenophon disciple de Socrate ; dont l'un eut le courage de parler en public avec la couronne sur la tête, dans le tems même qu'il venoit de perdre deux de ses enfans : Et l'autre apprenant la mort de son fils, occupé qu'il étoit actuellement à offrir des sacrifices aux Dieux ; ôta la couronne qu'il portoit ; puis la remit aussi-tôt sur sa tête, aïant sçû que son fils avoit été tué en combatant genereusement pour la patrie. Que dirai-je de ces Capitaines Romains, dont les grandes actions sont comme autant d'étoilles qui brillent dans nos histoires ? Pulvillus aïant appris, dans le tems qu'il consacroit le Capitole, la nouvelle de la mort de son fils, qu'un accident imprévû venoit de lui ravir ; il commanda froidement que l'on fît les obseques en son absence. L'on a vû un Lucius Paulus recevoir dans Rome durant sept jours les honneurs du triomphe, au milieu même des funerailles de deux de ses enfans. Je ne dis rien ici de la fermeté d'un Maxime, d'un Caton, d'un Gallus, d'un Pison, d'un Brutus, d'un Scévole, d'un Metelle, d'un Scaurus, d'un Martius, d'un Crassus, d'un Marcelle, & d'un Aufidius, qui n'ont pas fait paroître moins de fermeté dans les disgraces, que de courage dans les combats ; & dont Ciceron nous a décrit les malheurs dans [a] le livre qu'il a intitulé *de la consolation*. Car je ne veux pas que l'on puisse me reprocher d'avoir emprunté des autres tout ce que je dis, au lieu de le tirer de mon propre fond. Au reste ce que je viens de dire ici en passant doit nous couvrir de confusion, si nôtre foi ne nous rend pas capables de cette constance heroïque dont la vertu païenne nous a laissé de si grands exemples. Je reviens donc à mon sujet.

Je ne m'amuserai point ici à pleurer comme [b] Jacob & David, des enfans que la Loi a vûs mourir ; mais je recevrai avec JESUS-CHRIST des morts que l'Evangile voit resusciter. Car ce qui fait la desolation & l'accablement du Juif, doit faire la joie & la consolation du Chrétien. *Le soir*, dit le Prophete Roi, *nous* Psal. 29. 6.

---

[a] Ciceron avoit composé ce livre pour se consoler de la mort de sa fille ; comme il le témoigne dans ses Tusculanes liv. 3. mais nous avons perdu cet ouvrage. Juste Lipse en a fait imprimer un sous ce même titre attribué à Ciceron. Il revient assez à l'idée que S. Jérôme nous donne ici de celui de cet Orateur Romain ; car l'Auteur y fait profession de suivre les maximes de Crantor. On y trouve aussi tout ce que S. Jérôme nous dit ici de Telamon, d'Anaxagore, de Periclés, de Xenophon, de Pulvillus & des autres Romains dont il cite les exemples. Il est neanmoins aisé de reconnoître la supposition de cet ouvrage, & Juste Lipse a eu raison de dire que celui qui en est l'Auteur, n'est pas capable d'être seulement le singe de Ciceron. *Quid tam dissimile ab illo auro quàm hoc plumbum ? ne simia quidem Ciceronis esse potest.*

[b] Jacob pleura amerement la mort de Joseph, & David celle d'Absalon.

serons dans les larmes, & le matin dans la joie. *Rom.* 13. 12.
La nuit est déja fort avancée, & le jour s'approche. Aussi voïons-nous dans l'Ecriture sainte que les enfans d'Israël pleurerent la mort de Moïse; & qu'au contraire ils ensevelirent *Deut.* 34. 8.
Josué sur la montagne, sans donner aucune *Jos.* 24. 30.
marque de douleur. Dans le tems que j'étois à Rome, j'écrivis à Paule une Lettre pour la consoler de la mort de sa fille Blesille ; & j'emploïai dans ce petit ouvrage tout ce que les saintes Ecritures peuvent fournir de plus propre pour calmer les chagrins d'une personne affligée. Je suis donc obligé aujourd'hui d'aller au même terme, par une route toute differente, de peur que l'on ne m'accuse de marcher par le même chemin que j'ai fait autrefois, & dont les traces sont déja effacées.

Nous sommes bien persuadés vous & moi que nôtre cher Nepotien est avec JESUS-CHRIST, & en la compagnie des Saints, & que voïant de près ces biens immortels, qu'il n'avoit fait qu'entrevoir de loin, & qu'il recherchoit ici bas avec nous, comme les seuls biens capables de le rendre heureux ; il s'écrie maintenant : *Nous avons vû de nos yeux dans* *Psal.* 47. 7.
la Cité du Seigneur des armées, dans la Cité de nôtre Dieu tout ce que nous avions entendu dire. Neanmoins nous gemissons toûjours sous le poids de la douleur que nous cause son absence. Ce n'est pas son sort, c'est le nôtre que nous plaignons : & plus le bonheur dont il joüit est grand, plus aussi le regret que nous avons de ne le partager pas avec lui, est vif & sensible. Marthe & Marie, quoiqu'assurées de *Joh.* 11. 33.
voir resusciter leur frere Lazare, ne laisserent

pas de pleurer ſa mort; & Jesus-Christ même, qui devoit lui rendre la vie, le pleura, pour faire voir par ces marques de douleur & de tendreſſe, qu'il étoit ſenſible comme le reſte des hommes. Nous voïons auſſi que ſaint Paul, qui ſouhaitoit avec tant d'ardeur de ſe voir dégagé des liens du corps; & qui diſoit: Jesus-Christ *eſt ma vie, & la mort m'eſt un gain*; nous voïons, dis-je, que cet Apôtre par un ſentiment de charité, plûtôt que par un manque de foi, remercie Dieu de lui avoir rendu Epaphras, qui étoit malade juſqu'à la mort, & dont la perte auroit été pour lui un ſurcroît d'affliction. Combien plus vive donc, & combien plus juſte doit être vôtre douleur, vous dont le cœur a été cruellement dechiré par la mort de vôtre cher Nepotien, dont vous étiez tout à la fois & l'oncle & l'Evêque, c'eſt-à-dire, le pere & ſelon l'eſprit & ſelon la chair? Mais je vous ſupplie de ne vous pas abandonner à une triſteſſe demeſurée, & de vous ſouvenir de cette maxime d'un * Profane; que l'on doit ſe preſcrire des bornes en toutes choſes. Suſpendez donc un peu vôtre douleur, pour entendre l'éloge d'un neveu dont vous avez toûjours aimé la vertu; & au lieu de regreter la perte d'une perſonne de ſon merite, ne ſoïez ſenſible qu'à la joie de l'avoir poſſedé. Je vais vous faire ici, non pas un portrait achevé, mais un leger craïon de ſes vertus; imitant les Geographes qui ſçavent l'art de faire ſur une petite carte le plan de toute la terre. Je vous prie de regarder dans cet ouvrage, non pas tant ce que je peux, que ce que je voudrois faire pour vous.

Phil. 1. 21.

Ibid. 2. 25.

Terent. in And.

Ceux qui veulent loüer quelqu'un selon toutes les regles de l'art, ont coutume de remonter jusqu'à ses ayeux, de r'appeller la memoire des belles actions qu'ils ont faites, & de descendre ensuite comme par degrez jusqu'à celui dont ils entreprennent l'éloge; afin de relever sa gloire par les vertus de ses ancêtres, en faisant voir, ou qu'il s'est toûjours montré digne de ceux qui se sont rendus recommandables par leur pieté, ou qu'il a lui-même illustré par son propre merite, ceux dont la vertu n'a rien eu d'éclatant. Mais pour moi je ne prétens point mêler ici, avec les qualitez de l'esprit & du cœur que je veux loüer en Nepotien, les avantages de la chair & du sang qu'il a toûjours méprisez. Je ne vanterai point son illustre naissance, c'est-à-dire, un bien qui ne lui appartient pas; puisque je sçai qu'Abraham & Isaac, ces hommes si saints, ont été les peres d'Ismaël & d'Esaü, qui n'étoient que des pecheurs: &

Hebr. II. 32.

qu'au contraire l'Apôtre saint Paul met au rang des Justes, Jepthé dont la naissance n'étoit pas legitime. *Celui qui aura commis un peché*, dit

Ezech. 18. 20.

Dieu dans Ezechiel, *sera lui même condamné à mort en punition de son crime:* par consequent celui qui n'aura point peché, ne sera point puni de mort. Car Dieu ne met point sur le compte des enfans, ni les vertus ni les vices de leurs peres; & ils ne répondent pour eux-mêmes, que depuis qu'ils ont été regenerés en JESUS-CHRIST. Saint Paul commença d'abord par persecuter l'Eglise; mais ensuite ce

Act. 9. 10.

loup ravissant de la Tribu de Benjamin partagea sa proye, & se soûmit à Ananias, qui étoit une des brebis du troupeau. Remontons donc jufqu'au tems que nôtre cher Nepotien commença de renaître en JESUS-CHRIST, & envifageons le comme s'il ne faifoit que de fortir des eaux du Jourdain.

 Si quelqu'autre que moi faifoit ici fon éloge, peut-être vous diroit-il que faifant tout ceder aux interêts de fon falut vous quitâtes autrefois l'Orient & la folitude où vous vous étiez retiré ; que malgré nôtre liaifon & nôtre amitié, vous m'abandonnâtes cruellement, en me repaiffant neanmoins toûjours de l'efperance de vôtre retour ; qu'enfin vous voulûtes donner vos premiers foins à une fœur qni étoit demeurée veuve & chargée d'un petit enfant ; & en cas qu'elle ne voulût pas fuivre vos confeils, fonger du moins à conferver un neveu qui vous étoit fi cher. [Car c'eft de Nepotien même que je vous difois autrefois : *Quelques careffes que vôtre petit neveu vous faffe pour vous retenir.*] L'on ajoûteroit encore qu'étant au fervice des Empereurs, il portoit un rude cilice fous la cuiraffe & fous le lin : qu'il ne paroiffoit jamais en prefence de ces Maîtres du monde, qu'avec un vifage defait & abatu par une continuelle abftinence : que fous les livrées du fiecle, il combatoit pour Dieu ; & que l'on eût dit qu'il n'avoit embraffé cette profeffion, que pour être plus en état de fecourir les miferables, de proteger les veuves & les pupilles, & de défendre ceux qui étoient injuftement opprimés. Quoique je ne puiffe approuver tous ces retardemens & toutes ces referves qui nous empêchent de nous donner entierement à Dieu ; & que l'Ecriture fainte, après noùs avoir fait le détail des bonnes œuvres du Centurion Cor- *Act.*10. 43.

neille, nous parle auſſi tôt de ſon batême: neanmoins je ne laiſſe pas de compter beaucoup ſur ces heureux commencémens d'une foi naiſſante, perſuadé que je ſuis, qu'un homme qui a ſervi avec tant de zele un Prince étranger, ne peut manquer de gagner des couronnes, dès qu'il viendra à combatre ſous les enſeignes de ſon propre Roi.

Dès que Nepotien eût changé d'habit, & quitté le baudrier, il diſtribua aux pauvres tout ce qu'il avoit gagné au ſervice de l'Empereur; pratiquant à la lettre ce que JESUS-CHRIST dit dans l'Evangile : *Si quelqu'un veut être parfait, qu'il vende tout ce qu'il poſſede, qu'il en donne le prix aux pauvres, & qu'il me ſuive.* Et ailleurs : *On ne ſçauroit ſervir deux maîtres; on ne ſçauroit aimer tout-à-la fois & Dieu & l'argent.* De tout ce qu'il poſſedoit, il ne ſe reſerva qu'une méchante robbe, & un pauvre habit pour ſe garantir du froid : s'habillant d'ailleurs à la mode du païs, ſans affecter de paroître ou plus propre ou plus negligé que les autres. Quelque paſſion qu'il eût de ſe retirer dans les Monaſteres de l'Egypte, ou de viſiter les Solitaires de la Meſopotamie, ou de mener une vie cachée dans ces iſles de la Dalmatie, qui ne ſont ſeparées de la terre ferme que par le détroit d'Altino : neanmoins jamais il ne pût ſe reſoudre à quitter un oncle & un Evêque, dont la vie étoit un modéle accompli de vertu, qu'il avoit ſans ceſſe devant les yeux, & ſur lequel il pouvoit aiſément ſe former, ſans ſortir de chez lui. Dans une même perſonne, il imitoit la ſainteté d'un Solitaire, & reſpectoit la dignité d'un Evêque. Quoiqu'il fut toûjours

Matth. 19. 21.

Ibid. 6. 24.

en la compagnie de son oncle, neanmoins l'assiduité, comme il arrive ordinairement, ne le rendit jamais plus familier ; ni la familiarité moins respectueux. Il l'honoroit comme son propre pere ; & il l'admiroit tous les jours de plus en plus, comme s'il n'eût fait que de commencer à le connoître.

Enfin il s'engagea dans l'état Ecclesiastique, & après avoir passé par tous les degrez ordinaires de la Clericature, il fut ordonné Prêtre. O Dieu ! combien ce rang où il se vit élevé lui arracha-t-il de gemissemens & de soûpirs ? Combien de fois refusa-t-il de prendre un peu de nourriture ? combien de tems fut-il sans oser se montrer en public ? C'est la premiere & la seule fois qu'il ait fait paroître du chagrin contre son oncle ; se plaignant qu'on le faisoit Prêtre trop jeune, & qu'on lui imposoit un fardeau dont il ne pouvoit soûtenir le poids. Mais toute sa resistance ne servoit qu'à redoubler l'empressement que l'on avoit de le voir élevé à cette haute dignité ; il s'en rendoit plus digne par ses refus ; & le sentiment qu'il avoit de son indignité, ne faisoit qu'augmenter l'idée que l'on avoit conçûë de son merite. Nous avons vû de nos jours un [a] second Timothée : nous avons vû dans une grande jeunesse, cette prudence consommée qui tient lieu de cheveux blancs : nous avons vû Moïse élever au rang des Prêtres, un jeune homme en qui il trouvoit la sagesse & la maturité des vieillards.

Sap. 4. 9.

Num. 11. 24.

Nepotien donc envisageant bien moins dans

---

[a] La comparaison que saint Jerôme fait ici de Nepotien avec Timothée, est fondée sur ce que celui-ci fut élevé fort jeune à l'Episcopat. C'est pourquoi S. Paul lui dit, 1. Tim. 4. 12. *Que personne ne vous méprise à cause de vôtre jeunesse.*

son miniftere l'honneur & la gloire qui l'accompagnent, que les peines & les fatigues qui y font attachées; fongea d'abord à étoufer par fon humilité, l'envie que fon élevation avoit fait naître. Il prit foin enfuite de ne donner par fa conduite aucune occafion aux mauvais bruits, & de s'attirer par fa retenuë l'eftime & l'admiration de ceux qui ne pouvoient, fans jaloufie, voir un jeune homme au deffus d'eux. Son emploi fut de foulager les pauvres, de vifiter les malades, de les retirer chez lui, d'adoucir leurs maux par des manieres honnêtes & obligeantes; fe réjoüiffant avec ceux qui étoient dans la joie, pleurant avec ceux qui pleuroient, fervant de guide aux aveugles, nourriffant ceux qui avoient faim, relevant l'efperance des malheureux, confolant les affligez.

A voir dans quel degré de perfection il pratiquoit chaque vertu en particulier, l'on eût dit que toutes les autres vertus lui manquoient. Se trouvoit-il avec fes égaux & en la compagnie des Prêtres ? il étoit toûjours le dernier en rang, & le premier au travail. Faifoit-il une bonne œuvre ? il en renvoïoit auffi-tôt le merite & la gloire à fon oncle. Manquoit-il de reüffir dans quelque entreprife ? il donnoit à entendre qu'il s'y étoit engagé fans fa participation, & fe chargeoit lui feul du mauvais fuccès. En public, il le refpectoit comme fon Evêque, en particulier, il le regardoit comme fon pere. Il fçavoit l'art de temperer par la ferenité de fon vifage, cet air grave & ferieux que donne la vertu. Son ris, toûjours moderé, mais jamais éclatant, étoit un témoignage de fa joie, & non pas une marque de fa legereté.

Se

Se trouvoit-il avec les veuves & les vierges consacrées à Dieu, il les respectoit comme ses meres, & les exhortoit comme ses sœurs, sans jamais passer les bornes que prescrivent la modestie & la pudeur.

Mais à peine étoit il de retour chez lui, que se dépoüillant en quelque façon de sa qualité d'Ecclesiastique, il se livroit tout entier aux penibles exercices de la vie solitaire; s'appliquant souvent à l'oraison, passant toûjours une partie de la nuit en prieres; immolant à Dieu, & non pas aux hommes, le sacrifice de ses larmes; jeûnant autant que ses forces, épuisées par un travail continuel, le lui pouvoient permettre: imitant en cela la prudence d'un cocher, qui ne pousse jamais trop ses chevaux, & qui les ménage toûjours avec discretion. Etoit-il à table avec son oncle? il mangeoit un peu de tout ce que l'on y servoit; de maniere que sans être superstitieux, il étoit toûjours sobre. Il ne parloit durant le repas, que pour y proposer quelque question sur la sainte Ecriture; écoutant les autres avec plaisir, leur répondant avec modestie, s'attachant toûjours à l'opinion qu'il croïoit la veritable, refutant sans emportement celle qui lui paroissoit fausse, & songeant toûjours plus à instruire, qu'à vaincre ceux contre qui il disputoit. Par une honnêteté qui seïoit parfaitement bien à son âge, il avoüoit de bonne foi de quel Auteur il avoit tiré ce qu'il disoit, faisant ainsi paroître une érudition profonde, dans le tems même qu'il tâchoit à s'en dérober la gloire. Cette pensée, disoit- «
il, est de Tertullien; celle ci de saint Cyprien; «
c'est l'opinion de Lactance; c'est le sentiment «

de saint Hilaire ; voici ce qu'en dit Minutius Felix ; Victorin parle de la sorte ; c'est ainsi qu'Arnobe s'explique : & parce qu'il me regardoit & qu'il m'aimoit comme l'intime ami de son oncle, il me faisoit aussi l'honneur de me citer quelquefois.

Apliqué qu'il étoit sans cesse à la lecture des livres saints, il avoit fait de son cœur comme une bibliotéque sacrée. Combien de fois m'a-t-il écrit de delà les mers, pour me prier de lui envoïer quelqu'un de mes ouvrages ? Combien de fois m'a-t-il fait violence sur cela, semblable à cet homme dont parle l'Evangile, qui par *Luc* 11. 5. sa perseverance contraignit son ami de se lever au milieu de la nuit pour lui prêter trois pains ; *Ibid.* 18. 3. & à cette pauvre veuve qui par ses importunités força un mauvais Juge à lui rendre justice. Mais jugeant par mon silence plûtôt que par mes lettres, que je n'étois pas disposé à faire ce qu'il souhaitoit de moi, il me fit prier par son oncle, qui pouvoit plus librement demander cette grace pour un autre, & qui par le respect que l'on doit à sa dignité, pouvoit aussi l'obtenir plus aisément. Me rendant donc enfin à ses instantes prieres, je lui dediai un petit ouvrage, qui sera un monument éternel de nôtre amitié. Après l'avoir reçû, il se vantoit de posseder un tresor que toutes les richesses de Darius & de Cresus n'avoient jamais égalé. Il ne pouvoit s'empêcher de le lire à tout moment, de l'avoir toûjours entre les mains, de le porter dans son sein, d'en parler à toute heure : & comme il le lisoit fort souvent dans le lit, il s'endormoit sur cette agreable lecture, & laissoit tomber doucement le livre fur fon cœur. Si quelqu'étranger, ou quelqu'un de fes amis le venoient voir, il témoignoit en leur prefence combien il étoit fenfible à cette marque que je lui avois donnée de mon amitié & de mon eftime. Quand il rencontroit dans mon ouvrage quelqu'endroit un peu foible, il prononçoit tous les mots avec tant de mefure, & les faifoit fi bien valoir par les differens tons de voix qu'il leur donnoit, que l'approbation ou la cenfure des auditeurs ne tomboient jamais que fur celui qui le lifoit. D'où pouvoit naître un fi grand empreffement, finon d'un grand amour de Dieu ? D'où pouvoit venir cette application continuelle à méditer la mort du Seigneur, finon d'un ardent defir de fe voir uni à l'auteur de la loi ? Que les autres mettent tous leurs foins à amaffer de l'argent, à remplir leurs bourfes, à gagner par leurs fervices les femmes devotes, & à s'enrichir à leurs dépens : qu'ils deviennent plus riches dans le defert qu'ils ne l'étoient dans le fiecle, qu'ils poffedent au fervice d'un Dieu pauvre, des biens qui leur manquoient au fervice du démon qui les donne; & que l'Eglife ait la douleur de voir dans l'abondance, des gens que le monde a vûs auparavant dans la mandicité : le caractere de nôtre cher Nepotien fut de regarder toûjours les richeffes avec dédain, & de n'avoir de l'empreffement que pour les livres.

Mais comme il fe negligea toûjours lui-même, & qu'il ne chercha point d'autre ornement que celui que donne la pauvreté ; auffi n'épargna-t-il aucuns foins pour bien orner [a] l'Eglife.

[a] L'Edition d'Erafme porte : *Totum anima inveftigat ornatum*,

Si l'on regarde ce que je vais dire, par rapport à ce que j'ai déja dit, peut-être n'y remarquera-t-on rien que de fort commun ; mais du moins y découvrira-t-on le même esprit jusque dans les plus petites choses. Car comme Dieu ne se fait pas seulement admirer dans la creation du ciel, de la terre, du soleil, de l'ocean, des élephans, des chameaux, des bœufs, des chevaux, des leopards, des lions ; mais encore dans la production des plus petits animaux, tels que sont les fourmis, les mouches, les moucherons, les vermisseaux de terre & autres semblables insectes, dont les corps nous sont plus connus que les noms, & où nous découvrons les mêmes traits de la sagesse du Createur, qui paroît en toutes choses également adorable : de même une ame qui s'est entierement consacrée à JESUS-CHRIST, fait les plus petites actions avec autant d'application & de zele, que les plus grandes ; persuadée qu'elle est qu'un jour Dieu lui demandera compte de tout, même d'une parole inutile. Nepotien donc fut toûjours fort soigneux de bien orner l'autel ; de neteïer les murailles, de froter le pavé de l'Eglise, de tenir le Sanctuaire propre, de rendre les vases sacrés clairs & reluisans, de faire garder exactement la porte, & de la couvrir toûjours d'un voile ; se montrant zelé pour les moindres ceremonies, & ne negligeant rien de tout ce qui regardoit son ministere. Si l'on vouloit le trouver, c'étoit dans l'Eglise qu'il faloit le chercher.

c'est-à-dire, *Il n'épargna aucuns soins pour orner & embellir son ame.* Les manuscrits portent *Ecclesia*, au lieu de *anima*. Nous nous sommes attachez à cette leçon, comme plus conforme au sens de saint Jerôme, & à la suite du discours.

L'antiquité a vû avec admiration en la personne de ᵃ Quintus Fabius, un homme de qualité, qui outre l'histoire Romaine qu'il composa, excella encore dans la peinture, & se rendit même plus recommandable par son pinceau que par sa plume. L'Ecriture sainte nous fait voir aussi un Beseleel & un Hiram, né d'une femme Tirienne, qui furent remplis l'un & l'autre de la sagesse & de l'esprit de Dieu, pour faire, celui-là tous les ornemens du Tabernacle, & celui-ci tous les meubles du Temple. Car il est des hommes d'un esprit si étendu & d'un fond si heureux, qu'il n'est point d'art où ils ne se distinguent par leur habileté & leur delicatesse; semblables en quelque façon à ces terres grasses & à ces moissons abondantes, qui souvent ne sont que trop fertiles en tiges & en épis. C'est par cet endroit que la Grece estima tant autrefois * un certain philosphe, qui se vantoit d'avoir fait lui-même tout ce qui servoit à ses usages, & jusqu'à son anneau & son manteau, tout étoit de sa façon. C'est aussi la loüange que l'on peut donner à

Exod. 31. 2.
2. Reg. 7. 13.

* *Hippias.*

---

a S. Jerôme confond ici Fabius le peintre avec l'historien, & de deux personnes il n'en fait qu'une. Le peintre s'appelloit Caïus Fabius. Il peignit le temple du Salut l'an de la fondation de Rome 450. comme nous l'aprenons de Pline l. 35. c. 4. la reputation qu'il s'aquit dans cet art, lui merita le surnom de *Pictor* que ses descendans ont toûjours conservé depuis. L'historien étoit petit-fils de ce Caïus, & s'appelloit Quintus Fabius Pictor. Il vivoit du tems de la seconde guerre de Carthage dont il écrivit l'histoire; & ce fut lui, au rapport d'Appian que le Senat envoïa à Delphes après la bataille de Cannes pour consulter l'oracle d'Apollon sur les affaires de la republique. *Senatus Q. Fabium, qui & ipse Annibalicarum rerum historiam conscripsit, Delphos ad oraculum misit, &c.* Tite-Live nous assure aussi l. 22. c. 7. que dans son histoire de la guerre d'Annibal il a particulierement suivi les memoires de Fabius Auteur contemporain. *Fabium æqualem temporibus hujusce belli, potissimum auctorem habui.*

Nepotien, puisqu'il avoit soin d'orner les cha-
pelles de l'Eglise & les autels des Martyrs, de
toutes sortes de fleurs, de feüillages, & de
branches de vigne: de maniere que l'on ne pouvoit s'empêcher d'admirer le travail & le zele
d'un Prêtre dans ces differens ornemens, qui
plaisoient à la vûë, autant par leur arrange-
ment, que par leur beauté naturelle. Fasse le
ciel que cette vertu naissante se soûtienne toûjours. Que ne doit on point attendre d'un jeune homme qui commence de la sorte?

Mais helas! qui pouroit comprendre la grandeur & l'étenduë de nôtre misere? Qui pouroit dire quelle est la vanité & la fragilité de
la vie que nous menons ici-bas éloignés de
JESUS-CHRIST? Pourquoi reculer? pourquoi balancer si long-tems à parler de la mort
de Nepotien? Je ne sçaurois y penser sans fre-
mir, & comme si je pouvois ou prolonger sa
vie ou differer sa mort, j'appréhende toûjours
de venir à ce moment fatal. *Toute chair n'est
que de l'herbe, & toute sa gloire passe comme
la fleur des champs.* Que sont devenus les traits
de ce beau visage, & l'air majestueux de ce
corps si bien fait, dont cette belle ame sembloit
être revêtuë? Helas! nous l'avons vû dans l'a-
batement & dans la langueur, semblable à un
lis que le vent du midi flétrit & deseche; ou
à une violette qui pâlit peu à peu, & dont la
pourpre perd insensiblement tout son éclat. Con-
sumé qu'il étoit par les ardeurs d'une violente
fievre, & pouvant à peine respirer; il ne laissoit pas de consoler son oncle, qu'il voïoit
accablé de tristesse. La joie étoit répanduë sur
son visage, & tandis que tout le monde fon-

Isaï. 40. 6.

doit en larmes autour de son lit, il étoit le seul que l'on voïoit rire. Vous l'eussiez vû jetter lui-même la couverture, donner la main à ceux qui étoient auprès de lui, s'apercevoir de mille choses qui échapoient aux autres, se lever à demi sur son lit pour saluer ceux qui entroient, & comme pour aller au devant d'eux. A le voir, vous eussiez dit qu'il se préparoit, non pas à mourir, mais à changer de demeure, & qu'il ne quittoit pas ses amis, mais qu'il en changeoit. Ici je sens couler mes larmes, & malgré tous les efforts que je fais pour vaincre la douleur dont je suis pénetré, il m'est impossible de la cacher plus long-tems. Qui croiroit que dans ces derniers momens, il se souvint encore de nôtre amitié, & qu'au fort de son agonie, il parut sensible au plaisir qu'il avoit goûté dans nos études ? Aïant pris la main « de son oncle : Je vous prie, lui dit-il, d'envoïer « à mon cher ami Jerôme cette tunique que j'a- « vois coûtume de porter lors que je servois à « l'autel. Vous savez que son âge me l'a toûjours « fait respecter comme mon pere, & que la par- « ticipation d'un même ministere me l'a fait ai- « mer comme mon propre frere. Quoiqu'il ne « vous soit pas moins cher qu'à moi, je vous « conjure neanmoins de lui donner dans vôtre « cœur la place que j'y devois occuper moi-mê- « me. Sa vie finit avec ces paroles, & il expira « en tenant la main de son oncle, & en lui marquant qu'il se souvenoit de moi.

Je suis persuadé que vous auriez été bienaise qu'un coup si funeste ne vous eût pas fait connoître combien vous étiez aimé de vos compatriotes, & je ne doute point que les marques d'affection qu'ils vous donnerent alors ne vous eussent fait plus de plaisir dans une conjoncture plus favorable. Mais si ces témoignages d'estime & d'amitié ont quelque chose de plus agreable & de plus flateur dans la prosperité ; ils ont aussi dans l'adversité quelque chose de plus doux & de plus consolant. Toute la ville ᵃ d'Altino, toute l'Italie même pleura la mort de Nepotien. L'on mît son corps en terre, & son ame alla se rejoindre à JesusChrist. Par tout où vous étiez, vous trouviez vôtre neveu à dire ; & l'Eglise s'apercevoit que son Prêtre lui manquoit. L'on a vû mourir avant vous celui que l'on regardoit déja comme vôtre successeur. Car tout le monde le jugeoit digne de remplir vôtre place ; ensorte que de deux Evêques sortis d'une même famille, l'on a eu la joie d'en voir l'un élevé à cette haute dignité, & la douleur d'en voir l'autre privé par une mort precipitée.

Plat. in Phæd.

1. Cor. 15. 31.

C'est une maxime de Platon, estimée & applaudie de tous les autres Philosophes, *Que la vie du Sage doit être une meditation continuelle de la mort*. Mais l'Apôtre saint Paul enrichit encore sur cette pensée, lors qu'il dit : *Il n'y a point de jour que je ne meure pour vôtre gloire*. Car il y a bien de la difference entre faire un essai, & en venir à l'action ; entre un homme qui vit pour mourir, & un autre qui meurt pour vivre : parce que celui-là doit en mourant se voir dépoüillé de toute sa gloire, au lieu que celui-ci meurt tous les jours pour acquerir une gloire toûjours nouvelle. Nous devons donc avoir sans cesse devant les yeux la

ᵃ Heliodore, oncle de Nepotien, étoit Evêque de cette ville.

moment fatal qui doit decider de nôtre destinée, & auquel, malgré nous, nous touchons toûjours de près. En effet, quand bien même nous irions au delà de neuf cens ans, comme ceux qui vivoient avant le deluge, & que nous vivrions autant que Mathusalem ; neanmoins dès que cette longue suite d'années se seroit écoulée, il faudroit toûjours la compter pour rien. Lors qu'une fois l'on a fourni sa carriere, & qu'une mort presente & inévitable nous ôte l'esperance d'une plus longue vie ; toute la difference qu'il y a entre un homme qui n'a vêcu que dix ans, & un autre qui en a vêcu mille, & que celui-ci sort du monde chargé d'un plus grand nombre de pechez.

Nos beaux jours les premiers passent avec Georg. 3.
vitesse ;
Les maux & les chagrins de la triste vieillesse
De près suivent leurs pas : & l'implacable mort,
Sans écouter nos vœux, termine nôtre sort.

Le Poëte Nevius dit aussi :

Toutes sortes de maux accablent les mortels.

De là vient que les Anciens ont feint que Niobé, à force de pleurer, avoit été changée en pierre, & ^a en diverses bêtes. Hesiode di-

---

a Il faut que cet endroit ait été corrompu, car il n'y a aucun Auteur qui dise que Niobé ait été changée en bêtes. Aussi saint Jerôme dans sa Lettre à Oceanus, parlant encore de cette metamorphose, dit seulement que Niobé fut changée en pierre: *Niobem putares, qua nimio fletu in lapidem versa est.*

soit, qu'il faloit pleurer à la naissance des hommes, & se rejoüir à leur mort. C'est aussi une belle maxime d'Ennius, qu'un des avantages que le peuple a audessus des Rois, & qu'il est permis à un homme du commun de pleurer ; mais qu'il sied mal à un Roi de répandre des larmes.

Un Evêque doit en cela garder la même bienséance que les Rois. Que dis-je ? il est encore moins permis à un Evêque de pleurer, qu'à un Roi : parce qu'un Roi commande à des hommes qui sont contraints malgré eux de plier sous son autorité ; au lieu qu'un Evêque conduit des personnes qui se soûmettent volontairement à sa direction. Celui-là gouverne ses peuples par la crainte, & en fait des esclaves : celui-ci au contraire se rend esclave de ceux qu'il gouverne. L'un a soin des corps qui doivent mourir un jour : l'autre veille à la conservation des ames qui doivent vivre éternellement. Comptez que tout le monde a maintenant les yeux ouverts sur vous ; qu'un chacun observe ce qui se passe dans vôtre maison, que vôtre conduite exposée à la vûë de vôtre peuple, va devenir la regle de la sienne, & qu'il se croira obligé de vous imiter en tout ce qu'il vous verra faire. Soïez donc toûjours sur vos gardes, & faites ensorte qu'il ne vous échape rien qui puisse ou autoriser les calomnies de ceux qui ne cherchent qu'à censurer vos actions, ou engager dans le mal ceux qui prennent vôtre conduite pour le modele de la leur. Faites tout ce que vous pourez, & au delà même de ce que vous pouvez, pour vaincre la tendresse de vôtre cœur, & pour arrêter le cours de vos larmes; de peur que l'excès de vôtre amour envers vôtre neveu, ne passe dans l'esprit des infidelles pour un veritable desespoir. Vous devez témoigner de l'empressement de le revoir, comme s'il étoit absent; & non pas le regreter comme un homme mort; donnant à connoître que vous ne pleurez pas sa perte, mais que vous attendez son retour.

Mais que fais-je, & pourquoi m'amusai-je ici à panser une playe que le tems & la raison ont déja fermée ? N'est-il pas plus à propos d'étaler ici à vos yeux les calamités de nôtre siecle, & les disgraces de nos derniers Empereurs; pour vous faire comprendre, qu'au lieu de plaindre Nepotien de ce qu'il n'est plus au monde, vous devez le feliciter de ce qu'il est affranchi par sa mort de toutes les miseres de la vie presente? L'Empereur Constance, protecteur de l'heresie Arienne, mourut au petit bourg de Mopsueftie, dans le tems qu'il se préparoit au combat, & qu'il s'avançoit à grandes journées pour donner bataille aux Perses : & en mourant il eut le chagrin de laisser l'Empire à son [a] ennemi. Julien après avoir vendu son ame au démon, & livré l'armée Chrétienne en proye aux ennemis; se sentit frapé dans la Medie, de la main de JESUS-CHRIST même, qu'il avoit renié dans les Gaules : & en voulant ajoûter à l'Empire Romain de nouvelles conquestes, il perdit celles que ses predecesseurs avoient faites autrefois. A peine Jovien commençoit-il à goûter les douceurs de la Roïauté, qu'il fut

---

[a] Il parle de Julien, qui s'étoit fait proclamer Empereur dans les Gaules; & qui s'avançoit déja du côté de Constantinople pour usurper l'Empire.

étouffé de la vapeur de ᵃcharbon ; faisant voir par une mort si funeste & si précipitée, quelle est la fragilité & l'inconstance des grandeurs humaines. L'Empereur Valentinien, après avoir vû ravager ᵇ le païs qui lui avoit donné la naissance, mourut d'un vomissement de sang, avant que d'avoir eu le tems de vanger sa patrie. Son frere Valens aïant été défait par les Goths dans la Thrace, ᶜ trouva en un même lieu & sa mort & son tombeau. Gratien trahi par son armée, & abandonné de toutes les villes qui étoient sur son passage, se vit exposé aux outrages & à la cruauté de ses ennemis ; & tes murailles, ville de Lion, portent encore les marques sanglantes de la main qui ᵈ l'assassina. Le jeune Valentinien, qui n'étoit presque qu'un enfant, après s'être vû obligé d'abandonner sa Cour, & de vivre exilé dans un païs étranger, fut enfin ᵉ tué assez près de la même ville ou ᶠ son frere avoit été assassiné ; & pour ajoûter l'infamie à la cruauté, l'on pendit son corps à un

ᵃ L'on avoit allumé ce charbon dans sa chambre pour la faire sécher. Ce Prince ne regna que 8 mois.

ᵇ Valentinien I. étoit né à Cibale en Pannonie. Les Quades aïant ravagé cette Province, pour vanger la mort de leur Roi Gabinius que Maximin avoit fait assassiner ; Valentinien alla lui-même les châtier. Et ces peuples aïant députe les plus qualifiés de leur Nation pour lui demander pardon, il leur parla avec tant de violence, qu'il se rompit une veine & mourut quelques heures après.

ᶜ Valens fut brûlé tout vif dans une maison champêtre, où les Goths avoient mis le feu, sans sçavoir qu'il fût dedans.

ᵈ Le Comte Andragatius assassina Gratien dans Lion, par l'ordre de Maxime qui s'étoit revolté contre lui.

ᵉ Valentinien le jeune fut assassiné sur les bords du Rhône, par Arbogaste General de ses armées. Quoique Saint Jerôme dise que ce Prince n'étoit alors presque qu'un enfant, il avoit neanmoins vingt-cinq ans, dont il en avoit passé 17. sur le thrône.

ᶠ C'est-à-dire Gratien. Valentinien I. leur pere avoit eu Gratien de Severa sa premiere femme, & Valentinien le jeune de Justine sa seconde femme.

arbre après sa mort. Que dirai-je de [a] Procope, de [b] Maxime, & [c] d'Eugéne, qui durant leur regne firent trembler toute la terre ? Ils ont paru chargés de fers en présence de leurs vainqueurs ; & par une disgrace insupportable à des hommes qui se sont vûs élevés au faîte des grandeurs, ils ont éprouvé, avant que de perir par l'épée de leurs ennemis, tout ce que la servitude a de plus honteux & de plus humiliant.

L'on me dira peut-être que c'est le sort des Princes d'être exposés à toutes ces disgraces, & que la foudre tombe ordinairement sur les plus hautes montagnes. Voïons donc quelle a été la destinée des particuliers. Je ne parle que de ceux que nous avons vûs tomber depuis deux ans ; & laissant à part une infinité de personnes qui ont fini leurs jours dans la misere, je me borne à vous d'écrire ici la chute de trois hommes Consulaires, qui ont été depuis peu le joüet de la fortune. [d] Abondantius est exilé à Pytionte, & tout lui manque dans le lieu de son exil. L'on a porté dans les ruës de Constantinople la tête de [e] Rufin au bout d'une lance ; & pour

---

[a] Procope prit la pourpre dans Constantinople, en l'absence des deux Empereurs Valentinien & Valens. Il tomba un peu après sa revolte entre les mains de Valens, qui lui fit trancher la tête, & l'envoïa à Valentinien.

[b] Maxime étoit General de l'armée Romaine dans la Grand' Bretagne, où il se fit proclamer Empereur. De là il passa dans les Gaules, dont il se rendit maître, après avoir fait assassiner Gratien. Theodose l'assiegea & le prit dans Aquilée ; & comme ce Prince étoit sur le point de lui pardonner, les soldats l'arracherent à sa clemence, & lui couperent la tête.

[c] Eugéne étoit un homme de basse naissance, à qui Arbogaste donna l'Empire, après l'avoir ôté avec la vie au jeune Valentinien. Theodose défit encore ce nouveau Titan, & l'abandonna aux soldats, qui lui trancherent la tête.

[d] Abondantius avoit trempé dans la revolte de Rufin. Baronius dit qu'il fut exilé à Sidon dans la Phenicie. Pytionte étoit un lieu desert du païs des Tzanes sur le bord du Pont Euxin.

[e] Theodose avoit élevé Rufin

se moquer de son insatiable avarice, l'on a été mandier de porte en porte avec sa main droite, que l'on avoit coupée. ª Timase s'est vû précipiter tout à coup du comble des grandeurs ; & s'imaginant avoir échapé aux coups de sa mauvaise fortune, il s'estime trop heureux de mener à Asse une vie obscure & cachée.

Mon dessein n'est pas de vous faire ici l'histoire des disgraces de quelques malheureux ; je prétens seulement exposer à vos yeux la fragilité & l'inconstance des choses humaines. Mais je ne puis sans horreur d'écrire toutes les calamités de nôtre siecle. Depuis plus de vingt ans l'on voit tous les jours couler le sang humain entre Constantinople & les Alpes Juliennes. La Scithie, la Thrace, la Mecedoine, Thessalonique, l'Achaïe, l'Epire, la Dalmatie, l'une & l'autre Pannonie, sont en proye aux Goths, aux Sarmates, aux Quades, aux Alains, aux Huns, aux Vandales, aux Marcomans. Combien de Dames illustres, combien de vierges consacrées à Dieu, combien d'autres personnes du sexe, également distinguées & par leur merite & par leur naissance, ont-elle été exposées aux emportemens & aux outrages de ces hommes brutaux ? L'on a vû les Evêques chargés de fers, les Prêtres & toutes sortes d'Ecclesiastiques égorgés, les Eglises détruites, les autels de JESUS-CHRIST changés en écuries, les reliques des Martyrs enlevées de leurs tombeaux. Par tout ce n'étoit que deuil

---

aux premieres charges de l'Empire. Tandis que ce Prince étoit allé combatre Eugéne, cet ingrat trama une conspiration contre son fils Arcadius : mais elle lui coûta la vie.

a Timade étoit aussi l'un des complices de Rufin. Baronius dit qu'il fut relegué dans l'Oasis en Egypte.

& que gemissement, & l'on étoit frapé en tous lieux & à toute heure de l'image affreuse d'une mort presente & inévitable. Helas ! nous voïons tomber toute la puissance & toute la gloire de l'Empire Romain, & neanmoins nôtre orgueil se soûtient toûjours au milieu de ses ruines ! Quelle pensez-vous qu'est aujourd'hui la desolation & l'accablement des Corinthiens, des Atheniens, des Lacedemoniens, des Arcadiens, & de tous les autres peuples de la Grece, qui gemissent sous la cruelle domination de ces Barbares ? Je ne fais mention ici que de quelques villes, qui faisoient autrefois des roïaumes assez considerables. L'Orient sembloit être à couvert de tous ces malheurs ; & la seule consternation des peuples alarmés du bruit qui s'en répandoit par tout, les lui faisoit sentir. Mais enfin l'année derniere, ^a des loups, non pas de l'Arabie, mais du Septemtrion, sortis des extremités du mont Caucase, ravagerent en peu de tems toutes ces Provinces. Combien ces Barbares prirent-ils de monasteres ? combien de fleuves firent-ils rougir du sang humain ? combien de monde traînerent-ils en esclavage ? Antioche & toutes les villes qu'arrosent l'Halis, le Cidne, l'Oronte & l'Euphrate, furent assiegées : & l'Arabie, la Phenicie, la Palestine & l'Egypte épouvantées, sembloient ne plus attendre que des fers.

Le ciel m'eût-il donné cent langues & cent bouches,   *Virg. aneid.* ^b*.*

a S. Jerôme veut parler des Huns, que Rufin avoit fait entrer sur les terres de l'Empire, pour soûtenir les interêts de sa revolte. Quand il dit qu'ils ne sont pas des loups d'Arabie, il fait allusion à ce passage d'Abacu 1. 9. où ce Prophete parlant des Chaldéens, dit selon la version des LXX. *Velociores erant lupis Arabia.*

XXXVII. Lettre

Même une voix de fer: je ne pourois nom-
brer
Tous les genres de maux qu'ils ont fait en-
durer.

Je ne songe qu'à d'écrire nos disgraces, & je n'entreprens pas ici d'en faire l'histoire: Saluste même & Thucidide ne pouroient pas trouver des termes assez forts, ni des expressions assez vives pour les expliquer.

Quel bonheur donc pour Nepotien de ne point voir toutes ces miseres? quel avantage pour lui de n'en point entendre parler? Nous sommes seuls à plaindre, nous qui les ressentons, & qui sommes témoins de tous les maux que souffrent nos freres. Cependant quelques grands que soient nos malheurs, ils ne sont point capables de nous détacher de la vie presente; & nous nous imaginons toûjours que la destinée de ceux que la mort a affranchis de toutes ces miseres, est plus digne de compassion que d'envie. Il y a long-tems que Dieu nous fait sentir le poids de sa colere, & neanmoins nous ne songeons point à l'appaiser. Ce sont nos pechez qui font triompher les Barbares, & succomber les Romains: & comme si nous n'étions pas assez malheureux d'être exposez à tant de disgraces, nous avons encore la douleur de voir perir presque plus de monde par les guerres civiles, que par l'épée des ennemis. Telle fut autrefois la misere des Juifs, qu'au mépris de cette malheureuse Nation, Dieu donna à Nabuchodonosor la qualité de son serviteur: & tel est aujourd'hui nôtre malheur, que Dieu irrité

Jerem. 25. 9.

irrité de l'excès de nos crimes, & ne daignant pas nous punir lui-même, se sert pour nous châtier d'un peuple cruel & barbare.

La penitence du Roi Ezechias arma pour sa defense, un Ange qui extermina durant une nuit quatre-vingt cinq mille Assiriens. Josaphat chanta les loüanges du Seigneur, & le Seigneur triompha pour Josaphat. Moïse eut recours à l'oraison, au lieu de se servir de l'épée pour combattre les Amalecites. Humilions-nous donc aussi, si nous voulons sortir de l'état malheureux où nous sommes reduits. Je ne sçaurois le dire qu'à nôtre honte : mais à voir les Romains, ces vainqueurs & ces maîtres du monde, craindre, trembler & succomber à la vûë d'un ennemi qui ne peut pas seulement marcher, & qui se croit perdu dès qu'il ªtouche à terre ; ne diroit-on pas que nous avons perdu tout à la fois & la raison & la foi ? Ne voïons nous pas ici l'accomplissement de ce que les Prophetes ont predit, Qu'un seul homme en feroit fuir mille ? Si nous voulons nous delivrer de tous ces maux, faisons-en tarir la source ; & nous verrons en même-tems les fleches de nos ennemis ceder à nos javelots, leurs tiares à nos casques, & leurs mechants chevaux à nôtre cavalerie.

J'ai passé ici les bornes que demande une lettre de condoleance, & en voulant vous empêcher de pleurer la mort d'une seule personne, je n'ai pû me defendre de pleurer moi-même celle de tous les hommes. L'on dit que

4. Reg. 19. 35.
2. Paral. 26. 21.
Exod. 17. 11.

Isa. 30. 17.

---

a Jornandés ch. 24. de l'hist. des Gétes, dit que les Huns étoient sans cesse à cheval, même durant la nuit. C'est ce qui fait dire à S. Jerôme qu'ils n'osoient toucher à terre.

XXXVII. Lettre

Xerxes, ce Roi si puissant qui applanit les montagnes & combla les mers, considerant d'un lieu élevé cette multitude prodigieuse d'hommes dont son armée étoit composée, ne pût retenir se larmes; faisant reflexion, que de tous ceux qu'il voïoit alors, il n'y en auroit pas un seul en vie au bout de cent ans. Ah! plût à Dieu que nous fussions aussi vous & moi en un lieu, d'où nous puissions découvrir toute la terre. De là je vous ferois voir le monde enseveli sous ses propres ruines : tous les hommes acharnés à se détruire les uns les autres; nation contre nation; roïaume contre roïaume : les uns livrés aux tourmens, les autres mis à mort; ceux-ci abîmés dans les flots, ceux-là traînés en esclavage. Vous y verriez naître les uns, & mourir les autres; ici des gens qui se marient; là des malheureux qui gemissent; ceux là enïvrés de delices, ceux-ci accablés de misere. Vous y verriez enfin non seulement l'armée d'un Xerxes, mais tous les hommes de la terre, qui sont aujourd'hui pleins de vie, & qui dans peu de tems ne seront plus au monde.

Mais il faut que je succombe ici sous le poids d'un si grand sujet, & je sens bien qu'il m'est impossible de vous en donner une juste idée. Revenons donc à nous-mêmes, & descendant pour ainsi dire de ce ciel où nous nous étions élevés, faisons quelque reflexion sur ce qui nous regarde. Dites-moi, je vous prie, vous êtes-vous jamais aperçû comment vous avez passé par tous les differens degrez de l'enfance, de l'âge de puberté, de la jeunesse, de l'âge viril, & de la vieillesse ? Nous mourons tous les jours, & nous changeons à toute heure; &

neanmoins nous nous croïons immortels. Le tems même que j'emploïe ici à dicter, à écrire, à retoucher & à corriger ce que j'ai écrit, est un tems qu'il faut retrancher de ma vie. A chaque point que font mes Copistes, j'en pers toûjours quelque portion. Nous nous écrivons souvent ; nos lettres passent les mers ; & à mesure que le vaisseau avance, nos jours s'écoulent, & chaque flot en emporte quelque moment. L'union étroite que l'amour de Jesus-Christ a formée entre nous, est le seul avantage qui nous reste. *La charité est patiente, elle est douce & bienfaisante ; la charité n'est point envieuse, elle n'est point temeraire ni precipitée ; elle ne s'enfle point d'orgueil, elle tolere tout, elle croit tout, elle espere tout, elle souffre tout. La charité ne finit jamais*, elle est toûjours vivante dans le cœur. C'est par elle que Nepotien, quoiqu'absent, est toûjours avec nous ; c'est par elle qu'il nous embrasse tendrement, malgré ces espaces infinis qui nous separent. Nous trouvons en lui un gage assuré de nôtre amitié. Unissons-nous donc étroitement ensemble & d'esprit & d'affection. Supportons la perte d'un fils qui nous étoit si cher, avec cette fermeté d'ame que le saint Evêque Chromace a fait paroître à la mort de son frere. Ne parlons que de Nepotien dans nos écrits & dans nos Lettres : souvenons-nous de lui, puisque nous ne pouvons plus le posseder ; & si sa conversation nous manque, faisons du moins ensorte qu'il ne manque jamais à nos conversations.

1. Cor. 13. 4.

XXXVIII. LETTRE
à Marcelle sur la mort de Léa.

Ecrite l'an 384.

Saint Jerôme parle dans cette Lettre de la mort d'une Dame Romaine nommée Léa. Il fait l'éloge de ses vertus. Il compare sa mort avec la fin malheureuse d'un Senateur Romain qui étoit mort dans le même tems. Enfin il tire de là de solides instructions pour porter Marcelle au mépris du monde, & à l'amour de la vertu.

J'Avois déja commencé ce matin sur les neuf heures à vous expliquer le Pseaume soixante & douziéme, par où commence le [a] troisiéme livre des Pseaumes : je m'étois crû obligé de vous dire que le second livre finissoit par ces paroles, qui font partie du titre de ce Pseaume : *Ici finissent les Cantiques de David fils de Jessé* ; & que le troisiéme commençoit par celle ci qui font partie du même titre : *Pseaume d'Asaph*. Nous en étions déja à cet endroit du Pseaume où le Juste dit : *Je disois en moi-même ; si je m'arrête à ce sentiment, toute la race de vos enfans, ô mon Dieu, dira que je suis un prévaricateur*, (ce qui ne se trouve point dans la version Latine ;) lors que tout à coup on est

Psal. 72. v. 15. sec. Hebraic.

---

[a] S. Jerôme écrivant à un Prêtre nommé Cyprien, dit que les Hebreux divisoient le Psautier en cinq livres, & que chaque livre finissoit aux Pseaumes qui se terminent par ces mots : *fiat, fiat*, comme porte nôtre Vulgate, ou, *Amen, amen*, comme il y a dans le texte Hebreu. Il dit la même chose dans sa Lettre à Sophrone ; mais il ajoûte qu'il n'est pas de ce sentiment-là, & qu'il croit que tous les Pseaumes ne font qu'un seul Livre.

venu nous apprendre la mort de la tres-sainte Léa. A cette triste nouvelle je vous ai vû changer tellement de couleur & devenir si pâle, que j'ai connu par là qu'il n'est personne, ou du moins qu'il en est tres-peu qui n'apprehendent de mourir. La douleur que vous causoit la mort de cette vertueuse Dame, ne venoit pas de l'incertitude où vous étiez de sa destinée, mais du chagrin que vous aviez de n'avoir pû lui rendre les derniers devoirs. Enfin dans le tems même que nous nous entretenions de cette mort, on est venu nous dire encore qu'on avoit déja porté son corps à Ostie. Si vous me demandez à quel dessein je vous fais souvenir de toutes ces circonstances, je vous répondrai avec l'Apôtre saint Paul, que ce détail est *avanta-* *Rom.* 3. 2. *geux en toutes manieres.* Premierement pour vous faire voir que tout le monde doit se rejoüir de la mort de Léa, puisqu'après avoir triomphé du démon, elle a merité de recevoir une couronne, que personne ne pourra jamais lui ravir. Secondement, afin de vous faire ici en peu de mots l'histoire de sa vie. Enfin pour vous apprendre que ce ª Senateur qui étoit nommé au Consulat, & qui se déchaînoit si fort contre son siecle, est enseveli au fond des enfers.

Pour ce qui est de la vie qu'a menée la vertueuse Léa, qui pourroit en donner ici une juste idée, & en faire dignement l'éloge ? Qui pour-

---

a Ce Senateur s'appelloit Pretextat. Il fut designé Consul, c'est-à-dire, nommé au Consulat, mais il mourut avant que d'avoir exercé cette charge. S. Jerôme parlant de lui dans une de ses Lettres à Pammaque dit, qu'il avoit coûtume de dire en riant au Pape Damase : Qu'on me fasse Pape, & dès demain je me fais Chrétien.

roit dire comment on la vûë se donner à Dieu sans reserve, gouverner avec sagesse une Communauté de Vierges dont elle étoit tout à la fois & la Superieure & la Mere, charger d'un rude cilice une chair accoutumée à la molesse des habits, passer les nuits entieres dans l'exercice de l'oraison, & instruire ses compagnes plus par ses exemples que par ses paroles ? Son humilité étoit si grande & si profonde, que quoi qu'elle eût commandé autrefois à plusieurs personnes, on l'eût prise neanmoins pour la servante de tous les autres : mais en ne paroissant pas être la maîtresse des hommes, elle en étoit plus veritablement la servante de JESUS-CHRIST. Ses habits étoient simples & sans parures ; sa table pauvre & sans superfluité ; sa coëffure negligée & sans ornement. Elle pratiqua toutes les vertus, mais en sorte neanmoins qu'elle prit toûjours soin de les cacher aux yeux des hommes, de peur de recevoir sa recompense en ce monde. Toutes ces peines que coûte la vertu, & qui durent si peu, lui ont merité un bonheur éternel. Elle est maintenant en la compagnie des Anges ; elle se repose dans le sein d'Abraham ; & ce Consul qui étoit vêtu d'une robbe parsemée de palmes en broderie, & qui maintenant est dans un état triste & lugubre, lui demande, comme le mauvais riche au pauvre Lazare, une goûte d'eau au bout de son petit doigt pour rafraîchir sa langue.

Quel étrange changement ! cet homme superbe qui n'aguéres paroissoit en public avec toute la pompe & tout le faste qui est attaché aux plus grandes dignitez ; que l'on a vû monter au Capitole comme en triomphe parmi les acclamations & les applaudissemens du peuple Romain, & dont la mort vient de jetter le trouble & l'effroi dans toute la ville de Rome: cet homme, dis-je, accablé de douleur & dépoüillé de toute sa gloire, bien loin d'avoir été reçû au nombre des Dieux, comme sa [a] malheureuse femme se l'imagine faussement, est enseveli dans d'affreuses & profondes tenebres. Au contraire Léa qui avoit mené une vie cachée, une vie pauvre, une vie qui passoit pour folie aux yeux des hommes; est maintenant à la suite de JESUS-CHRIST, & elle dit avec le Prophete Roi : *Nous avons vû de nos yeux dans la Cité de nôtre Dieu, tout ce que nous en avions oüi dire, &c.* Psal. 47. 9.

J'ai donc ici un conseil à vous donner, & je vous conjure les larmes aux yeux de le suivre. Tandis que nous sommes sur la terre, *n'aïons point deux robbes à la fois*, je veux dire deux sortes de foi: *ne nous chargeons point de souliers*, c'est-à-dire, d'œuvres mortes, qui ne sont propres qu'à nous appesantir & à nous empêcher d'avancer dans les voies de Dieu: *ne portons point de sac*, & ne nous laissons point accabler sous le poids des richesses: *n'aïons point de bâton*, & ne cherchons point à nous élever aux grandeurs humaines; ne partageons point nôtre cœur entre JESUS-CHRIST & le monde, mais faisons en sorte qu'un bonheur éternel succede à ces biens fragiles & perissables que le monde nous presente. Puisque nô- Matth. 10. 10.

---

[a] Elle s'appelloit *Pauline*, & elle étoit Grande Prêtresse de la Déesse Cerés, comme il paroît par une ancienne inscription rapportée par Smece.

tre vie s'écoule à tout moment, & tend sans cesse à la mort; ne nous flatons pas d'être éternels sur la terre, mais songeons à nous ménager dans le ciel une éternité bienheureuse.

XXXIX. LETTRE
ou Eloge d'Aselle à Marcelle.

Ecrite en 384. *Saint Jerôme fait ici l'éloge d'une Vierge appellée Aselle. Il louë son amour pour la retraite, son application à la priere, sa perseverance dans le jeûne, & dans les autres pratiques de pieté, qui la firent regarder de toutes les Dames Romaines comme un modele de vertu.*

SI je louë, ou si je blâme quelqu'un dans mes Lettres, on ne doit point m'en savoir mauvais gré; parce qu'en reprenant le vice, on corrige les méchans; & en loüant les gens de bien, on inspire aux autres l'amour de la vertu. Je vous donné dernierement une legere idée des vertus de Léa d'heureuse memoire; après vous avoir entretenu du merite de cette illustre veuve, j'ai crû que je ne pouvois me dispenser de vous faire l'éloge d'une vierge. Je m'en vais donc vous d'écrire en peu de mots la vie de nôtre chere Aselle : mais je vous prie de ne lui pas montrer ma Lettre, car Elle ne peut souffrir qu'on la louë; faites-en part plûtôt aux jeunes Damoiselles, afin qu'elles suivent son exemple, & qu'elles regardent sa vie comme un modele de perfection.

Je ne dis point que Dieu l'a prevenuë de ses

benedictions, même avant sa naissance ; que par un heureux présage de sa virginité future, son pere la vit durant son sommeil dans une fiole de verre plus pur & plus brillant qu'une glace ; qu'elle fut consacrée au Seigneur dès son enfance, & honorée de la qualité d'Epouse de Jesus-Christ avant l'âge de dix ans. Je ne veux point, dis-je, la louer par ces endroits, parce qu'on ne doit attribuer qu'à la grace des avantages qui ne lui ont rien coûté, quoiqu'au reste Dieu qui prévoit les choses avenir l'ait traitée avec la même distinction que Jeremie, qu'il sanctifia avant sa naissance ; que S. Jean qu'il fit tressaillir de joie dans le sein de sa mere ; & que saint Paul qu'il choisit avant la creation du monde pour annoncer l'Evangile de son Fils. Je parle donc de ce qu'Elle a fait depuis l'âge de douze ans, aux dépens même des plus douces inclinations de la nature, du genre de vie qu'Elle a embrassé par son propre choix, & qu'Elle a toûjours observé constamment ; des devoirs de pieté dont elle s'est fait une loi, & qu'Elle a remplis avec une exacte fidelité.

Renfermée qu'Elle étoit dans une petite cellule, Elle parcouroit en esprit les espaces immenses & la vaste étenduë du Paradis. La terre toute nuë lui servoit également & d'oratoire pour prier, & de lit pour se reposer. Le jeûne étoit son plaisir, & la faim son aliment, ne mangeant que pour soûtenir les defaillances de la nature, & non point pour contenter son appetit, ou sa delicatesse. Le pain, le sel & l'eau étoient toute sa nourriture ; & ces sortes d'alimens, bien loin d'appaiser sa faim, ne servoient qu'à l'irriter davantage.

Mais j'oubliois presque ce que je devois vous dire d'abord. Dès qu'elle eut embrassé ce genre de vie, elle vendit à l'insçû de ses parens, son collier d'or, que l'on appelle communément *une* [a] *muréne*, à cause qu'il est fait de plusieurs petits filets d'or entrelassés les uns dans les autres, & qui vont comme en serpentant. Elle prit ensuite un habit brun, ce que sa mere n'avoit jamais lui voulu permettre ; & abandonnant les biens de la terre pour s'assurer ceux de l'éternité, elle se consacra au Seigneur sans balancer un seul moment ; de maniere que condamnant par la simplicité de ses habits toutes les vanitez du siecle, elle fit perdre à sa famille l'esperance de pouvoir jamais l'engager dans le commerce du monde.

Dès lors, comme j'avois déja commencé de vous le dire, elle vécut avec tant de regularité, & prit tant de soin de se cacher aux yeux du monde, que jamais on ne la vit ni paroître en public, ni parler à aucun homme, jusques-là même que se contentant d'aimer sa sœur, qui avoit fait vœu de virginité, elle se privoit tres souvent du plaisir de la voir. Elle travailloit toûjours des mains, sçachant qu'il est écrit : *Que celui qui ne veut point travailler, ne doit point manger.* Elle s'entretenoit avec son divin Epoux ou par la psalmodie, ou dans l'oraison. Elle alloit visiter les tombeaux des Martyrs, sans que personne presque s'en apperçût ; trouvant dans cette pratique de devotion, qui étoit

2. *Thessal.*
3. 10.

---

a La *Muréne* est un poisson qui ressemble à la lamproye, & qui a la figure d'un serpent. S. Jerôme explique lui-même pourquoi on donnoit le nom de *muréne* au collier que portoient les Dames Romàines.

fort de son goût, un nouvel assaisonnement par le plaisir qu'elle avoit d'en dérober la connoissance aux hommes.

Une abstinence continuelle étoit sa nourriture ordinaire pendant tout le cours de l'année; souvent même elle jeûnoit des deux & trois jours de suite : mais en Carême s'abandonnant à toute l'ardeur de son zele, elle passoit gaïement presque toutes les semaines dans cette sainte pratique. Ce qu'il y a de surprenant en cela, & ce qui paroîtroit incroïable, si la grace ne la rendoit possible, c'est qu'elle a vécu de la sorte jusqu'à l'âge de cinquante ans, sans sentir jamais aucun mal d'estomac ni de poitrine, sans avoir la moindre peine à coucher sur la dure, sans contracter sous le sac dont elle étoit vêtuë aucune crasse, ni aucune mauvaise odeur, aïant toûjours le corps sain, & l'esprit encore plus vigoureux, trouvant tout son plaisir dans la retraite, & vivant comme les Solitaires, au milieu d'une Ville où regnent le tumulte & la confusion.

Au reste vous sçavez mieux que moi la vie qu'elle a mené, puisque je n'en sçai que ce que vous m'en avez appris, & que vous avez vû de vos propres yeux le calus qui lui est venu aux genoux à force de prier, & qui est aussi dur que la peau d'un chameau : pour moi je ne puis dire que ce que j'ai appris des autres. Jamais personne ne sçût mieux qu'Elle l'art d'allier des manieres agreables avec un exterieur austére, & de temperer par une douceur charmante, un air grave & serieux. La pâleur de son visage est une marque de sa mortification, & non point un artifice de sa vanité. Elle parle sans rien dire, & son silence même est éloquent. Ses habits sont negligés sans mal-propreté, simples sans affectation, propres sans ornement. Enfin dans une Ville qui est comme le centre du libertinage, des plaisirs & de la vanité mondaine, & où l'humilité est inséparable de la misere ; Aselle est la seule que la medisance n'a jamais osé attaquer, & qui par la regularité de sa conduite a merité l'estime de tous les gens de bien, & d'être le modele des veuves & des vierges, les delices des femmes mariées, la terreur des personnes de mauvaise vie, & l'admiration des Evêques.

XL. LETTRE
à Marcelle, sur la maladie de Blesille.

Ecrite vers l'an 384. Saint Jerôme parle dans cette Lettre d'une grande maladie dont Dieu affligea Blesille fille de sainte Paule, afin de la détacher entierement du monde. Il y fait l'éloge de sa vertu, & il oppose la vie sainte qu'Elle mena depuis sa conversion, à la vie mondaine qu'Elle avoit mené dans le siecle.

Dieu voulant éprouver Abraham, lui commande de lui immoler son Fils, mais cette épreuve ne sert qu'à faire paroître avec plus d'éclat la foi & l'obéïssance de ce Patriarche. Joseph est vendu en Egypte, mais c'est afin de faire subsister son pere & ses freres durant la famine. Ezechias effraïé des approches de la mort, verse un torrent de larmes, & le Seigneur prolonge sa vie de quinze ans. Saint Pierre foible & timide renonce Jesus-Christ à la veille de sa Passion ; mais après avoir pleuré amérement son peché, il merite d'entendre de la bouche du Sauveur ces consolantes paroles : *Paissez mes brebis*. Saint Paul, [a] *ce loup ravissant, ce petit Benjamin*, perd dans un ravissement la vûë du corps, afin de recouvrer celle de l'esprit ; & parmi les épaisses tenebres dont il se trouve environné, il reconnoît pour son Seigneur, celui qu'il persecutoit auparavant comme un homme du commun.

C'est ainsi, Madame, que Dieu en a usé à l'égard de Blesille. Il a permis qu'elle ait été tourmentée durant trente jours d'une fievre tres violente, afin de lui apprendre à ne point traiter delicatement un corps qui devoit bientôt devenir la pâture des vers. Jesus-Christ est venu la visiter, [b] il la prise par la main, & la malade s'est levée aussi-tôt pour le servir. Jusques ici l'on avoit remarqué dans sa conduite je ne sçai quelle negligence à remplir ses devoirs ; les richesses étoient ses liens, & le monde son tombeau : mais le Sauveur [c] *fremissant & se troublant lui même, a crié : Blesille, sortez dehors* ; Elle a obéï à cette voix, & sortant du tombeau où Elle étoit ensevelie, *elle s'est mise à table avec le Seigneur*. Que ce miracle revolte les Juifs & irrite leur envie ;

---

a Comme saint Paul étoit de la Tribu de Benjamin, saint Jerôme en parlant de lui fait allusion à ce que dit l'Ecriture Gen. 49. *Benjamin sera un loup ravissant*, & Psal. 67. *Là étoit le petit Benjamin dans un ravissement d'esprit*.

b S. Jerôme fait encore ici allusion à la guerison de la belle-mere de S. Pierre, dont parle S. Luc chap. 4.

c Autre allusion que fait S. Jerôme à la resurrection de Lazare.

qu'ils tâchent d'en étouffer la gloire en faisant mourir celle que le Sauveur a refuscitée ; & que les Apôtres seuls en triomphent. Blesille sçait qu'il est de son devoir de consacrer sa vie à celui qui la lui a renduë ; & d'embrasser les piés d'un Dieu dont un peu auparavant Elle craignoit les redoutables jugemens. On la vûë mourante & prête à rendre le dernier soupir. Dans cette fatale conjoncture, quels secours pouvoit-elle attendre de ses parens ? quel avantage pouvoit-elle tirer de leurs vains discours, & de leurs frivoles consolations ? Non, Elle ne te doit rien, ingrate famille ; Elle est morte au monde, pour ne plus vivre qu'à JESUS CHRIST. Un changement si surprenant doit donner de la joie à tous les veritables Chrétiens, & on ne sçauroit s'en chagriner, sans faire voir qu'on n'a aucun sentiment de religion.

Une veuve qui se voit dégagée des liens du mariage, ne doit plus penser qu'à perseverer dans son état. Mais, dira-t-on, on est scandalisé de la voir habillée de brun. Qu'on se scandalise donc aussi de ce que saint Jean portoit un habit de poil de chameau & une ceinture de cuir, lui qui étoit le plus grand d'entre les enfans des hommes, qui a été appellé *l'Ange du Seigneur*, & qui a eu l'honneur de batiser JESUS CHRIST. On trouve mauvais qu'Elle se soit reduite à une nourriture simple & commune. Mais est-il rien de plus simple & de plus commun que les sauterelles dont S. Jean se nourrissoit dans le desert ? Ah ! qu'on se scandalise plûtôt de voir des femmes qui mettent tous leurs soins & toute leur application à se farder ; qui semblables à des idoles paroifsent aux yeux des hommes avec un visage de plâtre, & tout defiguré par le trop de blanc qu'elles y mettent; qui conservent sur leurs joües fardées les traces & les sillons des larmes qui leur échapent quelquefois malgré elles; qui quoique chargées d'années, ne sçauroient se persuader qu'elles sont sur leur retour; qui élevent par étage sur leur tête des cheveux empruntez; qui tâchent de faire revivre sur un front ridé les traits usés d'une jeunesse que le tems a fletrie; & qui courbées & chancelantes sous le poids des années, prennent des airs de jeunes filles, parmi une foule de neveux & de petits-fils qui les environnent. Une femme Chrétienne ne devroit-elle pas rougir de tous les soins qu'elle se donne pour paroître belle malgré la nature, & pour flater les desirs de la chair, qu'on ne peut suivre, comme dit l'A- *Rom. 8. 8.* pôtre saint Paul, sans déplaire à Dieu?

Autrefois Blesille perdoit beaucoup de tems à s'ajuster, & passoit les journées entieres à consulter son miroir pour voir s'il ne manquoit rien à sa beauté. Mais aujourd'hui Elle dit avec confiance: *Nous tous qui n'avons plus de voile* 2. *Cor.* 3. *sur le visage, & qui contemplons la gloire du* 18. *Seigneur, nous sommes transformés en la même image, nous avançant de clarté en clarté, par l'illumination de l'Esprit du Seigneur.* Alors ses femmes la coëffoient avec art, & mettoient en la frisant sa tête innocente à la torture: aujourd'hui elle se neglige tout-à-fait, & se contente d'avoir la tête couverte. Les lits de plume lui sembloient trop durs autrefois, & à peine pouvoit-elle y reposer: maintenant Elle se leve de grand matin pour faire oraison, &

elle est la premiere à chanter les loüanges du Seigneur. Prosternée contre terre Elle verse des torrens de larmes pour laver son visage que le fard avoit gâté. Elle fait succeder la psalmodie à l'oraison ; & telle est sa ferveur dans ces exercices de pieté, que quoiqu'accablée de lassitude & de sommeil, à peine peut-elle consentir à prendre un peu de repos. Comme est-elle habilée de brun, elle ne craint point de gâter ses habits en se mettant à genoux. Sa chaussûre est simple & modeste, & Elle distribuë aux pauvres le prix des souliers dorés qu'Elle avoit coûtume de porter autrefois. On ne lui voit plus de ceinture brodée d'or & chargée de pierreries ; Elle se contente d'en avoir d'une laine tres simple & tres commune, & qui puisse serrer ses habits sans les couper.

Si le serpent jaloux d'une conduite si sainte, veut l'engager par ses artifices à manger encore du fruit defendu ; il faut qu'Elle l'écrase par ses anathêmes ; & que le voïant expirer dans son venin, elle lui dise : *Retire toi de moi, Satan*, qui veut dire, *ennemi* ; car quiconque ne peut souffrir qu'on vive selon les regles & les maximes de l'Evangile, est un veritable Antechrist, & un ennemi declaré de Jesus-Christ. Pourquoi, je vous prie, se scandaliser de nôtre maniere de vie ? Que faisons-nous qui approche de ce qu'ont fait les Apôtres ? ils abandonnent leur barque, leurs filets, leur pere même qui étoit déja avancé en âge : un Publicain quitte son bureau pour suivre le Sauveur ; Jesus-Christ empêche un de ses disciples de retourner chez lui pour mettre ordre à ses affaires, & dire adieu à ses parens: il refuse

refuse à un autre la permission d'aller ensevelir son pere ; nous apprenant par là que c'est une espece de pieté que d'être cruel envers ses parens pour l'amour de Jesus-Christ. On nous traite de Moines, parce que nous ne sommes pas vêtus de soye : on nous regarde comme des gens incommodes & d'une humeur chagrine, parce que nous ne sçaurions ni boire ni rire avec excès : on nous fait passer pour des fourbes & des imposteurs, parce que nous ne portons pas des habits propres & magnifiques. Mais qu'ils nous traitent d'une maniere encore plus indigne & plus outrageuse ; qu'ils déchaînent contre nous des hommes de plaisir & de bonne chere ; Blesille qui sçait que son Sauveur a été appellé Beelzebuth, se mocquera de leurs injures & de leurs medisances.

XLI. LETTRE
à Paule, sur la mort de sa fille Blesille.

Ecrit l'an 384.

Saint Jerôme étant encore à Rome, écrivit cette Lettre à sainte Paule, pour la consoler de la mort de sa fille Blesille. Il lui dit que dans une conjoncture si facheuse, il ne peut condamner la douleur d'une mere, mais aussi qu'il ne sçauroit en approuver l'excès. Que Blesille étant en possession d'un bonheur éternel, c'est lui faire injure, & s'attaquer à JESUS-CHRIST *même, que de déplorer sa destinée. Qu'il n'appartient qu'aux Infidelles qui n'ont point d'esperance, de pleurer aussi sans mesure. Enfin il lui apporte plusieurs exemples, entre autres celui de Job, & de Melanie, pour confondre sa delicatesse.*

Jerem. 9. 1.

QUi donnera de l'eau à ma tête, & une fontaine de larmes à mes yeux pour pleurer, non pas comme Jeremie, *la mort des enfans de mon peuple*, ni comme le Sauveur les malheurs de Jerusalem, mais la sainteté, la misericorde, l'innocence, la chasteté & toutes les vertus qui ont été ensevelies avec Blesille dans un même tombeau ? Ce n'est pas que je plaigne sa destinée, & que je l'estime malheureuse d'avoir quitté la terre : mais c'est que je ne sçaurois assez deplorer la perte que nous avons faite d'une personne d'un si grand merite. En effet qui pourroit sans verser des larmes, se souvenir que l'on a vû cette Dame à l'âge de vingt ans, animée de ce beau zele qu'inspire la foi, porter courageusement l'étendart de la Croix, & regretter davantage la perte de sa virginité, que la mort de son Epoux ? Qui pourroit sans gemir parler de son assiduité à la priere, de la grace avec laquelle elle sçavoit s'exprimer, de la fidelité de sa memoire, de la vivacité de son esprit ? Parloit-elle Grec ? on eût dit qu'elle ne sçavoit pas la langue Latine : parloit-elle Latin ? on ne remarquoit dans son langage aucun accent étranger. Quelque difficile que soit la langue Hebraïque, elle s'y étoit renduë si habile, je ne dis en peu de mois, mais en peu de jours, [ce que toute la Grece a admiré dans le grand Origéne,] qu'elle apprenoit & chantoit les Pseaumes en cette langue aussi facilement que sa mere. La pauvreté de ses habits n'étoit pas en elle, comme dans la plûpart des autres, la marque d'une vanité secrete ; elle étoit l'effet d'une humilité profonde & sincere, qui la portoit à ne se distinguer des femmes qui la servoient que par un air plus modeste & plus negligé. Quoiqu'abbatuë par une longue maladie, & pouvant à peine se soutenir, elle avoit neanmoins toûjours le Livre de l'Evangile ou des Prophetes entre les mains.

Ici je sens les larmes qui me coulent des yeux ; les sanglots étouffent ma voix, & la douleur excessive dont je suis penetré ne me permet pas de parler. Consumée donc qu'Elle étoit par des ardeurs d'une violente fievre, & prête à expirer, elle dit à ses parens qui étoient autour de son lit : Priez le Seigneur de me faire « misericorde, parce que je n'ai pû exécuter le «

„ deſſein que j'avois formé de me conſacrer en-
„ tierement à ſon ſervice. Ah ! ne craignez rien,
Bleſille; nous ſçavons, & vous en faites vous-
même une heureuſe experience, qu'on ne ſe
convertit jamais trop tard. JESUS-CHRIST
lui-même nous a donné les premieres aſſuran-
ces de cette verité, en diſant au Larron : *Je
vous promets que vous ſerez aujourd'hui avec
moi dans le Paradis.* A peine Bleſille déchargée du poids d'une chair mortelle, eut-elle
quitté le lieu de ſon exil, pour retourner à ſon
Createur, & rentrer en poſſeſſion de ſon ancien heritage, qu'on ſe prépara à faire ſes funerailles ſelon la coûtume. Pluſieurs perſonnes
de qualité marchoient en rang à la tête du convoi, & l'on voïoit enſuite paroître le cercueil
couvert d'un drap d'or. A la vûë de ce ſuper-
be appareil il me ſembla entendre Bleſille crier
du haut du ciel : Tous ces vains ornemens ne
„ m'appartiennent pas, ce ne ſont point là les
„ habits que j'ai portez, je ne les reconnois
„ point.

Mais que fais-je ? je veux arrêter les larmes
d'une mere affligée, & je ne ſçaurois m'empêcher d'en répandre moi-même. Je ne puis diſſimuler ici mes ſentimens; on ne verra dans
cette Lettre aucun caractere qui ne ſoit imprimé de mes larmes. JESUS-CHRIST lui-même en repandit ſur la mort de Lazare, parce
qu'il l'aimoit. Helas ! qu'on eſt peu propre à
conſoler les autres, quand on ſuccombe ſoi-mê-
me ſous le poids de ſa douleur, & que la voix
eſt entrecoupée par les ſanglots, & étouffée
par les larmes. JESUS-CHRIST que Bleſille
ſuit maintenant, & les Saints Anges avec qui

Luc 23. 43.

elle est, me sont témoins, Madame, que je partage avec vous vos peines & vos chagrins. Je sens que j'étois son pere & son nourricier selon l'esprit ; & je ne puis m'empêcher de dire quelquefois avec Job : *Que le jour auquel je suis né, perisse :* & avec Jeremie : *Helas ! ma mere, pourquoi m'avez-vous mis au monde pour être un homme de contradiction & de discorde dans toute la terre ?* Et derechef : *Je sçai que vous êtes juste, Seigneur ; cependant permettez-moi de vous faire ces justes plaintes : Pourquoi les méchans passent-ils leur vie dans la prosperité ?* Et avec le Prophete Roi : *Mes piés ont chancelé, & je me suis vû tout prêt de tomber, parce que j'ai été touché d'un zele d'indignation en voïant la paix dont joüissent les pecheurs, & j'ai dit : Comment est-il possible que Dieu sçache ce qui se passe, & que le Tres-Haut ait la connoissance de toutes choses ? Voilà les pecheurs eux-mêmes qui vivent dans l'abondance de tous les biens de ce monde, & qui ont acquis de grandes richesses.* Mais en même-tems je pense à ce que dit le même Prophete : *Je ne sçaurois parler de la sorte, sans condamner la sainte societé de vos enfans.*

Job. 3. 3.
Jer. 15. 10.
Ibid. 12. 1.
Psal. 72. 2.

Combien de fois agité & troublé par ces fâcheuses reflexions, ai-je dit en moi-même : Pourquoi voit-on dans l'abondance des hommes qui ont vieilli dans le crime & dans l'iniquité ? Pourquoi de jeunes gens qui ont encore toute leur innocence, sont-ils enlevés tout à coup par une mort précipitée ? Pourquoi des enfans de deux & trois ans, & qui sont encore à la mamelle, sont-ils possedés du demon, couverts de lepre, devorez par la jaunisse ?

Pourquoi au contraire voit-on des hommes impies, adulteres, homicides, sacrileges, joüir d'une heureuse santé, & blasphemer sans cesse contre Dieu; puisque l'iniquité du pere ne retombe point sur ses enfans, & que *l'ame qui peche meurt elle-même*? ou si Dieu veut encore aujourd'hui comme autrefois punir les enfans des pechez de leurs peres, est-il juste qu'il fasse tomber sur un enfant innocent, les châtimens que merite un pere criminel? *Et j'ai dit: C'est donc en vain que j'ai travaillé à purifier mon cœur, & que j'ai lavé mes mains en la compagnie des innocens, puisque j'ai été affligé durant tout le jour.* Le Prophete Roi a calmé aussi-tôt toutes ces pensées dont j'étois agité. *J'ai donc voulu penetrer la profondeur de ce mystere; mais je me suis donné sur cela des peines inutiles, jusqu'à ce que j'entre dans le Sanctuaire de Dieu, & que j'y comprenne quelle doit être la fin des méchans.* Car les jugemens du Seigneur sont un abîme tres profond; ce qui fait dire à l'Apôtre saint Paul: *O profondeur des tresors de la sagesse & de la science de Dieu! que ses jugemens sont impenetrables, & ses voyes incomprehensibles!*

Dieu est bon, & comme il agit toûjours par bonté, il ne sçauroit rien faire qui ne soit bon. Si je pers un mari, cette perte m'est sensible; mais parce qu'elle me vient de la part du Seigneur, je la souffre sans murmure. Si la mort m'enleve un fils unique, quelque cruelle que soit cette disgrace, je la supporte avec patience, parce que je sçai que c'est Dieu qui reprent ce qu'il m'avoit donné. Si je deviens aveugle, je me servirai pour lire des yeux d'un ami,

Ezech. 18. 4.

Psal. 72. 13.

Ibid.

Psal. 36. 6.

& je trouverai en lui une resource à ma disgrace. Si je viens aussi à perdre l'oüie, ma surdité me mettra à couvert de la corruption du vice, & toute mon occupation dans cet état sera de penser à Dieu. Si pour comble de misere, je me vois encore reduit à souffrir la pauvreté, le froid, la nudité, la maladie, j'espererai que la mort mettra fin à mes peines, & tous les maux de la vie presente me paroîtront courts dans l'attente d'une vie plus heureuse.

Considerons un peu ce que dit David dans ce Psaume où il a renfermé des maximes si solides, & une morale si belle : *Vous êtes juste, Seigneur*, dit ce Prophete, *& vos jugemens sont équitables*. Ces nobles & pieux sentimens ne peuvent naître que dans une ame qui benit le Seigneur au fort de sa misere, & qui attribuant à ses propres pechez toutes les peines qu'elle souffre, ne cesse de loüer au milieu de ses adversitez la bonté de celui qui l'a fait souffrir. *Les Filles de Juda*, dit ailleurs le même Prophete, *ont tressailli de joie à cause de vos jugemens, Seigneur*. Juda veut dire loüange, ou confession ; & comme l'emploi d'une ame fidelle est de loüer Dieu, tous ceux qui font profession de croire en JESUS CHRIST, doivent mettre toute leur joie dans les jugemens du Seigneur. Soit que je sois malade, soit que je joüisse d'une parfaite santé, je benis également Dieu. Car *lors que je suis foible, c'est alors que je suis plus fort, & la vertu de l'esprit se perfectionne dans les foiblesses & les infirmitez du corps*. Saint Paul assujeti malgré lui aux saillies involontaires d'une passion honteuse, pria trois

Psal. 118. 137.

Psal. 96. 9.

2. *Cor.* 10.

fois le Seigneur de l'en affranchir ; mais le Seigneur lui répondit : *Ma grace vous suffit, car la vertu se perfectionne dans l'infirmité.* Dieu livra ce grand Apôtre à l'Ange de Satan, pour le faire souvenir de sa foiblesse ; & pour reprimer les mouvemens de vanité que la grandeur de ses revelations auroit pû lui inspirer; de même que dans les triomphes on mettoit un homme derriere le Triomphateur pour lui dire à chaque acclamation que faisoit le peuple : *Souvenez-vous que vous êtes homme.* Pourquoi se revolter contre un mal inévitable ? Pourquoi pleurer une personne que la mort nous enleve ? Sommes-nous au monde pour y vivre éternellement ? Abraham, Moïse, Isaac, S. Pierre, S. Jacques, S. Jean, S. Paul ce vaisseau d'élection, JESUS-CHRIST même, n'ont-ils pas tous été sujets à la mort ? Pourquoi donc éclater en plaintes & en murmures, lorsque nous venons à perdre une personne qui nous est chere ? peut-être que *le Seigneur ne l'a enlevée du monde, que pour la garantir de la corruption & de la malignité du siecle, & qu'il s'est hâté de retirer du milieu de l'iniquité une ame qui lui étoit agreable,* de peur que s'il la laissoit long-tems sur la terre, elle ne s'engageât dans des routes écartées, & de longs égaremens. Deplorons la triste destinée de ceux qui ne meurent que pour brûler dans les enfers, & que la divine justice livre à des supplices éternels : mais pour nous *qui devons aller au devant de* JESUS-CHRIST, accompagnés des chœurs des Anges, nous devons regarder une longue vie comme un pesant fardeau & comme une veritable mort : Car *tandis que nous*

Ibid. 1. 8.

Sap. 4. 11.

2. *Cer.* 5. 6.

demeurons ici-bas, nous sommes éloignés du Seigneur, & comme hors de nôtre patrie. C'est ce qui doit nous obliger de dire avec le Prophete Roi : *Helas! que mon exil est long! j'ai demeu-* Psal. 119. 5. *ré avec les Habitans de Cedar ; mon ame y a été long-tems étrangere.* Comme le mot *Cedar* signifie *tenebres*, & que le siecle present est envelopé d'une profonde nuit, [*car la lumiere* Joh. 1. 5. *luit dans les tenebres, & les tenebres ne l'ont point comprise,*] nous devons prendre part au bonheur de Blesille, qui a passé des tenebres à la lumiere, & qui par l'ardeur & la vivacité d'une foi naissante, s'est renduë digne de la couronne que Dieu n'accorde qu'aux vertus parfaites.

Si une mort imprévûë & précipitée, ce qu'à Dieu ne plaise, l'avoit surprise avec un cœur tout occupé des desirs du siecle & des plaisirs de la vie presente ; nous aurions sujet de deplorer son sort, & de repandre des torrens de larmes sur une mort si funeste. Mais puisque par une grace particuliere de JESUS-CHRIST, le vœu qu'Elle avoit fait [a] près de quatre mois avant sa mort de se consacrer à Dieu, a été pour Elle comme un second batême, & que depuis ce tems-là Elle a méprisé toutes les vanités du monde, & tourné toutes ses pensées & tous ses desirs du côté du cloître ; n'apprehendez-vous point, Madame, que le Sauveur ne vous dise : Paule, pourquoi vous « fâchez-vous de ce que vôtre fille est devenuë « la mienne ? pourquoi vous élevez-vous contre « mes jugemens ? pourquoi jalouse de me voir «

---

[a] Blesille avoit fait ce vœu durant cette grande maladie dont parle S. Jerôme dans la Lettre précedente.

» en possession de Blesille, m'outragez vous par
» des larmes que répand un cœur rebelle à mes
» volontez? pouvez-vous penetrer les desseins
» que j'ai sur vôtre famille? Vous vous refusez
» toute sorte de nourriture, non point par une
» loüable abstinence, mais par un excès de tri-
» stesse dont vous vous laissez accabler. Je n'ai-
» me point cette espece de frugalité, & jeûner
» de la sorte, c'est se declarer mon ennemi. Je
» ne puis recevoir dans mon sein un ame qui se
» détache du corps malgré moi & contre mes
» ordres. Que la folle Philosophie du siecle se
» flate d'avoir des Martyrs de ce caractere;
» qu'Elle compte parmi ses Heros un [a] Zenon,
» un Cleombrote, un Caton: *mon Esprit ne se*
» *repose que sur les humbles & les pacifiques, &*
» *sur ceux qui écoutent mes paroles avec tremble-*
» *ment.* Est-ce donc là l'effet de la promesse que
» vous m'avez faite de quitter le monde, pour
» vous retirer dans un Monastere, & une mar-
» que de cette regularité de vie dont vous faisiez
» profession, en vous habillant d'une maniere
» differente des femmes du siecle? Il n'appar-
» tient qu'aux ames mondaines de s'abandonner
» de la sorte aux larmes & à la douleur. Bien-
» tôt la mort va vous surprendre plongée dans
» le dueil & dans la tristesse, & comme si vous
» pouviez échaper à ma justice, vous me fuïez
» comme un Juge cruel & inexorable. Jonas,

Isaï. 66.
2. Sec.
LXX.

a Zenon, chef de la secte des Stoïciens, s'étrangla de ses propres mains, & ses disciples se sont maintenus dans cette liberté de se faire mourir eux-mêmes. Cleombrote natif d'Ambracie, & Philosophe Academicien, se précipita dans la mer, après avoir lû le livre de l'immortalité de l'ame que Platon avoit composé. Caton se voïant poursuivi par Cesar après la défaite de Pompée, se retira à Utique, où il se poignarda lui-même.

ce Prophete dont l'ame étoit si grande & le cœur si ferme, voulut autrefois se derober à mes poursuites; mais il se vit tout à coup englouti dans les abîmes de la mer. Si vous étiez bien persuadée que vôtre Fille est vivante, vous ne plaindriez pas son sort, puis qu'Elle n'a fait que quitter une vie pleine de miseres, pour passer à une plus heureuse. Est-ce ainsi que vous obéïssez au commandement que je vous ai fait par mon Apôtre de ne point pleurer comme font les Infidelles, ceux qui dorment du sommeil de la mort? Rougissez ici de voir qu'une [a] femme païenne soit plus ferme que vous dans l'esperance trompeuse que lui donne sa fausse religion; & qu'une esclave du demon surpasse ma servante en force & en courage. Elle se flatte que son mari, qui étoit païen & idolâtre, a été reçû dans le ciel & admis au nombre des Dieux; & vous, ou vous ne pouvez vous persuader que vôtre Fille soit avec moi: ou vous ne la voïez qu'à regret en possession de ma gloire.

1. Thess. 4. 13.

Vous me direz peut-être: Pourquoi me deffendre de pleurer la mort de ma Fille? Jacob ne se couvrit-il pas d'un sac pour pleurer celle de Joseph? Ne refusa-t-il pas les consolations de toute sa famille qui s'étoit assemblée pour le soulager dans sa douleur? *Je pleurerai toûjours*, disoit-il, *jusqu'à ce que je descende avec mon Fils dans le tombeau*. David ne se couvrit-il pas la tête pour témoigner combien il étoit sensible à la mort d'Absalon, repetant souvant ces tristes paroles: *Mon fils Absalon*,

Gen. 37. 5.

2. Reg. 18. 33.

---

[a] S. Jerôme veut parler de la femme de Pretextat, dont il fait mention dans sa Lettre à Marcelle sur la mort de Léa.

XLI. LETTRE

Abſalon mon fils, plût à Dieu que je pûſſe mourir pour vous, mon fils Abſalon? Les funerailles des autres Juſtes, n'ont-ils pas été celebrées par un dueil public & ſolemnel?

Rien n'eſt plus aiſé que de répondre à toutes ces raiſons dont vous vous ſervez pour juſtifier vôtre douleur. Jacob pleura ſon fils, perſuadé qu'il avoit été tué, & que bien-tôt la mort devoit les rejoindre tous deux; c'eſt dans cette vûë qu'il diſoit: *Je pleurerai toûjours juſqu'à ce que je deſcende avec mon fils dans le tombeau;* parce que JESUS-CHRIST n'avoit pas encore ouvert la porte du Paradis, ni éteint par ſon ſang cette épée toute de feu que tenoit un Cherubim pour en deffendre l'entrée. De là vient que l'Ecriture nous repreſente Abraham dans [a] les Limbes avec Lazare, quoique cet endroit de la terre où ils étoient renfermez, fût pour eux un lieu de rafraichiſſement. David avoit ſujet de pleurer la mort d'un fils parricide, mais il ne pleura pas de même celle d'un autre de ſes enfans, à qui ſes prieres n'avoient pû conſerver la vie, & qu'il voïoit mourir avec ſon innocence. Il ne faut point s'étonner que ſelon l'ancienne coûtume les Juifs aïent pris le dueil à la mort de Moïſe & d'Aaron, puiſque nous liſons dans les Actes des Apôtres, que dès les premiers jours de l'Egliſe naiſſante, les Fidelles de Jeruſalem *firent les funerailles de ſaint Eſtienne avec un grand dueil;* ce qui doit s'entendre, non pas comme vous vous l'imaginez, de la douleur

Act. 8. 2.

---

[a] Le texte porte, *dans l'Enfer,* c'eſt-à-dire, au fond de la terre. Ce lieu eſt proprement les Limbes où les ames des Juſtes ont été juſqu'à la venuë de Jeſus-Chriſt.

excessive que leur causa la mort de cet illustre Martyr ; mais de la pompe avec laquelle ils firent ses funerailles, & de la foule prodigieuse de peuple qui se rencontra à cette grande ceremonie. Enfin voici ce que l'Ecriture sainte dit de Jacob : *Joseph alla ensevelir son pere ; les premiers Officiers de la maison de Pharaon, & les plus Grands de l'Egypte l'accompagnerent en ce voïage ; la maison de Joseph & de tous ses freres le suivirent aussi.* Et un peu après : *Il y eut aussi des chariots & des Cavaliers qui le suivirent, & il se trouva là une grande multitude de personnes.* Et ensuite : *Et ils y celebrerent les funerailles de Jacob avec beaucoup de pleurs, & de grands cris.* Ce grand dueil des Egyptiens ne doit pas s'entendre de l'abondance de leurs larmes ni de l'excès de leur douleur, mais de la pompe & de la magnificence des funerailles qu'ils firent à Jacob ; & c'est ainsi qu'il faut expliquer le dueil que les Israëlites menerent à la mort d'Aaron & de Moïse.

Gen. 50. 7.

Je ne sçaurois assez admirer les profonds mysteres que cache l'Ecriture sainte, ni les sens tous divins qu'Elle renferme sous des paroles qui n'ont rien que de simple en apparence. Pourquoi dit-elle qu'on celebra les funerailles de Moïse avec un grand dueil, & qu'elle ne dit point qu'on en fit à la mort du saint homme Josué ? En voici la raison ; c'est que du tems de Moïse, c'est-à-dire, dans l'ancienne Loi, tous les hommes avoient part au peché d'Adam, & étoient envelopés dans sa condamnation : & comme en mourant ils descendoient dans les Limbes, il étoit juste de pleurer leur mort, selon ce que dit l'Apôtre saint Paul ;

riser vôtre douleur, & pour justifier vôtre égarement. Je ne vous ai même parlé jusqu'à présent que comme à une personne du commun. Mais puisque je sçai que vous avez entierement renoncé au monde & à tous les plaisirs du siécle, pour vivre dans la pratique continuelle du jeûne, de la lecture & de la priere ; qu'à l'exemple d'Abraham vous souhaitez d'abandonner la Chaldée & la Mesopotamie, vôtre païs & vos parens, pour entrer dans la terre de promesse ; & qu'étant morte au monde avant que de mourir d'une mort naturelle, vous avez donné tout vôtre bien ou aux pauvres ou à vos enfans : je m'étonne que vous fassiez paroître dans vôtre affliction, des foiblesses que l'on condamneroit dans les personnes mêmes les plus attachées aux choses de la terre. Vous rapelez dans vôtre esprit les caresses que vous faisoit Blesille, les charmes que vous trouviez dans sa conversation, dans ses discours, dans sa compagnie : & la perte d'une Fille dont le commerce vous étoit si doux, vous paroît insupportable. Je ne sçaurois blâmer les larmes que la pieté maternelle vous fait repandre ; je vous prie seulement de donner des bornes à vôtre douleur. Vous êtes mere, & vous pleurez la mort de vôtre Fille ; je ne veux pas vous faire un crime d'une affection si légitime : mais vous êtes aussi & Chrétienne & Religieuse ; & ces deux qualitez doivent étouffer en vous les sentimens les plus tendres de la nature. Je touche vôtre playe avec toute sorte de précaution ; mais elle est encore trop recente, & je sens bien que ma main ne sert qu'à irriter le mal, au lieu de le guerir. Cependant pourquoi ne vaincrez-vous pas par

raison

raison, un mal que le tems doit un jour adoucir?

Noëmi s'étant retirée chez les Moabites pour se mettre à couvert de la famine, y perdit son mari & ses enfans. Dans une conjoncture si fatale, où Elle se voïoit privée du secours des personnes qui lui étoient les plus cheres au monde, Ruth s'attacha à elle, & ne l'abandonna jamais. Mais voïez combien est agreable aux yeux de Dieu le soin que l'on prend de consoler une personne affligée; car Ruth par sa charité envers Noëmi, merita d'être mise au nombre des Ancêtres de JESUS-CHRIST. Pour vous faire comprendre jusqu'où va vôtre sensibilité & vôtre delicatesse, considerez combien Job a essuïé de disgraces; envisagez ce saint homme parmi les ruines de sa maison; levant les yeux au ciel, & souffrant avec une patience invincible les douleurs aiguës d'un ulcere dont tout le corps est couvert, la perte de tous ses biens & la mort de ses enfans, les railleries d'une femme artificieuse qui veut le porter à blasphemer le Seigneur. Vous me direz sans doute que Dieu n'exposa cet homme Juste à tant de malheurs, qu'afin d'éprouver sa vertu. Choisissez donc ici le parti qu'il vous plaira: car si vous êtes Juste, la perte que vous avez faite est une épreuve où Dieu veut mettre vôtre patience; si vous êtes pecheresse, vous meritez encore de plus grands châtimens.

Mais laissons-là les anciens exemples; suivez ceux que vous avez devant les yeux. La vertueuse Melanie qui par sa pieté & par sa naissance tient aujourd'hui un rang si distingué parmi les Chrétiens, & avec qui je prie le Sei-

Ruth. 1.

gneur de nous joindre vous & moi au jour du Jugement. Cette vertueuse Dame, dis-je, n'avoit pas encore rendu les derniers devoirs à son mari qui venoit d'expirer, que la mort lui enleva encore deux de ses enfans. On aura peut-être peine à croire ce que je vais dire, mais JESUS-CHRIST m'est témoin que je ne dirai rien qui ne soit tres-veritable. Qui n'eût crû que Melanie dans une conjoncture si affligeante, après avoir déchiré ses habits & s'être arraché les cheveux, devenuë furieuse & insensée par l'excès de sa douleur, alloit encore s'armer contre elle-même, & se dechirer le sein de ses propres mains ? Cependant elle ne repandit pas une seule larme ; elle soûtint avec une fermeté inébranlable tout le poids d'une si cruelle disgrace, & se jettant aux piés de JESUS-CHRIST, elle lui dit avec un air content & un visage gai, comme si elle l'eût tenu entre ses bras : Puisque vous m'avez dechargée, Seigneur, d'un si pesant fardeau, je vous servirai desormais avec plus de liberté. Et ne pensez pas que se dementant dans la suite, elle se soit laissé vaincre par la tendresse qu'elle a euë pour ses autres enfans ; jugez de son détachement par la maniere dont elle en usa à l'égard du seul qui lui restoit. Car après lui avoir donné tout son bien, elle l'abandonna, & se mît sur mer au commencement de l'hiver pour se retirer à Jerusalem.

Epargnez-vous donc, Madame, je vous en conjure ; & moderez un peu l'excès de vôtre douleur : épargnez la gloire de Blesille qui regne déja dans le ciel ; épargnez du moins la grande jeunesse d'Eustoquie que vous avez pris foin d'élever depuis fon enfance. Car le demon qui voit triompher l'une de vos filles, chagrin d'en avoir été vaincu, redouble aujourd'hui toute fa rage, & fait tous fes efforts, pour gagner fur celle qui refte au monde, la victoire qu'a remportée fur lui celle qui regne dans le ciel. C'eft être impie envers Dieu que d'aimer fes enfans avec trop de tendreffe. Abraham immole avec plaifir fon fils unique, & vous ne pouvez voir fans chagrin que de plufieurs enfans que vous avez, Dieu en prenne un pour le couronner d'une gloire immortelle.

J'ai à vous dire ici une chofe dont je ne fçaurois vous parler fans gemir : Lors qu'on vous retira du milieu du convoi, & qu'on vous en rapporta à demi-morte, tout le peuple s'entredifoit tout bas : Ne l'avions-nous pas bien « dit ? ce qui fait aujourd'hui la douleur & l'ac- « cablement de Paule, c'eft que fa fille, qui s'eft « tuée à force de jeûner, ne lui a point laiffé « d'enfans d'un fecond mariage. Que ne chaffe- « t-on de la Ville ces miferables Moines ? que « ne les lapide-t-on ? que ne les jette-t-on dans « la riviere ? car ce font eux qui ont féduit cette « pauvre Dame ; & il eft aifé de voir qu'Elle n'a « embraffé la vie Monaftique que malgré elle, « puifque jamais païenne n'a pleuré de la forte « la mort de fes enfans Avec quel deplaifir pen- « fez-vous que JESUS-CHRIST écoutoit ces fortes de difcours ? Quelle joie & quel triomphe pour le démon, qui tâche aujourd'hui de vous perdre en flatant vôtre douleur par les pretextes fpecieux de pieté qu'il vous fuggere ; & qui ne vous remet fans ceffe devant les yeux l'image de vôtre fille, qu'afin de faire mourir la mere de celle qui l'a vaincu, & de se rendre maître de ^a sa sœur qui n'aura plus personne pour la soutenir & pour la conduire dans les voies de Dieu.

Je ne veux point vous allarmer, & le Seigneur m'est témoin que je vous parle ici avec autant de sincerité que si j'étois aux piés de son redoutable tribunal. Ces larmes que vous repandez sans mesure, & qui vous conduisent presque jusqu'au tombeau, sont des larmes abominables & sacrileges, que l'infidelité seule fait verser. Vous criez, vous hurlez, & devenuë comme furieuse, vous faites tout ce que vous pouvez pour vous donner la mort. Mais dans l'état où vous êtes, JESUS-CHRIST s'approche de vous pour vous dire: *Pourquoi pleurez-vous ? vôtre fille n'est pas morte, elle n'est qu'endormie.* Que les assistans s'en moquent tant qu'il leur plaira ; ils imitent en cela l'incredulité des Juifs. Si vous allez au tombeau de vôtre fille pour vous abandonner à vôtre desespoir, un Ange vous fera ces justes reproches: *Pourquoi cherchez-vous parmi les morts celle qui est vivante ?* C'est ce qui arriva à Marie Madelaine ; elle se jetta aux piés du Sauveur qui l'appelloit, & dont elle avoit reconnu la voix : mais JESUS-CHRIST lui dît: *Ne me touchez pas, car je ne suis pas encore monté vers mon Pere.* C'est-à-dire ; Je suis resuscité ; mais puisque vous me croïez encore enseveli dans le tombeau, vous n'êtes pas digne de me toucher.

Quel tourment & quel supplice pensez-vous que ce soit pour Blesille, de voir JESUS-

Joh. 13. 15.
Matth. 9. 24.

Luc 24. 5.

Joh. 20. 17.

a Eustoquie.

Christ irrité contre vous ? Dans l'accablement où Elle vous voit, Elle vous crie du haut du ciel : Si jamais vous m'avez aimée, « ma chere Mere ; si vous m'avez nourrie de vô- « tre lait & élevée dans la pratique de la vertu « par vos sages conseils, ne m'enviez point la « gloire que je possede, & n'obligez point Dieu « par vos plaintes & vos murmures à nous sepa- « rer pour toûjours. Ne pensez pas que je sois « seule : Si je vous ai perduë, j'ai ici la sainte « Vierge Mere du Sauveur, qui me dédommage « de cette perte. J'y vois plusieurs personnes que « je n'avois jamais connuës ; & je trouve en « leur compagnie des douceurs & des agréemens « qu'on ne rencontre point dans les societez mon- « daines. J'ai le bonheur d'y vivre avec Anne, « cette illustre veuve qui autrefois a prophetisé « la venuë du Sauveur ; & ce qui doit redou- « bler vôtre joie, & vous combler de consola- « tion, c'est que j'ai merité en trois mois de tems, « la même gloire qu'Elle n'a acquise que par un « long travail, & une viduité de plusieurs an- « nées ; & nous avons reçû egalement elle & moi « la recompense que Dieu reserve à la chasteté « des veuves. Vous me plaignez de ce que je ne « suis plus au monde ; mais vous me paroissez « bien plus à plaindre d'être encore asservis aux « vanitez du siecle, & reduits à la dure necessi- « té de combatre sans cesse tantôt la colere, tan- « tôt l'avarice, ici la volupté, là toutes sortes « de vices qui vous entraînent dans d'affreux pré- « cipices. Si vous voulez que je vous reconnoisse « pour ma Mere, aïez soin de plaire à Jesus- « Christ ; car je ne sçaurois vous donner ce « nom, tant que vous serez desagreable à ses yeux. «

XLI. Lettre

Blefille vous dit encore plufieurs autres chofes que je paffe ici fous filence. Elle prie le Seigneur pour vous, & comme je connois fon cœur, je fuis perfuadé qu'Elle emploïe auffi le credit qu'elle a auprès de lui, pour m'obtenir le pardon de mes pechez, afin de reconnoître par là les falutaires confeils que je lui ai donnez, le zele avec lequel je l'ai follicitée de fe donner à Dieu, & les chagrins que le foin que j'ai pris de fon falut m'a attirez de la part de fes parens. C'eft pourquoi je lui promets de lui confacrer tous mes travaux, tant que je ferai au monde, & d'emploïer mon efprit & ma langue à publier fes loüanges. Il n'y aura dans mes ouvrages aucune page qui ne foit marquée du nom de Blefille, Elle les fuivra par tout; & j'apprendrai aux Vierges, aux Veuves, aux Solitaires & aux Evêques, le merite de cette vertueufe Dame dont je conferve toûjours le fouvenir. L'immortalité de fon nom la dédommagera du peu de tems qu'Elle a vêcu fur la terre. Elle vit dans le ciel avec JESUS-CHRIST, & Elle vivra encore dans la bouche des hommes. Le fiecle prefent paffera, & les fiecles avenir qui doivent lui fucceder, jugeront fans interêt & fans paffion des vertus de cette illuftre Veuve. Je la placerai entre Paule & Euftoquie; Elle vivra éternellement dans mes écrits, & Elle m'entendra toûjours parler d'Elle avec fa Mere & fa Sœur.

LETTRE XLII.

à Pammaque sur la mort de Pauline sa femme.

Saint Jerôme écrivit cette Lettre de Bethléem, pour témoigner à Pammaque combien il étoit sensible à la mort de Pauline sa femme. Il y fait l'éloge de cette Dame, dans lequel il fait entrer celui de sainte Paule sa mere, & d'Eustoquie sa sœur. Il y releve particulierement la charité de Pammaque qui avoit fait bâtir un hôpital à Porto. Il compare sa pieté envers les pauvres & les étrangers à celle d'Abraham. Il le louë d'avoir renoncé au monde pour se retirer dans la solitude; & il fait voir que la pauvreté Evangelique qu'il a embrassée lui fait plus d'honneur que les immenses richesses & les grandes dignitez qu'il possedoit dans le siecle.

Ecrite l'an 398.

UN Medecin qui après avoir guéri une playe, entreprend de n'y laisser aucune cicatrice, & de redonner à la peau sa couleur naturelle; ne fait souvent qu'aigrir le mal, en voulant rendre au corps sa premiere beauté. C'est aussi ce qui me fait apprehender de vous écrire sur la mort de vôtre Epouse, après avoir attendu si tard à m'acquitter de ce devoir. Le silence que j'ai gardé sur cela pendant deux ans, a été bien hors de saison : mais je crains de le rompre encore plus à contre-tems. Je n'ose toucher la playe de vôtre cœur, que le tems & la raison ont déja fermée; de peur de renouveller vôtre douleur par le triste souvenir de la perte que vous avez faite. Car qui est l'homme, quelque dur & insensible qu'il fût, qui pût sans verser des larmes, entendre seulement prononcer le nom de vôtre chere Pauline ? Qui pourroit d'un air froid & tranquille, voir tomber & seicher tout à coup cette rose naissante, qui n'étoit encore qu'en bouton, & qui n'avoit pas eu le tems de s'épanoüir, & de paroître avec toute sa beauté & tout son éclat ? Elle n'est plus cette Dame, qu'un merite rare & distingué rendoit si chere & si prétieuse à nos yeux. Comme rien ne fait mieux sentir le plaisir qu'il y a d'être en parfaite santé, que le mal qu'on souffre quand on est malade ; aussi rien ne nous fait mieux connoître le prix d'un bien que nous possedions, que la douleur que nous cause sa perte.

Matth. 13. Nous lisons dans l'Evangile que la semence qui tomba dans la bonne terre aïant porté du fruit ; quelques grains rendirent cent pour un, d'autres soixante, & d'autres trente. Je trouve dans cette parabole une figure de trois sortes de recompenses que JESUS-CHRIST a accordées à trois personnes qui ne sont pas moins unies par la vertu que par le sang. Eustoquie cueille les fleurs de la virginité : Paule mene dans l'état des Veuves une vie penible & laborieuse : & Pauline a conservé avec soin la chasteté conjugale. C'est en vivant avec ses deux saintes Filles dans la pratique de toutes les vertus, que Paule a reçû sur la terre tout ce que JESUS-CHRIST nous promet dans le ciel. Mais pour faire voir qu'une même famille a été assez heureuse pour produire quatre personnes d'une sainteté peu commune, & que les hommes n'y cedent point aux femmes en vertu & en merite ; joignons à ces trois Dames un homme semblable au Cherubim dont parle Ezechiel, je veux dire Pammaque, qu'Elles aiment comme [a] beaufrere, comme gendre, comme époux, ou plûtôt comme leur propre frere ; car dans les alliances spirituelles on ne sçait ce que c'est que tous ces noms qui ont quelque relation au mariage. Ces quatre personnes sont, pour ainsi dire, comme un char magnifique, attellé de quatre chevaux que JESUS-CHRIST lui-même prend soin de conduire. C'est de ces chevaux que parle le Prophete Abacuc, lors qu'il dit : *Vous monterez sur vos chevaux, & ils seront le salut de vôtre peuple.* Ils courent tous à la victoire, non pas avec une égale vitesse, mais avec le même esprit. Quoiqu'ils ne soient pas de même poil, ils tirent neamoins avec une égale ferveur le joug auquel ils sont attachés ; ils n'attendent pas pour marcher que le cocher se serve du foüet, sa voix seule les anime, & dès qu'ils l'entendent ils deviennent tout feu.

Abac. 3. 8.
Sec. LXX.

Disons aussi quelque chose des maximes des Philosophes. Il y a selon les Stoïciens quatre sortes de vertus, sçavoir la Prudence, la Justice, la Force & la Temperance : & ces vertus sont tellement inséparables, que dès qu'on ne les a point toutes ensemble, on ne peut se flater d'en avoir aucune. Un chacun de vous en particulier possede toutes ces vertus, & les possede même dans un souverain degré. Cependant

[a] Pammaque étoit beaufrere d'Eustoquie, gendre de Paule, & mari de Pauline.

on vous attribuë particulierement la Prudence, à Paule la Justice, à Eustoquie la Force, & à Pauline la Temperance. En effet, est-il rien de plus sage que de mépriser comme vous avez fait toutes les folies du monde, pour suivre Jesus-Christ, qui est la vertu & la sagesse de Dieu ? Est-il rien de plus juste que la conduite que Paule a tenuë à l'égard de ses enfans, à qui elle a donné tout son bien, afin de leur apprendre par le mépris qu'Elle faisoit des richesses, à quoi ils devoient attacher leur cœur? Est-il rien qui égale la force & le courage d'Eustoquie, qui a fait triompher la virginité du faste & de l'orgueil qu'inspire une illustre naissance ; & qui la premiere a soumis au joug de la charité ce que Rome a de plus noble & de plus grand ? Fut-il jamais une moderation plus grande que celle de Pauline ? persuadée qu'elle étoit de ce que dit l'Apôtre S. Paul : Que *le mariage est honorable*, & que *le lit nuptial est sans tache*; & d'ailleurs n'osant aspirer ni au bonheur de sa sœur qui avoit embrassé la virginité, ni à la vertu de sa mere qui vivoit dans la continence ; Elle aima mieux assurer son salut en menant une vie commune, que de l'exposer en s'élevant à un état trop sublime.

Hebr. 13.4.

Au reste dès qu'Elle fut mariée, elle forma le dessein, & ce dessein l'occupa jour & nuit, de vivre en continence aussi-tôt que Dieu auroit beni son mariage, & d'engager son mari à prendre le même parti. Car Elle ne vouloit pas abandonner ce cher Epoux qui étoit son compagnon dans les voies du salut ; & elle étoit resoluë d'attendre qu'il voulut bien suivre son exemple. Comme elle avoit fait par plusieurs fausses couches une triste experience de sa fécondité, elle espera toûjours d'avoir des enfans. Mais en voulant s'accommoder, malgré son extreme foiblesse, aux empressemens de sa Belle-mere, & à l'inquiétude de son Epoux, qui souhaittoient l'un & l'autre avec passion qu'Elle leur donnât des heritiers ; Elle a eu en quelque façon le sort de Rachel ; c'est-à-dire, qu'au lieu d'un [a] *fils de sa droite & de sa douleur*, Gen. 35. 18. elle a enfanté, pour ainsi parler, son mari à la vie Monastique qu'Elle avoit dessein d'embrasser elle-même. J'ai appris de gens tres-dignes de foi, que Pauline n'avoit jamais eu dessein d'user du mariage, ni de s'assujetir à ce premier commandement que Dieu fit à l'homme : *Croissez & multipliez vous, & remplissez la terre*; mais qu'elle n'avoit souhaité Ibid. 1. 28. d'avoir des enfans, que pour donner des vierges à Jesus-Christ. Nous lisons aussi dans l'Ecriture sainte, que la femme de Phinées aïant appris que l'Arche du Seigneur étoit 1. Reg. 4. tombée en la puissance des ennemis, & se sen- 19. tant saisie tout à coup d'une douleur d'entrailles, elle avoit accouché d'un fils qu'elle nomma *Ichabod* ; & qu'en mettant cet enfant au monde, elle avoit expiré entre les mains des femmes qui la secouroient. L'enfant de Rachel fut nommé *Benjamin*, c'est-à-dire, *le fils de ma force & de ma droite* : & celui de la femme de Phinées, qui devoit tenir un rang distin-

---

[a] Saint Jerôme fait ici allusion à la mort de Rachel, qui mourut en mettant au monde un enfant qu'elle appela pour ce sujet *Benoni*, c'est-à-dire, *le fils de ma douleur*; & que Jacob nomma *Benjamin*, c'est-à-dire, *le fils de ma droite*.

gué parmi les Prêtres du Seigneur, a reçut un nom par rapport à l'Arche d'alliance qui venoit d'être prise par les Philistins. Mais après la mort de Pauline l'Eglise a enfanté à la vie Monastique Pammaque comme un enfant posthume, & ce grand homme qui compte parmi ses ancêtres & ceux de son épouse une longue suite de Senateurs, s'enrichit aujourd'hui par ses aumônes, & s'éleve par son humilité.

Saint Paul écrivant aux Corinthiens, leur dit : *Considerez, mes freres, ceux d'entre vous que Dieu a appellés à la foi ; il y en a peu de sages selon la chair, & peu de nobles* selon le monde. Il étoit necessaire que Dieu en usât de la sorte dans les commencemens de l'Eglise naissante, afin que *le grain de senevé crût peu à peu, jusqu'à devenir un grand arbre*, & que l'Eglise semblable à *une pâte que le levain fait enfler*, s'étendit par la predication de l'Evangile. Rome voit de nos jours, ce que le monde n'avoit point encore vû. Autrefois il étoit rare de voir des gens sages, puissans & nobles selon le monde, embrasser le Religion Chrétienne : aujourd'hui plusieurs personnes distinguées dans le siecle par tous ces endroits, embrassent la vie Monastique. Mon cher Pammaque est de ce nombre, lui qui est si fort au dessus de tous les autres par sa sagesse, par sa dignité, & par sa naissance. Autrefois il tenoit le premier rang parmi les grands du monde & les personnes de la premiere qualité : aujourd'hui

Luc 13. 19.
Ibid. ℣. 21.

───────────

a Ichabod en Hebreu veut dire ; *Qu'est devenuë la gloire ?* parce que les Istaëlites avoient perdu toute leur gloire en perdant l'Arche d'alliance.

il est le premier & le plus illustre des Solitaires.

Voilà les enfans que Pauline nous a donnez en mourant, & qu'Elle avoit toûjours souhaité d'avoir lors qu'Elle étoit en vie. *Réjouïssez-vous, sterile, vous qui n'enfantiez point; chantez des Cantiques de loüanges, & poussez des cris de joie, vous qui n'aviez point d'enfans;* parce que vous avez mis au monde en un moment autant d'enfans, qu'il y a de pauvres dans Rome. On emploïe aujourd'hui au soulagement des pauvres, ces pierreries qui servoient à relever l'éclat de sa beauté. Ses habits de soye & brodés d'or, sont changés en des habits de laine, qui tiennent le corps chaudement, & qui ne le laissent pas à demi nud, comme ces étoffes deliées que les Dames ont coûtume de porter pour satisfaire leur ambition & leur vanité. On consacre maintenant aux usages de la vertu, ce qui servoit autrefois à entretenir le luxe & la delicatesse. Cet aveugle qui tendoit la main pour recevoir l'aumône, & qui souvent la demandoit où il n'y avoit personne pour la lui donner, partage aujourd'hui avec Pammaque la riche succession de Pauline. C'est Elle qui soûtient en quelque façon de ses propres mains ce pauvre estropié qui n'a ni piés ni jambes pour marcher, & qui est obligé de traîner tout son corps. La porte de son hôtel d'où l'on voïoit autrefois sortir à tous momens une foule d'adorateurs & de courtisans, est aujourd'hui assiegée sans cesse par une troupe de pauvres. L'un est un hidropique qui porte la mort dans son sein: l'autre un muet qui n'a pas seulement dequoi deman-

Isai. 54. 1.

der l'aumône, mais qui la demande d'une manière d'autant plus touchante, qui n'a pas de langue pour la demander : ici c'est un enfant que l'on a estropié presque dès le berceau, & qui demande la charité, non pas pour soi, mais pour ceux qui lui ont cruellement ôté l'usage des membres : là c'est un pauvre tout pourri de jaunisse, & qui traîne par tout après soi un cadavre vivant & animé.

Æneid. 6. *Cent bouches & cent voix ne pourroient pas fournir*
A compter tous les maux que l'on leur voit souffrir.

C'est parmi cette foule de pauvres qui le suivent par tout, que Pammaque paroît en public. Il console & soulage JESUS-CHRIST en leur personne, & leurs haillons lui donnent un nouvel éclat. Il tâche de gagner le ciel par les charités qu'il exerce envers les malheureux, & l'empressement qu'il a de se voir lui-même au nombre des pauvres. Les autres maris jettent des fleurs sur les tombeaux de leurs femmes, afin d'adoucir par ces marques de tendresse la douleur qu'ils ont de les avoir perduës. Mais Pammaque répand ses aumônes comme un baume précieux sur les saintes reliques & les venerables ossemens de Pauline. C'est avec ces odeurs qu'il parfume le tombeau où reposent

Eccl. 3. 33. ces cendres ; sçachant qu'il est écrit, *Que l'aumône efface le peché de même que l'eau éteint le feu.* S. Cyprien a fait un traité où il s'est fort étendu sur les avantages & le merite de l'au-

Dan. 4. 24. mône ; & Daniel fait assez connoître quelle est

l'excellence de cette vertu, lors qu'il conseille à un Roi impie de menager & d'assurer son salut en donnant l'aumône aux pauvres. Paule est ravie de ce que sa fille a eu pour heritier un homme qui sçait faire un si bon usage des biens qu'elle lui a laissez. Elle n'a point de regret de voir passer en des mains étrangeres des richesses qu'on emploïe à soulager les pauvres à qui Elle les avoit destinées : ou plûtôt Elle est bien aïse qu'en les distribuant selon ses desirs, on lui ait épargné le soin & la peine de les distribuer elle-même. Il est vrai que ces biens sont dispensez par d'autres mains que les siennes, mais la dispensation qu'on en fait est toûjours la même.

Qui eût jamais crû que Pammaque qui compte tant de Consuls parmi ses Ancêtres, & qui est lui-même la gloire & l'ornement de la famille des Furius, dût paroître un jour avec un habit brun parmi des Senateurs couverts de pourpre, sans craindre ni les yeux ni les railleries des personnes de son rang ? *Il est une confusion qui conduit à la mort, & il est une confusion qui conduit à la vie.* Eccli. 4. 25. La premiere vertu d'un Solitaire est de mépriser les jugemens des hommes, & de se souvenir toûjours de ce que dit l'Apôtre saint Paul : *Si je voulois encore plaire aux hommes, je ne serois pas serviteur de* JESUS-CHRIST. Gal. 1. 10. C'est dans ce sens que le Seigneur dit aux Prophetes, Qu'il *les avoit établis comme une ville d'airain, & une colomne de fer, & qu'il leur avoit donné un front plus dur que le diamant*, afin qu'ils fussent à l'épreuve des injures & des outrages, & que par leur constance & leur inflexibilité ils pussent confon- Jerem. 1. 18. Ezech. 3. 9.

dre & domter l'impudence d'une populace infolente & audacieuse. Les opprobres & les confusions font plus d'impression sur un esprit bien fait, que la crainte ; & quelquefois ceux que la rigueur des supplices n'a pû ébranler, se laissent surmonter par la honte.

Le beau spectacle de voir un homme distingué par sa naissance, par ses richesses & par son éloquence, éviter de paroître dans les places publiques en la compagnie des grands du monde, se mêler avec les gens du commun, s'attacher aux pauvres & à des hommes grossiers & rustiques, & se dépoüiller de toute sa grandeur pour vivre en simple bourgeois ? Mais il trouva dans ses abbaissemens un nouvel accroissement d'honneur & de gloire ; semblable en quelque maniere à une perle précieuse & à un diamant tres-fin qui brillent parmi les ordures & jusque dans la boüe. C'est ce que Dieu nous promet dans l'Ecriture : *Je glorifierai*, disoit-il, *ceux qui me glorifient.* D'autres peuvent expliquer ce passage des plaisirs de la vie future qui doivent mettre fin à nos maux ; & de cette gloire immortelle qui doit succeder aux humiliations passageres de la vie presente, & dont Dieu couronne ses Saints dans le ciel : pour moi je trouve que les Justes joüissent dès ce monde de la gloire que le Seigneur leur promet : Avant que de se consacrer tout-à-fait à Jesus-Christ, Pammaque étoit connu dans le Senat : mais il y en avoit bien d'autres que lui qui portoient les marques attachées à la dignité de Proconsul. Ces sortes de dignités ne sont point rares, le monde en est rempli. Pammaque se voïoit élevé aux premieres charges de l'Empire ;

1. Reg. 2. 30.

l'Empire ; mais plusieurs partageoient avec lui cet honneur ; & s'il se voïoit superieur aux uns, il étoit d'ailleurs inferieur aux autres. Il n'est point de poste, quelque éclatant qu'il soit, qui ne perde une partie de son prix & de son éclat, dès qu'il est trop commun : & même les gens de bien regardent avec mépris les plus grandes dignités, quand elles sont remplies par des personnes sans merite. De là vient que Cicéron parlant de Cesar, dit admirablement ; Qu'aïant voulu élever certaines gens à des emplois considerables, il avoit deshonoré les dignités, sans faire honneur aux personnes. Aujourd'hui on ne parle que de Pammaque dans toutes les Eglises, & l'univers qui jusques ici avoit ignoré qu'il fût riche, ne peut sans admiration le voir dans la pauvreté. Est il rien de plus grand & de plus honorable que la dignité de Consul ? au bout d'une année on s'en voit dépoüillé, il faut ceder la place à un autre, & cesser d'être ce que l'on étoit. Les lauriers se cachent & se perdent parmi la foule des Conquerans, & souvent l'indignité du triomphateur obscurcit tout l'éclat & toute la gloire du plus beau triomphe. Ces grandes dignités qui autrefois ne sortoient jamais des familles Patriciennes, & ausquelles la noblesse seule avoit droit d'aspirer ; dont Marius, ce vainqueur des Numides, des Teutons & des Cimbres, fut jugé indigne à cause de la bassesse & de l'obscurité de sa naissance ; & que Scipion, tout jeune qu'il étoit, merita par sa seule vertu ; ces dignités, dis-je, ne sont données aujourd'hui qu'aux gens de guerre, & l'on ne voit plus que des hommes grossiers & rustiques porter des ornemens des triomphateurs & des Consuls.

Nous avons donc plus reçû, que nous n'avons donné : ce que nous avons quitté n'est presque rien, & ce que nous possedons est d'un prix infini. JESUS-CHRIST nous donne au centuple ce qu'il nous a promis. C'étoit sur ces promesses qu'Isaac comptoit autrefois, lui qui par sa soumission aux ordres de Dieu qui le demandoit pour victime, porta la croix Evangelique avant les tems de l'Evangile. *Si vous* *voulez être parfait*, dit JESUS CHRIST, *allez, vendez tout ce que vous avez, donnez-le aux pauvres, puis venez & me suivez. Si vous voulez être parfait.* Quand le Sauveur veut nous porter aux grandes choses, il nous laisse toûjours la liberté de les entreprendre. C'est pourquoi l'Apôtre saint Paul ne veut pas obliger les fidelles d'embrasser l'état de la virginité, parce que JESUS-CHRIST parlant de ceux qui se sont faits eunuques pour gagner le roïaume du ciel, ajoûte aussi-tôt : *Que celui* *qui peut comprendre ceci, le comprenne* : *Car cela ne dépend ni de celui qui veut, ni de celui qui court, mais de Dieu qui fait misericorde. Si vous voulez être parfait.* On ne vous fait point une loi de cette perfection ; on veut en laisser à vôtre zele tout le merite & toute la gloire. Si donc vous voulez être parfait, & vous rendre semblable aux Prophetes, aux Apôtres, à JESUS-CHRIST même ; *vendez*, non pas une partie de vôtre bien, de peur qu'apprehendant de tomber dans l'indigence, vous ne tombiez dans l'infidelité, & que vous ne perissiez malheureusement comme Ananie &

Matth. 19. 21.

Ibid. V. 22.
Rom. 7. 16.

Saphire: mais *vendez tout ce que vous avez*, & après que vous l'aurez vendu, *donnez-en le prix aux pauvres*, & non pas aux riches, ou à ceux qui ne cherchent qu'à contenter leur orgueil & leur vanité. Donnez au pauvre de quoi subvenir à ses necessitez, & non pas au riche de quoi augmenter ses tresors. Quand vous lirez dans l'Apôtre saint Paul, Qu'*on ne doit* 1. Tim. 5. 18. *point lier la bouche au bœuf qui foule le grain*; *Que celui qui travaille est digne du prix de son travail*; *Que ceux qui servent à l'autel doivent* 1. Cor. 9. 13. *avoir part aux oblations de l'autel*: Souvenez-vous en même-tems de ce que dit ailleurs le même Apôtre, Que *nous devons être contens* 1. Tim. 5. 8 *d'avoir de quoi nous nourrir, & de quoi nous vêtir*. Ne donnez point vôtre bien à un homme chez qui vous voïez une table delicatement entretenuë, des richesses immenses, de beaux chevaux, des domestiques bien frisez, & des meubles magnifiques, un homme qui se donne ces airs, est plus riche que vous. C'est une espece de sacrilege de donner ce qui appartient aux pauvres, à des gens qui vivent dans l'abondance.

Mais pour s'élever au comble de la perfection, & acquerir une vertu consommée, il ne suffit pas de mépriser les richesses, de distribuer tout son bien, & de rejetter ce que l'on peut & perdre & trouver en un moment. Cratés de Thebes, Anthistenés, & plusieurs autres Philosophes, gens d'ailleurs tres-corrompus, ont porté leur détachement jusque-là. Mais un disciple de JESUS-CHRIST doit aller plus loin dans les voïes de la perfection, que ces sages mondains qui se rendoient esclaves de la vanité, & qui mandioient l'estime & les applaudissemens des hommes. Si vous ne suivez Jesus-Christ, en vain mépriserez-vous toutes les richesses de la terre. Or suivre Jesus-Christ, c'est quitter le peché, & embrasser la vertu. Voilà ce tresor que l'on trouve dans le champ des saintes Ecritures; voilà cette perle précieuse pour laquelle on donne tout ce que l'on possede. Que si vous aimez une captive, je veux dire la sagesse du siecle; si vous vous êtes laissé gagner par les attraits de sa beauté: [a] *coupez-lui les cheveux & les ongles*, retranchez-en ces vains ornemens dont l'éloquence a coutume de se parer: lavez-là avec ce nitre dont parle un Prophete; après cela prenez vôtre repos avec elle, & dites: *Elle met sa main gauche sous ma téte, & elle m'embrasse de sa main droite.* Cette captive quittera Moab pour entrer dans Israël, & recompensera par une heureuse fécondité l'attachement que vous aurez pour elle. Jesus-Christ est en nous le principe de cette sainteté sans laquelle personne ne verra Dieu. Il est *nôtre Redemtion*, il est tout à-la-fois & nôtre Redemteur & le prix de nôtre salut; il est tout, afin que ceux qui ont tout quitté pour le suivre, retrouvent aussi tout en lui, & qu'ils puissent dire avec confiance: *Le Seigneur est mon partage.*

Je m'apperçois bien que vous aimez passionnément l'Ecriture sainte. Vous ne faites pas com-

Deut. 21. 11.

Jer. 2. 22.
Cant. 2. 6.

1. Cor. 1. 30.

Psal. 72. 26.

---

[a] Saint Jerôme fait ici allusion à ce que Dieu ordonne dans le Deuteronome c. 21. v. 11. *Si parmi les prisonniers de guerre, vous voïez une femme qui soit belle, & que vous vouliez l'épouser; vous la ferez entrer dans vôtre maison, où elle se rasera les cheveux & se coupera les ongles .. après cela vous la prendrez pour vous, & elle sera vôtre femme.*

me certains esprits temeraires & présompteux, qui veulent se mêler d'apprendre aux autres ce qu'ils ignorent eux-mêmes, vous voulez vous instruire avant que d'enseigner. Le stile de vos Lettres simple & naturel, a quelque chose de celui des Prophetes & des Apôtres. Vous n'affectez point une vaine & pompeuse éloquence; vous ne vous étudiez point comme un jeune écolier à finir vos periodes par des expressions brillantes & ampoulées: toute cette enflûre, semblable à celle de l'écume, se dissipe en un moment; & cette tumeur, quelque grande qu'elle soit, est toûjours contraire à la santé. Caton disoit, *Que l'on fait toûjours assez tôt, ce que l'on fait assez bien.* Je croi que vous vous souvenez qu'autrefois, jeunes & insensés que nous étions, nous nous ralliâmes de cette maxime qu'un fameux Orateur cita dans son exorde; & que tout le Collége retentissoit des voix des écoliers qui disoient: *L'on fait toûjours assez tôt, ce que l'on fait assez bien.* Que les arts seroient heureux, dit Quintilien, s'il n'y avoit que les gens du métier qui se mêlassent d'en juger. Il faut être Poëte pour connoître toutes les beautés de la poësie; il faut sçavoir les differens sistémes des Philosophes, pour bien entendre leurs écrits. Personne ne juge mieux d'un ouvrage de manufacture & qui tombe sous les yeux, que ceux qui sont du métier. Pour ce qui est des gens de Lettres, ce qu'il y a de plus fâcheux & de plus chagrinant dans leur profession, c'est qu'ils sont obligez d'abandonner leurs ouvrages au jugement & à la censure du public; & tel dans la foule se rend redoutable par sa critique, qui dans un tête-à-tête seroit meprisable par sa foiblesse.

Je vous dis cela en passant, afin que content d'avoir l'approbation des Savans, & méprisant les vains discours d'une populace ignorante; vous vous appliquiez tous les jours à vous nourrir de l'esprit des Prophetes, & à vous entretenir comme les Patriarches de veritès & des mystéres de Jesus-Christ. Soit que vous lisiez, soit que vous écriviez, soit que vous veilliez, soit que vous dormiez ; que l'amour divin soit à vôtre égard comme une trompette qui retentisse sans cesse à vos oreilles, & qui excite dans vôtre cœur de nobles sentimens. Transporté hors de vous-même par la vivacité de cet amour, *cherchez vôtre Bien-aimé dans vôtre lit*, & dites avec confiance : *Je dors, & mon cœur veille*. Quand vous l'aurez trouvé, *arrêtez-le, & ne le laissez point aller*. Que s'il vous échape dans le tems que vous y penserez le moins, ne perdez pas pour cela toute esperance de le retrouver ; *allez le chercher dans les places publiques, conjurez les filles de Jerusalem de vous en apprendre des nouvelles;* vous le trouverez *parmi les troupeaux des autres pasteurs, couché à l'heure de midi, fatigué,* enivré d'amour, *tout moüillé de la rosée qui est tombée durant la nuit*, se reposant à l'ombre des arbres du jardin, & respirant la douce odeur de toutes sortes de plantes aromatiques. *Donnez-lui-là vos mamelles*, afin qu'il suce le lait de la science dont vous vous êtes rempli, & qu'*il repose au milieu de son heritage, comme une colombe qui a les aîles argentées, & dont les plumes de derriere sont éclatantes comme l'or*. Cet enfant *qu'on nourrit de beure & de lait, & qu'on*

Cant. 3. 1.
Ibid. 5. 2.

Ibid. 3. 2.

Ibid. 7. 12.
Psal. 67. 14.
Isai. 7. 15.

éleve *sur des montagnes tres-fertiles*, deviendra bien-tôt grand, & ne tardera guére à *dépoüiller vos ennemis, à enlever toutes les richesses de Damas, & à triompher du Roi d'Assirie.*

On m'a dit que vous aviez fait bâtir un hôpital à Porto, & planté sur les côtes d'Italie ᵃ un rejetton de l'Arbre d'Abraham. Vous vous êtes campé, comme autrefois Enée, sur les bords du Tibre ; & où cet illustre fugitif fut contraint par la faim à manger les croutes fatales qui lui servoient de table, là vous avez bâti une ᵇ *Bethléem*, c'est-à-dire, une *maison de pain*, où les pauvres après avoir souffert long-tems la faim, reçoivent sans aucun retardement de quoi subvenir à leurs besoins. Courage, mon cher Pammaque, vôtre vertu n'a rien de la langueur & de la foiblesse des vertus naissantes, vous voilà déja au nombre des parfaits ; dès les premieres démarches que vous avez fait dans les voïes de Dieu, vous vous êtes élevé au comble de la perfection. C'est imiter la vertu & le détachement ᶜ du premier des Patriarches, que de tenir comme vous faites le premier rang parmi les Solitaires dans la premiere ville du monde, Que Lot, dont le nom veut dire *qui baisse*, choisisse le plat-païs pour y établir sa demeure ; qu'il prenne la gauche, & qu'il marche dans ces routes faciles & agréables figurées par ᵈ la lettre de Pythagore. Pour

Æneid. 7.

---

a Saint Jerôme fait allusion à cet arbre dont il est parlé dans la Genese c. 18. v. 4. sous lequel Abraham donna à manger aux trois Anges qui lui apparurent dans la vallée de Mambré. Ce Pere dit dans l'oraison funebre de sainte Paule, que cet arbre étoit un chaisne dont on voïoit encore la place de sô tems.
b Saint Jerôme donne à un hôpital où l'on nourrit les pauvres le nom de *Bethléem* qui signifie en Hebreu, *maison de pain.*
c Abraham.
d Nous avons déja remarqué

vous, ªallez vous ensevelir tout vivant dans les cavernes & les rochers, que l'étude de l'Ecriture sainte fasse vôtre occupation dans vôtre retraite; & après avoir triomphé des vices & calmé vos passions, goûtez dans la solitude les douceurs & la joie d'une ame tranquille & épurée des affections de la terre. Abraham étoit riche en or, en argent, en troupeaux, en terres, en meubles precieux. Il avoit un si grand nombre de domestiques, qu'en choisissant seulement les plus jeunes, il mit en un moment une armée sur pié, & défit quatre Rois qu'il avoit poursuivis jusqu'à Dan, & ausquels cinq autres Rois n'avoient osé faire tête. Après avoir souvent exercé l'hospitalité envers toutes sortes d'étrangers, il merita enfin de recevoir le Seigneur. Il ne faisoit pas servir ses hôtes par ses domestiques, de peur qu'ils ne dérobassent quelque chose à sa charité; mais regardant l'arrivée des étrangers comme une bonne fortune,

Gen. 14.

---

dans le I. volume sur la lettre à Léta, que Pythagore representoit toute la vie de l'homme sous la figure d'un Y dont la branche droite marquoit le chemin de la vertu, qui est rude & difficile; & la branche gauche, les routes du vice qui sont aisées & agreables.

a Cet endroit est si chargé d'allusions, que si on s'étoit attaché scrupuleusement à la lettre, la traduction n'en auroit pas été supportable, ni même intelligible. Voici ce que porte le texte expliqué mot à mot. *Mais pour vous, preparez vous un tombeau avec Sara dans des lieux escarpés & pierreux. Etablissez vôtre demeure proche la ville des Lettres* (il veut parler de Cariathsepher, qui veut dire en Hebreu, *Ville des lettres*. comme il est marqué au chap. des Juges v. 11. Cette ville n'est pas eloignée d'Hebron où Sara mourut & fut ensevelie: *& après avoir exterminé les Geans fils d'Enac, aïez pour heritier la joie & le ris*. S. Jerôme fait allusion à Isaac, qui en Hebreu signifie *ris*, & qui fut heritier de Sara sa mere. Il se sert de toutes ces allusions pour exhorter Pammaque à marcher dans les sentiers étroits de la vertu, à s'éloigner du monde, à s'appliquer à l'étude, à vaincre ses passions, afin de goûter tranquillement les plaisirs solides que donne la vertu.

on le voïoit seul avec Sara leur rendre tous les devoirs de l'humanité, aller choisir lui-même parmi ses troupeaux un veau gras qu'il apportoit sur ses propres épaules, laver les piés à ses hôtes, demeurer debout comme un valet pendant qu'ils mangeoient, leur servir les viandes que Sara elle-même avoit apprêtées, & n'oser par respect se mettre à table avec eux.

L'amitié que j'ai pour vous, mon tres-cher frere, m'engage à vous parler de la sorte, afin qu'après avoir donné tous vos biens à Jesus-Christ, vous vous offriez encore vous-même à lui *comme une hoſtie vivante, ſainte, & agreable à ſes yeux, pour lui rendre un culte raiſonnable & ſpirituel ;* & que vous imitiez le Fils de l'homme, qui *n'eſt pas venu pour être ſervi, mais pour ſervir,* & qui a rendu à ses serviteurs & à ses disciples, lui qui étoit leur maître & leur Seigneur, les mêmes devoirs que le Patriarche Abraham rendoit aux étrangers. L'homme peut *donner peau pour peau, & abandonner tout ce qu'il poſſede pour ſauver ſa vie ;* mais *frapez ſa chair,* dit le démon au Seigneur, *& vous verrez s'il ne vous maudira pas en face.* Nôtre ancien ennemi sçait qu'il est plus difficile de se refuser aux plaisirs qu'aux richesses. Nous quittons aisément ce qui est hors de nous ; mais la guerre que nous livrent les passions est plus à craindre. Nous délions sans beaucoup de peine les nœuds qui nous attachent aux objets exterieurs ; mais nous ne sçaurions, sans nous faire une extreme violence, rompre les liens que la nature a formés. Zachée étoit riche, & les Apôtres étoient pauvres. Celui-là après avoir rendu à ceux qu'il avoit injustement dé-

Rom. 12. 1.

Matth. 20. 28.

Job. 2. 4.

Luc. 19. 8.

XLII. Lettre

poüillez, quatre fois autant de bien qu'il leur en avoit pris, diftribua aux pauvres la moitié de ce qu'il lui reftoit, & en recevant Jesus-Christ chez lui, il merita de recevoir en même-tems la grace du falut. Cependant parce qu'il étoit petit, & qu'il ne pouvoit pas s'élever jufqu'à la perfection Apoftolique, il n'a pas été mis au nombre des Apôtres. Ceux-ci n'ont rien quitté, fi l'on a égard à ce qu'ils poffedoient dans le monde ; mais fi l'on envifage les difpofitions de leur cœur, on peut dire qu'ils ont abandonné le monde & tout ce qui le compofe. Si nous offrons à Jesus-Christ tout ce que nous poffedons, & tout ce que nous fommes ; nôtre offrande fera tres agréable à fes yeux : mais fi contens d'abandonner les dehors à Dieu, nous refervons le cœur pour le démon, ce partage fera injufte, & on nous dira :

Gen. 4. 7. *Quoique vôtre offrande foit bonne, l'injufte par-*
Sec. LXX. *tage que vous en faites ne vous rend-il pas criminel ?*

Ne faites pas vanité d'être le premier des Senateurs qui ait embraffé la vie Monaftique ; cet état ne doit vous infpirer que des fentimens d'humilité. Songez que le Fils de Dieu s'eft fait homme, & que vos humiliations, quelques profondes qu'elles puiffent être, ne fçauroient jamais aller plus loin que celles par où Jesus-Christ a paffé. Vous avez beau marcher nuds piés, vous habiller de brun, vous confondre avec les pauvres, aller chercher l'indigent jufque dans fa cabane, être l'œil des aveugles, la main des foibles, le pié des boiteux, porter vous-même de l'eau, fendre du bois, faire du feu ; tout cela eft-il compara-

ble aux liens, aux soufflets, aux crachats, aux
foüets, à la croix, & à la mort que Jesus-
Christ a soufferc ? Mais quand bien même
vous auriez fait tout ce que je viens de dire,
vous seriez toûjours en cela beaucoup inferieur
à Pauline & à Eustoquie. Si elles ne vous surpassent pas par la grandeur de leurs actions,
du moins la delicatesse de leur sexe donne à
leur vertu une distinction & un merite que la
vôtre n'a point. Je n'étois pas à Rome du vivant de [a] Toxotius vôtre beaupere, & dans le
tems que ces Dames étoient encore engagées
dans le commerce du monde : je demeurois alors
dans le desert, & plût à Dieu que je n'en fusse
jamais sorti. Mais j'ai appris qu'elles ne pouvoient aller à pié dans les ruës, tant elles les
trouvoient sales ; qu'elles se faisoient porter par
des esclaves ; que pour peu que le chemin fût
rude & inégal, elles avoient toutes les peines du
monde à y marcher ; que les habits de soye leur
paroissoient trop pesans, & que la chaleur du soleil leur étoit insupportable. Aujourd'hui on les
voit negligées & defigurées, s'élever par leur
courage au dessus des foiblesses naturelles de
leur sexe, preparer les lampes, allumer le feu,
balier les appartemens, apprêter les legumes,
mettre les herbes au pot, dresser la table, verser à boire, servir les viandes, & se donner
tour à tour à mille emplois differens. Comme
elles ont avec elles une nombreuse communauté de Vierges, ne pouroient-elles pas se reposer sur les autres de tous ces soins ? mais elles
ne veulent pas ceder le merite des exercices ex-

[a] Toxotius étoit mari de sainte Paule, & pere de Pauline que
Pammaque avoit épousée.

terieurs à des filles sur qui elles ont de si grands avantages par les vertus de l'esprit & du cœur.

Quand je vous parle de la sorte, ce n'est pas que je doute de la vivacité de vôtre zele : mon dessein est de vous exciter à fournir courageusement la carriere où vous êtes entré, & de vous animer à combattre l'ennemi que vous avez en tête.

Pour vous dire maintenant quelque chose de ce qui me regarde, vous sçaurez que nous avons bâti ici un monastere, & un hospice, afin que si Joseph & Marie viennent encore à Bethléem, ils puissent y trouver une retraite. Mais nous sommes tellement accablés de Solitaires qui viennent ici en foule de toutes les parties du monde, que nous ne pouvons ni renoncer ni fournir à l'hospitalité. Comme nous n'avons pas eu soin, selon la parabole de l'E-vangile, de *supputer la dépense qui étoit necessaire pour achever la tour que nous avions dessein de bâtir*; j'ai été obligé d'envoïer mon frere Paulinien en nôtre païs, pour vendre le reste de nôtre patrimoine, qui a échapé à la fureur des Barbares ; de peur que l'ouvrage que nous avons entrepris en faveur des étrangers venant à tomber, nous ne soïons exposés aux railleries des envieux & des médisans.

Luc 14. 28.

En finissant ma Lettre où j'ai parlé de Paule & d'Eustoquie, de vous & de Pauline, je m'apperçois que je n'ai rien dit de Blesille qui vous étoit si étroitement unie & par les liens du sang, & par la pratique de la vertu. Je la trouve ici à dire, & je me suis presque oublié de parler de celle qui est morte la premiere. De cinq que vous étiez, Blesille & Pauline sa sœur sont devant Dieu, pour vous, vous irez aisément à JESUS-CHRIST en marchant dans les voies de la perfection entre Paule & Eustoquie.

XLIII. LETTRE
ou Eloge funebre de sainte Paule.

Cette Lettre n'est qu'un Eloge ou Oraison funebre de sainte Paule. Saint Jerôme après avoir parlé de son illustre naissance, fait voir comment Elle renonça au commerce du monde, & à toutes les grandeurs du siecle, pour se consacrer entierement à Dieu. Il décrit fort au long son voïage de Rome en Palestine, où Elle se retira pour y vivre dans la separation des creatures. Il parle des Monasteres qu'Elle fit bâtir à Bethléem, de l'ordre qu'Elle y établit, & des vertus qu'Elle y pratiqua. Il fait l'éloge de son humilité, de ses mortifications, de sa douceur, de sa patience dans les adversitez, de sa charité envers les pauvres & les malades, de son détachement de toutes les choses de la terre, de la pureté de sa foi, & de l'aversion qu'Elle avoit pour les heretiques. Il finit par une description vive & touchante de sa mort & de ses funerailles. Ecrite l'an 404.

Quand tous mes membres se changeroient en autant de langues, & que je pourrois m'exprimer par toutes les parties de mon corps; il me seroit impossible de parler dignement des vertus de la sainte & venerable Paule.

XLIII. Lettre

Cette Dame si illustre par sa naissance, mais plus illustre encore par sa sainteté: si puissante dans le monde par les grandes richesses qu'Elle possedoit autrefois, mais plus recommandable aujourd'hui par la pauvreté de Jesus-Christ qu'Elle a embrassée: cette Dame sortie de la noble & ancienne famille des Gracques & des Scipions, l'heritiere du fameux Paul-Émile dont elle porte le nom, & qui en naissant reçut & le sang & les vertus de [a] Martia Papiria mere de Scipion l'Africain: cette Dame, dis-je, prefera Bethléem à Rome, & le toit rustique d'une pauvre & méchante cabane, aux lambris dorez de ses superbes & magnifiques palais.

Bien loin de regretter une personne d'un si grand merite, nous devons rendre graces à Dieu de ce que par sa bonté nous l'avons possedée, ou plûtôt de ce que nous la possedons encore; car toutes choses vivent en lui, & on ne perd rien de ce qui retourne dans son sein. Perdre sainte Paule, c'est la voir en possession d'une heureuse éternité. En effet durant sa vie mortelle, Elle regarda toûjours la terre comme un lieu d'exil. *Helas!* disoit-elle sans cesse à Dieu dans l'amertume de son cœur, *que mon exil est long! J'ai demeuré avec les habitans de Cedar; mon ame y a été long-tems étrangere:* Il ne faut point s'étonner qu'Elle se soit plaint si souvent de la dure necessité où elle se voïoit reduite de vivre au milieu des tenebres, [c'est ce que signifie le mot de *Cedar*,] puisque *le monde est plongé dans le mal; que sa lumiere est semblable à ses tenebres; que la lumiere luit dans*

Psal. 119. 5.
1. Joh. 5. 19.
Psal. 138. 12.
Joh. 1. 5.

[a] Martia Papiria étoit femme de Paul-Emile.

les ténèbres, & les ténèbres ne l'ont point comprise. Aussi disoit-elle souvent avec le Prophete Roi : *Je suis étrangere sur la terre, comme l'ont été tous mes peres*, & avec l'Apôtre saint Paul : *Je souhaite de me voir degagée des liens du corps, & d'être avec* JESUS-CHRIST. Lors qu'elle étoit affligée de quelque maladie, que lui causoient ordinairement ses jeûnes excessifs & ses incroïables austeritez ; Elle avoit sans cesse ces paroles à la bouche : *Je traite rudement mon corps, & le reduis en servitude, de peur qu'aïant instruit les autres, je ne sois reprouvée moi-même. Il est bon de ne point boire de vin, & de ne point manger de chair. J'ai affligé mon ame par le jeûne. Vous avez remué tout mon lit dans ma maladie. Je me suis tournée de tous côtez dans mon affliction, pendant que j'étois percée par la pointe des épines.* Au fort de ses douleurs, qu'elle souffroit avec une patience digne d'admiration, Elle disoit comme si Elle eût vû les Cieux ouverts pour la recevoir : *Qui me donnera des aîles comme celles de la colombe, afin que je m'envole & que je trouve un lieu de repos ?*

Psal. 38. 13.

Phil. 1. 23.

1. Cor. 9. 27.

Rom. 14. 21.

Psal. 34. 13.
Psal. 40. 4.
Psal. 31. 4.

Psal. 54. 7.

Je prens à témoins JESUS-CHRIST, ses Saints, & l'Ange même qui a toûjours gardé & accompagné cette femme admirable, que je ne lui donne point ici de loüanges flateuses & interessées : je ne fais que rendre justice à sa vertu, & tout ce que j'en pourrai dire sera toûjours beaucoup au dessous du merite de cette illustre Veuve, qui est estimée de tout le monde, admirée des Evêques, regrettée des Vierges, pleurée par tous les Solitaires & tous les pauvres. Voulez-vous, mon cher Lecteur, que je vous donne en peu de mots une juste idée de ses vertus ? Elle a laissé tous les siens pauvres ; & elle est morte plus pauvre qu'eux. Il ne faut point s'étonner qu'Elle en ait usé de la sorte à l'égard de ses proches & de ses domestiques, qu'Elle regardoit comme ses freres & ses sœurs ; puisqu'oubliant la grandeur de sa naissance, Elle n'a laissé que la foi & la grace pour tout heritage à sa fille Eustoquie, qui s'est consacrée à Jesus-Christ par le vœu de virginité, & à laquelle je consacre moi-même cet ouvrage, pour la consoler de la perte qu'elle a faite d'une mere qui lui étoit si chere.

Commençons donc l'histoire de sa vie. Que d'autres remontant jusqu'à son berceau, & pour ainsi dire jusqu'aux premiers amusemens de son enfance, relevent sa gloire par les vertus de sa mere Blesille, qui descend des Scipions & des Gracques ; & par la noblesse de Rogatus son pere, qui par son illustre naissance, par ses grandes richesses, & par les armes de sa maison, passe encore aujourd'hui presque dans toute la Grece pour être du sang de ce fameux Agamemnon, qui après un siege de dix ans ensevelit la ville de Troye sous ses propres ruines : pour moi je ne loüerai en Elle que son merite personnel, & je tirerai du fond de son propre cœur, comme d'une source tres pure, la matiere de son éloge.

Les Apôtres aïant demandé à Jesus-Christ quelle recompense ils recevroient de lui, eux qui avoient tout abandonné pour le suivre ; il leur répondit qu'il leur donnent le centuple en ce monde, & la vie éternelle en l'autre. Ce qui fait voir que le merite ne consiste pas à posseder

der de grandes richesses, ni à s'élever au faîte des grandeurs humaines; mais à les méprifer pour suivre Jesus-Christ, & pour servir Dieu avec plus de fidelité. Ce que le Sauveur a promis à ceux qui le servent, Paule l'a veritablement reçû dès cette vie, puisque le mépris qu'elle a fait de la pompe & de la gloire d'une seule ville, lui a attiré l'estime & les applaudissemens de tout l'univers. Lorsqu'elle demeuroit à Rome, Rome seule la connoissoit; mais depuis qu'elle s'est cachée dans la petite ville de Bethléem, elle est devenuë l'admiration & des Nations étrangeres, & de tout l'Empire Romain. En effet, est-il quelque Nation sur la terre qui ne vienne pas visiter les Lieux Saints? or tous ceux qui y viennent, qu'y trouvent-ils de plus digne d'admiration que Paule? Semblable à un riche diamant qui parmi plusieurs autres pierreries jette un éclat qui les efface tous; ou à un soleil qui par sa lumiere fait disparoître la foible lueur des étoiles, elle obscurcit par son humilité la gloire & les vertus de tous les autres. Elle merita de tenir le premier rang, parce qu'elle voulut toûjours occuper le dernier; Jesus-Christ prenant plaisir à l'élever à mesure qu'Elle s'abbaissoit. Le soin qu'elle avoit de se cacher aux yeux des hommes, ne servoit qu'à la faire mieux connoître. Elle s'attiroit leur estime en la fuïant: car la gloire suit la vertu, comme l'ombre fait le corps; & comme elle s'éloigne de ceux qui la poursuivent, aussi cherche-t-elle ceux qui la méprisent.

Mais je m'apperçois que je ne garde ici aucun ordre dans mon discours, & qu'en m'arrêtant à chaque action en particulier, je m'écarte insensiblement des regles de l'art. Paule donc étant d'une naissance si illustre, fut mariée à Toxoce qui descendoit d'Enée, & de l'ancienne & noble famille de Jules. De là vient que sa fille Eustoquie, cette Vierge consacrée à JESUS-CHRIST, porte le nom de Julie : Toxoce son pere s'appelloit aussi Jule,

Æneid. 1. *Nom celebre & fameux venant du Grand* ^a *Iüle.*

Quand je parle de la sorte, je ne pretens pas tant relever le merite de Paule par l'éclat de sa naissance, que par le mépris qu'Elle en a fait. Les gens du monde estiment & honorent ceux qui se distinguent dans le siecle par l'ancienneté de leur noblesse, & par la grandeur de leurs Ancêtres : pour moi je ne loüe que ceux qui en méprisent toute la gloire pour l'amour de JESUS-CHRIST. J'estime peu ceux qu'une illustre naissance éleve au dessus du commun ; mais dès qu'ils se dépoüillent de tout l'éclat qui les environne, je les juge dignes de l'admiration & des applaudissemens de tous les hommes.

Paule donc qui comptoit tous ces grands hommes parmi ses Ayeux, merite par sa fecondité & par sa chasteté l'estime & les loüanges, premierement de son mari, & ensuite de ses parens & de toute la ville. Elle eut de Toxoce cinq enfans, sçavoir Blesille, sur la mort de laquelle je lui écrivis une Lettre de condoleance dans le tems que j'étois à Rome : Pau-

a C'est le nom que portoit Ascanius fils d'Enée.

line qui fut mariée à Pammaque, ce grand homme qui a été l'heritier de ses biens & de sa pieté, & à qui j'ai dédié un petit ouvrage que j'ai composé exprès pour le consoler de la mort de son illustre Epouse ; Eustoquie, qui par la vie qu'Elle mene dans la Palestine, est l'ornement des Vierges & la richesse de l'Eglise ; Ruffine, qui aïant été enlevée dès sa jeunesse par une mort precipitée, laissa sa mere dans un accablement qu'on ne sçauroit exprimer ; & Toxoce, qui fut le dernier de ses enfans, comme si elle n'eût usé du mariage que pour plaire à son mari, qui souhaitoit avec passion d'avoir un fils. Lors qu'elle perdit son mari, elle fut penetrée d'une douleur si vive, qu'elle en pensa mourir : mais en même-tems Elle se consacra au service de JESUS-CHRIST avec tant de ferveur, qu'il sembloit qu'elle avoit souhaité la mort de son époux, afin de servir Dieu avec plus de liberté.

Que dirai-je de cette charité sans bornes qui lui fit répandre dans le sein des pauvres ces grands biens & ces richesses immenses que possedoit autrefois sa famille ? de cette douceur charmante avec laquelle elle recevoit tous ceux qui l'approchoient ? de cette bonté qu'elle avoit pour ceux même qui lui étoient inconnus ? Est-il mort un pauvre à qui elle n'ait fourni dequoi l'ensevelir ? Est-il un malade qu'Elle n'ait pas secouru dans ses besoins ? Toûjours occupée à chercher & à découvrir tous les pauvres de la Ville ; elle s'estimoit malheureuse si d'autres qu'elle les soulageoient dans leurs maladies, ou les secouroient dans leurs miseres. Elle dépoüilloit ses propres enfans, pour assister les pauvres ; & lors que ses parens se plaignoient de sa conduite, & lui reprochoient l'excès de ses charitez, elle répondoit qu'elle ne vouloit laisser à ses enfans pour tout heritage que la misericorde du Seigneur, heritage plus precieux & plus solide que toutes les richesses de la terre.

Les frequentes visites que son rang & sa naissance lui attiroient, lui devinrent bien-tôt à charge. Fatiguée & chagrine des honneurs qu'on lui rendoit, elle songea à se dérober au plûtôt aux loüanges & aux applaudissemens des hommes. [a] Les Empereurs aïant donc fait assembler à Rome les Evêques d'Orient & d'Occident pour regler quelques affaires qui troubloient la paix de l'Eglise ; Paule vit deux illustres Prelats qui étoient l'ornement de leur siecle, sçavoir Paulin Evêque d'Antioche, & Epiphane Evêque de Salamine en Cypre, que l'on appelle aujourd'hui *Constance*. Saint Epiphane logea chez elle, & quoique Paulin fut logé ailleurs, elle le traita avec autant de bonté & de generosité que s'il avoit logé chez elle. La vertu de ces deux grands Hommes redoubla son zele, & lui inspiroit à tout moment le desir de quitter le lieu de sa naissance. Oubliant sa maison, ses enfans, sa famille, ses biens, & toutes les choses de la terre, elle avoit un saint empressement de se retirer seule & sans suite dans les deserts que les Pauls & les Antoines

---

[a] Gratien, Valentinien le jeune, & Theodose. Ce Concile fut assemblé l'an 382. pour appaiser les troubles de l'Eglise d'Antioche, où les Catholiques mêmes étoient divisés en deux factions, dont l'une reconnoissoit pour Evêque, Paulin, & l'autre Flavien qui avoit été ordonné en 381. à la place de Melece.

ont sanctifiez par leur retraite. Enfin l'hiver étant passé, la saison étant propre à la navigation, & ces grands Evêques retournant à leurs Eglises, elle les suivit par ses vœux & par ses desirs. En un mot, elle descendit sur le port, accompagnée de son frere, de ses cousins, de ses parens; & même de ses enfans, qui tâchoient de toucher & de vaincre leur bonne mere par les marques les plus sensibles de leur pieté & de leur tendresse.

Déja l'on déploïoit les voiles, & le vaisseau qu'elle montoit commençoit à prendre le large. Le petit Toxoce lui tendoit les mains de dessus le rivage; & Ruffine qui étoit prête à marier, la conjuroit par son silence & par ses larmes, de remettre après ses nôces l'execution de son dessein. Mais Paule surmontant par sa pieté envers Dieu la tendresse qu'elle avoit pour ses enfans, levoit les yeux au ciel sans répandre une seule larme. Elle oublioit qu'elle étoit la mere, pour faire connoître qu'elle étoit servante de JESUS-CHRIST. Son cœur étoit en proye aux tourmens les plus sensibles, & se sentant comme déchirer par cette cruelle separation, elle s'efforçoit de soutenir tout le poids de sa douleur; d'autant plus admirable en cela, qu'elle surmontoit les sentimens les plus vifs & les plus tendres qu'inspire la nature. Rien ne paroît plus cruel à un pere & à une mere qui sont tombez entre les mains de leurs ennemis, & reduits à une dure servitude, que de se voir arracher à leurs enfans. Mais cette separation si cruelle & si sensible à la nature, Paule la souffroit avec une foi veritablement Chrétienne. Que dis-je? Elle la souhaitoit avec

G iij

passion, & la goûtoit avec joie ; faisant ceder à l'amour qu'elle avoit pour Dieu, la tendresse qu'elle sentoit pour ses Enfans ; & Eustoquie seule, qui avoit voulu être la compagne de son voïage & de sa retraite, lui tenant lieu de toutes les choses dont elle s'étoit separée.

Cependant son vaisseau s'avançoit toûjours en pleine mer, & tous les autres passagers regardant du côté du rivage, elle seule en détournoit les yeux, de peur d'y voir des personnes qui lui étoient si cheres, & dont la vûë faisoit sur son cœur des impressions si vives & si sensibles. Car il faut avoüer que jamais mere n'eut tant de tendresse pour ses enfans. Avant que de partir, elle leur donna tout ce qu'elle possedoit, se desheritant elle-même sur la terre, afin de s'assurer l'heritage du ciel.

Etant arrivée à l'Isle de Pontia, si celebre par l'exil de l'illustre Flavie Domitille, qui y avoit été autrefois releguée pour la Religion, sous l'Empire de Domitien ; & voïant les petites cellules où cette genereuse Vierge avoit souffert un long martyre ; elle se sentit si fort embrasée du desir de voir les Lieux Saints & la ville de Jerusalem, qu'on eût dit qu'elle étoit soutenuë & portée par les aîles de la Foi. Les vents souffloient trop foiblement à son gré, & quelque diligence qu'elle fit, il lui sembloit toûjours qu'elle alloit trop lentement. S'étant embarquée sur la mer Adriatique, & passant entre les promontoires de Scylle de Caribde, elle arriva à ᵃ Methone par un si grand calme, que la mer étoit aussi unie qu'un étang. Après s'y être un peu delassée des fatigues de la mer,

---

ᵃ Ville de la Morée qu'on appelle aujourd'hui *Modon*.

elle passa le promontoire de Malée, l'Isle de
ᵃ Cithere, & les autres Isles de l'Archipel;
& laissant à côté Rhode & la Lycie, elle arriva en l'Isle de Cypre, où elle se jetta aux pieds
de saint Epiphane, qui la retint dix jours chez
lui. Elle emploïa tout ce tems-là, non pas à
se reposer, comme le pensoit ce saint Evêque,
mais à faire de bonnes œuvres, comme on l'a
sçû depuis: car étant allée visiter tous les Monasteres de cette Isle, elle assista selon son pouvoir tous les Solitaires que la reputation de ce
grand homme y avoit attirez de toutes les parties du monde. De Cypre Elle alla en peu de
jours à Seleucie, & de là à Antioche, où le
saint Confesseur Paulin lui fit tant d'honnêtetez, qu'elle ne pût se dispenser d'y faire quelque sejour. Enfin cette Dame si distinguée par
sa naissance, & qui autrefois se faisoit porter
par ses esclaves, partit d'Antioche au milieu de
l'hiver, montée sur un âne, & surmontant par
l'ardeur de sa foi la rigueur de la saison.

Je ne dis rien de la Celesyrie & de la Phenicie par où elle passa, car je n'ai pas dessein
de faire ici une relation exacte de son voïage;
de tous les lieux qu'elle a vû, je ne parlerai
que de ceux dont il est fait mention dans l'Ecriture sainte. Aïant laissé la ville de ᵇ Berite,
qui est une colonie Romaine, & l'ancienne
ville de Sidon, elle entra dans la ᶜ petite tour
d'Elie, qui est aux portes de Sarepta. Elle y
adora le Seigneur, & continuant son chemin

a Aujourd'hui *Cerignes*, les gens du païs l'appellent *Cerigo.*
b Aujourd'hui *Barut.*
c On avoit bati cette petite Tour dans l'endroit où une veuve de Sarepta donna à manger au Prophete Elie dans un tems de secheresse & de famine, comme il est marqué au 3. liv. des Rois ch. 17

le long du rivage de Tyr, où l'Apôtre saint Paul avoit fait autrefois sa priere à genoux, elle arriva à la ville de ᵃ Coth, que l'on appelle aujourd'hui Ptolemaïde. De là passant par la plaine de Mageddo, où Josias fut tué, elle entra sur les terres des Philistins. Elle ne pût voir sans étonnement les ruines de Dor, qui avoit été autrefois une ville tres considerable. Elle ne fut pas moins surprise des beautez de la Tour de Straton, qui par une destinée plus heureuse avoit été rebâtie par ᵇ Herode Roi des Juifs, & nommée Cesarée en l'honneur de César Auguste. Là elle vit la maison de Corneille, qui avoit été changée en une Eglise ; & le logis de Philippe, avec les chambres de ses quatre filles, dont la virginité avoit été recompensée par le don de Prophetie. Elle passa ensuite par Antipatride, ville qu'Herode avoit fait bâtir ; & qu'il avoit ainsi appellée du nom de son pere Antipater ; mais qui à present n'est plus qu'un petit bourg à demi ruiné. De là elle alla à Lidde, qu'on nomme aujourd'hui *Diospolis*, ville fameuse par ᶜ la resurrection de Dorcas, & par la guerison d'Enée. Assez près de là elle vit le bourg d'Arimathie, lieu de la naissance de Joseph qui ensevelit nôtre Seigneur, & la ville de Nobé, autre-

Act. 21. 5.

4. *Reg.* 23. 29.

Act. 9.

---

a Il n'est fait aucune mention dans toute l'Ecriture de la Ville de Coth. Ce qui fait croire qu'il faut lire *Accho* ville de la Tribu d'Aser dont il est parlé Jud. 1. 31. Elle s'appelloit Ptolomaïde du tems de S. Jerôme ; aujourd'hui on l'appelle *Acre*.

b Herode l'Ascalonite sur- nommé le Grand.

c Ceci ne s'accorde pas toutà-fait avec ce que dit S. Luc dans les Actes des Apôtres. Car ce fut dans la ville de Joppé que saint Pierre resuscita Dorcas ou *Tabithe* ; & dans la ville de Lidde qu'il guerit Enée qui étoit paralytique.

fois ᵃ la demeure des Prêtres, & qui aujourd'hui leur sert de tombeau. Elle alla voir aussi le port de Joppé, où Jonas s'embarqua pour fuir de devant la face du Seigneur; & où ᵇ Andromede (pour toucher ici en passant quelque chose de la fable) fut liée à un rocher. *Jon.* 1. 2.

Reprenant ensuite le chemin de Jerusalem, elle alla à *Nicopolis*, qu'on appelloit auparavant *Emmaüs*, où le Sauveur se fit connoître à deux de ses disciples dans la fraction du pain, & changea la maison de Cléophas en Eglise. *Luc* 24. 35. De là elle vint à Bethoron, où il y a une haute & basse ville, bâties par Salomon, mais qui depuis ont été ruinées par les guerres. Sur la droite elle vit les villes d'Ailon & de Gabaon, où Josué aïant donné bataille à cinq Rois, arrêta le cours du soleil & de la lune, & condamna les Gabaonites à porter de l'eau & à couper du bois, pour les punir de la mauvaise foi & de la fourberie dont ils avoient usé pour faire alliance avec le peuple d'Israël. *Jos.* 9. & 10. Elle s'arrêta quelque tems à Gabaa, qui est une ville entierement détruite. Ses ruines la firent souvenir du crime énorme que ses habi-

---

a S. Jerôme fait ici allusion à ce qui est rapporté au 1. livre des Rois chap. 22. Que Saül irrité de ce que le Grand Prêtre Abimelech avoit donné retraite à David dans la ville de Nobé, fit égorger par Doëg 85. hommes qui portoient l'éphod; & passer au fil de l'épée tous les habitans de Nobé, qui étoit une ville Sacerdotale.

b Voici comme Ovide rapporte cette fable dans le quatriéme des Metam. Cassiopé mere d'Andromede, aïant été assez vaine pour préferer la beauté de sa fille à celle des Nereïdes, ces Nymphes irritées de son mépris, prierent Neptune de les venger. Ce Dieu pour servir leur colere, envoïa un monstre qui desola tout le païs. L'Oracle qu'on consulta pour sçavoir comment on appaiseroit les Dieux, répondit qu'il falloit exposer Andromede sur un rocher, pour être la proye d'un monstre marin. Mais Persée la delivra de ce danger.

Jud. 19. & tans commirent autrefois; de cette femme que
20. son mari coupa par morceaux, & de l'entiere défaite des Benjamites, dont neanmoins il resta six cens hommes, à cause que l'Apôtre saint Paul devoit un jour sortir de cette Tribu. Enfin aïant laissé sur la gauche le tombeau d'Helene Reine des Adiabeniens, qui dans un tems de famine envoïa des bleds aux pauvres de Jerusalem, Paule entra dans cette Ville, qui a eu trois noms differens, sçavoir *Jebus*, *Salem*, & *Jerusalem*, & qu'on appelle aujourd'hui *Ælia*, du nom de l'Empereur Ælie Adrien, qui l'a fait rebâtir.

Le Proconsul de Palestine qui sçavoit que Paule étoit d'une des plus illustres familles de l'Empire Romain, lui fit préparer un appartement dans le Palais; mais elle voulu aller loger dans une petite maison écartée, & qui n'avoit nulle apparence. Elle visita tous les lieux de la Ville avec tant d'ardeur & de zele, qu'il n'y avoit que le desir & l'impatience de voir ceux qu'elle n'avoit point encore vûs, qui pût l'arracher de ceux où elle étoit. Prosternée devant la Croix, elle y adora le Sauveur avec autant de devotion, que si elle l'y eût vû attaché. Etant entrée dans le saint Sepulcre, elle baisa la pierre que l'Ange renversa lors que JESUS-CHRIST sortit du tombeau; & attachant sa bouche sur le lieu où le corps du Sauveur avoit reposé, elle le suçoit, comme si elle eût voulu se desalterer avec les eaux d'une agreable fontaine. Toute la ville de Jerusalem, & JESUS-CHRIST même à qui elle adressoit ses prieres & ses vœux, sont témoins des larmes qu'elle repandit, des soupirs qu'elle poussa, & de la douleur dont elle se sentit penetrée dans ce lieu saint. De là elle monta à la citadelle de Sion, que David avoit fait rebâtir, après l'avoir prise d'assaut. L'Ecriture sainte parlant de la prise de cette ville, dit: *Malheur à toi, ô Ariel,* (c'est-à-dire, *Lion de Dieu & ville tres forte* ;) *Malheur à toi, ville que David a prise d'assaut.* Mais lors qu'elle parle de cette même ville après qu'elle eut été rebâtie par David: *Ses fondemens,* dit-elle, *sont posez sur les saintes montagnes; le Seigneur aime les portes de Sion plus que toutes les tentes de Jacob.* Par ces portes on ne doit point entendre celles que nous voïons aujourd'hui reduites en cendres, & ensevelies sous leurs propres ruines ; mais celles contre lesquelles l'enfer ne sçauroit prévaloir, & par où entre la multitude des fidelles qui croient en JESUS-CHRIST. Là on lui fit voir la colomne où le Fils de Dieu avoit été attaché & flagellé : elle servoit à soûtenir le portail d'une Eglise, & elle étoit encore toute teinte du sang du Sauveur. On lui montra encore le lieu où les Fidelles au nombre de six vingt étoient assemblés lors que le saint Esprit descendit sur eux, selon la prédiction du Prophete Joël. Ensuite aïant distribué selon son petit pouvoir quelques aumônes aux Chrétiens & aux pauvres de Jerusalem, Elle alla à Bethléem.

Isaï. 29. 1.

Psal. 86. 1.

En passant elle s'arrêta au tombeau de Rachel que l'on trouve sur la droite, dans l'endroit même où elle accoucha d'un fils qu'elle nomma en mourant *Benoni,* c'est-à-dire, *enfant de ma douleur;* & que son pere inspiré d'enhaut appella *Benjamin,* c'est-à-dire, *enfant*

Gen. 35. 18.

108　XLIII. Lettre

de ma droite. Etant enfuite entrée dans Bethléem, elle alla vifiter la creche du Sauveur. A la vûë de ce lieu facré qui avoit fervi de retraite à la fainte Vierge ; où *le bœuf,* comme parle Ifaïe, *avoit connu celui à qui il eft ; & l'âne l'étable de fon maître ;* & où l'on avoit vû l'accompliſſement de ce que dit le même Prophete : *Heureux celui qui feme fur le bord des eaux, où le bœuf & l'âne travaillent :* A la vûë, dis-je, d'un lieu fi faint, elle me protefta qu'elle voïoit des yeux de la foi l'Enfant Jefus envelopé de langes, crier dans cette étable, les Mages adorer le Sauveur, l'étoile briller fur fa creche, une Vierge devenir Mere, S. Jofeph donner tous fes foins à ce divin Enfant, les Bergers venir durant la nuit admirer les merveilles de fa naiſſance, & être les premiers témoins de ce que dit faint Jean : *Au commencement étoit le Verbe, . . . & le Verbe a été fait chair.* Il lui fembloit voir encore des enfans égorgés, Herode tranſporté de fureur, Jofeph & Marie fuïant en Egypte. Alors ne pouvant

» retenir fes larmes que la joie lui faifoit repan-
» dre: Je vous faluë, difoit-elle, ô Bethléem,
» ᵃ *Maifon de pain,* dans laquelle eft né *le pain*
» *qui defcend du ciel.* Je vous faluë, Ephrata,
» ᵇ terre abondante & fertile, & dont Dieu mê-
» me eft le fruit. C'eft de vous que le Prophe-
» te Michée difoit autrefois : *Et vous Bethléem,*
» *maifon d'Ephrata, vous n'êtes pas la plus pe-*
» *tite d'entre les* ᵃ *principales Villes de Juda, car*

Ifai. 1. 3.

Ibid 32.20.
Sec. LXX.

Joh. 1.

Mich. 5.
2.

---

a Bethléem en Hebreu fignifie, *Maifon de pain.*
b Ephrata, veut dire, *fertile, abondante.* La ville de Bethléem, qui eft dans la Tribu de Juda, s'appelloit auffi Ephrata, pour la diftinguer d'une autre Bethléem qui eft dans la Tribu de Zabulon.

c La Lettre porte, *entre les*

c'est de vous que sortira celui qui doit regner dans Israël, dont la generation est dès le commencement, dès l'éternité. C'est pour cela que Dieu ᵃ conservera les siens jusqu'au tems de celle qui doit enfanter ; elle enfantera ; & alors ceux d'entre ses freres qui seront restez, se convertiront & se joindront aux enfans d'Israël. C'est dans vôtre sein qu'a pris naissance un Prince qui a été engendré avant l'étoile du matin, & qui est né de son Pere avant tous les tems. Vous avez vû regner chez vous la Maison de David, jusqu'à-ce qu'une Vierge ait enfanté, & que les restes de ceux qui croïoient en JESUS-CHRIST, s'adressant aux Enfans d'Israël, leur aïent dit avec une sainte hardiesse : *Vous étiez les premiers à qui il faloit annoncer la parole de Dieu ; mais puisque vous la rejettez, & que vous vous jugez vous-mêmes indignes de la vie éternelle, nous nous en allons presentement vers les Gentils.* Car le Seigneur avoit dit : *Je n'ai été envoïé que pour les brebis perduës de la Maison d'Israël.* Et c'est alors qu'on a vû l'accomplissement de cette prophetie de Jacob : *Il y aura toûjours un Souverain de la Maison de Juda, & un Prince de sa posterité, jusqu'à-ce que celui à qui le Roïaume appartient soit venu ; & c'est lui qui sera l'attente des Nations.* Da-

Psal. 109 3.

Act. 13. 46.

*Matth.*15. 24.

Gen. 49. 10. *Sec.* LXX.

---

mille, c'est-à-dire, selon quelques-uns, entre les villes capables de fournir mille hommes de guerre.

ᵃ Il y a dans le texte : *Propterea dabit eos*, c'est-à-dire, selon Menoch, Sacy, & les critiques d'Angleterre : *C'est pour cela que Dieu abandonnera les siens.* Mais on a jugé plus à propos de traduire : *c'est pour cela que Dieu conservera les siens.* Car c'est ainsi que S. Jerôme explique ce passage dans ses Commentaires sur Michée, & même dans la suite de cette Lettre, où il dit, Que la Maison de David a subsisté jusqu'à l'enfantement d'une Vierge. C'est aussi le sens que Lyranus, Tirin, & quelques autres Interpretes donnent à ce passage.

» vid avoit bien raison de faire ce vœu & ce ser-
» ment : *Que je perisse si j'entre dans mon Palais,* Psal. 131.
» *si je monte sur le lit où je dois coucher; si je* 3.
» *permets à mes yeux de dormir & à mes paupie-*
» *res de sommeiller; si je repose ma tête, jusqu'à*
» *ce que j'aye trouvé une demeure au Seigneur,*
» *& un tabernacle au Dieu de Jacob.* Et expli-
» quant ensuite sa pensée, comme s'il eût vû des
» yeux de l'esprit l'avenement du Messie qui est
» venu, comme nous le croïons aujourd'hui ; il
» ajoûte aussi-tôt : *Nous avons ouï dire qu'il est* Ibid. ℣. 6.
» *à Ephrata, nous l'avons trouvé dans les forêts.*
» Car vous m'avez appris vous-même ; me disoit-
» elle, en s'adressant à moi, que la lettre *Vau,*
» qui est dans le mot Hébreu, marque le mas-
» culin & non pas le feminin, & qu'ainsi ce pas-
» sage doit s'entendre de Jesus-Christ, &
» non pas de la sainte Vierge. C'est pour cela que
» le Prophete dit avec assurance : *Nous entrerons* Ib. ℣. 7.
» *dans son Tabernacle, nous l'adorerons dans le*
» *lieu où il a posé ses pieds.* Par quelle heureuse
» destinée ; moi qui ne suis qu'une miserable pe-
» cheresse, ai-je été jugée digne de baiser la crê-
» che où le Sauveur est né, & de prier dans l'é-
» table où une Vierge l'a mis au monde? *C'est* Ib. ℣. 14.
» *ici le lieu de mon repos ; parce que c'est la patrie*
» *de mon Seigneur : J'établirai ici ma demeure,*
» *parce que c'est le lieu que le Sauveur a choisi.* Ib. ℣. 17.
» *J'ai préparé une lampe à mon Christ. Mon ame* Psal. 21.
» *vivra pour lui, & ma race le servira.* 31.

Paule étant sortie de Bethléem, alla voir une
tour qui n'en est pas éloignée, & qu'on appelle *la Tour d'Ader,* c'est-à-dire, *du troupeau.*
Elle est bâtie à l'endroit où Jacob fit autrefois Gen. 35. 21.
paître ses troupeaux, & où des Bergers qui

veilloient durant la nuit meriterent d'entendre
ce Cantique celeste: *Gloire à Dieu au plus haut* Luc 2. 14.
des Cieux, & paix sur la terre aux hommes
cheris de Dieu. Pendant qu'ils gardoient leurs
troupeaux, ils trouverent l'Agneau de Dieu, Jud. 6. 37.
dont la toison tres-pure étoit remplie de la
rosée du ciel, tandis que le reste de la terre
étoit dans la secheresse; & qui par son sang
appliqué sur les portes des veritables Israëli- Exod. 12.
tes, a écarté l'Exterminateur de l'Egypte, &
effacé les pechez du monde. Après avoir vû
la Tour d'Ader. Elle prit promptement l'ancien chemin de la ville de Gaza, meditant en
particulier & dans un profond silence sur l'heureuse conversion de l'Eunuque d'Ethiopie, qui Act. 8. 28.
étoit la figure des Gentils, & qui en lisant
l'Ancien Testament merita de trouver la fontaine de l'Evangile. De là tirant sur la droite,
& laissant la ville de Bethsur, elle vint à Es-
col, qui signifie *grappe de raisin.* C'est de là Num. 13.
que ceux que Moïse avoit envoïés pour recon- 24.
noître le païs de Chanaan, rapporterent une
grappe de raisin d'une grosseur prodigieuse,
qui étoit tout-à-la-fois & une marque de la
fertilité de cette terre, & une figure de celui
qui dit: *J'ai été seul à fouler le vin, sans qu'au-*
cun homme d'entre tous les peuples fût avec moi. Isaï. 63. 3.
Après avoir fait encore un peu de chemin,
elle entra dans les cellules de Sara, & vit le
lieu où Isaac étoit né, & le tronc du chesne
sous lequel Abraham *vit le jour du Seigneur,* Joh. 8. 56.
& s'en réjouit. De là elle alla à Hebron, qui
s'appelloit autrefois *Cariath-arbé,* c'est-à-dire,
la ville des quatre hommes, sçavoir Abraham,

Isaac, Jacob, & [a] le grand Adam, que les Hebreux croïent être enseveli en ce lieu-là, comme il est marqué dans le livre de Josué; quoique plusieurs disent que le quatriéme de ces grands Hommes, est [b] Caleb dont on voit le tombeau à côté. Elle ne voulut point aller à Cariat-sepher, c'est-à-dire, [c] *la ville des Lettres*; parce que méprisant la lettre qui tuë, elle avoit trouvé l'esprit qui vivifie. Ce qu'elle admira le plus, fut les eaux qui arrosent le haut & le bas de la terre qu'Othoniel fils de Jephoné-Cenez avoit obtenuë à la place d'une terre séche & sterile qu'on lui avoit donnée du côté du midi, & qui se répandant avec abondance sur les champs secs & arides du premier Testament, lui avoient fait trouver dans les eaux salutaires du batême la remission de ses anciennes iniquitez. Le lendemain dès que le soleil fut levé, elle monta sur les hauteurs de Caphar-barucha, qui veut dire *bourg de benediction*: Abraham accompagna jusque-là les Anges qui lui apparurent en la vallée de Mambré. De là découvrant cette vaste solitude, & tout le païs où étoient autrefois les villes de

c. 14. ⅴ. 15.

Jos. 15. 15.

Jud. 1. 15.

[a] S. Jerôme parle ici selon la tradition des Hebreux. Le texte de l'Ecriture qui porte: *Adam maximus ibi inter Enacim situs est*, a donné lieu à cette opinion, que quelques Peres ont suivie. Mais la plûpart des Interpretes conviennent que le mot *Adam* ne signifie point en cet endroit le premier de tous les hommes, mais un homme en general; & que le sens du passage de Josüé, est que la ville d'Hebron s'appelloit auparavant Cariath-Arbé, c'en-à-dire, la ville d'Arbé, du nom d'un homme nommé *Arbé*, fameux parmi les Geans pour sa grandeur & pour sa force, & que cet homme y étoit enseveli.

[b] Josüé avoit donné la ville d'Hebron à Caleb pour son partage.

[c] Cette ville étoit comme le Collége & l'Academie ou l'on enseignoit les Lettres pour les Chananéens.

Sodome,

Sodome, de Gomorre, d'Adama, & de Seboïm; Elle considera les vignes d'Engaddi, si fecondes en baume; & la ville de Segor, que l'Ecriture compare à une genisse de trois ans: on l'appelloit auparavant *Bala*, & depuis on l'a appellée en Syriaque *Zoara*, c'est-à-dire *Petite*. Paule se ressouvint alors de la caverne où Lot se retira pour éviter l'embrasement de Sodome; & ne pouvant retenir ses larmes, elle avertit les Vierges qui l'accompagnoient de fuir le vin, source malheureuse de la lumiere & de la dissolution, qui ont donné naissance aux Ammonites & aux Moabites.

Isai. 15. 5.

Gen. 19.

Mais c'est trop de nous arrêter du côté du ᵃ Midi où l'Epouse trouva son Epoux qui reposoit, & où Joseph regala ses freres. Revenons à Jerusalem, & passant par Thecüé, lieu de la naissance du Prophete Amos, allons considerer le mont des olives, tout brillant de la gloire du Seigneur, qui monta de là vers son Pere. C'est sur cette montagne qu'on immoloit tous les ans à Dieu en holocauste une vache rousse, dont la cendre servoit pour purifier le Peuple d'Israël. C'est là que des Cherubims abandonnant le Temple de Jerusalem, comme il est marqué dans Ezechiel, fonderent l'Eglise du Seigneur.

Cant. 1. 6.
Gen. 43. 16.

Num. 19.

Ezech. 10. 28.

Après avoir vû cette fameuse montagne, Paule entra dans le tombeau de Lazare; elle visita la maison de Marthe & de Marie; & alla voir le bourg de ᵇ Bethphagé, qui veut

---

ᵃ S. Jerôme fait ici une allusion à deux passages de l'Ecriture, qui paroît un peu forcée. Car le mot de *Midi* doit être pris dans le texte de la lettre, pour la contrée Meridionale; & dans les deux passages ausquels il fait allusion, il doit être pris pour l'heure de Midi, ce qui fait un sens tout different.

ᵇ Le texte porte: *Vidit Bethphage villam Sacerdotalium maxil-*

dire *Maison des machoires*, & qui étoit autrefois habité par des Prêtres. C'est là que JESUS-CHRIST monta sur un âne, & que cet animal, qui étoit la figure des Gentils, étant couvert des habits des Apôtres, souffrit le mors, & l'assujetit au joug du Sauveur. De là elle descendit tout droit à Jericho, meditant tantôt sur la dureté de ce Prêtre & de ce Levite, qui passerent sans donner aucun secours à ce malheureux dont parle l'Evangile, que des voleurs avoient couvert de playes ; tantôt sur la charité du Samaritain, (ce mot veut dire *Gardien*) qui aïant mis sur son cheval ce pauvre homme à demi-mort, le conduisit dans l'hôtellerie de l'Eglise. Elle considera en passant un lieu appellé *Adomin*, c'est-à-dire, *de sang*, parce qu'il étoit rempli de voleurs qui y commettoient une infinité de meurtres. Elle vit le sicomore où Zachée monta, effaçant par sa penitence & ses bonnes œuvres, les cruautez, les rapines & les injustices qu'il avoit commises ; & s'élevant au faîte des vertus pour voir JESUS-CHRIST dans son élevation. Elle remarqua aussi le lieu où le Sauveur rendit la vûë à deux aveugles qui étoient assis le long du chemin, & qui étoient la figure de deux peuples qui devoient croire en JESUS-CHRIST.

Luc. 10.

Matth. 20. 30.

Etant entrée dans Jericho, elle vit cette ville où Hiel qui avoit voulu la rebâtir, [a] perdit

---

larum. On a expliqué cet endroit par un autre du Commentaire de S. Jerôme sur le 21. ch. de S. Matthieu, où il dit que Bethphagé étoit autrefois un petit bourg habité par des Prêtres, & qu'il signifie *Maison des machoires*: *Quum venisset Bethphage ad domum maxillarum, qui sacerdotum viculus erat.*

a Après la destruction de Jericho, Josüé fit cette imprecation : *Maudit soit devant le Seigneur l'homme qui rebâtira la ville de Jericho : que son premier né meure lors qu'il en jettera les fonde-*

Abiram son fils aîné, lors qu'Il en jetta les fondemens; & Segub le dernier de ses fils, lors qu'il en posa les portes. Elle considera le camp de Galgala, où les enfans d'Israël furent circoncis une seconde fois? les douze pierres qu'on avoit tirées du milieu du lit du Jourdain, & qui representoient les douze Apôtres: la fontaine dont le veritable Elisée corrigea l'amertume par sa sagesse, rendant les eaux douces & fertiles, de steriles & ameres qu'elles étoient. Dès la pointe du jour, quoiqu'il fit déja extremement chaud, elle alla du côté du Jourdain. Le soleil qui se levoit, lui retraça l'idée & l'image du soleil de justice. S'étant arrêtée sur le bord de ce fleuve, elle rappella dans son esprit les grands prodiges qu'on y avoit vû autrefois; les Prêtres marcher à pied sec au milieu de son lit: ce fleuve suspendre son cours à la voix d'Elie & d'Elisée pour laisser un passage libre à ces Prophetes: JESUS-CHRIST purifier par son batême ces eaux qui avoient été corrompuës par le deluge, & souillées par la mort de tous les hommes.

3. *Reg.* 16. 34.

Jos. 5. 5.
Ibid. 4. 8.

4. *Reg.* 2. 22.

Jos. 3. 5.

4. *Reg.* 2.

Je serois trop long si je voulois parler de la vallée d'Achor, qui signifie *trouble* & confusion, où Acham fut puni de son larcin & de son avarice: & de Bethel qui veut dire *Maison de Dieu*, où Jacob pauvre & privé de toutes les commoditez de la vie, s'endormit sur la dure; & aïant mis sous sa tête une pierre qui étoit la figure de celle dont parle Zacharie, qui avoit sept yeux, & qu'Isaïe appelle *angu-*

Jos. 7. 26.

Gen 28. 11.
Zach. 3. 9.
Isaï. 28. 16.

mens; & qu'il perde le dernier de ses enfans, lors qu'il en mettra les portes. Jos. 6. 26. Cette malediction tomba plus de 500. ans après sur Hiel, qui voulut rebâtir Jericho sous le regne d'Achab, comme il est rapporté au 3. liv. des Rois chap. 16.

laire, il vit une échelle mysterieuse qui s'élevoit jusqu'au ciel, sur le haut de laquelle le Seigneur étoit appuïé, donnant la main à ceux qui montoient, & précipitant les negligens & les lâches. Lors qu'elle fut sur la montagne d'Ephraïm, elle visita avec une pieté respectueuse les tombeaux de Josüé & d'Eleazar, fils du grand Prêtre Aaron, qui sont vis-à-vis l'un de l'autre; Josüé aïant été enseveli à Thamnath-saré, qui est du côté du Septentrion du mont Gaas; & Eleazar à Gabaath qui étoit à Phinées son fils. Elle ne put alors s'empêcher d'admirer la moderation & le desinteressement de Josüé, qui en distribuant la terre de Chanaam aux Enfans d'Israël, n'avoit pris pour son partage qu'un païs de montagnes, peu propre à être cultivé.

Jos. 24. 30.

Que dirai-je de Silo, où l'on voit encore aujourd'hui les ruines de l'autel que les Israëlites y éleverent autrefois, & où ᵃ les Benjamites enleverent les filles d'Israël, de même que Romulus enleva depuis celles des Sabins? Elle alla ensuite à Sichem, que quelques-uns appellent mal-à-propos *Sichar*, & qui s'appelle aujourd'hui ᵇ *Neapolis*. Elle entra dans une Eglise que l'on a bâtie vis-à-vis la montagne

Jud. 21. 4.
Ibid. ⅴ. 3.

---

a Les Israëlites aïant exterminé presque toute la Tribu de Benjamin, pour venger l'outrage que les habitans de Gabaa avoient fait à la femme d'un Levite; & ne pouvant neanmoins voir sans douleur perir une des Tribus d'Israël, ils permirent à 600 Benjamites, qui avoient échapé à la fureur des victorieux d'enlever les filles qui devoient se trouver à une fête solemnelle qu'on celebroit tous les ans à Silo, & de les prendre pour femmes afin de conserver leur Tribu. Romulus usa d'un pareil stratagême pour peupler Rome. Il celebra des jeux en l'honneur de Neptune, & fit enlever les filles des Sabins qui étoient venuës à ce spectacle. Tit. Liv. lib. 1.

b On l'appelle aujourd'hui *Naplouse*.

de Garizim, tout proche le puits de Jacob. *Joh.* 4. 6.
C'est-là que JESUS-CHRIST épuisé par la faim
& par la soif, se reposa & se rassasia de la foi
de la Samaritaine, qui abandonnant son sixiéme mari, & renonçant au Judaïsme & aux erreurs de ᵃ Dosithée, eut le bonheur de trouver
le veritable Sauveur, & d'avoir le Messie même pour Epoux. De là elle alla voir les tombeaux des douze Patriarches, & la ville de Samarie, qu'Herode appella ᵇ Sebaste en l'honneur d'Auguste. C'est là que sont ensevelis les
Prophetes Abdias, Elisée, & Jean-Batiste, *le*
plus grand d'entre les enfans des femmes. Paule
fut frapée d'étonnement à la vûë de tous les
miracles qui se faisoient aux tombeaux de ces
Saints. Elle ne put voir sans fraïeur les démons tourmentez de differens supplices éclater
en plaintes & en gemissemens, des hommes
hurler comme des loups, aboïer comme des
chiens, rugir comme des lions, siffler comme
des serpens, mugir comme des taureaux:
d'autres tournant la tête & se pliant en deux
toucher la terre à la renverse; & des femmes demeurer suspenduës par un pié la tête
en bas. Les maux que souffroient ces miserables exciterent sa compassion; elle pleura sur
leurs miseres, & pria le Seigneur de les soulager dans leurs disgraces. Quelque foible & dé-
licate qu'elle fût, elle monta à pied au haut
de la montagne, & elle y vit les deux caver-

c Dosithée n'aïant pû obtenir parmi les Juifs le rang
d'honneur qu'il affectoit, se
rangea du côté des Samaritains,
que les Juifs regardoient comme
des heretiques. Il inventa une
nouvelle heresie qui porte son
nom, & qui est une des quatre
qui selon S. Epiphane regnoient
parmi les Samaritains.
b Du nom grec Σεβαςὸς,
qui signifie *Auguste.*

3. Reg. 18.
4.

nes où Abdias nourrit de pain & d'eau dans un tems de famine cent Prophetes que Jezabel persecutoit. De là parcourant toute cette contrée, elle vit la ville de Nazareth, où le Sauveur fut nourri & élevé durant son enfance ; celles de Cana & de Capharnaüm, témoins ordinaires des miracles qu'il y faisoit tous les jours ; le lac de Tiberiade, dont il sanctifia les eaux par sa navigation ; le desert où il rassasia plusieurs milliers de personnes avec quelques pains, dont les restes suffirent pour remplir douze corbeilles, qui étoient la figure des douze Tribus d'Israël. Elle monta sur la montagne de Thabor où JESUS CHRIST se transfigura. Elle vit de loin les montagnes d'Hermon & d'Hermoniim, & les vastes campagnes de Galilée,

Jud. 4.

où Barac defit Sisara, & tailla en pieces toute son armée. On lui montra aussi le Torrent de Cedron, qui passe au milieu de la plaine ; & la ville de Naïm où JESUS-CHRIST resuscita le fils d'une veuve.

Je n'aurois jamais fait si je voulois parler de tous les lieux que cette illustre Dame parcourut avec une foi & un zele incroïable. Passons donc en Egypte. Nous nous arrêterons quelque tems entre Sochot & le lieu où Samson fit sortir une fontaine d'une des grosses dents d'une machoire d'âne : ᵃ nous nous y

Jud. 15. 19.

rafraîchirons la bouche, & aïant repris de nouvelles forces, nous verrons Morasthi, où étoit autrefois le tombeau du Prophete Michée, &

a S. Jerôme fait ici allusion à ce que dit l'Ecriture, Jud. 15. 19. Que Samson étant pressé d'une grande soif, le Seigneur ouvrit une des grosses dents d'une machoire d'â- | ne, d'où il sortit un ruisseau d'eau, & que Samson en aiant bû, revint de sa defaillance & reprit ses forces.

où il y a aujourd'hui une Eglise. Nous laisserons à côté les ᵃ Chorréens, l'Idumée, Geth, Marése & Lachis; & traversant ce vaste desert *qui separe l'Egypte d'avec la Palestine*, & ces sables mouvans qui se derobent sous les pieds des voïageurs, nous viendrons sur les bords du fleuve ᵇ *Sihor*, qui veut dire *trouble & bourbeux*. Nous passerons les *cinq villes d'Egypte*, où l'on parle la langue Chananéenne; la terre de Gessen; les pleines de ᶜ Tanis, où le Seigneur fit de si grands prodiges; la ville de *No*, que l'on a depuis appellée *Alexandrie*; & le bourg de Nitrie où plusieurs Solitaires servent le Seigneur, & se purifient tous les jours des soüillûres de leurs pechez, par la pratique continuelle de toutes les vertus.

Isaï. 19. 18.

Paule aïant donc parcouru tout ce païs, le saint & venerable Evêque ᵈ Isidore vint au devant d'elle, accompagné d'une multitude innombrable de Solitaires, dont plusieurs étoient élevez à la dignité du Diaconat & du Sacerdoce. Elle voïoit avec plaisir tant de Grands Hommes, dont l'emploi étoit de servir & de glorifier le Seigneur; mais en même-tems elle se jugeoit indigne de tous les honneurs qu'ils lui

---

ᵃ Ces peuples habitoient les montagnes de Seïr, il en est parlé au chap. 14. de la Gen. ỳ 6.

ᵇ C'est-à-dire, le Nil. Le texte Hebreu l'appelle *Sihor*, qui veut dire *bourbeux*, parce que ses eaux sont toûjours troubles & bourbeuses.

ᶜ Tanis étoit la ville Roïale de Pharaon, où Moïse fit tant de miracles pour delivrer le peuple d'Israël de la captivité d'Egypte.

ᵈ Il étoit Evêque de Peluse, autrefois ville Archiepiscopale, située à l'embouchure du Nil, & qui n'est plus aujourd'hui qu'un bourg appellé *Belbeïs*. On appelle aussi S. Isidore Evêque de Damiette, parce que la ville de Peluse aïant été ruinée, le siege Archiepiscopal fut transferé à Damiette, qu'on a bâtie depuis de l'autre côté du Nil, vis-à-vis l'ancienne Peluse.

XLIII. Lettre

rendoient. Que dirai-je des Macaires, des Arsénes, des Serapions, & de tant d'autres Solitaires qui étoient l'apui & l'ornement de la Religion? Elle entra dans toutes leurs cellules, & se prosterna aux pieds de tous les Solitaires. Elle envisageoit Jesus-Christ en leur personne, & toutes les charitez qu'elle leur fit, elle crut les avoir faites à Jesus-Christ même. On ne sçauroit assez admirer jusqu'où alloit l'ardeur & la vivacité de son zele; & on auroit peine à croire qu'une femme pût le porter si loin; car oubliant son sexe & sa propre foiblesse, elle souhaita de demeurer parmi ces illustres Solitaires avec les Vierges qui l'accompagnoient; & peut-être eût-elle obtenu d'eux ce qu'elle souhaitoit, si le desir qu'elle avoit de voir les Lieux Saints & de s'établir dans la Palestine, ne l'avoit emporté dans son cœur sur l'amour de la solitude.

Aïant décrit jusques ici le voïage que fit sainte Paule, accompagnée de sa fille Eustoquie, & de plusieurs autres Vierges; il faut maintenant parler de ses vertus, qui font son merite personel. Ici je prens Dieu à témoin que bien loin d'y rien ajoûter, & d'en rehausser l'éclat par des loüanges flateuses, comme ont coûtume de faire ceux qui font quelque éloge, je serai obligé d'en retrancher beaucoup, afin de les rendre vraisemblables, & d'empêcher que mes ennemis, qui prennent plaisir à déchirer sans cesse ma reputation, ne m'accusent d'inventer ce que je dis, & d'orner la corneille, comme dit Esope, avec des plumes qui ne lui appartiennent pas.

Son humilité, qui est la premiere vertu du

Chrétien, fut si grande & si profonde, que quiconque ne l'eût jamais vûë, & eût souhaité de la voir à cause de sa grande reputation, l'eût prise, non pas pour ce qu'elle étoit, mais pour la derniere de toutes les servantes. Parmi cette foule de Vierges dont elle étoit sans cesse environnée; ses habits, sa voix, son air, son allûre, la faisoient toûjours regarder comme la moindre de toutes. Depuis la mort de son mari, jusqu'au dernier jour de sa vie, jamais elle ne mangea avec aucun homme, fût-il en reputation de sainteté, & élevé même à la dignité Episcopale. Jamais elle ne prit les bains qu'à la derniere extremité. Jamais elle ne se servit de matelats, au fort même des fievres les plus violentes. Elle reposoit sur la terre dure, qu'elle couvroit de quelques cilices ; si neanmoins c'est se reposer, que de passer comme elle faisoit les jours & nuits dans une oraison presque continuelle, pratiquant ce que dit le Prophete : *Je laverai mon lit de mes pleurs toutes les nuits, & je l'arroserai de mes larmes.* Psal. 6. 7. Ses yeux sembloient être une fontaine de larmes ; & à voir avec quelle douleur & quelle amertume elle pleuroit les fautes les plus legeres, on eût crû qu'elle se sentoit coupable des plus grands crimes. Et lors que nous lui conseillions d'épargner ses yeux, & de les conserver pour lire l'Evangile : Il est juste, disoit-« elle, de defigurer un visage que j'ai souvent « fardé contre la defense que Dieu nous en fait : « Il est juste de mortifier un corps qui n'a que trop « goûté les delices de la vie : il faut que je me « punisse par des larmes continuelles, des joies « & des plaisirs ausquels je me suis follement «

» abandonnée : il faut que je change en un rude
» & apre cilice, ces habits magnifiques qui ont
» servi à flater ma vanité & ma delicatesse : j'ai
» pris assez de soin de plaire au monde & à mon
» mari; je veux maintenant plaire à JESUS-
» CHRIST.

Il est inutile d'ajoûter à toutes ces vertus l'éloge de sa chasteté. Elle en fut un modéle pour toutes les Dames Romaines, lors même qu'elle étoit encore engagée dans le commerce du monde. Elle y vecut toûjours d'une maniere si exacte & si reguliere, que la medisance ne put jamais donner la moindre atteinte à sa reputation. Elle avoit un fond inépuisable de bonté, & traitoit les gens même du commun avec une douceur charmante. Elle ne cherchoit point à faire liaison avec les Grands du monde; quoique d'ailleurs elle ne meprisât pas ouvertement ceux qui se donnent des airs de grandeur, & qui se repaissent des vanitez du siecle. Voïoit-elle un pauvre ? elle le soulageoit dans sa misere : se trouvoit-elle avec un homme riche ? elle l'exhortoit à faire l'aumône. Sa liberalité alloit jusqu'à l'excès. Pour être en état de subvenir aux necessitez de tous les pauvres, elle prenoit de l'argent à interêt; & souvent elle changeoit de creanciers, & faisoit de nouveaux emprunts pour païer ses anciennes dettes. J'avouë que sur cela je me tromperois moi-même. Je blâmois ses profusions, & pour en arrêter le cours, je lui representois ce que

2. Cor. 8. 13.

dit l'Apôtre saint Paul: *Je n'entens pas que les autres soient soulagez, & que vous soïez surchargez; mais que pour ôter l'inégalité qui se trouve parmi vous, vôtre abondance supplée maintenant à leur pauvreté, afin que vôtre pauvreté soit soulagée un jour par leur abondance:* Et ce que dit Jesus-Christ dans l'Evangile: *Que celui qui a deux habits, en donne à celui qui n'en a point.* Luc 3. 11. Je lui disois qu'elle ne devoit pas tarir par ses profusions la source de ses charitez: je lui apportois mille autres raisons semblables, qu'elle détruisoit en peu de mots, & avec une modestie admirable; prenant Dieu à témoin, qu'elle n'avoit que lui seul en vûë; qu'elle souhaitoit de ne rien laisser à sa fille, qu'elle vouloit mourir elle-même en demandant l'aumône, & se reduire à une telle pauvreté, qu'on fût obligé d'emprunter jusqu'à un drap pour l'ensevelir. Enfin elle me disoit: Si je suis obligée de demander, je trouverai « assez de gens qui me donneront; mais si je ne « fais pas l'aumône à ce pauvre, moi qui puis « emprunter pour la lui faire, & s'il vient à « mourir, à qui Dieu demandera-t-il compte de « sa vie? Je souhaitois donc qu'elle prît un peu « plus de soin de ses affaires domestiques, mais s'élevant par l'ardeur de la foi au dessus de tous les menagemens qu'inspire l'interêt, elle s'unissoit au Sauveur de tout son cœur, suivant Jesus-Christ pauvre dans un detachement parfait de toutes les choses de la terre, lui rendant tout ce qu'elle avoit reçû de sa liberalité, & se reduisant pour l'amour de lui à une pauvreté extreme. Enfin elle a vû ses desirs accomplis, puisqu'elle a laissé à sa fille des dettes tres-considerables, qu'elle n'a pû encore acquitter; & dans l'impuissance où elle est d'y satisfaire, elle ne trouve de resource qu'en Jesus-Christ, & ce n'est que du fond de ſa miſericorde qu'elle eſpere tirer dequoi contenter ſes creanciers.

La plûpart des Dames de qualité ont coûtume de combler de bienfaits ceux qui publient leurs loüanges, & flatent leur vanité. Prodigues envers quelques gens choiſis, elles ſont reſerrées à l'égard de tous les autres. Paule n'eut jamais ce defaut. Elle proportionna toûjours ſes charitez aux beſoins d'un chacun ; cherchant non pas à entretenir par ſes liberalitez une molle delicateſſe, mais à ſoulager de veritables miſeres. Jamais elle ne refuſa aucun pauvre, trouvant toûjours dequoi donner, non pas dans les grandes richeſſes qu'elle poſſedoit, mais dans la ſage œconomie avec laquelle elle diſpenſoit ſes aumônes. Elle avoit ſans ceſſe à la bouche ces paroles de l'Ecriture ſainte : *Bienheureux ceux qui ſont compatiſſans & charitables, parce qu'on leur fera miſericorde. Comme l'eau éteint le feu, de même l'aumône éteint le peché. Emploïez les richeſſes injuſtes à vous menager des amis qui vous reçoivent dans les tabernacles éternels. Donnez l'aumône, & toutes choſes vous feront pures.* Elle ſe ſouvenoit auſſi du conſeil que Daniel donna autrefois au Roi Nabuchodonoſor, de racheter ſes pechez par ſes aumônes. Elle ne vouloit pas emploïer ſon argent à des pierres qui doivent paſſer avec la terre, & ſe détruire avec le monde : Mais elle l'emploïoit à entretenir ces *pierres* vivantes *qui roulent ſur la terre* ; qui ſervent, comme dit S. Jean dans ſon Apocalypſe, à bâtir la cité du grand Roi, & qui doivent un jour être changez, ſelon l'Ecriture, en jaſpe, en eſmeraudes, en ſapphirs, & autres pierres precieuſes

Matth. 5. 7.

Eccl. 3. 33.
Luc 16. 9.
Ibid. 11. 41.
Dan. 4.

Zach. 9. 16.
Sec. LXX.

Apoc. 21.

Iſai. 54. 11.

Il est vrai que cette tendresse qu'elle avoit pour les pauvres, est une vertu qui ne lui étoit pas particuliere. Le démon même n'ignore pas que la perfection ne consiste point en cela, puisqu'après avoir dépoüillé Job de tous ses biens ; après avoir renversé ses maisons, & écrasé ses enfans sous leurs ruines, il disoit au Seigneur : *L'homme donnera toûjours peau pour peau, & il abandonnera tout pour sauver sa vie ; mais étendez vôtre main, & frapez ses os & sa chair ; & vous verrez s'il ne vous maudira pas en face.* En effet on en a vû plusieurs donner l'aumône, mais épargner leur corps ; soulager le pauvre dans sa misere, mais en même-tems se laisser vaincre aux attraits de la volupté, en un mot, cacher un fond de corruption sous les apparences de la vertu. Or ce ne fut point là le caractere de Paule. Elle porta si loin la pratique de la mortification, qu'elle n'y garda presque aucune mesure, & qu'elle s'épuisa entierement par des jeûnes excessifs, & un travail continuel. Excepté les jours de fête, à peine mangeoit-elle une peu d'huile ; d'où l'on peut juger quel état elle faisoit du vin, des ragoûts, du poisson, du lait, du miel, des œufs, & d'autres choses semblables qui flatent la sensualité, & dont l'usage paroît à quelques-uns une abstinence si rigoureuse, qu'ils s'imaginent pouvoir se rassasier de ces sortes d'alimens, sans interesser leur pureté.

Comme la foudre tombe ordinairement sur les plus hautes montagnes ; de même l'envie attaque toûjours les vertus les plus éclatantes. Il ne faut point s'étonner que les hommes soient

Job. 2. 4.

XLIII. LETTRE

en butte à ses traits, puisque JESUS-CHRIST même a été crucifié par la jalousie des Pharisiens; que tous les Saints ont eu des envieux, & qu'il s'est trouvé jusque dans le paradis terrestre un serpent *par l'envie duquel la mort est entrée dans le monde.* Dieu qui vouloit garantir Paule des mouvemens & des impressions de la vanité, lui suscita, comme à Salomon, un Adad Iduméen pour la tourmenter sans cesse. Cet ennemi fut à son égard ce qu'étoit à S. Paul l'éguillon que cet Apôtre ressentoit dans sa chair; c'est-à-dire, qu'il l'avertissoit sans cesse de ne se pas laisser éblouir par l'éclat de ses grandes vertus, de ne point juger de son merite par les deffauts des autres femmes, & de ne pas s'imaginer avoir déja atteint le comble de la perfection. Je lui disois qu'il faloit ceder à l'envie, & faire place à cette aveugle & furieuse passion: que Jacob & David en avoient usé de la sorte, celui-là s'étant retiré en Mesopotamie pour se garantir de la colere de son frere Esaü, & celui-ci s'étant livré aux Philistins pour se dérober aux fureurs de Saül, le plus passionné & le plus implacable de ses persecuteurs, aimant mieux se voir en la puissance de ses ennemis, qu'en celle de ses envieux. A cela elle me répondoit: Vous auriez raison de me parler de la sorte, si le démon ne faisoit pas la guerre en tous lieux aux serviteurs & aux servantes de Dieu; si ceux qui le fuïent ne le trouvoient pas par tout; si l'amour des Saints Lieux ne m'arrêtoit pas ici, & si je pouvois trouver ailleurs ma chere Bethléem. Pourquoi ne vaincrai-je pas l'envie par ma patience? Pourquoi ne surmonterai-je pas

Sap. 2. 24.

3. *Reg.* 11. 14.

2. *Cor.* 12. 7.

par mon humilité l'orgueil de mes ennemis ? « Pourquoi en recevant un soufflet sur une jouë, « ne presenterai-je pas l'autre ? Pourquoi ne pra- « tiquerai-je pas ce que dit l'Apôtre S. Paul ; « *Travaillez à vaincre le mal par le bien* ? Les « *Rom.* 12. Apôtres n'ont-ils pas fait gloire de souffrir les « 21. confusions & les outrages pour l'amour de Je- « sus-Christ ? Le Sauveur lui-même vou- « lant nous racheter par sa passion, *ne s'est-il pas* « *Phil.* 2. 7. *aneanti en prenant la forme & la nature de ser-* « *viteur, & en se rendant obëissant à son Pere* « *jusqu'à la mort, & jusqu'à la mort de la croix ?* « Si Job n'avoit pas combatu & triomphé de son « ennemi, auroit-il reçu la couronne de justice, « & le Seigneur lui auroit-il dit : *Pensez-vous* « *Job.* 40. *qu'en vous éprouvant par tant de disgraces,* « 3. *sec.* *j'aye eu d'autres vûës que de faire éclater vô-* « *LXX.* *tre vertu ?* L'Evangile appelle *Bienheureux* ceux « qui souffrent persecution pour la justice. La « *Matth.* 5. paix & la tranquillité d'une conscience exemte « 10. de crimes, nous fait assez sentir que nos souf- « frances ne sont point la peine de nos pechez ; « & par les disgraces passageres de la vie pre- « sente nous pouvons nous menager une récom- « pense éternelle. «

Ses ennemis s'acharnoient-ils à la persecuter ? en venoient-ils jusqu'aux injures & aux outra- ges ? elle chantoit avec le Psalmiste : *Dans le* « *Psal.* 38. *tems que le pecheur s'élevoit contre moi, je me* « 2. *suis tû, & j'ai gardé le silence, pour ne pas di-* « *re même de bonnes choses. Je n'écoutois les inju-* « *Psal.* 37. *res de mes ennemis, non plus que si j'eusse été* « 14. *sourd ; & je n'ouvrois non plus la bouche* « *que si j'eusse été muet. Je suis devenu semblable* « *à un homme qui n'entend point, & qui ne sçait* «

» ce que c'est que de répondre aux injures qu'on
» lui dit.

Etoit-elle attaquée de quelque tentation?
Elle avoit toûjours à la bouche ces paroles du
Deut. 13. » Deuteronome : *Le Seigneur vôtre Dieu vous*
3. » *éprouve, afin qu'il paroisse clairement si vous*
» *l'aimez de tout vôtre cœur & de toute vôtre ame.*
» Se trouvoit-elle accablée de chagrin & de tri-
» stesse ? Elle repetoit sans cesse ces paroles d'I-
Isai. 28. » saïe : *O vous qui avez été sevrés, & qu'on a*
9. Sec. » *arrachés de la mamelle, préparez-vous à souf-*
LXX. » *frir tribulation sur tribulation : mais en même-*
» *tems esperez au delà de toute esperance, car*
» *dans peu vous ne serez plus exposés aux outra-*
» *ges des langues malignes, ni aux traits de la*
» *medisance.* Et voici comment elle expliquoit ce
» passage pour se consoler dans ses disgraces :
» c'est à ceux, disoit-elle, qui ont été sevrés,
» c'est-à-dire, aux ames d'un âge parfait & d'une
» vertu consommée, de souffrir tribulation sur
» tribulation, afin d'esperer au delà de toute es-
Rom. 5. 3. » perance, persuadez qu'ils sont, que *l'affliction*
» *produit la patience, la patience l'épreuve, l'é-*
» *preuve l'esperance, & que cette esperance ne*
2. Cor. 4. » *nous trompe point : Que quoique dans nous l'hom-*
16. » *me extérieur se détruise, neanmoins l'homme in-*
» *terieur se renouvelle de jour en jour. Que le mo-*
» *ment si court & si leger des afflictions que nous*
» *souffrons en cette vie, produit en nous le poids*
» *éternel d'une incomparable gloire ; & qu'ainsi*
» *nous ne devons point considerer les choses visi-*
» *bles, mais les invisibles ; parce que les choses vi-*
» *sibles sont temporelles, mais les invisibles sont*
» *éternelles :* Elle ajoûtoit, Que quelque lent que
» le secours de Dieu paroisse à nôtre vivacité &
à nôtre

à nôtre impatience, nous ne pouvons pas être
long-tems sans en sentir les effets, puisqu'il
dit par la bouche d'Isaïe : *Je vous ai exaucé* *Isai.* 49.
au tems favorable, je vous ai assisté au jour du 8.
salut. Qu'il ne faloit point craindre la langue
des imposteurs & des impies, puisque nous
sommes sous la protection du Seigneur qui
nous dit lui-même par un Prophete : *Ne crai-* *Ibid.* 51.
gnez point les opprobres des hommes, & n'ap- 7.
prehendez point leurs blasphemes ; car ils seront
mangez des vers comme un vêtement, & consu-
mez de pourriture comme la laine. C'est par vô-
tre patience que vous possederez vos ames. Les *Luc.* 21.
souffrances de la vie presente n'ont point de pro- 19.
portion avec cette gloire que Dieu doit un jour
découvrir en nous. Souffrez tribulation sur tribu- *Rom.* 8.
lation, c'est-à-dire, supportez constamment tou- 18.
tes les disgraces de la vie, car *celui qui souffre*
patiemment les adversitez, donne des marques *Prov.* 14.
d'une grande sagesse ; au lieu que celui qui se 29.
laisse aller aux plaintes & aux murmures, fait
paroître sa folie. Etoit-elle dans la langueur, &
affligée de frequentes maladies ? Elle disoit
avec l'Apôtre S. Paul : *Lors que je suis foible,* 2. Cor. 12.
c'est alors que je suis fort. Nous portons ce tre- 10.
sor dans des vaisseaux de terre, jusqu'à-ce que ce *Ibid.* 15.
corps mortel soit revêtu d'immortalité, & que 53.
ce corps corruptible soit revêtu d'incorruptibilité.
A mesure que les souffrances de JESUS-CHRIST *Ibid.* 1. 5.
s'accroissent & se multiplient en nous ; nos con-
solations s'accroissent & se multiplient par JE-
SUS-CHRIST: *& comme vous avez part aux*
souffrances, vous aurez part aussi à la consola-
tion. Son cœur étoit-il rempli d'amertume ?
Elle chantoit ces paroles du Prophete : *O mon* *Psal.* 42.
6.

130 XLIII. LETTRE

» ame! pourquoi êtes-vous triste ? & pourquoi me
» troublez vous? esperez en Dieu, car je lui ren-
» drai encore mes actions de graces ; il est mon
» Dieu, & je le regarde comme l'unique esperan-
» ce de mon salut. Se voïoit-elle exposée à quel-
» que danger ? Elle repetoit ces paroles de l'E-
» vangile : *Si quelqu'un veut venir après moi,* Luc 9. 23.
» *qu'il renonce à soi-même, qu'il se charge de sa*
» *croix & qu'il me suive. Car celui qui voudra se*
» *sauver soi-même, se perdra ; & celui qui se*
» *perdra pour l'amour de moi, se sauvera.* Lui
» venoit-on apprendre la nouvelle de quelque fâ-
» cheuse disgrace qui dérangeoit ses affaires do-
» mestiques, ou qui la ruinoit sans resource ?
» *Que servira à un homme,* disoit-elle, *d'avoir* Math. 16.
» *gagné tout le monde, s'il vient à se perdre soi-* 26.
» *même? & quand une fois il se sera perdu, par*
» *quel échange pourra-t-il se racheter ?* A quoi
» elle ajoûtoit avec le saint homme Job : *Je suis*
» *sorti nud du ventre de ma mere, & j'y retour-* Job. 1. 21.
» *nerai nud. Il n'est arrivé que ce qui a plû au*
» *Seigneur ; que le nôm du Seigneur soit beni.* Elle
» empruntoit aussi ces paroles de l'Apôtre saint
» Jean : *N'aimez point le monde, ni ce qui est*
» *dans le monde. Car tout ce qui est dans le mon-* 1. Joh. 2.
» *de n'est que concupiscence de la chair, ou concu-* 15.
» *piscence des yeux, ou orgueil de la vie ; ce qui*
» *ne vient point du Pere, mais du monde. Or le*
» *monde passe, & la concupiscence du monde passe*
» *avec lui.* Aïant appris un jour que ses enfans,
& particulierement son fils Toxoce, pour qui
elle avoit une tendresse particuliere, étoient
dangereusement malades, après avoir soutenu,
comme le Prophete, avec courage & dans un Psal. 76. 5.
respectueux silence le trouble & l'étourdisse-

ment que lui avoit causé une si fâcheuse nouvelle, enfin je lui vis épancher son cœur avec ces paroles : *Celui qui aime son fils & sa fille plus que moi, n'est pas digne de moi.* Et adressant ses vœux & ses prieres à Dieu : *Possedez Seigneur,* disoit elle, *& conservez les enfans de ceux qui sont morts* ; c'est-à-dire, qui mortifient tous les jours leurs corps pour l'amour de vous. *Matth.* 10. 37.

Psal. 78. 11.

Un de ces semeurs de faux bruits, qui sont la peste du genre humain, vint un jour nous dire avec un air officieux en apparence, que le zele excessif avec lequel Paule se portoit à la pratique de la vertu, la faisoit passer pour folle, & qu'on disoit qu'il falloit avoir soin de fortifier son cerveau. A cela elle répondit ; Que *nous sommes ici bas comme sur un theatre, où nous servons de spectacle au monde, aux Anges & aux hommes. Que nous sommes foûs pour l'amour de* JESUS-CHRIST, *mais que ce qui paroît en Dieu une folie, est plus sage que la sagesse de tous les hommes.* Que c'est pour cela que le Sauveur disoit à son Pere : *Vous connoissez ma folie. J'ai paru comme un prodige à plusieurs. Je suis devenu comme une bête en vôtre presence, & je ne me suis point éloigné de vous.* Que ses proches même, comme il est marqué dans l'Evangile, avoient voulu se saisir de lui, & le lier comme un homme qui avoit perdu l'esprit ; & que ses ennemis disoient de lui avec un outrageant & dedaigneux mépris : *Il est possedé du demon ; c'est un Samaritain : il ne chasse les demons que par Beelzebuth Prince des demons.* "1. Cor. 4.
"9.

"Ibid. 1.
"25.

"Psal. 68.
"6.
"Psal. 70.
"7.
"Psal. 72.
"23.
"Marc 3.
"21.
"Joh. 8. 48.
"
"
"
"

Mais pour nous, disoit-elle, écoutons ce "

» que dit l'Apôtre S. Paul : *Le sujet de nôtre*
2. Cor. 1. » *gloire est le témoignage que nous rend nôtre con-*
12. » *science de nous être conduits en ce monde avec*
» *sainteté, avec droiture, dans la grace & l'ef-*
» *prit de Dieu.* Ecoutons ce que Jesus-Christ
» dit à ses Apôtres : *Le monde vous hait, parce*
Joh. 15.19. » *que vous n'êtes point du monde : Si vous étiez*
» *du monde, le monde aimeroit ce qui seroit à lui.*
» Et s'adressant à Dieu : *Vous connoissez, Sei-*
Psal. 48. » *gneur,* disoit-elle, *le fond de nos cœurs. Tous*
18. » *ces maux sont venu fondre sur nous, & cepen-*
» *dant nous ne vous avons point oublié ; nous n'a-*
» *vons point commis d'iniquité contre vôtre allian-*
» *ce, & nôtre cœur ne s'est point éloigné ni retiré*
» *en arriere. Nous nous sommes vûs tous les jours*
» *livrés à la mort à cause de vous, & on nous*
» *regarde comme des brebis destinées à la bouche-*
» *rie. Mais le Seigneur est mon aide, & je ne crain-*
» *drai point tout ce que les hommes me pourront*
Prov. 7. » *faire* ; selon ce que dit l'Ecriture : *Mon fils,*
1. sec. » *honorez le Seigneur, ne craignez que lui seul,*
LXX. » *& il sera vôtre force & vôtre appui.*

C'étoit de ces passages & d'autres semblables qu'elle se servoit comme autant d'armes divines contre tous les vices, & particulierement contre les traits envenimés de l'envie ; & par sa patience à souffrir les injures, elle desarmoit ses plus cruels & ses plus implacables ennemis. Enfin tout le monde sçait avec quelle fureur on s'est dechaîné contre elle, & avec quelle patience elle a souffert jusqu'à la mort les persecutions de l'envie ; passion cruelle qui ronge & devore le cœur qui la fait naître ; & qui cherchant à perdre ceux qu'elle hait, tourne contre elle-même ses propres fureurs.

Parlons maintenant de l'ordre & de la discipline qu'elle établit dans son Monastere, & faisons voir comment elle sçavoit tourner à son profit les vertus des ames saintes qui vivoient sous sa conduite. Elle semoit, comme dit l'Apôtre saint Paul, des biens temporels pour en moissonner de spirituels ; elle donnoit des choses terrestres, pour en recevoir de celestes ; elle accordoit ce qui passe en un moment, afin de posseder ce qui doit durer pendant toute une éternité. Outre le Monastere qu'elle avoit bâti pour des hommes & dont elle leur avoit laissé la conduite ; elle fit bâtir encore trois autres Monasteres, & forma trois Communautés de plusieurs filles qu'elle avoit rassemblées de differentes Provinces, dont les unes étoient de qualité, les autres d'une condition mediocre, d'autres enfin d'une tres basse extraction. Elles travailloient & mangeoient separément, mais elles psalmodioient & faisoient l'oraison en commun. Après qu'on avoit chanté *Alleluia*, qui étoit le signal pour les assembler, il n'étoit permis à aucune de rester dans sa cellule ; mais celle qui venoit la premiere, ou l'une des premieres, attendoit les autres, & les excitoit au travail, non par la crainte, mais par son exemple, & par la honte qu'il y auroit eu à ne la pas imiter. Elles chantoient tout le pseautier de suite, à Tierce, à Sexte, à None, à Vespres & à mi-nuit. Toutes les sœurs étoient obligées de le sçavoir par cœur, & d'apprendre tous les jours quelque chose de l'Ecriture sainte. Le Dimanche elles se rendoient toutes à l'Eglise, qui tenoit à leur Monastere, chaque bande aïant à sa tête

1. Cor. 9.

une des Anciennes qui les conduisoit. Elles en revenoient dans le même ordre, & ensuite elles s'appliquoient aux differens ouvrages qu'on leur distribuoit, & faisoient des habits ou pour elles-mêmes, ou pour les autres. Il n'étoit point permis aux filles de qualité d'amener avec elles de chez leurs parens une femme de chambre, de peur qu'elle ne retraçât dans leur esprit l'idée de ce qu'elles avoient fait autrefois, & qu'elle ne les entretint souvent des folies & des vains amusemens de leur enfance. Elles étoient toutes vêtuës d'une même façon, & ne se servoient de linge que pour essuïer les mains. Elles vivoient dans une si grande separation des hommes, qu'il ne leur étoit pas seulement permis de voir leurs eunuques, de peur de donner quelque sujet de parler aux médisans, qui pour autoriser leurs desordres, ont coutume de déchirer la reputation des personnes les plus vertueuses & les plus saintes.

Lors que quelqu'une des sœurs venoit trop tard à l'Office divin, ou travailloit avec trop de lâcheté & de nonchalance, Paule emploïoit divers moïens pour la corriger; tâchant de la gagner par douceur & par caresses, si elle étoit trop vive & trop sensible à la correction; ou lui faisant de rudes reprimandes, quand elle lui trouvoit assez de vertu pour les souffrir;

1. Cor. 4. 21.
pratiquant ainsi ce que dit l'Apôtre: *Que voulez-vous que je fasse? voulez-vous que je vous reprenne avec severité, ou avec un esprit de douceur & de condescendance?* Excepté les choses dont elles avoient besoin pour se nourrir & pour se couvrir, elle ne souffroit point qu'elles possedassent rien en propre; suivant cette

regle de S. Paul: *pourvû que nous aïons de quoi nous nourrir & nous vêtir, nous devons être contens.* Car elle craignoit que ses filles s'accoutumant à avoir quelque chose au delà du necessaire, ne se laissassent aller à l'avarice; passion insatiable, qui ne donne aucunes bornes à ses desirs, & qui n'est pas moins vive dans l'abondance que dans l'indigence. S'il arrivoit quelque contestation entre les sœurs, elle l'assoupissoit aussi-tôt, & les raccommodoit ensemble avec une douceur admirable. Elle amortissoit en elles par des jeûnes frequens & rigoureux, les mouvemens dereglez qu'inspire une boüillante jeunesse; aimant mieux les voir sujettes aux douleurs d'estomac, qu'aux foiblesses de l'esprit. Lors qu'elle en voïoit quelqu'une plus propre & mieux mise que les autres, elle lui faisoit sentir sa faute & la corrigeoit de sa vanité, par un air chagrin & un visage severe, en lui disant; "Qu'on soüille l'ame par l'excessive propreté du corps & des habits; Qu'une parole mal-honête & trop libre ne doit jamais sortir de la bouche d'une Vierge; Que des discours de cette nature sont la marque d'une ame corrompuë, & qu'à travers un exterieur mal reglé, on entrevoit les vices & la corruption du cœur. Si elle en remarquoit quelqu'une qui aimât trop à causer, qui fût de mauvaise humeur, qui prît plaisir à chicaner & à quereller ses sœurs; & qui après avoir été souvent reprise de ses fautes, ne voulût pas changer de conduite; elle la mettoit au dernier rang & la separoit de la Communauté; elle lui donnoit pour penitence de prier Dieu à la porte du refectoir, & de manger en particulier, afin de

1. Tim. 6. 8.

corriger par la honte & par l'humiliation celle qui n'avoit tenu aucun compte de ses reprimandes. Elle regardoit le larcin avec autant d'horreur qu'un sacrilege ; & elle disoit que ce qui passe dans le monde pour une faute legere & pour une bagatelle, doit passer pour un tres grand peché parmi ceux qui vivent dans le cloître.

Que dirai-je de sa charité envers les malades ? du soin quelle en prenoit ? de son application à les servir & à les soulager dans leurs maux ? Elle leur accordoit abondamment tout ce qui étoit necessaire pour le retablissement de leur santé, & leur permettoit même de manger de la viande : mais lors qu'elle étoit malade, elle ne relâchoit rien de ses austeritez ordinaires ; & la seule chose en quoi elle étoit singuliere & se distinguoit de ses sœurs ; c'est qu'elle n'épargnoit rien pour elles, & qu'elle se refusoit tout à elle-même. Il n'y avoit dans sa Communauté aucune fille, quoique dans une pleine santé & dans la force de la jeunesse, qui portât l'amour & la pratique de la mortification aussi loin qu'elle, toute usée & cassée de vieillesse qu'elle étoit. Il faut avoüer qu'elle fit toûjours paroître en cela un peu trop d'entêtement. Jamais elle ne voulut ni ménager sa santé, ni se rendre aux remontrances qu'on lui faisoit sur ce sujet. Je ne puis m'empêcher de rapporter ici sur cela une chose dont j'ai moi-même été témoin. Pendant les plus grandes chaleurs du mois de Juillet, elle tomba malade d'une fievre tres violente, qui fit desesperer de sa vie. Lors que par la misericorde du Seigneur elle commença à se mieux porter, les Medecins persuadez qu'elle avoit besoin de boire un peu de vin pour se fortifier & se rétablir entierement, lui conseillerent d'en user, de peur qu'en beuvant de l'eau elle ne devînt hydropique. Moi de mon côté je priai en secret le Bienheureux Evêque Epiphane de l'exhorter, & même de l'obliger à suivre l'avis des Medecins. Comme elle avoit infiniment de l'esprit, elle s'aperçut aussi-tôt de mon manége, & elle me dît en souriant que c'étoit moi qui faisoit parler ce Prelat. Enfin ce saint Evêque étant sorti de sa chambre après l'avoir long-tems exhortée, je lui demandai à quoi avoient abouti ses prieres & ses remontrances : A me « persuader presque, me repondit-il, de m'abste- « nir moi-même de vin, tout vieux que je suis. « Je ne prétens point par ce recit autoriser le zele indiscret de ceux qui sans mesurer leurs forces, se chargent d'un fardeau dont le poids les accable; sçachant ce que dit l'Ecriture : *Ne vous chargez point d'un fardeau que vous ne pouvez porter* : je veux seulement faire voir par cette perseverance dans les pratiques de la penitence, quelle étoit la vivacité de son zele, & avec quelle passion cette ame fidelle souhaitoit de s'unir à son Dieu, auquel elle disoit souvent : *Mon ame brûle d'une soif ardente pour* Psal. 62. 2. *vous ; & en combien de manieres ma chair se sent-elle aussi pressée de cette ardeur ?*

Il est bien difficile de se renfermer toûjours dans les bornes que la discretion nous prescrit ; & les Philosophes ont eu raison de dire que la vertu consiste dans la moderation, & que tout excès est vicieux. Ce que nous pouvons exprimer par ces deux paroles d'un Ancien :

Rien de trop. Cette sainte femme qui se refusoit avec tant d'opiniâtreté la nourriture qui lui étoit necessaire, ressentoit avec toute la vivacité possible la perte des personnes qui lui étoient cheres. A la mort de ses proches, & particulierement de ses enfans, toute sa constance sembloit l'abandonner. Lors qu'elle perdit son mari & ses filles, elle fut elle-même en danger de perdre la vie. Elle avoit beau faire le signe de la croix sur sa bouche & sur son cœur, pour adoucir ses peines par cette impression salutaire; sa tendresse l'emportoit toûjours; son ame trop sensible ne pouvoit soutenir la douleur qui dechiroit ses entrailles maternelles; & si son esprit superieur à la nature s'élevoit au dessus de ses sentimens, son corps foible & delicat succomboit toûjours sous le poids de son affliction. Lors qu'elle tomboit dans cet état de langueur, elle avoit toutes les peines du monde à en revenir; ce qui nous donnoit beaucoup d'inquiétude, & la mettoit elle-même en tres-grand danger. Mais elle se réjoüissoit de se voir reduite en cet état, & elle disoit à tout moment: *Malheureuse que je suis, qui me delivrera de ce corps de mort.*

On me dira peut-être que je la blâme, au lieu de la loüer: mais je prens à témoin JE-SUS-CHRIST qu'elle a servi, & que je desire servir aussi; que je ne dissimule rien. C'est l'histoire de sa vie, & non pas son éloge que je fais. Ce que je regarde comme des defauts, passeroit dans les autres pour vertu: je les appelle neanmoins des defauts, parce que j'en juge par ma douleur, & par celle de nos fre-

Ne quid nimis Ter. And. Act. 1. sec. 1.

Rom. 7. 24.

res & de nos sœurs qui l'aimoient comme moi, & qui ressentent aussi vivement que moi la perte que nous avons faite.

Au reste *elle a fourni sa carriere : elle a conservé inviolablement sa foi ; elle a reçu maintenant la couronne de justice ; & elle suit l'Agneau par tout où il va.* Elle se rassasie des fruits de la justice, parce qu'elle en a été affamée ; & elle chante avec joie : *Nous voïons de nos yeux dans la Cité du Dieu des armées, dans la Cité de nôtre Dieu, tout ce que nous en avions entendu dire.* Quel heureux changement ! Aux larmes qu'elle a répandu, succede une joie qui ne finira jamais. Elle a meprisé *des citernes entr'ouvertes,* & elle trouve dans le Seigneur une fontaine *d'eau vive.* Elle a porté le cilice ; & aujourd'hui revêtuë *d'habits blancs,* elle dit : *Vous avez dechiré le sac dont j'étois couverte, & vous m'avez comblée de joie.* Elle *mangeoit la cendre comme le pain, & mêloit ses larmes avec son breuvage,* en disant : *Mes larmes ont été le pain dont je me suis nourrie jour & nuit ;* & maintenant elle va se rassasier éternellement du pain des Anges, & elle chante avec le Prophete Roi : *Goûtez, & voïez combien le Seigneur est doux. J'ai proferé des paroles saintes de l'abondance de mon cœur ; c'est à la gloire du Roi que je consacre mes ouvrages.* Elle a fait une heureuse experience de ce que dit Isaïe, ou plûtôt le Seigneur par la bouche de ce Prophete : *Mes serviteurs mangeront, & vous souffrirez la faim : mes serviteurs boiront, & vous souffrirez la soif : mes serviteurs se rejoüiront, & vous serez couverts de confusion : mes serviteurs dans le transport de leur joie, feront retentir par tout*

2. Tim. 4. 7.
Apoc. 14. 4.
Psal. 47. 9.

Psal. 29. 12.
Psal. 101. 10.
Psal. 41. 4.

Psal. 33. 9.
Psal. 44. 2.

Isaï. 65. 13.

des *Cantiques de loüanges*; *& vous jetterez de grands cris dans l'amertume de vôtre cœur, & pousserez de tristes hurlemens dans l'excès des maux dont vôtre esprit sera accablé.*

J'ai dit qu'elle eut toûjours soin de fuïr les citernes entr'ouvertes, afin de trouver en Dieu une source d'eau vive, & de pouvoir chanter avec joie : *Comme le cerf desire avec ardeur de desalterer sa soif dans les claires eaux des fontaines ; de même mon ame soupire vers vous, ô mon Dieu, quand sera-ce donc que je viendrai vers vous, & que je paroîtrai en vôtre presence ?* C'est ce qui m'oblige de faire voir combien elle fut soigneuse d'éviter les citernes bourbeuses des heretiques, qu'elle regardoit comme de veritables païens.

Psal. 41. 2.

L'un d'entre eux, hypocrite rafiné, homme rusé & artificieux, qui se piquoit de science & d'érudition, entreprit un jour, sans que j'en sçeusse rien, de lui faire quelques questions.
" ᵃ De quels crimes, lui disoit-il, les enfans
" sont-ils coupables, pour être possedez du de-
" mon ? A quel âge resusciterons nous ? Si c'est
" en celui-là même auquel nous mourrons, les
" enfans auront donc besoin de nourrices après
" leur resurrection : Si c'est à un autre âge, ce
" ne sera point une resurrection, mais une trans-
" formation. Y aura-t-il une diversité de sexe,
" ou n'y en aura t-il point ? Si les sexes sont dif-
" ferens, il s'ensuit donc qu'on se mariera, qu'on
" usera du mariage, & qu'on aura des enfans. Si
" les sexes ne sont point distinguez, ce ne se-
" ront donc point les mêmes corps qui resuscite-
Sap. 9. 15. " ront : car *les corps que nous avons maintenant,*
" a C'est un Origeniste qui parle.

abbatent l'esprit par la multiplicité des soins qui «
le partagent ; au lieu que les corps qui resusci- «
teront seront legers & spirituels, selon ce que «
dit l'Apôtre : *Le corps est mis en terre, comme* « I. Cor. 15.
un corps tout animal ; & il resuscitera comme « 44.
un corps tout spirituel. De tout ce raisonnement «
il pretendoit conclure que les ames descendent
dans les corps en punition de leurs vices, &
des pechez qu'elles ont commis autrefois ; &
que selon la diversité & la qualité de leurs pe-
chez, elles sont envoïées ici-bas à certaines
conditions ; comme d'être unies à un corps
sain, & né de parens riches & nobles ; ou à
des corps mal-sains, & engendrez de parens
pauvres & miserables ; & d'être enfermées dans
ces corps & dans ce bas monde, comme dans
une espece de prison, afin d'y expier leurs an-
ciennes iniquités.

Paule m'aïant fait connoître cet homme, &
rapporté les discours qu'il lui avoit tenus, je
me crûs obligé de m'opposer au poison de cet-
te dangereuse vipére, & aux fureurs meurtrie-
res de cette bête, qui étoit du nombre de cel-
les dont parle le Prophete Roi, lors qu'il dit :
Ne livrez pas aux bêtes les ames de ceux qui   Psal. 73.
confessent vôtre nom. Et en un autre endroit :   19.
Reprimez ces bêtes farouches qui se retirent par-
mi les roseaux, qui repandent l'iniquité dans   Psal. 67. 31.
leurs écrits, *qui debitent le mensonge contre le*
Seigneur, & qui parlent du Tres-haut avec in-
solence. J'allai donc trouver cet homme, &
soutenu par les prieres de celle qu'il vouloit
séduire, je lui fermai la bouche par une petite
question que je lui fis.

Je lui demandai donc s'il croïoit la resur- «

» rection des morts, ou s'il ne la croïoit pas ? Il
» me répondit qu'il la croïoit. Refufciteront-ils
» ajoûtai-je, avec les mêmes corps, ou avec d'au-
» tres ? Avec les mêmes, me dit-il. Sera-ce,
pourfuivis-je, dans le même fexe, ou dans un
autre ? Etant demeuré court à cette queftion, &
tournant la tête de tous côtez comme une cou-
leuvre, pour éviter le coup que je voulois lui
» porter : Puifque vous vous taifez, lui dis-je,
» je vais repondre pour vous, & tirer moi mê-
» me les confequences qui fuivent de ce que nous
» venons de dire. Si la femme ne refufcite pas
» avec le corps d'une femme, ni l'homme avec
» le corps d'un homme ; il n'y aura point de re-
» furrection des morts, parce que chaque fexe
» eft compofé de parties qui lui font propres, &
» ces parties font tout le corps. Que s'il n'y a
» ni fexe ni parties, comment peut-on dire que
» des corps refufciteront, puifqu'ils ne fçauroient
» fubfifter fans le fexe qui leur eft propre, &
» fans les parties qui les compofent ? Or s'il n'y
» a point de refurrection des corps, il n'y aura
» point non plus de refurrection des morts.
» Quant à l'objection que vous faites touchant
» les nôces, Que fi l'on refufcite avec le même
» corps & les mêmes parties, il s'enfuit qu'il y
» aura des mariages ; JESUS-CHRIST l'a détruite

Matth. » lors qu'il a dit : *Vous vous trompez, & vous*
22. 9. » *ne comprenez ni les Ecritures ni la puiffance de*
» *Dieu ; car après la refurrection des morts, les*
» *hommes n'auront point de femmes, ni les fem-*
» *mes de maris ; mais ils feront femblables aux*
» *Anges.* Lors qu'il dit que les hommes n'auront
» point de femmes, ni les femmes des maris ; il
» fait affez connoître que les fexes feront diffe-

rens. Car en parlant d'une pierre, & d'un mor- «
ceau de bois, on ne dit pas qu'ils ne se ma- «
riront point, parce qu'ils ne sont pas d'une «
nature à se pouvoir marier; on le dit seule- «
ment de ceux qui peuvent s'unir ensemble par «
les liens du mariage, & qui neanmoins ne le «
font point, soutenus qu'ils sont par la grace & «
la puissance de Jesus-Christ. Que si vous «
me demandez, Comment donc serons - nous «
semblables aux Anges ? puisqu'il n'y a point «
entre eux de difference de sexe ? Je vous répon- «
drai que nôtre Seigneur ne nous promet pas «
la nature, mais la vie & la felicité des Anges. «
C'est dans ce sens que saint Jean-Batiste, avant « *Luc* 7. 27.
que d'avoir eu la tête tranchée, a été appellé «
Ange; & qu'on dit que les Saints & les Vier- «
ges consacrées à Dieu, vivent ici-bas comme «
des Anges. Ainsi quand Jesus-Christ nous «
dit que nous serons semblable aux Anges, il «
nous promet que nous leur ressemblerons, mais «
neanmoins sans changer de nature. «

Dites-moi maintenant à vôtre tour, Com- «
ment entendez-vous ce que dit l'Evangile, «
qu'après la resurrection de nôtre Seigneur, « *Joh.* 20.
saint Thomas toucha ses mains, & vit la plaïe « 26.
de son côté; & que saint Pierre l'aperçût de- «
bout sur le rivage de la mer, mangeant du miel, « *Ibid.* 21.
& un morceau de poisson rôti ? Si Jesus- « 13.
Christ étoit debout, il avoit donc des pieds. «
S'il montra à saint Thomas la playe de son «
côté, il avoit donc aussi un ventre & une poi- «
trine, puisque les côtez y sont attachez, & «
qu'ils ne sçauroient subsister sans eux. S'il par- «
la à ses Apôtres, il avoit donc une langue, un «
palais & des dents; car comme l'archet touche «

„ les cordes d'un instrument de musique, de mê-
„ me la langue touche les dents pour former la
„ voix. S'il donna ses mains à toucher, il falloit
„ qu'il eût aussi des bras. Puis donc qu'il avoit
„ toutes les parties dont le corps est composé, il
„ s'ensuit qu'il avoit un corps entier & parfait;
„ non pas un corps de femme, mais un corps
„ d'homme, c'est-à-dire, de même sexe que ce-
„ lui dont il étoit lors qu'il mourut.

„ Vous me direz peut-être qu'il s'ensuit de mon
„ sistéme, que nous mangerons après la resur-
„ rection. Vous me demanderez encore comment
„ il s'est pû faire que JESUS-CHRIST soit entré
„ dans le lieu où étoient les Apôtres, les por-
„ tes étant fermées, veu que cela est contre la
„ nature des corps solides & épais? A cela je
„ répons que le manger ne doit point vous ser-
„ vir de pretexte pour anneantir malicieusement
„ la foi de la resurrection : car après que le Sau-
„ veur eût resuscité la fille de Jaïre chef de la
„ Synagogue ; il commanda qu'on lui donnât à
„ manger. Il est encore marqué dans l'Evangile
„ que Lazare, qui avoit été quatre jours dans
„ le tombeau, se trouva à un festin avec JESUS-
„ CHRIST ; ce qui ne s'est fait que pour empê-
„ cher que la resurrection de ces deux morts ne
„ passât pour une chimere & une illusion.

Marc 5. 43.

Joh. 11. 2.

„ Que si vous pretendez que le Fils de Dieu
„ avoit un corps spirituel & composé d'air, à
„ cause qu'il entra dans le lieu où étoient les
„ Apôtres, les portes étant fermées ; il faudra
„ donc dire aussi qu'avant sa Passion il avoit un
„ corps spirituel, puisque contre la nature des
„ corps pesants il marcha sur la mer. On sera
„ même obligé de croire que lors que saint Pierre

marcha

marcha sur les eaux, il n'avoit qu'un corps spi- "
rituel : au lieu que la puissance de Dieu ne pa- "
roît jamais d'une maniere plus éclatante, que "
lors qu'il fait quelque chose contre les loix or- "
dinaires de la nature. Et pour vous faire voir "
que la grandeur des miracles n'est pas tant une "
marque du changement de la nature, qu'une "
preuve de la toute-puissance de Dieu; c'est que "
saint Pierre qui marchoit sur les eaux soutenu "
par sa foi, s'en alloit être submergé par son "
infidelité, si le Sauveur pour le soutenir ne lui "
eût donné la main, en lui disant : *Homme de* " *Matth.*
peu de foi, pourquoi avez-vous douté ? Au reste " 14. 31.
je m'étonne que vous ne vous rendiez pas à ce "
que dit nôtre Seigneur : *Portez ici vôtre doigt,* " *Joh.* 20.
& touchez mes mains ; étendez aussi vôtre main, " 27.
& la mettez dans mon côté ; & ne soiez pas in- "
credule, mais fidelle. Et dans un autre endroit : "
Regardez mes mains & mes pieds, & recon- "
noissez que c'est moi-même ; touchez moi, con- " *Luc.* 24.
siderez moi ; car un esprit n'a ni chair ni os, " 39.
comme vous voïez que j'en ai. Après avoir dit "
cela, il leur montra ses mains & ses pieds. Au "
lieu de vous rendre à ces passages qui sont si "
formels, vous ne me parlez que des globes des "
Stoïciens, de corps composez d'air, & d'au- "
tres semblables chiméres. "
    Que si vous me demandez pourquoi un en- "
fant qui n'est coupable d'aucun peché, est pos- "
sedé du démon ; ou à quel âge nous resuscite- "
rons, veu que nous mourons à toutes sortes d'â- "
ge ; Je ne vous répondrai malgré vous qu'avec "
ces paroles du Prophete Roi : *Les jugemens de* " *Psal.* 35.
Dieu sont un profond abîme. Et avec celles de " 7.
l'Apôtre saint Paul : *O profondeur des tresors de* " *Rom.* 11.
Tome II.   K   33.

,, la sagesse & de la science de Dieu! que ses ju-
,, gemens sont impenetrables, & que ses voies sont
,, incomprehensibles! car qui a connu les desseins de
,, Dieu? ou qui est entré dans le secret de ses con-
,, seils? Or la diversité de l'âge n'empêche pas
,, que nos corps ne soient veritablement les mê-
,, mes. Car comme la substance de nos corps se
,, renouvelle à toute heure par des écoulemens
,, insensibles; qu'ils croissent ou diminuent tous
,, les jours; il s'ensuivroit que toutes les fois que
,, nous changeons de constitution, nous devien-
,, drions des hommes tout nouveaux, & qu'à l'â-
,, ge de dix, de trente, de cinquante ans, & au-
,, jourd'hui que j'ai les cheveux tout blancs, qu'à
,, tous ces differens âges je n'ai point été le mê-
,, me homme. Il faut donc dire selon la tradition
,, de toutes les Eglises, & selon l'Apôtre saint
,, Paul, qu'à la resurrection nous serons des hom-
,, mes parfaits, & que nous aurons la mesure &
,, la plenitude de l'âge de JESUS-CHRIST, qui
,, est celui auquel les Juifs croient qu'Adam fut
,, créé, & auquel nous lisons que JESUS-CHRIST
,, est resuscité.

Je rapportai encore sur cela plusieurs autres passages tant de l'Ancien que du Nouveau Testament, par lesquels j'achevai de confondre & d'accabler cet heretique. Depuis ce jour là Paule eût tant d'horreur de lui, & de ceux qui étoient infectez des mêmes erreurs, qu'elle disoit hautement qu'on devoit les regarder comme des ennemis de Dieu. En rapportant toute cette dispute, je ne pretens pas refuter cette heresie en si peu de mots, il faudroit faire plusieurs volumes pour cela: tout mon dessein est de faire voir qu'elle a été la foi de cette vertueufe Dame, qui a mieux aimé s'attirer des inimitiez éternelles de la part des hommes, que d'offenser Dieu par des amitiez dangereuses. Reprenons donc l'histoire de sa vie.

On ne vit jamais un esprit plus docile que le sien. Elle étoit *lente à parler, & prompte à* Jac. 1. 19. *écouter,* se souvenant de ce que dit l'Ecriture: *Ecoutez, ô Israël, & demeurez dans le silence.* Deut. 27. Elle sçavoit l'Ecriture sainte par cœur; & quoi 19. qu'elle en aimât le sens litteral, qui est le fon- Sec. LXX. dement de la verité; elle s'attachoit neanmoins d'avantage au sens mystique, le regardant comme le comble de l'édifice spirituel qu'elle élevoit dans son cœur. Elle me pria même tres-instamment de vouloir bien qu'elle & sa fille lussent en ma presence l'Ancien & le Nouveau Testament, afin que je leur expliquasse les endroits les plus difficiles. Persuadé que j'étois que cet emploi étoit au dessus de mes forces; je refusai d'abord de m'en charger; mais enfin il fallut me rendre à ses instantes prieres, & je m'engagé à lui enseigner ce que j'avois appris, non pas de moi-même, c'est-à-dire de la présomption de mon propre esprit, qui est le plus dangereux de tous les autres; mais des Ecrivains Ecclesiastiques les plus fameux. Lors que je trouvois quelque passage qui m'arrêtoit, & que je lui avoüois de bonne foi que je n'y entendois rien, elle ne se rendoit pas pour cela, & ne cessant de m'interroger, elle m'obligeoit de lui dire mon sentiment sur plusieurs explications differentes que je lui donnois, & de lui marquer quelle étoit la meilleure.

Je dirai encore ici une chose qui peut être paroîtra incroïable à ses envieux. Elle eut envie d'apprendre la langue Hebraïque, dans laquelle j'avois fait quelque progrès, m'y étant appliqué dès ma jeunesse avec beaucoup de soin & de travail ; & que j'étudie encore tous les jours avec une application infatigable, de peur de l'oublier. Elle réussit si bien dans cette étude, qu'elle chantoit les Pseaumes en Hebreu, & parloit cette langue, sans y mêler aucun accent de la langue Latine. C'est ce que fait encore aujourd'hui sa sainte fille Eustoquie, qui a toûjours été si attachée à sa mere, & si soumise à ses volontez, que jamais on ne l'a vûë ni se coucher, ni manger, ni faire un seul pas sans elle ; jamais elle n'a eu seulement un écu en sa disposition ; au contraire elle étoit ravie que sa mere distribuât aux pauvres tout le bien qu'elle avoit herité de ses parens, persuadée qu'elle étoit que l'amour & le respect qu'elle avoit pour une si bonne mere étoient le plus bel heritage & la plus riche succession qu'elle pouvoit esperer.

Je ne dois pas passer ici sous silence quel fut l'excès de la joie de nôtre illustre veuve, lorsqu'elle apprit que sa petite fille Paule, qui étoit née de Léte & de Toxoce, ou plûtôt que le ciel avoit accordée au vœu que ses parens avoient fait de la consacrer à Dieu, commençoit dès le berceau, & parmi les petits joüets de l'enfance, à chanter *Alleluia*, & à prononcer à demi & d'une voix begaïante les noms de sa grand-mere & de sa tante. La seule chose qui lui faisoit souhaiter d'être à Rome, étoit le desir qu'elle avoit de voir son fils, sa bru, & sa petite fille, servir Dieu dans un détachement parfait de toutes les choses de la terre.

Aussi a-t-elle vû une partie de ses desirs accomplis ; car sa petite fille doit prendre le voile des Vierges ; & sa bru aïant fait vœu de chasteté, imite sa belle-mere par sa foi & par ses aumônes, & tâche de pratiquer à Rome les vertus dont Paule a donné à Jerusalem de si grands exemples.

Mais que fais-je, & pourquoi apprehendai-je de parler de sa mort ? Je ne me suis déja que trop étendu dans ce discours, dans la crainte que j'ai d'en venir à ce qui doit en faire la triste conclusion ; comme si en m'occupant toûjours des loüanges de Paule, & en ne parlant point de sa mort, je pouvois en retarder le moment fatal. Jusques ici ma navigation a été heureuse, les vents & la mer m'ont été favorables ; mais maintenant je me trouve au milieu des écueils, la mer s'enfle, les flots s'élevent, je cours risque de faire ici un triste naufrage ; & je suis obligé de dire avec les Apôtres : *Maître, sauvez-nous ; nous perissons* : & avec le Prophete Roi : *Levez-vous, Seigneur, pourquoi dormez vous*. En effet qui pourroit sans répandre des larmes dire que Paule expire ? Elle tomba donc dangereusement malade, ou pour mieux dire, ses desirs furent entierement accomplis, voïant qu'elle étoit sur le point de nous quitter pour s'unir plus étroitement au Seigneur. Dans cet état de langueur où elle étoit, la pieté & l'amour que sa fille Eustoquie avoit toûjours eu pour elle parut plus que jamais. Car on la vit toûjours attachée au chevet de son lit, la rafraîchissant avec un éventail, lui soutenant la tête, accommodant son oreillier, lui frotant les pieds, lui échauffant l'estomac avec sa main,

Matth. 8. 23.
Psal. 43. 23.

XLIII. Lettre

faisant son lit, mettant la nappe, prenant soin de temperer avec de l'eau fraîche l'eau chaude qu'on servoit à la malade, prévenant les servantes & faisant elle-même tout ce qu'elles devoient faire, & s'imaginant que de laisser aux autres quelque chose à faire, c'étoit perdre une partie de sa recompense. Combien de fois la vit-on courir du lit de sa mere à la creche du Sauveur ? Avec combien de soupirs & de gemissemens le pria-t-elle de ne la point priver de la compagnie d'une mere qui lui étoit si chere ; de ne point souffrir qu'elle lui survécût, & de permettre qu'on la portât en terre avec elle dans le même cercueil ?

Mais helas ! que la nature de l'homme est foible & fragile ! S'il ne s'élevoit pas vers le ciel par sa foi ; & si Dieu ne lui avoit pas promis une glorieuse immortalité ; sa condition seroit-elle meilleure que celle des bêtes ? Le juste meurt comme l'impie ; l'homme de bien comme le méchant, le chaste comme l'impudique, celui qui offre des sacrifices, comme celui qui n'en offre point : l'homme vertueux & le pecheur, le parjure & celui qui craint de faire de faux sermens, les hommes & les bêtes, tous deviennent par la mort cendre & poussiere.

Mais à quoi m'arrêtai-je ? pourquoi prolonger ma douleur en differant toûjours le recit de la mort de Paule ? Cette femme sage sentoit bien qu'elle approchoit de sa fin, qu'un froid mortel avoit déja saisi tout son corps, & qu'il ne lui restoit plus qu'un peu de chaleur dans la poitrine qui faisoit encore palpiter son cœur. Cependant comme si elle n'eût fait que quitter des étrangers, pour aller rejoindre ses proches, elle prononçoit tout bas ces paroles du Psalmiste: *Seigneur, j'ai aimé la beauté de vôtre maison, & le lieu où reside vôtre gloire. Que vos tabernacles sont aimables, ô Dieu des armées! Mon ame desire ardemment d'entrer dans la maison du Seigneur, & ce desir la fait tomber en deffaillance. J'aime mieux être la derniere dans la maison de mon Dieu, que de demeurer dans les tentes des pecheurs.* Lui aïant demandé pourquoi elle ne disoit mot, & si elle sentoit quelque douleur extraordinaire qui l'empêchoit de nous parler? elle me répondit en grec que rien ne lui faisoit peine, & qu'elle étoit fort calme & fort tranquille. *Psal.* 25. 8.

Psal. 83. 2.

Elle ne parla plus depuis, & fermant les yeux comme si elle eût déja méprisé toutes les choses de la terre, elle repeta jusqu'au dernier soupir les mêmes versets des Pseaumes qu'elle avoit dit auparavant; mais elle parloit si bas qu'à peine pouvions nous attendre ce qu'elle disoit; & tenant le doigt sur sa bouche, elle faisoit sans cesse le signe de la croix sur ses lévres. Enfin aïant perdu tout sentiment, & étant à l'agonie; son ame qui se hâtoit de se détacher du corps, changea en loüanges du Seigneur, le râlement que font ordinairement ceux qui sont prêt d'expirer. Il se trouva là l'Evêque de Jerusalem, ceux des autres villes, & une multitude infinie de Prêtres & de Diacres. Tout le Monastere étoit rempli de Vierges & de Solitaires. Aussi-tôt que cette belle ame entendit la voix de son Epoux qui lui disoit: *Levez-vous, & venez, ma bien-aimée, ma colombe, mon unique beauté; car l'hyver est déja* *Cant.* 2. 10.

passé, la pluïe a cessé & s'est entierement dissi-
pée; Elle lui répondit avec joie: *On a vû la
campagne couverte de fleurs ; le tems de la moisson est arrivé ; je croi que je verrai les biens du Seigneur dans la terre des vivans.*

Ibid. ꝟ. 12.
Psal. 26. 13.

 Après qu'elle eut rendu l'esprit, on n'entendit point ces cris lugubres & ces tristes gemissemens, qui accompagnent ordinairement la mort des gens du siecle. Tout retentissoit du chant des Pseaumes, que plusieurs chœurs chantoient en differentes langues. Des Evêques chargerent son cercueil sur leurs épaules ; d'autres Prelats precedoient le convoi, portant des flambeaux & des cierges allumés ; d'autres enfin marchoient à la tête de ceux qui chantoient les Pseaumes. On porta dans cet ordre le corps au milieu de l'Eglise de la creche du Sauveur. Tous les peuples de la Palestine abandonnerent leurs Villes, & vinrent en foule à ses funerailles. Les Vierges sortirent de leurs retraites ; les Solitaires quitterent leurs cellules & leurs deserts pour assister à cette pompe funebre. Ils auroient crû faire un sacrilege, s'ils avoient manqué de rendre les derniers devoirs à une femme d'un merite si distingué. Les veuves & les pauvres, comme l'Ecriture le dit de Dorcas, montroient les habits dont elle les avoit revêtus ; & tous ceux qui étoient dans l'indigence la regrettoient comme leur mere & leur nourrice. Mais ce qui étoit de plus digne d'admiration, c'est que son visage, tout pâle qu'il étoit, ne paroissoit point changé : au contraire on y remarquoit je ne sçai quoi de si grand & de si majestueux, qu'on eût dit qu'elle étoit plûtôt endormie que morte. On chanta par or-

Act. 9. 39.

dre des Pseaumes en Hebreu, en Grec, en Latin, & en Syriaque; non seulement pendant les trois jours que son corps fut exposé, & jusqu'à-ce qu'on l'eût mis dans un caveau sous l'Eglise qui est tout proche de la creche de nôtre Seigneur, mais encore durant toute la semaine; tous ceux qui venoient s'imaginant qu'ils pleuroient eux-mêmes leur mort, & qu'ils assistoient à leurs propres funerailles. La venerable Vierge Eustoquie sa fille, qui se regardoit comme un enfant qu'on vient de sevrer, ne pouvoit quitter cette chere mere; elle baisoit ses yeux, se colloit sur son visage, embrassoit son corps, & souhaitoit qu'on l'ensevelît avec elle dans le même tombeau.

Paule n'a rien laissé du tout à sa fille, JESUS-CHRIST le sçait; au contraire, comme je l'ai déja dit, elle la laissée chargée de beaucoup de dettes, & qui plus est, de l'entretien d'un nombre infini de Vierges & de Solitaires, qu'elle ne peut ni nourrir sans peine, ni abandonner sans impieté. Est-il rien de plus admirable que de voir une Dame d'une naissance si illustre, & qui autrefois possedoit des richesses immenses, porter sa foi jusqu'à donner tout son bien aux pauvres, & se reduire presque elle-même à la derniere misere? Que les autres vantent les dons qu'ils font aux Eglises, & les riches presens qu'ils consacrent aux autels; personne n'a donné davantage aux pauvres, que celle qui ne s'est rien reservé de tout ce qu'elle possedoit. Aussi joüit-elle maintenant de ces biens & de ces richesses que *l'œil n'a jamais vûs, que l'oreille n'a jamais entendus, & que le cœur de l'homme n'a jamais pû comprendre.* Si nous pleu- 1. Cor. 2. 9.

XLIII. Lettre

L'illustre sang, Paule leur fille,
Mere d'Eustochium. Sa sage humilité
Méprisant des honneurs le vain éclat qui brille,
Embrassa de Jesus la sainte pauvreté ;
Et quittant des Palais les demeures profanes,
Chercha de Bethléem les rustiques cabanes.

Inscription mise au dessus de l'antre de Bethléem,

Le tombeau que tu vois sous cette roche obscure,
De Paule est la demeure en ces terrestres lieux ;
Pendant qu'une lumiere pure
Couronne sa belle ame au Royaume des Cieux.
Elle quitta païs, amis, richesses,
Parens, Enfans, l'objet de ses tendresses
Pour Bethléem. Seigneur c'est en ce lieu
Que fut ta creche, & que les Mages
Par leurs mysterieux homages
Te vinrent adorer comme homme & comme Dieu.

La Sainte & Bienheureuse Paule mourut un Mardi vingt-six Janvier sur le soir ; & elle fut enterrée le vingt-huit du même mois ; sous le sixiéme Consulat de l'Empereur Honorius, & le premier d'Aristenéte. Depuis qu'elle se fut entierement consacrée à Dieu ; elle demeura cinq ans à Rome, & vingt à Bethléem. Elle a vécu en tout 56. ans, 8. mois & 21. jours.

XLIV. LETTRE
à Theophile Evêque d'Alexandrie.

Saint Jerôme fait ses excuses à Theophile d'avoir differé si long-tems de répondre à ses Lettres, & de traduire sa Lettre Paschale. Il attribuë la cause de ce retardement & de son silence, à la douleur que lui causoit la mort de sainte Paule.

Ecrite l'an 404. ou 405.

DEpuis que vôtre Beatitude m'a fait l'honneur de m'écrire, & de m'envoïer sa [a] Lettre Paschale, j'ai été si accablé de douleur, & les affaires de l'Eglise, dont j'entens parler diversement, m'ont donné tant d'inquiétude, qu'à peine ai-je pû traduire vôtre Lettre en Latin. Car vous sçavez ce que disent les Anciens ; Que l'éloquence & la tristesse ne sçauroient s'allier ensemble ; sur tout quand avec les peines de l'esprit, on a encore à souffrir les infirmités du corps. Au moment que je vous écris, je suis dans l'accès de la fiévre, & il y a déja cinq jours que je garde le lit. J'ai donc dicté cette Lettre avec beaucoup de précipitation, pour vous marquer en peu de mots que la traduction de la vôtre m'a infiniment coûté, & que j'ai eu bien de la peine à rendre beauté pour beauté, & à donner au Latin ce tour fin & delicat que l'on admire dans le Grec.

[a] Les Lettres Paschales étoient destinées à faire connoître quel jour on devoit celebrer la Pâque.

XLIV. Lettre

Vous commencez comme les Philosophes par établir des principes generaux, dont vous vous servez tout-à-la fois & pour instruire tous les hommes en general, & pour accabler en particulier ᵃ celui dont vous avez entrepris de combattre les erreurs. Dans la suite, chose si rare & si difficile, vous sçavez allier Platon avec Demosténe, & joindre à la force & à la solidité de la Philosophie, les beautez & les ornemens de l'Eloquence. Avec quelles couleurs ne dépeignez vous pas les desordres & l'infamie de l'incontinence ? Avec quelles loüanges au contraire ne relevez vous pas le merite & l'éclat de la chasteté ? Avec quelle érudition ne décrivez vous pas la vicissitude des jours & des nuits, le cours de la lune & du soleil, la construction & la nature de ce vaste univers ? Vous n'allez pas puiser vos preuves & vos raisonnemens dans les sources de la litterature profane, de peur de déroger à la dignité de vôtre sujet ; vous n'appuïez ce que vous dites, que sur l'autorité des saintes Écritures. En un mot (car je crains que les loüanges que je vous donne ici ne soient suspectes de flaterie) vôtre ouvrage est excellent, vous y raisonnez selon les veritables principes de la Philosophie, & vous traitez vôtre sujet sans offenser personne.

Pardonnez-moi donc, je vous prie, d'avoir différé si long-tems à le traduire. Je suis si affligé de la mort de la venerable Paule, qu'excepté la traduction de vôtre Lettre, il m'a été impossible jusqu'à present de rien faire sur l'Ecriture sainte. Vous sçavez qu'en per-

---

b Origéne dont Theophile combat les erreurs dans ses Lettres Paschales.

dant cette sainte femme, nous avons perdu toute nôtre consolation. Si je suis si sensible à cette perte, Dieu m'est témoin que ce n'est point pour mon propre interêt ; je n'ai en vûë que celui des serviteurs de JESUS-CHRIST, que cette charitable veuve soulageoit & prévenoit même dans tous leurs besoins.

Vôtre sainte & venerable fille Eustoquie vous saluë. Elle est inconsolable de la mort de sa mere. Toute nôtre Communauté vous presente aussi ses tres-humbles respects. Envoïez-moi, s'il vous plaît, les ouvrages dont vous me parlez dans vôtre Lettre ; je serois bien-aise de les lire ou de les traduire. Je prie le Seigneur de vous conserver dans une parfaite santé.

LETTRE XLV.

Ou Eloge funebre de Marcelle Veuve, à la Vierge Principie.

Ecrite l'an 412. Marcelle fille d'Albine, étoit d'une des premieres familles de Rome. Etant demeurée Veuve après sept mois de mariage, elle fit vœu de vivre en continence, quoiqu'elle fût recherchée par plusieurs Seigneurs, & particulierement par Cereal Consul Romain. Elle mourut quelques jours après qu'Alaric Roi des Goths eût pris & saccagé Rome. Saint Jerôme fait ici son éloge; il loüe sa chasteté, sa modestie, son amour pour la retraite, ses jeûnes, sa charité envers les pauvres, son application à l'étude de l'Ecriture sainte, son zele contre les erreurs des Origenistes qu'elle fit condamner par le Pape Anastase, sa constance au milieu des ruines de sa patrie, & sa mort qui couronna heureusement une si belle vie.

Vous me priez souvent, & me pressez avec instance, ma chere Principie, Vierge de JESUS-CHRIST, d'écrire la vie de sainte Marcelle, & de faire connoître son merite, afin que les autres puissent imiter les vertus dont elle nous a donné long tems de si grands exemples. Je suis fâché que vous me demandiez avec tant d'empressement, une chose à laquelle je me sens porté par ma propre inclination; & que vous vous imaginiez qu'il soit besoin de m'en prier, moi qui ai toûjours eu pour Marcelle une amitié qui ne cede en rien à celle que vous avez eu vous-même pour cette illustre Veuve. Comptez que j'aurai beaucoup plus de plaisir à faire l'éloge de ses vertus, que les autres n'en auront à le lire. Si j'ai différé jusques ici à vous écrire sur ce sujet, & si j'ai gardé le silence pendant deux ans entiers ; il n'étoit pas affecté, ce silence, comme vous m'en accusez avec tant d'injustice ; il venoit d'un excès de douleur que me causoit sa mort, & dont je me suis senti si accablé, que j'ai crû qu'il étoit plus à propos de ne point entreprendre son éloge, que de lui faire perdre par mon discours, une partie de sa dignité & de son éclat.

Ne pensez pas que pour loüer Marcelle, cette femme vertueuse qui a été l'ornement de la ville de Rome, & qui nous fut si chere à vous & à moi, aussi-bien qu'à tous ceux qui font profession de pieté, j'emploie ici l'art des Orateurs, & que remontant jusqu'à son origine, j'étale aux yeux du monde la grandeur de sa naissance, la gloire de ses Ancêtres, & les marques des dignitez qui par une longue suite de Proconsuls & de Prefets du Prétoire, ont illustré sa famille. Je ne loüerai en elle que son merite personel ; merite d'autant plus distingué, qu'en méprisant comme elle a fait la noblesse de sa maison & les grands biens qu'elle possedoit, elle a rehaussé par sa pauvreté & son humilité, la gloire & l'éclat de sa naissance.

Marcelle aïant perdu son pere, perdit encore son mari sept mois après avoir été mariée. Cereal, dont le nom est si illustre parmi les Consuls, charmé de sa jeunesse, de sa qualité, de sa douceur, & par dessus tout cela, de sa beauté, qui est un si puissant attrait pour les hommes, la rechercha en mariage avec tout l'empressement imaginable. Comme il étoit déja fort âgé, il lui promettoit de la constituer son heritiere, & de lui faire une donation de tout son bien ; voulant la traiter non pas comme sa femme, mais comme sa propre fille. Albine sa mere, qui voïoit sa maison sans appui, étoit bien-aise de pouvoir la soutenir par une alliance si considerable. Mais Marcelle leur fit entendre que si elle vouloit se marier, & renoncer au vœu de chasteté qu'elle avoit fait, elle chercheroit un mari, & non pas une succession. Surquoi Cereal lui aïant mandé, Que les vieillards pouvoient vivre long-tems, & les jeunes gens mourir bientôt ; elle lui répondit agréablement ; Qu'à la verité il se pouvoit faire qu'un jeune homme mourût bien-tôt, mais qu'il étoit impossible qu'un vieillard pût vivre long-tems. Cette réponse obligea Cereal d'abandonner ses poursuites, & sa retraite fit perdre à tous les autres qui la recherchoient l'esperance de pouvoir jamais l'épouser.

Nous lisons dans l'Evangile de saint Luc:
Luc 2. 36. *Il y avoit aussi une Prophetesse, nommée Anne, fille de Phanuel de la Tribu d'Aser, qui étoit déja fort avancée en âge. Elle n'avoit vécu que sept ans avec son mari, depuis qu'elle l'avoit épousé étant vierge. Elle étoit alors veuve, âgée de quatre-vingt-quatre ans ; & elle demeuroit sans cesse dans le Temple, servant Dieu jour & nuit dans les jeûnes & les prieres.* Il ne faut pas s'étonner que cette sainte Veuve ait merité de voir le Sauveur, puisqu'elle le cherchoit avec tant de soins & tant de peines. Compa-

tons maintenant ces deux saintes femmes l'une avec l'autre. Anne vécut sept ans avec son mari; & Marcelle a vécu sept mois avec le sien. Celle-là attendoit Jesus-Christ; celle-ci l'a possedé: l'une l'a reconnu après sa naissance, l'autre a crû en lui après sa mort: la premiere l'a confessé lors qu'il n'étoit qu'un enfant; la seconde a le plaisir de le voir homme parfait & regnant dans le ciel. Je ne mets aucune difference entre ces deux illustres Veuves, comme quelques-uns ont coûtume d'en mettre si mal-à-propos entre les plus grands Saints, & les Princes même de l'Eglise. Tout mon dessein est de faire voir que ces deux vertueuses femmes aïant mené une vie également sainte & laborieuse, elles joüissent aussi maintenant de la même recompense.

Il est bien difficile de conserver sa reputation pure & sans tache dans Rome, qui autrefois renfermoit dans son sein un monde entier composé de toutes les Nations de la terre; dans cette ville où regne la medisance, où le vice triomphe, & où l'imposture prend plaisir à décrier la conduite la plus reguliere, & à noircir la vie la plus pure & la plus innocente. De là vient que le Prophete Roi qui sçavoit qu'il est tres-difficile & presque impossible de n'être pas en butte à la calomnie, & qui souhaitoit, plûtôt qu'il n'esperoit, de se derober à ses traits, disoit: *Heureux ceux* Psal. 118. 1. *dont les voies sont pures & sans tache, & qui marchent dans la loi du Seigneur.* Il veut dire que ceux-là sont sans tache dans les voies du siecle, dont la reputation n'a point été exposée aux traits de la medisance, & qui n'ont point écouté les discours qui deshonorent le prochain. C'est de ceux là que le Sauveur a dit dans l'Evangile: *Aïez de la complaisance & de l'estime pour vôtre ennemi, pendant que vous êtes en chemin avec lui.* Cependant jamais la medisance a-t-elle donné la moindre atteinte à la reputation de Marcelle ? quelques couleurs qu'elle ait donné à ses impostures, a-t-elle pû les rendre croïables ? & si quelqu'un y a ajoûté foi, ne s'est-il pas aussi-tôt condamné lui-même de malice & de lâcheté ?

Matth. 5. 25.

Elle est la premiere qui ait confondu le Paganisme, en faisant voir par une vie innocente & un exterieur modeste, quel est le merite & l'excellence de la viduité Chrétienne. Car les Veuves Païennes ont coutume de se farder le visage, de porter des habits magnifiques, de relever leur beauté par l'éclat des pierreries, de se coëffer avec des tresses d'or, d'avoir des pendants d'oreilles de perles d'un prix infini, de se parfumer, de pleurer la mort de leurs époux, mais avec une douleur si affectée, qu'à travers leurs larmes, on entrevoit aisément la joïe qu'elles ont de se voir affranchies de leur domination : aussi les voit-on bien-tôt chercher d'autres maris, non pas pour leur obéïr, comme Dieu, l'ordonne, mais pour leur commander avec empire. C'est pour cela qu'elles choisissent ceux qui n'ont point de bien, à qui elles ne laissent que le nom de mari, qui souffrent patiemment le commerce qu'elles entretiennent avec leurs galans, & qu'elles chassent de chez elles, dès qu'ils osent seulement ouvrir la bouche pour se plaindre de leur mauvaise conduite.

L'illustre Veuve dont je parle, portoit des habits pour se garantir du froid, & non pas pour ne se couvrir qu'à demi. Elle ne reserva rien de tous les petits meubles d'or qu'elle avoit, non pas même son cachet; aimant mieux les emploïer à nourrir les pauvres, que de les garder inutilement dans sa cassette. Quoiqu'elle vit souvent chez elle des Ecclesiastiques & des Solitaires que la necessité de leurs affaires y attiroit, ce qui est inévitable dans les grandes maisons comme la sienne, jamais elle ne leur parloit sans témoins. Elle avoit toûjours en sa compagnie des Vierges & des Veuves d'un merite reconnu, & d'une gravité édifiante; persuadée qu'elle étoit que de jeunes filles dont les manieres sont trop libres, & l'air enjoüé, font ordinairement juger mal des mœurs de leurs maîtresses; étant naturel qu'une jeune personne se plaise en la compagnie de celles dont l'humeur est plus conforme à ses inclinations.

Elle aimoit passionnément l'étude de l'Ecriture sainte, chantant toûjours avec le Prophete Roi: *J'ai caché & conservé vos paroles dans mon cœur, afin de ne vous point offenser;* Psal. 118. 11. & cet autre verset où le même Prophete parle de l'homme parfait: *Il met toute ❦ffection dans la loi du Seigneur, & il la medite jour & nuit.* Psal. 1. 2. Elle faisoit consister cette meditation de la loi de Dieu, non pas comme les Pharisiens se l'imaginent, à repeter souvent les paroles de la loi; mais à la mettre en pratique, selon ce que dit l'Apôtre saint Paul: *Soit que vous mangiez, soit que vous beuviez, & quelque chose que vous fassiez, faites tout pour la gloi-* 1. Cor. 10. 15.

re de Dieu; & ce que dit le Prophete Roi:

Pſal. 118. 104. *Vos preceptes m'ont donné l'intelligence,* pour faire voir qu'il ne pouvoit meriter de comprendre les ſaintes Ecritures, qu'après avoir accompli les Commandemens de Dieu. Ce qui revient à ce que nous liſons ailleurs; *Que*

Act. I. I. JESUS-CHRIST *commença à faire & à enſeigner.* Car quelles belles & quelques ſaintes que ſoient les maximes que nous enſeignons aux autres, nous en rougiſſons en ſecret, dès que nôtre propre conſcience nous reproche de ne les pas mettre en pratique. En vain fait-on l'éloge de la pauvreté, & exhorte-t-on les autres à faire l'aumône, lors qu'on eſt riche comme un Creſus, & que couvert d'un méchant manteau, on a bien de la peine à empêcher que les vers ne mangent les habits de ſoye qu'on garde dans ſes coffres.

Marcelle jeûnoit avec moderation. Elle ne mangeoit point de chair; & quoique la foibleſſe de ſon eſtomac & ſes frequentes infirmitez l'obligeaſſent de boire du vin, elle en prenoit ſi peu, qu'on eût dit qu'elle ſe contentoit de le ſentir au lieu de le goûter. Elle ſortoit rarement. Elle évitoit ſur tout d'aller chez les Dames de qualité, de peur d'y voir ce qu'e●●●oit mépriſé. Son occupation ordidaire étoit de viſiter les Egliſes des Apôtres & des Martyrs, & d'y prier en ſecret aux heures qu'elles étoient moins frequentées. Elle étoit ſi obéïſſante à ſa mere, que quelquefois elle ſacrifioit ſes propres inclinations à la complaiſance qu'elle avoit pour elle. Albine aimoit tendrement ſes parens, & comme elle n'avoit ni fils ni petit-fils, elle vouloit donner tout son bien aux enfans de son frere. Marcelle au contraire étoit plus portée à le donner aux pauvres ; mais comme elle ne vouloit pas s'opposer aux volontez & aux desirs d'Albine, quelque persuadée qu'elle fût d'ailleurs que c'étoit perdre son bien que de le laisser à des gens riches, elle donna toutes ses pierreries & tous ses meubles à ses parens ; aimant mieux perdre tout ce qu'elle avoit, que de donner le moindre chagrin à sa mere.

La profession Monastique étoit alors entierement inconnuë à Rome ; le nom même de Moine y étoit si nouveau, & la prévention des peuples y avoit attaché des idées si basses & si affreuses, qu'il n'y avoit aucune femme de qualité qui osât le porter. Mais Marcelle aïant appris premierement de quelques Prêtres d'Alexandrie & de [a] l'Evêque Athanase, & ensuite de [b] Pierre, qui s'étoient retirez à Rome comme dans un port assuré de la foi Catholique, pour s'y mettre à couvert de la persécution des Ariens ; Marcelle, dis je, aïant appris de ces illustres refugiez la vie que saint Antoine, qui étoit encore au monde, menoit dans le desert, la discipline qui s'observoit dans les Monasteres que saint Pachome avoit bâtis dans la Thebaïde, & la maniere de vie des Vierges & des Veuves ; alors elle n'eût plus de honte d'embrasser une profession qu'elle sçavoit être agreable à JESUS-CHRIST. Plusieurs années après Sophronie & quelques au-

---

[a] Ce fut dans le premier voïage que saint Athanase fit à Rome l'an 340.

[b] Ce Pierre étoit Prêtre de l'Eglise d'Alexandrie, il avoit eu part aux travaux & aux persecutions de saint Athanase : Il lui succeda dans la chaire d'Alexandrie.

tres Dames suivirent son exemple; surquoi on peut justement leur appliquer cet endroit d'Ennius:

Voïez les Remarques.   *Plût à Dieu que jamais sur le mont Pelion.*

Sainte Paule eut le bonheur d'être du nombre des amies de Marcelle, & Eustoquie, qui est la gloire des Vierges, fut élevée chez elle. Il est aisé de juger par le merite des Ecolieres, quel étoit celui de la Maîtresse qui les forma.

Quelqu'un de mes Lecteurs, peu sensible aux interêts de la pieté & de la religion, se mocquera peut-être de ce que je m'arrête si long-tems à faire l'éloge des personnes du sexe. Mais s'il se souvient de celles qui accompagnoient le Sauveur dans ses voiages, & qui l'assistoient de leur bien; S'il se souvient de ces trois Maries qui demeurerent debout au pié de la croix, & particulierement de celle qu'on appelle communément *Madelaine*, qui à cause de son zele & de l'ardeur de sa foi, fut surnommée *de la Tour*, & qui merita la premiere, & même avant tous les Apôtres, de voir JESUS-CHRIST resuscité; si, dis-je, il se souvient du merite de ces saintes femmes, il s'accusera lui-même de présomtion, bien loin de me tourner en ridicule, moi qui juge des vertus, non pas par le sexe, mais par le cœur; & qui suis persuadé que personne ne merite plus de loüanges, que ceux qui sçavent meprisér les richesses de la terre, & le vain éclat que donne une illustre naissance. C'est pour cela que JESUS-CHRIST aima si tendrement saint Jean l'Evangeliste; car cet Apôtre, qui étoit de bonne famille, & qui par là étoit connu du Grand-Prêtre, méprisant la malice & la colere des Juifs, ne craignit point de faire entrer saint Pierre chez Caïphe ; & de tous les Apôtres il fut le seul qui osa demeurer au pié de la croix, & prendre la sainte Vierge pour Mere ; le Sauveur qui étoit Vierge, laissant pour heritage une Mere Vierge à un disciple qui avoit toûjours conservé la virginité.

Marcelle donc aïant passé plusieurs années dans ces pratiques de pieté, s'apperçût qu'elle commençoit à vieillir, avant que de se souvenir qu'elle avoit été jeune. Elle étoit charmée de la pensée de Platon, qui dit que la Philosophie n'est autre chose qu'une meditation continuelle de la mort. Ce qui fait dire à l'Apôtre saint Paul : *Je meurs tous les jours pour vôtre salut* ; & à JESUS-CHRIST, comme porte les anciens exemplaires : *Pour être mon disciple, il faut porter tous les jours sa croix, & me suivre.* Plusieurs siecles auparavant le saint Esprit avoit dit aussi par la bouche du Prophete : *Nous sommes tous les jours livrez à la mort à cause de vous ; & on nous regarde comme des brebis destinées à la boucherie.* Ce que l'Ecclesiastique long-tems après a exprimé par cette belle maxime : *Souvenez-vous toûjours du jour de vôtre mort, & vous ne pecherez jamais.* C'est dans ce sens qu'un Auteur qui a composé des Satyres avec beaucoup d'éloquence, a dit :

Songes que tu mourras ; le tems fuit, l'heure même Où je parle n'est plus.

1. Cor. 15. 31.

Luc 9. 23.

Psal. 43. 22.

Eccli. 7. 40.

Pers. sat. 5.

Marcelle comme j'avois commencé de le dire, passa donc toute sa vie dans la meditation continuelle de la mort, portant des habits qui ne lui faisoient jamais perdre le tombeau de vûë, & s'offrant sans cesse à Dieu comme *une hostie raisonnable, vivante & agreable à ses yeux.*

Rom. 12. 1.

ᵃ Les affaires de l'Eglise m'aïant obligé d'aller à Rome avec saint Paulin Evêque d'Antioche de Syrie, & saint Epiphane Evêque de Salamine en Cypre ; & évitant par modestie de me trouver en la compagnie des Dames de qualité ; Marcelle fit si bien, & me pressa avec tant d'instances, qu'enfin malgré toute ma retenuë elle m'engagea à la voir. Comme j'étois alors en quelque reputation de sçavoir l'Ecriture sainte, elle ne me rencontroit jamais sans m'en demander quelque chose ; & au lieu de se rendre d'abord à ce que je lui disois, elle me faisoit toûjours quelque nouvelle question, non pas à dessein de disputer, mais pour apprendre comment il faloit répondre aux difficultez qu'elle voïoit bien qu'on pouvoit lui proposer. Je n'oserois dire ce que je découvris en elle de vertu, d'esprit, de pureté, & de sainteté, de peur qu'on ne m'accuse d'outrer les choses ; & de crainte aussi d'irriter vôtre douleur, par le souvenir de la perte que vous avez faite d'une personne d'un si grand merite. Je dirai seulement que dès que je lui eûs donné la premiere teinture de l'Ecriture sainte, elle l'apprit en si peu de tems, & posseda si parfaitement tout ce que j'avois acquis de con-

---

ᵃ C'étoit pour appaiser le schisme qui partageoit l'Eglise d'Antioche.

noissances par une longue étude, & tout ce qu'une meditation continuelle m'avoit rendu comme naturel; qu'après mon départ de Rome, on la prenoit pour juge de toutes les contestations qu'on pouvoit avoir sur quelque passage des saintes Ecritures. Mais comme elle étoit extremement prudente, & qu'elle sçavoit parfaitement en quoi consiste cette vertu que les Philosophes appellent *bienséance*, elle ne répondoit aux questions qu'on lui faisoit, qu'en disant qu'elle avoit appris de moi ou de quelque autre, ce qui neanmoins venoit de son propre fond; & confessant qu'elle n'étoit qu'écoliere dans une science dont cependant elle parloit en maîtresse. Elle sçavoit ce que dit l'Apôtre : *Je ne permet point aux femmes d'enseigner*; & elle ne vouloit pas qu'on pût l'accuser de faire tort aux hommes & même aux Prêtres, qui venoient quelquefois la consulter sur les endroits les plus obscurs & les plus difficiles de l'Ecriture sainte. 1. *Tim.* 2.

A peine fus-je de retour à Bethléem, que j'appris que vous aviez une étroite liaison avec Marcelle, que vous ne la quittiez pas un seul moment, que vous n'aviez qu'une même maison & un même lit, que tout Rome vous regardoit comme sa fille, & elle comme vôtre mere, & que vous vous retiriez ensemble dans un jardin qu'elle avoit aux faux-bourgs de la ville, & qui vous servoit de Monastere; ou dans une maison de campagne où vous goûtiez toutes les douceurs de la solitude. Vous avez vécu long-tems de la sorte, & plusieurs Dames touchées de vôtre exemple, aïant renoncé aux vanitez du siecle pour prendre le parti de la vertu, nous avons eu la joie de voir Rome devenir une autre Jerusalem. On bâtit alors dans cette grande ville un si grand nombre de Monasteres de Vierges, & les Solitaires s'y multiplierent si fort, que la multitude de ceux qui servoient Dieu dans cet état, rendit respectable une profession qui auparavant n'avoit rien que de bas & de meprisable aux yeux des hommes. Cependant nous nous écrivions souvent Marcelle & moi pour nous consoler de nôtre absence ; & ne pouvant plus nous entretenir tête-à-tête, nous conversions ensemble en esprit. C'étoit à qui s'écriroit le plus souvent, à qui se surpasseroit en honêtetez, à qui se préviendroit l'un l'autre. Par ce continuel & agreable commerce, nous nous dédommagions un peu des chagrins que nous causoit nôtre absence.

Lors que nous joüissions de ce doux repos, & que nous ne pensions qu'à servir Dieu en paix, [a] les Heretiques exciterent dans ces Provinces une tempête qui jetta le trouble & la confusion par tout. Ils porterent leur fureur & leur rage jusqu'à un tel excès, qu'ils n'épargnerent ni les gens de bien, ni même ceux de leur parti. Peu contens d'avoir tout boulversé dans la Palestine, ils firent entrer dans le Port de Rome [b] un vaisseau chargé de blasphemes. Là ils trouverent des esprits tout disposez à embrasser leurs erreurs ; & avec leurs piés pleins de boüe, ils salirent & troublerent les pures eaux de la foi Romaine jusque dans

---

a Les Origenistes.
b Saint Jerôme veut parler de Ruffin & de Melanie, qui l'an 397. revinrent de Palestine à Rome infectez des erreurs d'Origéne.

leur source. Il ne faut point s'étonner qu'il se trouve des gens assez simples pour se laisser attraper par ces bâteleurs qui font des tours de passe-passe au milieu des marchez & dans les places publiques ; puisque dans Rome même il s'est trouvé des esprits assez credules pour donner dans les piéges des Heretiques, & pour avaler le poison de leur doctrine abominable.

Ce fut alors que parut cette infame traduction des Livres *des Principes*, & qu'on vit au nombre des disciples de celui qui en étoit l'auteur, un homme qui eût été veritablement [a] *Heureux*, comme le porte son nom, s'il n'étoit pas tombé dans les piéges d'un tel maître. Ce fut alors que nos Docteurs s'opposerent à à cette dangereuse doctrine, & troublerent toute l'école de ces Pharisiens. Ce fut alors que Marcelle, qui avoit long-tems gardé le silence, de peur qu'on ne l'accusât d'agir par un zele indiscret, voïant qu'on commençoit à corrompre cette foi qui avoit autrefois merité des loüanges de la bouche de l'Apôtre saint Paul ; que les Prêtres mêmes & quelques Solitaires, mais principalement les gens du siecle, embrassoient le parti de l'erreur ; & que les Heretiques avoient surpris la Religion, & abusoient de la simplicité d'un [b] Pape qui jugeoit des autres par lui-même ; ce fut, dis-je, alors que cette Dame aimant mieux plaire à Dieu qu'aux hommes, s'opposa ouvertement à l'heresie.

Rom. 1. 8.

[a] Saint Jerôme veut parler d'un Solitaire nommé Macaire, auquel Ruffin dédia sa traduction du livre des Principes, & son apologie d'Origéne. Il fait allusion au nom de *Macaire*, qui en grec veut dire *Heureux*.
[b] Sirice.

Luc 16. 8. JESUS-CHRIST loüe dans l'Evangile ce mauvais Econôme, qui aïant été infidelle à son Maître, sçut neanmoins menager avec prudence ses propres interêts. Les Heretiques donc voïant qu'une petite étincelle avoit causé un grand embrasement ; que le feu qu'ils avoient allumé avoit déja gagné le faîte de la maison ; & qu'il étoit impossible de cacher plus long-tems les piéges où plusieurs personnes étoient tombez ; ils demanderent & obtinrent des Lettres Ecclesiastiques, afin qu'en partant de Rome, il parût qu'ils étoient dans la communion de l'Eglise. Quelque tems après on éleva sur le Saint Siege Anastase, cet homme admirable que Rome ne merita pas de posseder long-tems, de peur que ce grand Pape ne vit perir sous son Pontificat cette capitale du monde ; ou plûtôt de peur qu'il ne détournât par ses prieres les châtimens dont Dieu vouloit punir cette malheureuse ville, selon ce que le Sei-
Jer. 14. 11. gneur dit à Jeremie : *Ne me priez point de faire grace à ce Peuple : ils ont beau jeûner, je n'écouterai point leurs prieres ; & quand ils m'offriroient des holocaustes & des sacrifices, je ne les recevrai pas. Je veux les exterminer par l'épée, par la famine & par la peste.*

On me dira peut-être ; Quelle liaison cette histoire a-t-elle avec les vertus de celle dont vous faites l'éloge ? C'est que Marcelle fut la premiere qui travailla à faire condamner ces Heretiques ; citant contre eux pour témoins ceux qui avoient embrassé leurs erreurs, & qui depuis y avoient renoncé ; produisant un nombre infini de personnes qu'ils avoient seduit ; faisant voir les livres impies *des Prin-*

cipes que ᵃ Ruffin avoit corrigez de sa propre main ; écrivant un grand nombre de Lettres à ces Heretiques, pour les obliger de venir se deffendre ; ce qu'ils n'ont jamais osé faire, convaincus qu'ils étoient de leurs erreurs par le témoignage de leur propre conscience, & aimant mieux qu'on les condamnât en leur absence qu'en leur presence. C'est donc au zele & à la vigilance de Marcelle que nous sommes redevables de cette glorieuse victoire. Et vous, Seigneur, qui êtes la premiere cause de cet heureux succès, & la premiere source d'un si grand bien, vous sçavez que je ne dis rien ici que de veritable, & que je retranche même plusieurs choses, de peur de fatiguer le Lecteur par un ennuieux detail ; & de donner sujet à mes ennemis de dire qu'à l'occasion de l'éloge que je fais, je songe à me venger & à servir ma passion. Poursuivons.

Cette tempête aïant passé d'Occident en Orient, menaçoit plusieurs d'un funeste naufrage ; & on vit alors l'accomplissement de ce que dit JESUS-CHRIST dans l'Evangile : *Lors que le Fils de l'homme viendra, pensez-vous qu'il trouve de la foi sur la terre ?* La charité donc de plusieurs s'étant refroidie, un petit nombre de personnes qui aimoient encore la verité de la foi, se joignirent à moi. On en vouloit ouvertement à ma vie, & on n'épargnoit rien pour me perdre ; ensorte que ᵇ Barnabé même usant de dissimulation avec

Luc. 18. 8.

Gal. 2. 13.

---

a Il y a dans le texte ; *Emendata manu Scorpii*, c'est-à-dire, que le Scorpion avoit corrigés de sa propre main. Saint Jerôme veut parler de Ruffin, qu'il appelle *Scorpion* dans plusieurs autres endroits de ses ouvrages.

a S. Jerôme veut parler de Ruffin, car il lui fait ici le même reproche que dans le troisié-

moi; prit la resolution de me tuer; ce qu'il a executé, sinon d'effet, du moins de volonté. Mais enfin le souffle du Seigneur dissipa toute cette tempête, & l'on vit alors l'accomplissement de ce que dit le Prophete : *Vous leur ôterez l'esprit de vie, & ils tomberont en deffaillance, & retourneront dans leur poussiere. En ce jour là toutes leurs pensées s'évanoüiront.* Et de ce que dit Jesus-Christ dans l'Evangile : *Insensé que tu es, tu vas mourir cette nuit; & pour qui sera ce que tu as amassé ?*

Psal. 103. 29.
Psal. 145. 4.
Luc 21. 20.

Pendant que tout cela se passoit à Jerusalem, il nous vint d'Occident une funeste & triste nouvelle, que [a] Rome avoit été assiegée, & que les citoïens aïant donné pour se racheter tout ce qu'ils avoient d'or & d'argent, l'Ennemi y avoit mis encore une fois le siege, afin de leur ôter la vie, après leur avoir enlevé toutes leurs richesses. Ici la voix me manque, & les sanglots étouffent mes paroles. Cette grande ville qui s'étoit rendu maîtresse de tout le monde, tomba elle-même en la puissance des Barbares. Que dis-je ? elle perit par la faim, avant que de perir par l'épée, & de tous ses citoïens à peine en resta-t-il quelques-uns pour être menez en captivité. Les vivres leur aïant manqué, on les vit fu-

---

me livre de son apologie, où il l'accuse d'avoir eu dessein de le tuer : *Minaris interitum*, lui dit-il, *nisi tacuero*. Il l'appelle *Barnabé*, parce qu'après avoir été son intime ami, il avoit rompu avec lui, de même que saint Barnabé s'étoit separé de saint Paul.

a Ce fut en 409. qu'Alaric Roi des Goths assiegea Rome.

Les Romains pour se delivrer du siege lui donnerent une somme immense d'or & d'argent. Mais l'Empereur Honorius aïant refusé la paix qu'Alaric lui offroit à des conditions raisonnables, ce Prince barbare vint l'année suivante mettre une seconde fois le siege devant Rome, la prit, & la pilla.

rieux

rieux & enragez, manger des choses qui font horreur à la nature, se dechirer cruellement les uns les autres; des meres ne pas épargner leurs propres enfans qui étoient encore à la mammelle, & se nourrir d'une chair qui venoit de sortir de leur sein. Cette ville, comme une autre *Moab, fut prise de nuit, & ses murailles furent renversées pendant la nuit. Seigneur, les Nations sont entrées dans vôtre heritage, ils ont violé la sainteté de vôtre Temple, ils ont tellement ruiné Jerusalem, qu'elle n'est plus que comme une de ces cabanes où se retirent ceux qui gardent les fruits. Ils ont donné en proye les corps morts de vos Saints aux oiseaux du ciel, & leur chair aux bêtes de la terre. Ils ont répandu leur sang comme de l'eau autour de Jerusalem, & il ne s'est trouvé personne pour les enterrer.*

Isaï. 15. 1.
Psal. 78. 1.

Qui peut de cette nuit décrire les malheurs,
Et sur des maux si grands répandre assez de pleurs ?
Rome succombe enfin après un si long regne;
Tout flôte avec horreur dans le sang qui la baigne;
L'on ne voit en tous lieux que des monceaux de corps,
Et même l'on prendroit les vivans pour des morts.

Æneid. 2.

Parmi ce desordre & cette confusion qui regnoit dans toute la ville, le soldat victorieux & tout couvert de sang entra dans le logis de Marcelle. Qu'il me soit permis de raconter ici ce que j'ai entendu dire, & ce que m'ont appris des personnes de pieté qui en ont été témoins, & qui m'ont assuré que vous eûtes part ma chere Principie, aux perils dont Marcelle étoit menacée. On dit donc que sans rien perdre de sa tranquillité ordinaire, elle vit entrer ces barbares chez elle ; & que ceux-ci lui aïant demandé où étoit son or & son argent, elle leur fit voir par la pauvreté de ses habits, qu'il n'y avoit pas d'apparence qu'elle eût de l'argent caché. Elle ne pût neanmoins les convaincre de l'état où l'avoit reduite cette pauvreté volontaire dont elle faisoit profession. Ils la foüetterent donc outrageusement ; mais on dit qu'insensible à ses propres douleurs, elle se jetta à leurs pieds, & les conjura les larmes aux yeux de ne vous point separer d'avec elle, de peur que vôtre jeunesse ne vous exposât à des outrages, dont son grand âge la mettoit à couvert. JESUS-CHRIST amollit la dureté de ces cœurs barbares, & la compassion trouva place parmi des épées toutes teintes de sang. Ils vous conduisirent donc dans ᵃ l'Eglise de saint Paul, afin qu'elle vous servit ou d'azile, ou de tombeau. Alors transportée de joie, elle rendit graces à Dieu de ce qu'il vous avoit conservée pour lui même, sans permettre qu'on vous fit le moindre outrage ; de ce que la captivité n'avoit pû lui faire perdre des biens dont elle s'étoit dépoüillée par avance ; de ce qu'elle étoit reduite en un état où elle ne subsistoit tous les jours que par la charité d'autrui ; &

---

a Alaric avoit fait deffense à ses soldats d'outrager ceux qui seroient refugiez dans les Eglises, & particulierement dans la basilique des saints Apôtres, voulant qu'elles fussent des aziles inviolables.

de ce qu'elle pouvoit dire veritablement : *Je* *Job. 1. 21.*
suis sortie toute nuë du ventre de ma mere, &
j'y retournerai toute nuë, Il n'est arrivé que ce
qu'il a plû au Seigneur ; que son nom soit beni.

Quelques jours après, étant encore pleine
de santé & de vigueur, elle s'endormit au
Seigneur, & vous fit heritiere de sa pauvreté ; ou plûtôt vous laissa le soin de distribuer aux pauvres, qui étoient ses veritables
heritiers, le peu qu'il lui restoit. Vous lui fer-
mâtes vous-même les yeux ; elle rendit l'esprit
parmi les baisers que vous lui donniez ; &
tandis que vous l'arrosiez de vos larmes, elle
vous regardoit en soûriant ; tant étoit profonde la paix que lui donnoit sa conscience &
l'innocence de sa vie ; tant étoit ferme l'esperance qu'elle avoit de joüir bien-tôt des ré-
compenses de l'éternité.

Voilà, illustre Marcelle, & vous ma chere
fille Principie, ce que j'ai dicté pour vous en
une seule nuit. Vous ne trouverez point dans
cet ouvrage un style delicat & poli, mais un
desir sincere de vous donner des marques de
ma reconnoissance. Je souhaite qu'il soit agreable à Dieu, & à tous ceux qui le liront.

XLVI. LETTRE

Ou Eloge funebre de Fabiole à Oceanus.

Ecrite l'an 400.
Fabiole, Dame Romaine, étant mariée à un homme fort debauché, se sepaca de lui, & en épousa un autre. Saint Jerôme apres avoir tâché de diminuer la grandeur de sa faute, décrit d'une maniere fort touchante la penitence publique qu'elle en fit. Il passe ensuite à ses vertus dont il fait l'éloge. Il loüe particulierement son application à l'étude de l'Ecriture sainte, & sa charité envers les pauvres & les malades, qu'elle servoit elle-même, & pour le soulagement desquels elle fit bâtir, conjointement avec Pammaque, un hôpital au Port de Rome.

IL y a plusieurs années que j'écrivis une Lettre à Paule, cette femme que sa vertu a renduë si digne de veneration, pour la consoler de la perte qu'elle venoit de faire de sa fille Blesille. Il y a quatre ans que j'envoiai à l'Evêque Heliodore l'oraison funebre de Nepotien son neveu, aïant emploïé pour la faire tout ce que la douleur que me causoit sa mort, avoit pû me laisser de force & de liberté d'esprit. Et il y a environ deux ans que j'écrivis à mon cher ami Pammaque une Lettre fort courte sur la mort precipitée de sa femme Pauline. J'aurois eu honte de faire de longs discours à un homme aussi éloquent qu'il est, & de lui remontrer des choses dont il est parfai tement inftruit. En ufer de la forte, ce n'eût pas tant été confoler un ami, que vouloir par une fotte vanité inftruire une perfonne qui n'ignore rien.

Aujourd'hui, mon cher fils Oceanus, vous exigez de moi une chofe à laquelle je me fens & porté par inclination & obligé par devoir; qui eft de loüer des vertus toutes nouvelles, & de donner ainfi un nouveau tour à une matiere déja prefque ufée. Car dans ces Lettres de confolation que j'ai écrites & dont je viens de vous parler, il ne s'agiffoit que de moderer la douleur d'une mere, la trifteffe d'un oncle, & l'affliction d'un mari, & de chercher dans les faintes Ectitures des remedes conformes au caractere & à la condition des perfonnes à qui j'écrivois. Mais aujourd'hui vous voulez que je loüe Fabiole, qui eft la gloire des Chrétiens, l'admiration des Infidelles, la confolation des Solitaires, le fujet des larmes & des gemiffemens de tous les pauvres.

Quelque endroit de fa vie que je puiffe toucher d'abord, il paroîtra foible en comparaifon de ce que je dirai dans la fuite. Parlerai-je de fon abftinence? elle ne fçauroit égaler fa charité envers les pauvres. Loüerai-je fon humilité? elle cede à l'ardeur & à la vivacité de fa foi. Dirai-je qu'elle s'eft toûjours negligée, & que pour condamner le luxe & la vanité des femmes du fiecle, elle étoit vêtuë comme les gens du commun & comme les efclaves? il eft plus glorieux pour elle d'avoir furmonté l'orgueil de l'efprit, que d'avoir meprifé la magnificence des habits. On fe défait plus aifément de l'or & des pierreries, que de l'ambition &

de la vanité. Après avoir renoncé à tous ces vains ornemens, on fait gloire quelques fois de porter des habits sales & dechirez; & par cette pauvreté orgueilleuse & affectée, on va mandier l'estime & les applaudissemens des hommes. Une vertu cachée & renfermée en elle-même, ne veut que Dieu seul pour juge de ses actions. Il faut donc que je loüe ici Fabiole d'une maniere toute nouvelle, & qu'abandonnant les regles ordinaires de l'éloquence, je commence son éloge par sa conversion & sa penitence.

Quelque autre peut-être se souvenant de ce qu'il auroît appris autrefois dans les Ecoles, étaleroit ici la grandeur de la famille des Fabiens, & la gloire de ce fameux Quintus Maximus.

Æneid. 6. ᵃ *Qui seul par sa prudence & sa sage lenteur,*
Rétablit des Romains & l'Empire & l'honneur.

Il raconteroit les combats & décriroit les batailles qu'ils ont données; & relevant la naissance de Fabiole par cette longue suite d'illustres Ayeux dont elle est descenduë, il feroit voir dans la tige une grandeur qu'il ne pourroit trouver dans les branches. Pour moi qui n'aime que l'étable de Bethléem & la creche du Sauveur, où une Mere Vierge a mis au monde un Enfant-Dieu, je prétens tirer toute la gloire de cette servante de JESUS CHRIST, non pas de la noblesse de sa famille si vantée

---

a Il ruina l'armée d'Hannibal en évitant le combat, & par là il rétablit les affaires de la Republique. C'est ce qui lui a fait donner le nom de *Temporiseur* & de *Bouclier de la Republique.*

dans les anciennes histoires, mais de l'humilité dont elle a fait profession, & qui a édifié toute l'Eglise.

Mais comme ses ennemis lui reprochent d'avoir quitté son premier mari pour en épouser un autre, & que les mauvais bruits qui ont couru sur cela, sont comme une espece de tempête qui s'éleve, & comme un écueil que l'on m'oppose dès l'entrée de mon discours ; je ne la loüerai de sa conversion, qu'après l'avoir justifiée du crime dont on l'accuse.

On dit que son premier mari étoit un homme si dereglé & si vicieux, que la femme du monde la plus libertine, & l'esclave la plus vile auroient eu peine à souffrir ses débauches. Je n'ose en faire ici la peinture, de peur d'obscurcir la vertu & la gloire de Fabiole, qui aima mieux qu'on l'accusât d'avoir été la cause de leur divorce, que de noircir la reputation, & de découvrir les desordres & les infamies d'un mari qui étoit une portion d'elle-même. Je dirai seulement qu'elle n'a fait que ce qu'une honête femme & une Chrétienne devoit faire. JESUS CHRIST deffend au mari de quitter *Matth. 5.* sa femme, si ce n'est en cas d'adultere ; & s'il *32.* la quitte pour ce sujet, il deffend à la femme de se remarier. Ce commandement regarde les femmes autant que les hommes ; car une femme n'est pas moins en droit de quitter son mari, lors qu'il lui est infidelle, qu'un mari de repudier sa femme quand elle est coupable du même crime. Si *celui*, comme dit l'Apôtre *1.Cor. 6.16.* saint Paul, *qui se rejoint à une femme prostituée, devient un même corps avec elle* ; il s'ensuit aussi qu'une femme qui habite avec un

M iiij

mari impudique & debauché, ne fait qu'un même corps avec lui. Les loix des Empereurs ne s'accordent guéres sur cela avec la loi de JESUS-CHRIST: & la jurisprudence de [a] Papinien est bien differente de celle de l'Apôtre saint Paul. Ceux-là lâchant la bride à l'incontinence des hommes, & leur deffendant seulement l'adultere, leur permettent de s'abandonner à toutes sortes de débauches avec des femmes perduës, ou de vile & basse condition; comme si c'étoit la condition des personnes, & non pas la corruption du cœur qui fît le crime. Mais selon les loix de l'Evangile, ce qui n'est pas permis aux femmes, est également interdit aux hommes; & comme ils servent le même Dieu, ils ont aussi les mêmes obligations à remplir.

Fabiole donc, à ce que l'on dit, quitta un mari vicieux & corrompu, un mari abandonné à toutes sortes de crimes & de débauches; un mari coupable de. . . . peu s'en est falu que je n'aïe dit des choses dont tous ses voisins étoient scandalisez, & qu'elle seule n'a jamais voulu découvrir. Que si on la blâme de s'être mariée après avoir quitté son mari, je tomberai d'accord qu'elle a fait une faute, pourvû qu'il me soit permis de faire voir qu'elle a été dans la necessité de la faire. L'Apôtre

1. Cor. 7. 9. saint Paul nous apprend qu'*il vaut mieux se marier, que brûler*. Or Fabiole étant encore à la fleur de son âge, ne pouvoit pas garder la

Rom. 7. 23. continence. Elle *sentoit dans ses membres une loi qui s'opposoit à la loi de l'esprit*, qui la tenoit captive sous le joug de la concupiscence,

[a] Celebre Jurisconsulte,

& qui la reduifoit malgré elle à la dure neceſſité de satisfaire aux besoins de la nature. Elle crut donc qu'il valoit mieux faire un aveu public de sa foibleſſe, & se couvrir en quelque façon de l'ombre d'un mariage peu legitime, mais neceſſaire; que de s'abandonner à d'infames débauches, pour se conſerver la gloire de n'avoir eu qu'un seul mari. Le même Apôtre veut *que les jeunes Veuves se remarient,* *qu'elles aïent des enfans, & qu'elles ne donnent aucun sujet aux ennemis de nôtre Religion de nous faire des reproches* ; & voici la raiſon qu'il en donne, c'est que *quelques-unes se sont déja égarées pour suivre satan.* Ainsi Fabiole étant perſuadée qu'elle avoit eu raiſon de quitter son mari, & ne sçachant point jusqu'où s'entendoient les obligations de la loi Evangelique, qui deffend aux femmes, ſous quelque pretexte que ce ſoit, de se marier du vivant de leurs maris; elle reçut sans y penser une bleſſure, en voulant éviter que le démon ne lui en fît pluſieurs autres.

1. Tim. 5. 14.

Mais pourquoi m'arrêter ici à excuſer une faute dont on a déja perdu le souvenir ; & qu'elle a confeſſée & expiée par la penitence ? Après la mort de son ſecond mari, dans un tems où les Veuves dont la conduite n'eſt pas reguliere, se voïant heureuſement affranchies des liens du mariage qu'elles regardoient comme une rude ſervitude, ont coûtume de vivre avec plus de liberté, d'aller aux bains, de courir dans les places publiques, & de prendre des airs de courtiſannes; on vit (qui le croiroit ?) on vit Fabiole revenuë à elle-même, se couvrir d'un sac, faire une confeſſion publique de sa faute, & à la vûë de tout Rome, se mettre la veille de Pâques au rang des Penitens, à la porte de la Basilique, où étoit autrefois le palais de ce [a] Lateranus, auquel un Empereur fit trancher la tête. On la vit les cheveux épars, les mains sales, le visage abbatu, la tête couverte de cendres & de poussiere, & prosternée contre terre ; de maniere que l'Evêque, les Prêtres & tout le peuple ne pûrent sans verser des larmes la voir dans une posture si humble & si touchante. Quels crimes une douleur si vive & si sensible n'expiroit-elle pas ? quelles taches, quelques inveterées qu'elles pussent être, ne seroient pas effacées par des larmes si améres & si abondantes ?

Saint Pierre en protestant par trois fois qu'il aimoit tendrement son divin Maître, merita le pardon du crime qu'il avoit commis en le renonçant par trois fois. Moïse obtint de Dieu par ses prieres le pardon du sacrilege dont Aaron s'étoit rendu coupable en faisant fondre le veau d'or. David cet homme juste, & le plus doux de tous les hommes, expia par un jeûne de sept jours l'adultere & l'homicide qu'il avoit commis. Couché qu'il étoit sur la terre, se roulant dans la cendre, oubliant sa dignité Royale, cherchant la lumiere parmi les tenebres, & n'envisageant que celui qu'il avoit offensé ; il lui disoit les larmes aux yeux, & avec une voix entrecoupée de soupirs : *C'est contre vous seul que j'ai péché, Seigneur ; c'est*

Psal. 50.

---

[a] Plautius Lateranus eût la tête tranchée pour avoir conspiré contre Neron. Son Palais étoit sur le mont Célien. L'Empereur Constantin y fit bâtir une Eglise magnifique, qu'on appelle saint Jean de Latran, du nom de Lateranus.

sous vos yeux que j'ai commis tous ces crimes: rendez moi la joie de vôtre assistance salutaire, & fortifiez moi par vôtre esprit souverain. Ainsi ce grand Roi qui par ses vertus nous avoit appris comment on peut s'empêcher de tomber lors qu'on est debout; nous montre par sa penitence ce qu'on doit faire pour se relever quand on est tombé.

Fut-il jamais un Roi plus impie qu'Achab, dont il est dit dans l'Ecriture: *Achab n'eût point de semblable en méchanceté; il étoit vendu pour faire le mal en presence du Seigneur?* Le Prophete Elie lui reproche la mort de Nabot, & le menace de la colere du Seigneur, en lui disant: *Vous avez tué Nabot, & de plus vous vous êtes emparé de sa vigne... Pour vous punir de ce crime, je vas faire fondre sur vous toutes sortes de maux, & je détruirai vôtre posterité, &c.* Ce Prince aïant entendu ces menaces, déchire ses vêtemens, se couvre d'un cilice, se revêt d'un sac, jeûne & marche la tête baissée contre terre. Alors Dieu dit à Elie: *Ne vois tu pas Achab humilié en ma presence? Puis donc qu'il s'est humilié à cause de moi, je ne ferai point tomber sur lui pendant qu'il vivra les maux dont je l'ai menacé.*

3. Reg. 2J. 25.

Ibid.

Ibid.

O heureuse penitence! qui attira sur un Roi penitent les regards de Dieu, & qui changea l'arrêt que le Seigneur avoit prononcé contre lui dans sa colere. Ainsi voïons-nous dans les Paralipoménes un Manassés qui par sa penitence merite non seulement le pardon de ses crimes, mais encore d'être rétabli sur le trône: dans Jonas un Roi de Ninive qui desarme la divine justice, & detourne la colere de

2. Paral. 33.

Jon. 3. 4.

Dieu de dessus cette ville criminelle : dans l'E-
vangile un Publicain qui frapant sa poitrine,
& n'osant lever les yeux au ciel, s'en retourne plus juste & plus agreable aux yeux de
Dieu par l'humble confession de ses pechez,
que le Pharisien par la vaine ostentation de
ses vertus.

Luc 18. 13.

Mais ce n'est pas ici le lieu de faire l'éloge
de la penitence, & de dire, comme si je voulois combattre les erreurs de Montan & de Novat, qu'elle est une hostie que Dieu reçoit
favorablement ; qu'un esprit contrit & humilié est un sacrifice agreable au Seigneur ; que
Dieu aime mieux la penitence du pecheur que
sa mort ; qu'il dit lui-même : *Leve-toi, leve-
toi, Jerusalem*, & plusieurs autres choses qu'il
nous fait entendre par la bouche de ses Prophetes. Je ne dirai rien que ce qui convient
à mon sujet, & ce qui peut être utile à ceux
qui liront cet ouvrage.

Isaï. 60.

Comme Fabiole ne rougit point de Jesus-
Christ sur la terre, aussi Jesus-Christ
ne rougira-t-il point d'elle dans le ciel. Elle
découvrit ses plaïes à tout le monde : & Rome toute en larmes en vit les cicatrices sur son
corps. On la vit avec des habits dechirez &
la tête nuë, garder un profond silence, n'o-
ser entrer dans l'Eglise du Seigneur, & demeurer comme Marie sœur de Moïse hors du
camp & separée des autres, en attendant que
le Prêtre qui l'avoit chassée, eût la bonté de
la rappeller. On la vit *descendre* [a] *du trône de
ses delices, tourner la meule, moudre le blé*,

Num. 12. 15.

Isaï. 47. 1.

---

[a] Ce sont ici des expressions metaphoriques dont le Prophete
Isaïe se sert pour décrire l'humiliation & la ruine de Babylone.

se déchausser pour passer un ruisseau de larmes, s'asseoir sur des charbons ardens, qui servirent à la purifier de ses iniquitez ; se meurtrir le visage, parce qu'il avoit paru agreable à son second mari ; avoir en horreur ses perles & ses diamans ; ne pouvoir regarder son linge ; haïr les parures & les vains ajustemens, s'affliger comme si elle eût commis un adultere, employer enfin toutes sortes de remedes pour guerir une seule playe.

Ibid. ℣.14
Sec. LXX

Je me suis arrêté un peu long-tems sur la penitence de Fabiole. Il a falu me tirer de ce mauvais pas, afin de faire sans obstacle l'éloge de ses vertus, & de les mettre dans tout leur jour. Que fit-elle donc après avoir été rétablie dans la communion des Fidelles à la face de toute l'Eglise ? Dans ces jours si heureux elle se souvint toûjours de ses anciennes disgraces ; & après avoir fait un si funeste naufrage, elle ne voulut plus s'exposer aux perils d'une nouvelle navigation. Elle vendit tout son patrimoine, qui étoit tres considerable & proportionnée à sa qualité, & elle en destina l'argent à soulager les necessitez des pauvres. Elle fut la premiere qui fonda un hôpital pour y ramasser tous les malades abandonnez, & y soulager des malheureux accablez de faim & de langueur.

Representerai-je ici toutes les disgraces & toutes les infirmitez de la vie humaine ? des nez coupez, des yeux arrachez, des pieds à demi brûlez, des mains livides, des ventres gonflez, des cuisses decharnées, des jambes enflées, des chairs pourries & à demi mangées, d'où sort une fourmilliere de vers ? Combien de fois a-t-elle porté sur ses épaules des personnes toutes pleines de crasse & d'ordure, & entierement defigurées par la jaunisse ? Combien de fois a-t-elle nettoïé de playes remplies de pûs & de boüë, que les autres ne pouvoient seulement regarder sans horreur ? Elle donnoit elle-même à manger aux pauvres, & faisoit prendre à des moribonds prêts à expirer quelques petites cuillerées de boüillon, & d'autres semblables rafraîchissemens.

Je sçai que plusieurs personnes riches & fort vertueuses, se sentant une repugnance naturelle pour ces sortes de pratiques, y emploïent des mains étrangeres, & soulagent par leurs aumônes des malades qu'ils n'ont pas la force de servir eux-mêmes. Je n'ai garde de blâmer en cela leur delicatesse, ni de l'attribuer à un manque de foi. Mais comme je pardonne à leur foiblesse, aussi dois-je loüer & élever jusqu'au ciel l'ardeur & le zele d'une ame parfaite. Car la foi, quand elle est vive & animée, s'éleve au dessus des repugnances & de ces delicatesses de la nature. Elle sçait en quoi le mauvais riche manqua autrefois à Lazare, & à quel supplice cette ame hautaine & superbe a été condamnée. Ce pauvre que nous méprisons, que nous ne sçaurions seulement regarder, & dont la seule vûë nous fait soulever le cœur; ce pauvre, dis-je, nous ressemble, il est formé de même limon, & composé des mêmes élemens que nous : les maux qu'il souffre, nous pouvons les souffrir comme lui. Mettons nous donc à sa place, & alors touchez de compassion pour nous-mêmes, nous deviendront sensibles à sa misere.

Cent bouches & cent voix, & leurs tristes Æneid. 6.
accens,
Ne diroient pas les maux de tant de languis-
sans.

Mais Fabiole sçût si bien soulager leurs maux & adoucir leurs peines, que ceux qui étoient en santé, envioient la condition des malades.

Elle ne fut pas moins charitable envers les Ecclesiastiques, les Solitaires & les Vierges. Quel Monastere n'a pas ressenti les effets de ses largesses ? A quel pauvre tout nud, à quel malade retenu au lit par de continuelles infirmitez, n'a-t-elle pas fourni de quoi s'habiller & se couvrir ? Quelle espece d'indigence & de misere a échapé à ses soins & à son zele ? Mais Rome mettoit des bornes trop étroites à ses aumônes, & sa charité s'y trouvoit trop reserrée. Elle parcouroit donc les isles & toute la mer de Toscane ; elle alloit elle-même, ou envoïoit des personnes vertueuses & fidelles, repandre ses bienfaits dans le païs des [a] Volsques, & dans les Monasteres les plus enfoncez dans les côtes de la mer. Animée de ce même zele, elle vint à Jerusalem en tres peu de tems, & contre l'attente de tout le monde. Plusieurs personnes allerent au devant d'elle pour la recevoir, & elle nous fit l'honneur de venir passer quelques jours dans nôtre Monastere. Je m'imagine encore l'y voir, toutes les fois que je pense au plaisir que nous

[a] Anciens peuples d'Italie qui habitoient le païs qui fait aujourd'hui partie de la campagne de Rome.

avions de la posseder.

Qui pourroit dire avec quelle ferveur & quelle affection elle s'appliquoit à l'étude de l'Ecriture sainte ? Affamée qu'elle étoit de cette divine lecture, elle parcouroit les Prophetes, les Evangiles & les Pseaumes, me demandant le sens des passages qu'elle n'entendoit pas, & conservant soigneusement dans son cœur l'explication que je leur donnois. Jamais elle ne se lassoit d'apprendre quelque chose ; elle redoubloit son application & son travail, à mesure qu'elle avançoit dans la science des saintes Ecritures ; les connoissances qu'elle acqueroit, semblables à une huile que l'on jette dans le feu, ne servoient qu'à augmenter son ardeur & son zele. Comme nous lisions un jour ensemble le livre des Nombres, elle me demanda avec beaucoup de modestie ce que signifioient tous ces noms propres dont il est rempli ? pourquoi on joignoit chaque Tribu tantôt avec l'une, tantôt avec l'autre ? Comment il se pouvoit faire que Balaam, qui n'étoit qu'un Devin, eût prédit de telle sorte les misteres qui regardent Jesus-Christ ; qu'il n'y a presque aucun Prophete qui en ait parlé d'une maniere si claire & si bien marquée ?

Je répondis à ces questions le mieux qu'il me fut possible, & elle me parut contente de mes réponses. Continuant donc sa lecture, elle tomba sur l'endroit où l'on décrit les divers campemens du peuple d'Israël depuis la sortie d'Egypte jusqu'au Jourdain. Comme elle me demandoit les raisons de chaque chose, je hésitai sur quelques endroits, j'en expliquai d'autres assez aisément, & il y en eut plusieurs

sur

sur lesquels je lui avoüé de bonne foi mon ignorance. Alors elle me pressa encore davantage; & comme s'il ne m'eût pas été permis d'ignorer ce que je ne sçavois pas, elle me pria toûjours avec instance de l'éclaircir de ses doutes, avoüant neanmoins qu'elle étoit indigne de comprendre de si grands mysteres. Enfin confus de lui refuser ce qu'elle souhaitoit de moi, je lui promis de faire exprès un petit traité sur ce sujet. Je n'ai pû jusqu'à present m'acquitter de ma promesse, & je croi que le Seigneur l'a permis ainsi, afin que je consacre cet ouvrage à sa memoire; & qu'étant revêtuë de ces habits sacerdotaux dont je parle [a] dans un livre que je lui ai dedié autrefois, elle ait la joie d'être enfin arrivée à la terre de promesse, après avoir passé à travers les affreux deserts de ce siecle. Mais reprenons la suite de son histoire.

Tandis que nous étions occupez à chercher une demeure digne d'une personne d'un si grand merite, qui vouloit vivre dans la solitude, sans s'éloigner du lieu qui avoit servi de retraite à la sainte Vierge, il nous vint tout à coup, & de divers endroits, une nouvelle qui jetta l'allarme & la consternation dans tout l'Orient; sçavoir que les Huns (peuple qui habite aux extremitez des Palus Méotides, entre les glaces du Tanaïs & la cruelle nation des Massagetes, où le Mont Caucase, qu'on appelle les Barrieres d'Alexandre, sert de rampart contre les irruptions de ces peu-

---

[a] Saint Jerôme fait ici mention de deux Traitez qu'il a dédi.s à Fabiole; l'un touchant les habits du Grand-Prêtre, & l'autre touchant les divers câpemens des Israëlites dans le desert.

ples barbares,) que les Huns, dis-je, avoient inondé les Provinces de l'Empire; & qu'étant tres-bien montez, ils couroient par tout, & remplissoient de carnage & d'effroi tous les lieux par où ils passoient. Il n'y avoit point alors de troupes en ces quartiers-là, parce que la [a] guerre civile occupoit l'armée Romaine en Italie. Herodote dit que sous le regne de Darius Roi des Medes, ces peuples tinrent durant vingt ans tout l'Orient sous leur domination, & que les Egyptiens & les Ethiopiens leur païoient tous les ans un tribut. Dieu veüille delivrer l'Empire Romain de ces sortes de bêtes.

Ces Barbares prévenant par une marche précipitée le bruit qui s'étoit répandu de leur irruption, on étoit surpris de les voir lors qu'on y pensoit le moins. Ils n'avoient égard ni à la religion, ni à l'âge, ni à la dignité des personnes. Ils n'avoient pas même pitié des enfans qui étoient encore à la mammelle, & ils égorgeoient impitoïablement ces pauvres innocens qui n'avoient pas encore commencé à vivre, & qui ne connoissant pas le malheur de leur destinée, rioient entre les bras & parmi les épées de leurs ennemis. Le bruit commun étoit que ces Barbares alloient à Jerusalem, attirez qu'ils étoient par l'esperance d'y faire un riche butin. On en reparoit actuellement les murailles, qui avoiént été fort ne-

[a] Cette guerre avoit été excitée par Arbogaste, qui après avoir fait assassiner l'Empereur Valentinien le jeune, avoit élevé Eugene sur le trône. Theodose étant allé combattre ce Tyran l'an 394. avoit mené avec lui les Legions Romaines, & elles étoient encore en Italie lors que les Huns se jetterent sur les terres de l'Empire en 395.

gligées durant la paix. Antioche étoit assiegée; & la ville de Tir travailloit à se retrancher dans son ancienne île, en rompant cette langue de terre qui la joint au continent.

Dans cette fâcheuse conjoncture nous fûmes aussi obligez d'équiper des vaisseaux, & de nous tenir sur le rivage pour prévenir les ennemis. Quelque agitée que fut la mer, nous craignions bien moins de faire naufrage, que de tomber entre les mains des Barbares; non pas tant pour nôtre propre interêt, que pour celui des Vierges dont l'honneur nous étoit plus cher que la vie. Il y avoit alors de la division parmi nous, & cette guerre domestique étoit plus dangereuse pour nous, que celle que nous faisoient les Huns. Pour moi je ne pûs me resoudre à quitter l'Orient où je m'étois établi, & où l'amour que j'ai toûjours eû pour les Lieux-Saints me retenoit. Mais Fabiole qui portoit tout avec elle, & qui étoit étrangere par tout, retourna à Rome pour vivre pauvre dans un lieu où autrefois elle avoit possedé de grandes richesses; pour demeurer dans une maison étrangere, après avoir logé tant de monde chez elle; & pour distribuer aux pauvres à la vûë de tout Rome, ce que tout Rome lui avoit vû vendre. Pour moi ce que je regretai le plus, fut de nous voir privez du bonheur que nous avions de posseder une personne d'un merite si distingué. Rome recouvra donc ce qu'elle avoit perdu; & la malignité de ceux qui avoient si cruellement dechiré la reputation de Fabiole, fut confonduë par le témoignage que les Païens même rendoient à sa vertu.

On vit à la mort de Fabiole l'accomplissement de cette parole de l'Ecriture : Tout contribuë au bien de ceux qui craignent le Seigneur. Comme elle avoit quelque préfentiment de ce qui devoit lui arriver, & qu'elle vouloit emploïer ces biens que l'Evangile appelle *des richeffes d'iniquité*, à fe menager des amis qui la reçuffent dans les tabernacles éternels; elle écrivit à plufieurs Solitaires de la venir voir, afin de la décharger d'un fi pefant fardeau. Ils ne manquerent pas de fe rendre à fon logis. Elle les regarda comme fes veritables amis ; & fe voïant reduite à cet état de pauvreté dans lequel elle avoit toûjours fouhaité de mourir, elle s'endormit au Seigneur, & fa belle ame dechargée du poids accablant des richeffes, s'envola plus facilement au ciel.

Rome fit voir à la mort de Fabiole combien elle l'avoit eftimée durant fa vie ; car avant qu'elle expirât & qu'elle eût rendu l'ame à JESUS-CHRIST,

Eneid. liv. *Déja la renommée publiant ce malheur,*
II.
avoit raffemblé tout le peuple de cette grande ville pour affifter à fes funerailles. On entendoit de tous côtez le chant des Pfeaumes, & les voûtes des Temples retentiffoient d'*Alleluia*.

Ibid. l. 8. *Un chœur de jeunes gens, un autre de*
vieillards,
Au bruit de fon decès venus de toutes parts,
Chantent fes actions, celebrent fa memoire,
Et portent jufqu'au ciel fes vertus & fa gloire.

Les triomphes de Camille qui chassa les Gaulois de Rome ; de Papirius qui defit les Samnites ; de Scipion qui se rendit maître de Numance ; de Pompée qui vainquit toutes les Nations de Pont ; les triomphes, dis-je, de ces grands hommes, n'ont jamais rien eu de si éclatant, que celui de Fabiole, puisque ceuxlà n'ont vaincu que des corps, & que celle-ci a triomphé des *Esprits de malice*. Il me semble que j'entens encore le bruit de cette foule de monde qui couroit à ses obseques. Les places publiques, les galeries, les toits même des maisons, ne pouvoient contenir tous ceux qui étoient accourus à ce spectacle. Rome vit alors tous ses habitans ramassés ensemble, & un chacun croioit avoir part à la gloire de cette illustre penitente. Il ne faut pas s'étonner de ce que les hommes se rejoüissoient en terre du salut d'une ame, dont la conversion avoit réjoüi les Anges dans le ciel.

Voilà, Bienheureuse Fabiole, le present que vous fait un vieillard qui a voulu par cet ouvrage rendre les derniers devoirs à vôtre memoire. J'ai fait souvent l'éloge des Vierges, des Veuves & des femmes mariées, qui ont eu soin de vivre chastement, & *qui suivent l'Agneau par tout où il va*. Il est beau, je l'avouë, d'avoir toûjours conservé son innocence, & mené une vie exemte de souillures. Mais loin d'ici cette maligne envie qui voudroit noircir la reputation, & donner atteinte à la gloire de celle dont je finis l'éloge. *Si le Pere de famille est bon, pourquoi nôtre œil est-il mauvais?* JESUS-CHRIST a rapporté sur ses épaules celle qui étoit tombée en-

Apoc. 14. 4.

Matth. 20. 15.

Joh. 14. 2. tre les mains des voleurs. *Il y a plusieurs de-*
Rom. 5. 20. *meures dans la Maison du Pere celeste. Où il*
y a eu une abondance de péché, il y a eu ensui-
Luc 7. 43. *te une surabondance de graces: & Celui-là ai-*
me davantage, à qui on a remis une plus grande
dette.

XLVII. LETTRE

à Lucine.

Ecrite l'an 384. Lucine étoit Espagnol de nation, homme riche & vertueux. Il avoit distribué une grande partie de son bien aux pauvres ; mais saint Jerôme lui dit ici que le renoncement aux richesses est la vertu des commençans, & non pas des parfaits, & il l'exhorte de venir à Jerusalem, afin de s'y consacrer entierement à Dieu. Ce vertueux Espagnol avoit envoié en Palestine six Copistes pour transcrire les ouvrages de saint Jerôme ; & ce Pere lui rend compte ici de leur travail & des ouvrages qu'il lui envoie. Enfin Lucine lui aiant demandé s'il faloit jeûner le Samedi, & communier tous les jours ; saint Jerôme lui répond qu'il faut suivre les pratiques de l'Eglise où l'on est, quand elles n'ont rien de contraire à la foi.

L'On m'a rendu vôtre Lettre dans le tems que je ne pensois plus à recevoir de vos nouvelles. Elles m'ont été d'autant plus agreables, que je m'y attendois moins, & elles ont reveillé toute ma tendresse qu'un long silence sembloit avoir assoupie. Quoique je ne vous aïe jamais vû, j'ai souhaité ardemment de me voir uni avec vous par les liens les plus tendres que forme l'amitié; & j'ai dit en moi-même: *Qui me donnera des aîles comme celles de la colombe, & je m'envolerai, & trouverai mon repos,* en trouvant celui que j'aime.

Psal. 54. 7.

Ce que JESUS-CHRIST a dit autrefois, *Que plusieurs viendroient d'Orient & d'Occident, & se reposeroient dans le sein d'Abraham,* se trouve aujourd'hui accompli à vôtre endroit. Je croi voir dans la foi de Corneille, qui étoit Centenier dans une cohorte de la Legion appellée l'Italique, une image de la foi de mon cher Lucine. L'Apôtre saint Paul écrivant aux Romains, leur dit: *Lors que je ferai le voïage d'Espagne, j'espere de vous voir en passant, & que vous me conduirez en ce païs-là.* Quand cet Apôtre passe tant de mers pour venir en Espagne, il fait voir combien il esperoit faire de fruit dans cette Province. Après avoir jetté en peu de tems les fondemens de l'Evangile dans tout le païs qui est depuis Jerusalem jusqu'à l'Illirie; il entre dans Rome chargé de chaînes, pour delivrer ceux qui gemissoient sous le joug de l'erreur & des superstitions païennes. Il demeure deux ans entiers dans un logis qu'il avoit loüé, afin de nous préparer une demeure éternelle dans l'un & l'autre Testament. *Ce Pescheur d'hommes,* vous a pris comme une belle Dorade dans son filet Apostolique, & vous a tiré sur le rivage parmi une infinité d'autres poissons. Vous avez abandonné les eaux ameres & les gouffres salez de la mer; vous avez quitté les creux & les cavernes des montagnes; & méprisant ce mon-

Matth. 8. 11.

Rom. 15. 24.

Act. 28. 30.

ſtrueux Leviatan qui regne dans les eaux, vous vous êtes retiré avec JESUS-CHRIST dans le deſert, afin de pouvoir dire comme le Prophete Roi : *Dans une terre deſerte, ſans route & ſans eau, je me ſuis preſenté devant vous comme dans vôtre ſanctuaire.* Et derechef : *Je me ſuis éloigné par la fuite, & je ſuis demeuré dans la ſolitude, où j'attendois celui qui m'a delivré du découragement de la tempête.*

Pſal. 62. 3.

Pſal. 54. 8.

Puis donc que vous êtes ſorti de Sodome, & que vous vous hâtez de gagner le haut de la montagne ; je vous avertis & vous conjure avec toute la tendreſſe & toute l'affection d'un pere, de ne point regarder derriere vous. Vous avez mis la main à la charruë ; vous avez touché le bord de la robbe du Sauveur ; vous avez pris ſes cheveux qui ſont encore tout moüillés de la roſée qui eſt tombée pendant la nuit : je vous prie de ne les quitter jamais. Elevé que vous êtes au faîte des vertus, n'en deſcendez point pour prendre les habits dont vous vous êtes dépoüillé : ne quittez point le champ où vous êtes, pour retourner en vôtre maiſon : ne vous laiſſez point enchanter, à l'exemple de Lot, par la vûë de ces agreables campagnes, & de ces jardins delicieux, qui ne ſont point arroſez, comme la Terre-Sainte, des pluïes du ciel, mais des eaux du Jourdain, qui quelques pures qu'elles ſoient, deviennent ſales & bourbeuſes en ſe mêlant avec les eaux de la Mer Noire. On en voit pluſieurs qui commençent bien ; mais il en eſt peu qui arrivent au comble de la perfection. *Lors qu'on court dans la carriere, tous courent, mais il n'y en a qu'un ſeul qui remporte le prix :*

1. Cor. 9. 24.

Quant à nous l'Apôtre saint Paul nous dit: *Courez en sorte que vous remportiez le prix.* Ibid. Celui qui preside à nos combats, n'est point susceptible de jalousie; il ne cherche point à humilier les uns par le triomphe des autres; & il ne souhaitte rien avec plus de passion, que de voir tous ses Athlétes dignes de la couronne.

Mon cœur est au comble de sa joie, & j'en suis si transporté, qu'elle me fait verser autant de larmes que si j'étois pénétré de la douleur la plus vive. Semblable à Ruth, je ne m'exprime que par les pleurs que la tendresse me fait répandre. Zachée, chef des Publicains, se convertit en un moment, & merite de recevoir le Sauveur dans sa maison. Marthe & Marie reçoivent le Seigneur chez elles, & lui préparent à manger. Une femme de mauvaise vie lave les piés de JESUS-CHRIST avec ses larmes, & repandant sur lui le parfum de ses bonnes œuvres, elle embaume son corps par avance, & prévient le tems de sa sépulture. Simon le Lepreux invite ce divin Maître & ses Disciples à venir manger chez lui, & JESUS-CHRIST veut bien lui faire cet honneur. Dieu dit à Abraham: *Sortez de vôtre païs,* Gen. 12. 1. *de vôtre parenté, & de la maison de vôtre Pere & venez en la terre que je vous montrerai.* Abraham quittant aussi-tôt la Caldée & la Mesopotamie, va chercher ce qu'il ne connoît point, de peur de perdre ce qu'il a trouvé; persuadé qu'il étoit qu'il ne pouvoit tout-à-la fois & demeurer dans son païs, & posseder le Seigneur. Aussi fut-il appellé *Hebreu,* nom mysterieux qui veut dire *Passager,* &

leur abondance une resource à vôtre misere. Vous vous êtes servi de ces richesses injustes à vous menager des amis qui puissent vous recevoir dans les tabernacles éternels. Cet usage que vous avez fait de vos biens est digne de loüanges, & égale les vertus de ces siecles Apostoliques, où les Fidelles après avoir vendu leurs heritages, en apportoient le prix & le mettoient aux piés des Apôtres, pour faire voir que l'avarice n'est digne que d'être foulée aux piés. Mais le Seigneur ne cherche pas tant les richesses des Fidelles, que leur cœur.

Prov. 13. 8.
Sec. LXX.
L'homme riche, dit le Sage, *rachete sa vie par ses propres richesses* ; c'est-à-dire, par des biens qui lui appartiennent legitimement, & qui ne sont point mal acquis ; selon ce que le même

Ibid. 3. 9.
Sec. LXX.
Auteur dit ailleurs : *Honorez le Seigneur des biens que vous avez acquis par des voies justes & par vôtre propre travail.* On peut encore entendre par ces richesses que le Sage appelle *propres*, des trésors cachez, que les voleurs ne sçauroient découvrir, ni les larrons enlever par violence. Ce sens me paroît le meilleur & le plus naturel.

Mes ouvrages ne sont point dignes de vôtre curiosité ; ce n'est que par bonté que vous me temoignez avoir envie de les lire. Quoi qu'il en soit, je les ai donnez à vos gens pour les transcrire ; j'ai vû moi-même la copie qu'ils en ont faite ; & je les ai avertis souvent d'avoir soin de les collationner & corriger exactement sur l'original. Car pour moi je suis si occupé à recevoir les passans & les étrangers, qu'il m'a été impossible de relire tant de volumes. Vos gens même sont témoins, que lorsqu'ils sont partis d'ici, c'est-à-dire, pendant le Carême, j'étois à peine rétabli d'une longue maladie que j'ai euë. Si donc vous y trouvez quelque faute qui vous empêche d'en comprendre le sens, ce n'est point à moi que vous devez en attribuer la cause, mais à vos gens, aussi-bien qu'à l'ignorance & à la negligence des Copistes, qui écrivent les choses comme ils les entendent, & non pas comme ils les trouvent, & qui voulant se mêler de corriger les fautes des autres, font voir eux-mêmes leur propre ignorance.

Au reste, il n'est pas vrai, comme on vous l'a dit, que j'aïe traduit les livres de Josephe, & les traitez de saint Papias & de saint Polycarpe ; je n'ai ni le tems, ni la capacité de traduire des ouvrages si excellens, & de leur conserver dans une Langue étrangere leurs beautez naturelles. J'ai traduit quelques traitez d'Origéne & de Didime ; afin de faire connoître aux Latins, du moins en partie, quels sont les sentimens des Grecs. J'ai fait transcrire par vos gens & par vos Copistes, le [a] Canon de la Verité Hebraïque, excepté [b] l'Octateuque auquel je travaille actuellement. Je ne doute point que vous n'aïez la Version des Septante ; il y a déja plusieurs années que je l'ai corrigée avec beaucoup d'exactitude, en faveur de ceux qui aiment l'étude de

---

[a] Ce sont les 22. livres de l'Ancien Testament que saint Jerôme a traduits d'Hebreu en Latin, & dans le même ordre que les Juifs leur donnent dans leur Canon. On avoit toûjours crû jusques ici que cet excellent ouvrage étoit perdu ; mais D. Jean Martianay a heureusement découvert ce tresor, & l'a donné au public dans le premier volume des ouvrages de S. Jerôme.

[b] C'est-à-dire, les huit premiers livres de l'Ancien Testament.

l'Ecriture sainte. J'ai aussi rétabli le Nouveau Testament sur l'autorité du Texte Grec. Car comme on juge des Versions de l'Ancien Testament par rapport aux Exemplaires Hebreux, aussi doit-on juger des Versions du Nouveau par rapport au Texte Grec.

Quant à ce que vous me demandez, si l'on doit jeûner le Samedi, & communier tous les jours selon la pratique des Eglises de Rome & d'Espagne; vous pouvez sur cela consulter les ouvrages d'Hippolite, Auteur tres éloquent, & de plusieurs autres Ecrivains, qui ont ramassé dans leurs écrits les opinions de differens Auteurs. Pour moi je croi que lors que les Traditions Ecclesiastiques ne donnent aucune atteinte aux regles de la Foi, nous devons les observer de la même maniere que nous les avons reçûës de nos Predecesseurs. Les pratiques d'une Eglise particuliere ne préjudicient point à celles qui s'observent dans une autre. Plût à Dieu que nous pussions jeûner en tout tems, de même que saint Paul, & les Fidelles qui étoient avec lui, ainsi que nous le lisons dans les Actes des Apôtres, jeûnoient les jours de la Pentecôte & le Dimanche. On ne doit pas pour cela les accuser d'avoir été Manichéens; car ils ne devoient pas préferer la nourriture du corps à celle de l'ame. Pourvû aussi qu'on ne se sente coupable d'aucun crime, & qu'on ne s'expose pas à recevoir sa condamnation, on peut communier tous les jours, selon ce que dit le Prophete : *Goûtez & voiez combien le Seigneur est doux;* afin de pouvoir chanter avec lui : *Mon cœur a poussé au dehors une bonne parole :* Ce n'est pas que je croie

Psal. 33. 9.

Psal. 44. 2.

croie qu'on doive jeûner le Dimanche, & depuis Pâques jusqu'à la Pentecôte. Chaque Province peut avoir sur cela des pratiques particulieres, & suivre les Traditions des Anciens comme des loix Apostoliques.

J'ai reçû les deux petits manteaux, & l'habit de peau que vous m'avez fait la grace de m'envoïer, pour m'en servir moi-même, ou pour en faire present à quelque serviteur de Dieu. Pour moi je vous envoie & à [a] vôtre sœur aussi, quatre petits cilices, qui marquent la pauvreté & la penitence; ils sont à vôtre usage, & conviennent à l'état que vous avez embrassé. J'y ai joint [b] un livre que j'ai composé depuis peu, & dans lequel j'ai expliqué d'une maniere historique les visions Prophetiques d'Isaïe, qui sont très obscures. J'espere que toutes les fois que vous lirez mes ouvrages, vous vous souviendrez d'un ami qui vous aime tendrement, & que vous penserez à vous embarquer pour le voïage de la Terre-sainte, que vous avez differé jusqu'à present. Mais comme *la voie de l'homme ne dépend point de lui, & Jer. 10. 23. que c'est le Seigneur qui conduit ses pas*, si par hazard vous trouviez quelque obstacle à vôtre dessein, ce qu'à Dieu ne plaise, je vous prie de faire ensorte que la distance des lieux ne separe point ceux que la charité a unis, & qu'il y ait entre nous un commerce de Lettres qui malgré

---

[a] C'est-à-dire, vôtre femme, parceque Lucine la regardoit comme sa propre sœur.
[b] S Jerôme veut parler d'un Commentaire qu'il fit sur les X visions prophetiques d'Isaïe, depuis le 13. chap. jusqu'au 24. & qu'il explique dans un sens litteral & prophetique. Ce Commentaire fait le 5. livre de ses grands commentaires sur Isaïe. Il l'entreprit à la sollicitation d'un Evêque nommé Amable, à qui il le dédia.

nôtre abſence, me rende toûjours preſent mon cher Lucine.

XLVIII. LETTRE
à Theodore veuve de Lucine.

Ecrite vers l'an 394 ou 395.

Lucine à qui S. Jerôme adreſſe la Lettre precedente, étant mort, ce Pere écrivit cette Lettre à Theodore ſa veuve, pour la conſoler de la perte de ſon mari, dont il loüe les vertus, & particulierement l'affection qu'il avoit pour l'Ecriture ſainte, & le zele avec lequel il s'oppoſa aux erreurs de Baſilide.

JE ne vous écris que deux mots, encore ai-je eu bien de la peine à les dicter, tant je ſuis conſterné de la triſte nouvelle de la mort de Lucine, ce ſaint homme pour qui j'avois une eſtime & une veneration ſi particuliere. Ce n'eſt pas que je plaigne ſa deſtinée, perſuadé que je ſuis qu'il eſt maintenant en poſſeſſion d'une vie plus heureuſe, ſelon ce que dit Moïſe : *Exod. 3. 3.* *Il faut que j'aille reconnoître qu'elle eſt cette merveille que je voi*; ce qui fait mon chagrin, c'eſt de me voir privé du plaiſir dont je me flatois de le voir bien-tôt ici.

Un Prophete parlant des rigueurs de la mort, *Oſée 13. 15.* a eu raiſon de dire, *Qu'elle ſepare les freres les uns d'avec les autres, & qu'elle rompt d'une maniere cruelle & impitoïable les liens les plus tendres que forme la nature.* Ce qui doit nous conſoler, c'eſt cette parole terrible & meurtriere que le Seigneur adreſſe à la mort même, *Ibid. ℣.14.* lorſqu'il dit : *O mort, un jour je ſerai ta mort ;*

ô *Enfer, je ferai ta ruine.* Et ce qu'il ajoûte ensuite : *Le Seigneur fera venir un vent brûlant, qui s'élevera du desert, qui séchera les ruisseaux de la mort, & qui en fera tarir la source.* Car un rejetton est sorti de la tige de Jessé, & ce rejetton virginal *a produit une fleur*, qui dit dans le Cantique des Cantiques : *Je suis la fleur des champs, & le lis des vallées.* Nôtre *fleur* a fait mourir la mort, & elle n'est morte, cette fleur, qu'afin de détruire la mort par la sienne. Ce desert d'où doit s'élever ce vent brûlant dont parle le Prophete, nous marque le sein d'une Vierge, qui sans avoir eu commerce avec aucun homme, nous a donné un Dieu enfant; & dans laquelle le Saint-Esprit a desséché par la chaleur de son soufle les sources de la concupiscence, afin qu'elle pût chanter avec le Roi Prophete : *Dans une terre deserte, sans route & sans eau, je me suis presentée devant vous, comme dans vôtre sanctuaire.*

Ibid. ỳ. 15.
Isai. 11. 1.
Cant. 2. 1.
Psal. 62. 3.

Ce qui doit donc nous consoler dans cette dure & cruelle necessité où nous sommes de voir enlever par la mort les personnes qui nous sont les plus cheres ; c'est que bien tôt nous aurons le plaisir de voir ceux dont l'absence nous cause tant de douleur. Car la mort n'est pas tant une privation de la vie, qu'un sommeil. C'est pour cela que l'Apôtre saint Paul nous deffend de nous affliger de l'absence de ceux qui *dorment du sommeil de la mort*, afin que les regardant comme des gens endormis, nous esperions qu'ils pourront resusciter, & veiller avec les Saints après leur sommeil, & dire avec les Anges : *Gloire à Dieu au plus haut des Cieux, & paix sur la terre aux hom-*

1. Thess. 4. 13.
Luc 2. 14.

XLVIII. LETTRE

mes cheris de Dieu. C'est dans le ciel que Dieu est glorifié, parce que le péché en est banni; c'est-là qu'on le loüe sans cesse, & qu'on l'honore sans interruption. Mais pour la terre où regnent les seditions, les guerres & les discordes, il faut prier que Dieu y répande la paix, non pas sur tous les hommes, mais sur ceux *qui sont cheris de Dieu*, & qui meritent

1. Pet. 1. 2. qu'on leur dise avec l'Apôtre : *Que Dieu le Pere, & nôtre Seigneur* Jesus-Christ *répandent sur vous de plus en plus la grace & la paix*; afin que Dieu établisse sa demeure dans la paix, & sa tente dans Sion, qui signifie *guerite*, c'est-à-dire, dans la sublimité de la science & des vertus, ou dans une ame fi-

Matth. 18. delle, *dont l'Ange voit toûjours la face de Dieu*,
10. & contemple à découvert la gloire du Seigneur.

Quoique je vous croie très convaincuë de cette verité, je vous prie neanmoins & vous exhorte de la mettre en pratique. Vous pouvez regretter Lucine comme vôtre frere, mais vous devez vous rejoüir de ce qu'il regne avec

Sap. 4. Jesus-Christ. *Le Seigneur vous l'a enlevé, de peur que son esprit ne se laissât corrompre par la malignité du siecle, car son ame étoit agreable à Dieu, & il a rempli en peu de tems la course d'une longue vie.* Que nous sommes bien plus à plaindre, nous qui tous les jours sommes obligez d'être en garde contre le péché, qui nous laissons soüiller & corrompre par la contagion des vices, qui recevons à toute heure des blessures mortelles, & qui un jour devons rendre compte même d'une parole inutile.

Lucine victorieux & sûr de sa gloire, vous regarde du haut du ciel, vous soutient dans vos peines & vos travaux, & vous prépare une place auprès de lui, conservant toûjours pour vous ce même amour, & cette même charité, qui lui faisant oublier le nom de mari & d'épouse, l'obligea durant sa vie à vous aimer comme sa sœur, & à vivre avec vous comme un frere. Car dans l'union que la chasteté forme entre deux cœurs, on ne connoît point cette difference de sexe qui fait le mariage. Quand une fois nous avons reçû en JESUS-CHRIST une nouvelle naissance, quoiqu'environnez encore d'une chair mortelle, *nous ne sommes plus ni Grec ni Barbare, ni esclave ni libre, ni homme ni femme, mais nous ne sommes tous qu'un en* JESUS-CHRIST. A plus forte raison *lors que ce corps corruptible sera revêtu d'incorruptibilité, & que ce corps mortel sera revêtu de l'immortalité, les hommes n'auront-ils point de femmes, ni les femmes de maris, mais ils seront comme les Anges de Dieu dans le ciel.* *Gal.* 3. 28.

1. *Cor.* 15. 53.

Matth. 22. 30.

Quand JESUS-CHRIST dit que *les hommes n'auront point de femmes, ni les femmes de maris, mais qu'ils seront comme les Anges dans le ciel*, il ne veut pas dire que la nature & la substance de nos corps sera détruite ; il veut seulement par là nous donner une idée de la gloire immense qui nous est préparée. En effet, il ne dit pas, *ils seront Anges* ; mais, *ils seront comme les Anges* : il nous en promet la ressemblance, & non pas la nature. *Ils seront*, dit-il, *comme les Anges*, c'est-à-dire, semblables aux Anges. Ils ne cesseront donc point d'être hommes. On verra briller sur leur visage un éclat

O iij

& une beauté Angelique; mais cependant ils seront toûjours hommes; Paul sera Paul, & Marie sera Marie. Loin d'ici donc [a] ces heretiques qui pour nous repaître d'une beatitude incertaine & d'une grandeur chimerique, nous ravissent une gloire qui à la verité a ses bornes, mais qui d'ailleurs est assurée.

A propos d'héresie; qui pouroit dignement loüer le zele de nôtre cher Lucine, qui dans le tems que l'infame doctrine de Basilide infectoit toutes les Espagnes, & répandoit son venin dans toutes les Provinces qui sont entre les Pyrenées & l'Ocean; conserva toûjours la pureté de la foi de l'Eglise, rejettant avec mépris leur Armagil, leur Barbelon, leur [b] Abraxas, leur Balame, & leur ridicule Leusibore, noms monstrueux & chimeriques que ces Heretiques supposoient faussement être dans le texte Hebreu, mais qu'ils inventoient eux-mêmes, afin d'engager les femmes & les ignorans dans leurs erreurs, & d'épouvanter par ces mots barbares une populace simple & credule, qui n'admire rien davantage que ce qu'elle comprend le moins.

Saint Irenée Evêque de Lyon, qui touchoit de près aux siécles des Apôtres, & qui avoit eu pour Maître Papias disciple de saint Jean l'Evangeliste, rapporte qu'un certain Marc sorti de l'école de Basilides & des Gnostiques, vint répandre ses erreurs dans cette partie des Gaules qui est arrosée par le Rhône & la Garonne; qu'il séduisit particulierement quelques

---

a Les Origenistes.
b Les disciples de Basilides donnoient ce nom barbare & monstrueux à Dieu, que les Gentils appelloient *Mithras*.

femmes de qualité, leur promettant de leur découvrir plusieurs misteres ; & qu'il sçut l'art de les gagner par ses sortileges, & par les infames plaisirs qu'il leur permettoit de goûter en secret. Que de là étant passé en Espagne, il tâcha de s'introduire dans les maisons des personnes les plus riches, & sur tout des femmes, *qui étant pessedées de diverses passions, apprennent toûjours, & n'arrivent jamais à la connoissance de la verité.* Voilà ce que saint Irenée nous apprend dans un traité plein d'érudition & d'éloquence qu'il a composé sur toutes les heresies. Jugez de là de quelles loüanges est digne nôtre cher Lucine, *qui boucha toûjours ses oreilles de peur d'entendre un jugement sanguinaire*, & qui distribua tout son bien aux pauvres, afin que sa justice demeurât éternellement.

2. Tim. 3. 7.
Iren. l. 1. c. 8.
Isai. 23. 15.

L'Espagne mettant à son gré des bornes trop étroites à ses liberalitez, il envoïa aux Eglises de Jerusalem & d'Alexandrie des aumônes assez abondantes pour subvenir aux necessitez de plusieurs. Je laisse aux autres à admirer & à loüer une action si belle, pour moi je me borne à loüer le zele & l'amour qu'il avoit pour l'Ecriture Sainte. Avec quel empressement ne demanda-t-il pas tous mes ouvrages ? & parce qu'on a de la peine à trouver ici des Copistes qui entendent le Latin, quel soin n'eût-il pas de m'en envoïer six pour transcrire tout ce que j'ai composé depuis ma jeunesse jusqu'à present ? Ce n'étoit pas à moi qu'il faisoit cet honneur, moi, dis-je, qui tiens le dernier rang dans l'Eglise, & qui me suis renfermé dans les deserts & parmi les rochers de

Bethléem pour y faire penitence de mes pechez; c'étoit à JESUS-CHRIST qu'il le rendoit, lui qui se trouve honoré dans ses serviteurs, & qui dit à ses Apôtres : *Ceux qui* *Matth.* 10.
vous reçoivent, me reçoivent; & ceux qui me 40.
reçoivent, reçoivent celui qui m'a envoïé.

Regardez donc cette Lettre, ma très-chere
fille, comme l'éloge funebre de vôtre cher
Lucine, & comme une marque de l'amitié que
j'ai cuë pour lui. Si je puis vous être utile à
quelque chose, vous n'avez qu'à commander.
Je suis bien aise que la posterité sçache que celui qui dit dans Isaïe: *Il m'a mis en reserve* *Isaï.* 49. 2.
comme une fleche choisie, il m'a tenu caché dans
son carquois, a blessé des traits de son amour
deux personnes qui quoique separez l'un de
l'autre par la vaste étenduë des mers & des
terres, n'ont pas laissé de s'aimer en esprit
sans s'être jamais vûs.

En signant cette Lettre, je prie ce divin Samaritain, c'est-à-dire, ce Sauveur & ce Gar-
dien dont il est dit dans les Pseaumes: *Celui* *Psal.* 120.
qui garde Israël veillera toûjours, & il ne se 4.
laissera point surprendre au sommeil, je le prie,
dis-je, de vous conserver dans la sainteté de
l'esprit & du corps; afin que ª l'Ange qui veille & que Dieu envoia vers Daniel, vienne aussi *Dan.* 4. 10.
vers vous, & que vous puissiez dire : *Je dors,* *Cant.* 5. 2
& mon cœur veille.

---

a Il y a dans le texte: *Ut Hir qui interpretatur vigil.* &c. Nous avons traduit le mot *Hir* qui est dans l'Hebreu, & dans l'édition de Theodotion, par celui d'*Ange*, conformément à l'explication que S. Jerôme en donne dans son Commentaire sur le 4. chapitre de Daniel.

XLIX. LETTRE
à Aselle.

Saint Jerôme aïant été obligé de sortir de Rome, pour se dérober aux calomnies & aux persecutions de ses ennemis, écrivit cette Lettre du bord du vaisseau sur lequel il s'étoit embarqué pour retourner en Palestine. Il s'y deffend avec chaleur contre les faux bruits que ses calomniateurs avoient fait courir contre lui à cause de la familiarité qu'il avoit euë à Rome avec quelques Dames Romaines, particulierement avec Paule & avec Melanie.

Ecrite l'an 385.

JE ne suis pas assez temeraire, Madame, pour me flater de pouvoir reconnoître autant que je le dois les bontez que vous avez pour moi. Il n'y a que Dieu qui puisse vous en donner une recompense proportionnée à vos merites. Pour moi je me sens si peu digne de l'amitié que vous me temoignez en JESUS-CHRIST, que je n'aurois jamais pû croire, ni même souhaiter que vous m'en donnassiez des marques si sensibles. Quoique je passe dans l'esprit de quelques-uns pour un scelerat, & pour un homme plongé dans toutes sortes de crimes, (ce qui est encore beaucoup au dessous de ce que je merite) c'est néanmoins en user d'une maniere bien chrétienne, que de juger favorablement, comme vous faites, de ceux qui sont veritablement méchans. Car il est toûjours très dangereux de *condamner le servi-* Rom. 14. 4.

teur d'autrui ; & celui qui par malice empoisonne les bonnes actions des autres, a bien de la peine à obtenir le pardon de sa medisance. Un jour, un jour viendra où nous gemirons vous & moi des tourmens ausquels plusieurs seront condamnez.

On me fait passer pour un infame, pour un fourbe, pour un homme artificieux, pour un menteur, pour un magicien. Lequel vaut mieux d'imposer faussement tous ces crimes à un innocent, & d'ajoûter foi à une si noire calomnie ; ou de ne le vouloir pas croire lors même qu'il en est veritablement coupable ? Quelques-uns m'accabloient d'honnêtetez & de complimens, tandis qu'ils déchiroient ma reputation de la maniere du monde la plus cruelle & la plus impitoïable. Ils me témoignoient de bouche qu'ils prenoient part à mes peines ; & dans le fond du cœur ils se réjoüissoient de mes disgraces. Mais le Seigneur qui découvroit tout ce qui se passoit dans leur ame, se mocquoit de leur malice, & se reservoit de me juger un jour avec eux. L'un trouvoit à redire à mon alûre & à mon ris ; l'autre remarquoit dans les traits de mon visage je ne sçai quoi de choquant ; mes manieres simples & naturelles paroissoient à d'autres suspectes & affectées. J'ai été de la sorte durant près de trois ans en butte à leurs censures & à leurs calomnies.

Je me suis trouvé plusieurs fois au milieu d'un cercle de Vierges. J'ai expliqué souvent à quelques-unes l'Ecriture sainte le mieux qu'il m'a été possible. Cette étude nous obligeoit d'être souvent ensemble. L'assiduité donnoit lieu à la familiarité, & la familiarité faisoit naître la confiance. Mais qu'elles difent elles-mêmes fi jamais elles ont remarqué dans ma conduite quelque chofe d'indigne d'un Chrétien. Ai-je jamais reçû de l'argent de qui que ce foit ? N'ai-je pas toûjours rejetté avec mépris les prefens foit grands foit petits qu'on m'a voulu faire ? A-t-on entendu fonner dans mes mains l'argent que j'avois reçû de quelqu'un ? A-t-on remarqué quelque chofe d'équivoque dans mes difcours, ou de paffionné dans mes yeux ? Mon fexe feul fait tout mon crime ; encore ne me l'objecte-t-on, ce crime, qu'à l'occafion du voïage que Paule & Melanie ont fait à Jerufalem. Je pardonne à mes ennemis d'avoir ajoûté foi à celui qui m'a calomnié avec tant d'injuftice ; mais puifqu'aujourd'hui cet impofteur defavoüe tout ce qu'il a inventé contre moi, pourquoi refufent-ils de le croire ? C'eft le même homme qui après m'avoir impofé de faux crimes, avoüe maintenant que j'en fuis innocent. Au refte ce qu'un homme confeffe au milieu des tourmens, eft bien plus croïable que ce qu'il dit en plaifantant. Mais peut-être aime-t-on mieux croire des impoftures, parce qu'on trouve plus de plaifir à les entendre, & qu'on force même les autres à les debiter.

Auparavant que j'eûffe l'honneur de connoître Sainte Paule, tout Rome m'eftimoit & applaudiffoit à ma vertu ; un chacun me jugeoit digne du premier trône de l'Eglife. Le Pape Damafe d'heureufe memoire ne faifoit rien fans moi ; je paffois pour un Saint, pour un homme veritablement humble, & d'une érudition profonde. M'a-t-on vû entrer chez quelque femme d'une conduite peu reguliere? Me suis-je attaché à celles qui se distinguoient par la magnificence de leurs habits, par l'éclat de leurs pierreries, par la beauté d'un visage fardé, par leurs richesses & leur qualité? N'y avoit-il N'y avoit-il dans Rome qu'une femme penitente & mortifiée qui fut capable de me toucher? Une femme desechée par des jeûnes continuels, negligée & mal-propre dans ses habits, devenuë presque aveugle à force de pleurer, & qui passoit les nuits entieres en oraison; une femme qui n'avoit point d'autres chansons que les Pseaumes, d'autre entretien que l'Evangile, d'autre plaisir que la continence, d'autre nourriture que le jeûne; une femme enfin que je n'ai jamais vû manger? n'y avoit-il point encore une fois qu'une femme de ce caractere qui pût avoir de l'attrait pour moi? Touché que j'étois du merite d'une Dame si chaste & si vertueuse, à peine ai-je commencé à la voir, & à lui donner des marques de respect & d'estime, qu'aussi tôt tout mon merite a disparu, toutes mes vertus se sont évanoüies.

O envie qui commences par te déchirer toi-même! ô ruses & artifices du démon, qui fait à la sainteté une guerre continuelle! De toutes les Dames Romaines, Paule & Melanie sont les seules qui soient devenües la fable de la Ville, elles qui en abandonnant leurs biens & leurs enfans, ont porté devant tout le monde la croix du Sauveur, comme l'étendart de la pieté & de la Religion. Si elles alloient au bain, si elles se servoient des parfums les plus exquis, si elles sçavoient profiter des moïens que leurs richesses & le veuvage leur fournissent de vivre avec plus de liberté, & d'entretenir leur luxe & leur vanité ; alors on les traiteroit avec respect, on les appelleroit saintes. Mais, dit on, elles veulent plaire sous le sac & sous la cendre ; elles veulent aller en enfer avec tous leurs jeûnes & toutes leurs mortifications ; comme si elles ne pouvoient pas se damner avec les autres, en s'attirant par une vie mondaine l'estime & les applaudissemens des hommes. Si c'étoit des Païens ou des Juifs qui condamnassent la vie qu'elles menent, elles auroient du moins la consolation de voir que leur conduite ne deplairoit qu'à ceux à qui Jesus Christ ne plaît pas : Mais ce qu'il y a en ceci de plus énorme & de plus criant, c'est que ce sont des Chrétiens qui au lieu de prendre soin de leurs propres affaires, & d'arracher la poûtre qui leur créve les yeux, tâchent de découvrir une paille dans l'œil de leur prochain, dechirent cruellement la reputation de ceux qui prennent le parti de la pieté, & s'imaginent remedier à leurs maux en decriant la sainteté, en censurant la conduite de tout le monde, & en grossissant le nombre de ceux qui se perdent & qui vivent dans le libertinage.

Vous aimez à prendre le bain tous les jours, mais elles croient qu'il n'est propre qu'à les salir, au lieu de les laver. Vous êtes soû de

---

a Il y a dans le texte : *De semeso acipensere gloriaris*. On ne sçait point ce que *acipenser* signifie en nôtre langue. Pline l. 9. c. 17. dit que c'est un poisson fort rare & fort friand. Rondelet l. 14. Scaliger in Arist. l. 2. & Aldrovand. l. 4. de Pisc. c. 9 croient que c'est un esturgeon. On s'est arrêté à leur sentiment.

francolins, & vous faites gloire d'avoir mangé de ᵃ l'esturgeon ; & moi je ne me nourris que de féves. Vous prenez plaisir à entendre les boufonneries & les bons mots d'une bande de railleurs qui vous environnent : & moi je me plais à voir couler les larmes que répandent Paule & Melanie. Vous fouhaitez de posseder ce qui appartient aux autres, & elles méprisent ce qu'elles possedent. Vous aimez les liqueurs, & elles trouvent plus de plaisir à boire de l'eau froide. Vous croïez perdre tout ce qui échape pendant cette vie à vôtre avarice, à vôtre delicatesse, à vôtre gourmandise : mais ces Dames fûres qu'elles font des promesses que Dieu leur fait dans l'Ecriture, tournent du côté du ciel tous les desirs & toutes les affections de leur cœur. Je veux que leur esperance soit frivole & chimerique ; que vous importe ? elle est fondée cette esperance sur l'assurance qu'elles ont de résusciter un jour. Quant à nous, nous avons horreur de la vie que vous menez. Soïez gros & gras, à la bonne heure, pour moi j'aime à avoir le visage pâle & décharné. Vous vous imaginez que nôtre genre de vie n'est propre qu'à faire des malheureux, mais nous vous croïons encore plus malheureux que nous. Nous nous rendons mutuellement le change, & nous nous regardons les uns & les autres comme des insensez.

Je vous écris ceci, Madame, du bord du vaisseau sur lequel je viens de m'embarquer; & je vous l'écris les larmes aux yeux & le cœur pénetré de douleur. Je rends graces à mon Dieu de ce qu'il m'a jugé digne de la haine du monde. Obtenez moi de lui de pouvoir retourner de Babylone à Jerusalem, afin qu'affranchi de la domination de Nabuchodonosor, je puisse passer mes jours sous celle de Jesus fils de Josedech. Fasse le ciel qu'un nouvel Esdras vienne me reconduire en mon païs. J'étois bien foû de vouloir chanter les cantiques du Seigneur dans une terre étrangere, & d'abandonner la montagne de Sinaï, pour mandier le secours de l'Egypte. J'avois oublié ce que dit l'Evangile. qu'on ne peut sortir de Je- *Luc 10. 30.* rusalem, sans tomber aussi-tôt entre les mains des voleurs, qui dépoüillent, qui blessent & qui tuent tous ceux qu'ils rencontrent. Quoique le Prêtre & le Levite me méprisent, je ne serai pas abandonné du charitable Samaritain, je veux dire de celui que les Juifs appellerent autrefois Samaritain & possedé du démon; & qui après avoir rejetté le nom de possedé, ne refusa pas celui de Samaritain, qui dans la langue Hebraïque signifie *Gardien*. Quelques-uns m'accusent d'être sorcier; comme je suis serviteur de JESUS-CHRIST, je reconnois en cela la marque & le caractere de ma foi : les Juifs ont appellé mon divin Maître Magicien, & l'Apôtre saint Paul a été traité comme un séducteur. Dieu veüille que je ne sois exposé qu'à *des tentations humaines* 1. *Cor.* 10. *& ordinaires.* Quelle part ai-je encore eu aux 13. souffrances de JESUS-CHRIST, moi qui combats sous l'étendart de sa croix? L'on m'a imposé des crimes infames & honteux, mais je sçai qu'on arrive au roïaume du ciel *parmi la bonne & la mauvaise reputation.*

Je vous prie de saluër de ma part Paule & Eustoquie, qui malgré tout ce que le monde

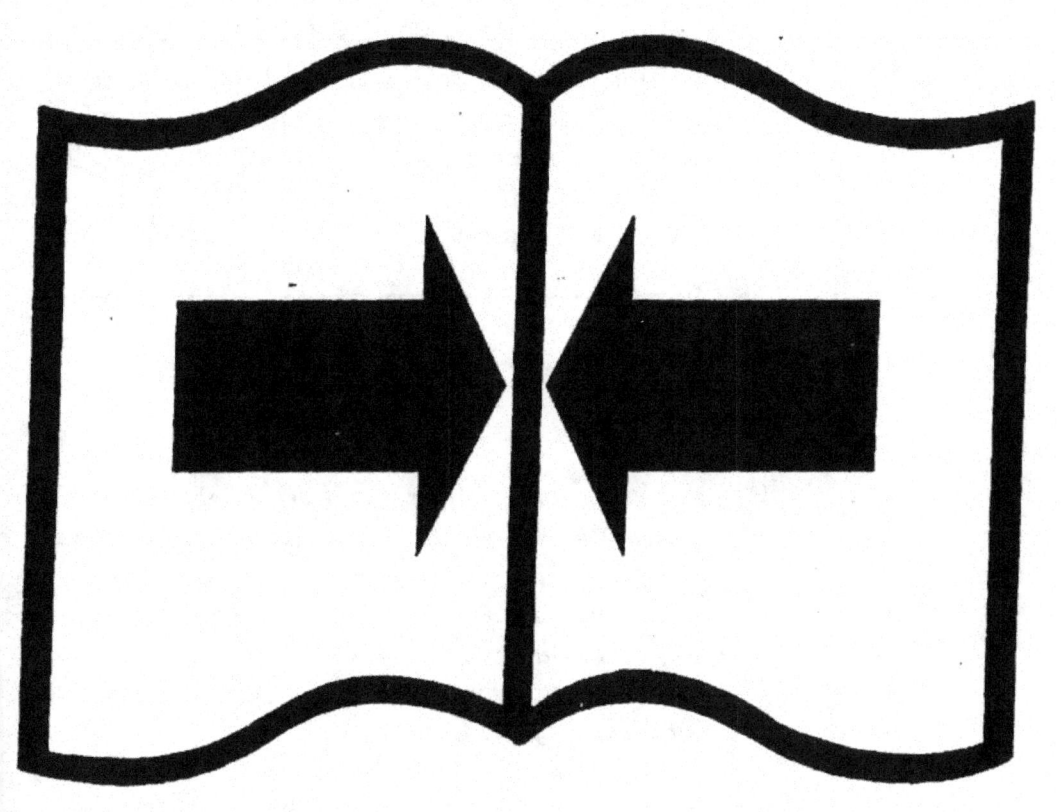

Reliure serrée

en peut dire, me seront toûjours cheres. Saluëz aussi nôtre bonne mere Albine, nôtre sœur Marcelle, Marcelline & sainte Felicité; & dites leur que nous comparoîtrons tous un jour devant le tribunal de Jesus-Christ, & que là on développera les replis les plus secrets de nos cœurs. Souvenez-vous de moi, ma chere Aselle, vous qui êtes l'exemple & l'ornement des Vierges, & calmez par vos prieres les orages & les tempêtes de la mer.

LETTRE L.

au Pape Damase.

Ecrite vers l'an 377. Saint Jerôme écrivit cette Lettre au Pape Damase du desert de Syrie. Il le consulte pour sçavoir quel parti il doit prendre parmi les contestations qui étoient alors en Orient, & qui divisoient l'Eglise d'Antioche; & avec qui il doit communiquer de Melèce, de Paulin, ou de Vital.

Comme l'Orient agité par ses anciennes fureurs, dechire la robbe sans coûture du Seigneur; que les renards ravagent la vigne de Jesus-Christ, & que parmi tant de *citernes entre-ouvertes qui ne sçauroient garder l'eau*, on a de la peine à découvrir où est *la fontaine scellée & le jardin fermé* de l'Eglise; j'ai crû que je devois consulter la Chaire de saint Pierre, & cette foi qui a reçû autrefois des loüanges de la bouche même de l'Apôtre *Rom. 1. 8.* saint Paul, & chercher la nourriture de mon ame

ame dans le lieu même où ᵃ j'ai été revêtu de JESUS-CHRIST. La vaste étenduë des terres & des mers qui me separent de Rome, n'a pû empêcher d'y aller chercher la perle Evangelique. *En quelque lieu que soit le corps, les Aigles s'y assembleront.* Tandis que des enfans libertins consument leur patrimoine en debauches, vous seuls conservez sans partage l'heritage de vos Peres. Vôtre terre toûjours féconde & abondante, produit sans mélange, & rend au centuple la semence que le Seigneur y a jettée : dans la nôtre le pur froment étouffé sous les sillons, degénere en ivraïe & en chaume. Aujourd'hui le soleil de justice se leve dans l'Occident, au lieu que dans l'Orient cet orgueilleux Lucifer qui est tombé du ciel, établit son trône au dessus des astres. *Vous êtes la lumiere du monde, vous êtes le sel de la terre; vous êtes des vases d'or & d'argent* : ici nous n'avons que des vases de terre & de bois, qui doivent être brisez avec une verge de fer, ou consumez dans des flammes éternelles.

Quoique je sois éblouï par l'éclat de vôtre dignité, je me sens neanmoins attiré par vôtre bonté paternelle. Je demande au Grand-Prêtre la victime du salut, & au Pasteur le secours qu'il doit donner à ses brebis. Qu'on ne m'accuse donc point de temerité, qu'on ne me vante point ici la dignité & la grandeur du siege de Rome : je parle au successeur d'un Pêcheur, & à un disciple de la croix. Comme je ne veux suivre que JESUS CHRIST, aussi ne veux-je communiquer qu'avec vôtre beatitude, c'est-à-dire, avec la Chaire de saint

Luc 17. 37.

Matth. 5.
2. Tim. 2.
20.

ᵃ S. Jerôme avoit été baptisé à Rome.

Pierre. Je sçai que l'Eglise est fondée sur cette pierre. Quiconque mange l'agneau hors de cette maison, est un profane. Quiconque ne se trouvera point dans cette Arche, perira par le deluge. Comme le desir de pleurer mes pechez m'à obligé de me retirer dans cette vaste solitude qui separe la Syrie d'avec le païs des [a] Barbares, & que je suis trop éloigné de Rome pour pouvoir demander toûjours à vôtre sainteté le [b] Saint du Seigneur; je me suis attaché aux saints Confesseurs d'Egypte qui sont dans vôtre communion, & je me cache parmi eux comme une petite chaloupe parmi les vaisseaux de haut bord. Je ne connois ni [c] Vital, ni Melece, ni Paulin. *Celui qui n'amasse point avec vous, dissipe* au lieu d'amasser, c'est-à-dire, que celui qui n'appartient point à Jesus-Christ, appartient à l'Ante-christ.

Je ne puis le dire sans douleur, après la décision du Concile de Nicée; après le Decret du [d] Concile d'Alexandrie fait du consentement des Evêques d'Orient & d'Occident; le [e] chef des Ariens, & [f] ceux qui font leurs assem-

a C'est-à-dire, les Sarrasins. Voïez la Lettre à Florent tom. I. pag. 15.

b Il veut parler de l'Eucharistie que l'on envoïoit pour marque de la communion Catholique.

c Ces trois Evêques partagéoient l'Eglise d'Antioche.

d Ce Concile fut assemblé par Osius en 319. Le Decret dont parle saint Jerôme fut fait contre Sabellius qui confondoit les trois personnes de la Trinité.

e S. Jerôme veut parler de Meléce. Il l'appelle *chef des Ariens*, quoiqu'il fût orthodoxe, parce qu'il avoit été élû par les Ariens, & que même il avoit signé dans Seleucie la formule de foi d'Acacius. Mais peu de tems après il se declara pour la foi de Nicée.

f C'est à-dire, les Meleciens. S. Jerôme les appelle ici *campenses*, & dans son dialogue contre les Luciferiens *Campata*, parce que Melece leur Evêque aïant été chassé de son siege, ils tinrent leurs assemblées dans une Eglise appellée *la Palis*, qui étoit hors la Ville & dans la campagne, ne voulant pas communiquer avec Euzoïus que l'Empereur Constance avoit mis à la place de Melece.

blées à la campagne veulent que je reconnoisse trois hypostases, moi qui suis élevé dans l'Eglise Latine, & à qui ces termes là sont nouveaux. Qui sont, je vous prie, les Apôtres qui ont parlé de la sorte? Qui est le nouveau saint Paul, le nouveau Maître des Nations qui a enseigné cette doctrine? Je leur demande ce qu'ils entendent par trois hypostases? Ils me répondent qu'ils entendent trois personnes subsistantes; je leur dis que c'est là ma créance. Mais ils ne se contentent pas du sens que je donne à ces paroles; ils veulent que je les prononce. Il faut qu'il y ait quelque venin caché sous ces mots. Je dis hautement: Quiconque ne confesse pas trois hypostases, c'est-à-dire, trois personnes subsistantes, qu'il soit anathême. Mais parce que je ne me sers pas des termes qu'ils souhaitent, ils me font passer pour heretique. Que si par le mot d'*hypostase*, on entend l'essence & la substance, & qu'on ne dise pas qu'il n'y a dans Dieu qu'une hypostase en trois personnes; l'on est separé de Jesus-Christ. C'est sur cela qu'on me fait mon procez, & qu'on m'accuse d'être uni avec vous par la même confession de foi.

Dites moi, je vous prie, quel parti je dois prendre, je ne craindrai point de dire qu'il y a trois hypostases, si vous me le commandez. Qu'on fasse, si vous le jugez à propos, une nouvelle confession de foi après celle qui a été faite dans le Concile de Nicée, & que les Orthodoxes se servent des mêmes termes que les Ariens pour expliquer leurs sentimens. Toutes les Ecoles, par le mot d'*hypostase*, n'entendent autre chose sinon l'essence & la substance. Or je vous prie peut-on dire sans sacrilege qu'il y a trois substances dans la Trinité ? Il n'y a dans Dieu qu'une seule nature qui existe veritablement ; car ce qui subsiste par soi même, tire son existence de son propre fond, sans le secours d'aucun être étranger. Toutes les creatures n'existent point veritablement, quoiqu'elles paroissent exister ; parce qu'il a été un tems qu'elles n'existoient point, & ce qui n'étoit point autrefois, peut encore cesser d'être. Ainsi le nom d'*essence* n'appartient proprement qu'à Dieu seul, qui est éternel, c'est-à-dire, qui n'a point de commencement. C'est pour cela que parlant à Moïse du milieu du buisson ardent, il lui dit : *Je suis celui qui est*, & derechef : *Celui qui est m'a envoié*. Il est certain que les Anges, le ciel, la terre, la mer existoient alors ; comment donc Dieu s'attribuë-t-il à lui seul le nom d'*essence* qui est commun à toutes les creatures ?

Exod. 3. 14.

Puis donc qu'il n'y a que Dieu seul dont la nature soit parfaite ; & qu'il n'y a qu'une seule divinité, c'est-à-dire, une seule & veritable nature en trois personnes ; dire qu'il y a trois choses, trois hypostases, trois substances en Dieu, c'est vouloir soûtenir sous un pretexte spécieux de pieté, qu'il y a trois natures. Or si cela est, pourquoi nous separons-nous d'Arius, puisque nous sommes dans les mêmes sentimens qu'eux ? Que vôtre beatitude ne communique-t-elle avec [a] Ursicin, & Ambroise avec [b] Auxence ? Mais à Dieu ne plaise

---

[a] Ursicin étoit Schismatique, & ne vouloit point communiquer avec le Pape Damase, auquel il disputoit le souverain Pontificat.

[b] Evêque Arien auquel saint Ambroise succeda dans l'Evêché de Milan.

que Rome abandonne sa foi pour prendre ces sentimens impies, & que les Fidelles suivent cette doctrine sacrilege. Contentons-nous de dire qu'il n'y a en Dieu qu'une seule substance, & trois personnes subsistantes, parfaites, égales & coéternelles. Qu'on ne parle point, je vous prie, de trois hypostases, & qu'on n'en admette qu'une seule. Si neanmoins vous jugez à propos qu'on confesse trois hypostases, en expliquant ce que l'on doit entendre par ces mots ; je ne m'y oppose pas : Mais croïez-moi, l'on cache ordinairement le poison sous le miel, & l'Ange de Satan se transforme en Ange de lumiere. Ils expliquent le mot d'*hypostase* dans un sens très-catholique ; mais quoique je l'admette dans le sens qu'ils lui donnent, ils ne laissent pas de me regarder comme un heretique. Pourquoi s'opiniâtrent-ils à vouloir qu'on prononce ce mot ? quels piéges cachent-ils sous des paroles ambiguës ? si leur foi est conforme à l'explication qu'ils donnent à ces paroles, je ne leur ferai point de procez sur les choses dont ils ne veulent pas s'expliquer. Mais aussi si je suis dans les mêmes sentimens où ils font semblant d'être, que ne me laissent-ils la liberté de les expliquer à ma maniere ?

Je conjure donc vôtre Beatitude par un Dieu crucifié qui a été le Sauveur du monde, & par les trois personnes de la Trinité qui n'ont qu'une même essence, de me mander si je dois confesser ou non trois hypostases. Et de peur que vous n'aïez de la peine à me deterrer, je vous prie d'avoir la bonté d'adresser vôtre Lettre au Prêtre Evagre, qui a l'honneur d'être connu de vous. Marquez moi aussi je vous

tre moi leur ancienne autorité. Cependant je crie sans cesse: Quiconque est uni à la chaire de saint Pierre, est de mon parti. Melece, Vital & Paulin disent qu'ils sont dans vôtre communion. Je le pourois croire, s'il n'y en avoit qu'un seul qui le dît; mais dans la situation où sont les choses, il faut necessairement que deux d'entr'eux, ou même tous les trois, ne disent pas la verité.

Je conjure donc vôtre Beatitude par la croix du Seigneur, par la gloire & les interêts de nôtre foi; par la Passion de JESUS-CHRIST, de vouloir imiter le zele de ceux dont vous possedez le rang & la dignité. Je souhaite que vous soïez assis sur un trône avec les douze Apôtres pour juger le monde, *qu'un autre vous ceigne sur la fin de vos jours*, à l'exemple de saint Pierre, & que vous deveniez avec saint Paul citoïen du ciel. Mais je vous prie en même-tems de me mander avec qui je dois communiquer dans la Syrie. Ne meprisez point une ame pour laquelle JESUS-CHRIST est mort.

Joan. 21. 18.

LETTRE LII.
à Marc Prêtre.
Sur le même sujet.

Ecrite vers le même tems que les precedentes.

Psal. 38. 3.

J'Avois resolu de me servir ici de ces paroles du Prophete Roi: *Dans le tems que le pécheur s'élevoit contre moi, je me suis tû & me suis humilié, & j'ai gardé le silence pour ne pas dire même de bonnes choses.* Et derechef: *Pour* moi je ne les écoutois non plus que si j'eusse été sourd; & je n'ouvrois non plus ma bouche que si j'eusse été muet; je suis devenu semblable à un homme qui n'entend point. Mais parce que la charité s'éleve au dessus de tout, & étouffe les ressentimens de la nature, je vous écris, non pas tant pour me vanger de ceux qui m'outragent, que pour répondre à ce que vous me demandez. Car comme dit un certain Auteur : Dans la Religion Chrétienne, celui qui souffre une injure n'est pas le malheureux, c'est celui qui l'a fait.

Mais avant que de vous parler de ma foi, que vous sçavez être très pure & très Catholique, je ne puis m'empêcher de rapporter ici ces vers qui sont dans la bouche de tout le monde, & que je trouve très propres pour vous donner une juste idée de la cruauté & de la barbarie que l'on exerce ici contre moi :

Quels hommes sont-ce ici? quel peuple assez sauvage   Æneid. 1.
Défend aux Etrangers d'aborder ce rivage?
Quelle barbare loi, quelle brutalité
Nous refuse les droits de l'hospitalité?
Nous traite en ennemis, nous declare la guerre,
Et ne nous permet pas même de prendre terre?

J'ai emprunté ces vers d'un Poëte profane, afin que ceux qui troublent le repos des serviteurs de JESUS-CHRIST, apprennent du moins d'un Païen à vivre en paix.

Lors que je dis qu'il n'y a dans la Trinité qu'une seule substance, l'on me fait passer pour heretique : & quand je dis qu'il y a trois personnes subsistantes, veritables, entieres & parfaites, & que je le repete sans cesse, l'on m'accuse d'être dans les sentimens impies de Sabellius. Il est de l'interêt des Ariens d'en juger de la sorte ; mais les Orthodoxes ne peuvent condamner ma créance sans cesser d'être orthodoxes ; où il faut qu'ils me condamnent & avec moi tout l'Occident & toute l'Egypte, c'est-à-dire, Damase & [a] Pierre. Pourquoi n'envelopent-ils pas dans ma condamnation ceux qui sont de mon parti ? Si les eaux d'un ruisseau sont trop basses, ce n'est pas au ruisseau, mais à la source qu'on s'en doit prendre. Je ne puis le dire sans rougir ; du fond de nos cellules nous condamnons tout le genre humain ; de dessous le sac & la cendre nous faisons le procez aux Evêques. Nous sied-il bien de porter une ame roïale sous un habit de penitent ? nos chaînes, nôtre crasse, nos cheveux, sont les marques de la penitence, & non pas les ornemens de la roïauté.

Qu'ils me permettent donc de demeurer dans le silence. Pourquoi dechirer un homme qui ne fait peine à personne ? Si je suis heretique, que vous importe ? demeurez en repos, & n'en parlons pas davantage. Craignez-vous qu'étant aussi habile que je le suis dans la langue Grecque & Syriaque, je n'aille d'Eglise en Eglise séduire les peuples, & les engager dans le schisme ? Je n'ai rien volé à personne, & je ne reçois rien gratuitement de qui que ce soit. Je travaille tous les jours, & gagne mon

---

[a] Il étoit Evêque d'Alexandrie, & succeda à saint Athanase. C'est de lui que saint Jerôme parle dans la Lettre 45 adressée à Principie.

pain à la sueur de mon front, parce que je sçai que l'Apôtre a dit, *Que celui qui ne travaille point, ne doit point manger.*   2. *Theff.* 3. 10.

Saint & venerable Pere, JESUS-CHRIST sçait avec combien de douleur je vous écris ceci. *Je me suis tû,* dit le Seigneur, *mais me tairai-je toûjours.* On ne me permet pas de vivre en repos dans un coin de mon desert. On me demande tous les jours ma profession de foi, comme si je ne l'avois pas faite en recevant le batême. Je la leur donne telle qu'ils la souhaitent ; ils n'en sont pas contens. Je la signe ; ils n'en veulent rien croire. Tout ce qu'ils desirent, c'est de me chasser d'ici. Il faut donc enfin leur ceder la place ; aussi bien m'ont-ils déja arraché une portion de moi-même en me separant de mes très-chers freres, qui veulent se retirer d'ici, & qui même se retirent déja, aimant mieux vivre en la compagnie des bêtes farouches, qu'avec des Chrétiens de ce caractere. Je m'enfuïrois aussi avec eux, si mes infirmitez & la rigueur de l'hiver ne me retenoient ici malgré moi. Je les prierai neanmoins de vouloir bien me permettre de demeurer encore quelques mois dans le desert, c'est-à-dire, jusqu'au printems. S'ils me refusent cette grace, je pars aussi-tôt ; *la terre & tout ce qu'elle renferme est au Seigneur.* Que le ciel ne soit ouvert que pour eux seuls ; que JESUS-CHRIST ne soit mort que pour eux ; que rien ne leur manque ; qu'ils soient maîtres de tout ; qu'ils s'applaudissent tant qu'il leur plaira : *Pour moi à Dieu ne plaise que je me glorifie en autre chose qu'en la croix de nôtre Seigneur* JESUS-CHRIST, *par qui le monde est*   *Gal.* 6. 14.

Isai. 42. 14. *Sec. LXX.*

Pfal. 23. 1.

mort & crucifié pour moi, comme je suis mort & crucifié pour le monde.

Pour ce qui est dès dogmes sur lesquels vous m'avez fait la grace de me demander mon sentiment, je vous dirai que j'ai envoïé sur cela à saint ^a Cyrille ma profession de foi par écrit. Celui qui n'est pas dans la même creance, n'appartient pas à JESUS-CHRIST. Au reste je vous ai fait connoître qu'elle étoit ma foi dans une conversation que j'ai cuë avec vous, & avec nôtre bienheureux frere Zenobius. Toute nôtre Communauté vous saluë l'un & l'autre très particulierement.

a Evêque de Jerusalem.

LETTRE LIII.
à Marcelle.

Ecrite vers l'an 400.

Saint Jerôme fait ici le dénombrement des erreurs des Montanistes. Il les accuse 1. de ne croire qu'une seule personne en Dieu. 2. De condamner les secondes nôces. 3. De croire qu'on est obligé de faire trois Carêmes. 4. De refuser aux Evêques le premier rang de l'ordre hierarchique. 5. D'être trop severes envers les pecheurs. 6. De croire aux propheties de Montan. 7. De celebrer des mysteres abominables avec le sang d'un enfant.

VOus trouverez dans les Actes des Apôtres l'explication des passages de l'Evangile de saint Jean, qu'un certain Montaniste vous a objectez, où nôtre Sauveur parle de son retout vers son Pere, & promet à ses Apôtres de leur envoïer le saint Esprit ; vous y trouverez, dis-je, pour quel tems JESUS-CHRIST a fait cette promesse, & dans quel tems il la accomplie. Saint Luc rapporte que le Saint-Esprit descendit dix jours après l'Ascension du Seigneur, c'est-à-dire, cinquante jours après sa Resurrection ; que les Fidelles commencerent alors à parler diverses langues ; que quelques-uns, dont la foi étoit encore foible, soutenoient qu'ils étoient ïvres de vin nouveau ; mais que saint Pierre se levant au milieu des Apôtres & de toute l'assemblée, leur dit : *O Juifs, & vous tous qui demeurez dans Jerusalem, considerez ce que je vas vous dire, & soïez attentifs à mes paroles. Ces personnes ne sont pas ïvres comme vous le pensez, puisqu'il n'est encore que la troisiéme heure du jour. Mais c'est ce qui a été dit par le Prophete Joël. Dans les derniers tems, dit le Seigneur, je repandrai mon esprit sur toute chair ; leurs fils & leurs filles prophetiseront ; les jeunes gens auront des visions, & les vieillards auront des songes ; & je répandrai mon esprit sur mes serviteurs & sur mes servantes.*

Act. 2. 14.

Joël 2. 28.

Puis donc que l'Apôtre saint Pierre, sur lequel JESUS-CHRIST a fondé son Eglise, dit que cette prophetie & la promesse du Seigneur ont eu leur accomplissement dans ce tems-là, comment pouvons-nous les placer dans un autre tems ? Que si les Montanistes pretendent que les quatre filles de Philippe ont prophetisé ; qu'Agabus étoit Prophete ; que dans le dénombrement que fait saint Paul des dons du saint Esprit, il nomme des Prophetes parmi les Apôtres & les Docteurs; & que lui-même a prédit les heresies qui devoient un jour s'élever dans l'Eglise, & plusieurs autres choses qui devoient arriver à la fin des siecles; si, dis-je, les Montanistes nous objectent cela; ils doivent sçavoir que nous ne rejettons pas les propheties qui ont été scellées par la Passion du Sauveur; mais que nous ne voulons point avoir de communion avec ceux qui refusent de se rendre à l'autorité de l'ancien & du nouveau Testament.

Premierement nous ne sommes point d'accord avec eux sur les dogmes de la foi. Nous disons que le Pere, le Fils, & le Saint-Esprit sont des personnes distinguées l'une de l'autre, quoiqu'ils n'aïent qu'une même substance; mais les [a] Montanistes, suivant la doctrine de Sabellius, n'admettent qu'une seule personne dans la Trinité.

Nous n'autorisons pas les secondes nôces, mais nous les permettons, selon le précepte de saint Paul, qui veut que les jeunes veuves se remarient: Eux au contraire regardent les secondes nôces comme quelque chose de si criminel & de si impie, qu'ils traitent ceux qui se remarient comme des adulteres.

Nous ne faisons qu'un Carême pendant tou-

1. Tim. 5.

---

a Saint Epiphane l. 2. hær. 48 dit que les Cataphryges (ou Montanistes) avoient les mêmes sentimens que les Catholiques touchant le mystére de la Trinité: *De Patre & Filio & Spiritu sancto eadem cum Ecclesia Catholica sentiunt.* Pour accorder ce Pere avec saint Jerôme, il faut sçavoir que les Cataphrygos se diviserent en deux sectes, l'une s'appelloit de Proclus, & l'autre d'Æschines. Ceux-là admettoient dans la Trinité une nature en trois personnes; mais ceux-ci disoient que Jesus-Christ étoit tout à la fois & le Pere & le Fils dans la Trinité. C'est ce que nous apprenons de Tertullien l. de præscr. cap. 52.

te l'année, selon la tradition des Apôtres; & nous choisissons pour cela le tems qui nous paroît le plus propre & le plus convenable: Les Montanistes en font trois tous les ans, comme si trois Sauveurs avoient souffert la mort pour nous. Ce n'est pas qu'il ne soit permis de jeûner pendant toute l'année, excepté les cinquante jours d'après Pâques; mais il y a bien de la différence entre faire une bonne œuvre par le mouvement d'une devotion volontaire, & la faire par la necessité que nous impose la loi.

Les Evêques tiennent parmi nous le rang des Apôtres; parmi les Montanistes ils n'ont que le troisiéme rang; car leurs Patriarches de ª Pepuze en Phrygie tiennent le premier; ceux qu'ils appellent *Cenons* tiennent le second, & les Evêques le troisiéme, c'est-à-dire presque le dernier; comme si en donnant le dernier rang à ceux qui parmi nous tiennent le premier, ils relevoient l'éclat & la dignité de leur Religion.

Ils chassent de leur Eglise ceux qui sont tombez dans les fautes les plus legeres: pour nous, nous lisons tous les jours dans l'Ecriture: *J'aime mieux la penitence du pecheur que sa mort*. Et ailleurs: *Quand on est tombé, ne se releve-t-on pas?* Et derechef: *Convertissez-vous, enfans rebelles, revenez à moi, & je guerirai le mal que vous vous êtes fait en vous éloignant de moi*. S'ils usent d'une si grande severité envers les pecheurs, ce n'est pas qu'ils

Ezech. 32.
Jer. 8. 4.
Ibid. 3. 22.

ª Pepuze étoit autrefois un bourg en Phrygie qui du tems de S. Jerôme étoit entierement ruiné: les Montanistes y tenoient leurs assemblées, & c'est de là qu'on les a appellez *Cataphryges* ou *Phryginus*.

240 LIII. LETTRE

ne soient encore plus grands pecheurs que nous; mais la difference qu'il y a entre nous & eux, c'est que se flatant d'être justes, ils ont honte d'avoüer qu'ils sont pécheurs ; au lieu que nous autres en faisant penitence de nos pechez, nous en obtenons plus aisément le pardon.

Je ne dis rien de ces misteres impies où ils mêlent, à ce qu'on dit, le sang d'un enfant qui est encore à la mamelle, & qui est regardé comme un martyr durant sa vie. Je veux croire qu'on leur en impose, & je regarde comme faux tout ce qui est meurtrier & sanguinaire.

Ils enseignent ouvertement une doctrine pleine de blasphémes, & c'est sur cela qu'il faut les confondre. Ils disent que dans l'ancien Testament, Dieu avoit voulu d'abord sauver le monde par Moïse & par les Prophetes; mais que n'aïant pû venir à bout de ce dessein, il s'étoit incarné dans le sein d'une Vierge, & avoit prêché en JESUS-CHRIST & souffert la mort sous sa figure : & que cela n'aïant pas encore été suffisant pour le salut du monde, il étoit enfin venu habiter par le saint Esprit en Montan, en [a] Priscille, & en Maximille; & que cet effeminé, ce demi-homme avoit reçû la plenitude du Saint-Esprit, que saint Paul même n'a pas reçûë, puis qu'il dit : *Ce que nous avons maintenant de science & de prophetie est très-imparfait. Nous ne voïons ici-bas que comme en un miroir & en des énigmes.* Mais ce ne sont là que des visions & des chimeres,

1. Cor. 13.9.

[a] Deux femmes de qualité que Montan avoit séduites, & qui de ses écolieres devinrent bien-tôt maîtresses en ses heresies.

qui

qui ne meritent pas d'être relevées. C'est confondre leurs erreurs que de les mettre au jour; & il n'est pas necessaire que dans une lettre aussi courte que celle-ci je m'arrête à refuter toutes leurs extravagances, puisque vous n'en avez pas été embarassé vous-même; & que sçachant à fond les saintes Ecritures, vous ne m'en avez écrit que pour sçavoir mon sentiment sur toutes ces questions.

LETTRE LIV.

ou Apologie des Livres contre Jovinien à Pammaque.

Ecrite en l'an 392.

Les Livres que saint Jerôme avoit écrit contre Jovinien aïant été répandus dans Rome, plusieurs personnes trouverent à redire aux termes dont il s'étoit servi en parlant du mariage. Pammaque l'aïant mandé à saint Jerôme, & lui aïant marqué les principaux endroits que l'on censuroit, ce Pere les explique dans cette Lettre, ou cette Apologie, qu'il lui adresse, & declare que son intention n'a jamais été de condamner le mariage.

VOTRE silence est cause que j'ai differé jusqu'à present de vous écrire. Je n'ai osé l'interrompre de peur que ma lettre ne vous donnât plus de chagrin que de plaisir: mais puisque vous m'avez prévenu d'une maniére si obligeante, & que vous m'invitez à philosoher sur un des dogmes de nôtre Religion, e reçois avec plaisir les honestetés que me fait

Tome II.   Q

un ancien condifciple, que j'ai toûjours regardé comme mon camarade & mon ami. J'ai deffein même de mettre mes ouvrages fous vôtre protection ; mais auparavant il faut que je vous fléchiffe comme mon juge, ou plûtôt que je vous inftruife comme mon avocat des griefs dont on me charge. Car comme dit Ciceron vôtre compatriote, un procez eft à moitié gagné, quand il eft bien inftruit. Antoine avoit dit la même chofe avant lui dans un petit ouvrage qui eft le feul qu'il ait compofé.

Quelques uns donc me blament d'avoir trop élevé la virginité, & trop abaiffé le mariage, dans les Livres que j'ai faits contre Jovinien. Ils difent que d'élever fi haut le merite & la gloire de la chafteté, & de mettre une fi grande difference entre une Vierge & une femme mariée, c'eft en quelque façon condamner le mariage. Si je me fouviens bien de la difpute que j'ai euë avec Jovinien, il me femble qu'elle confiftoit en ce qu'il égaloit le mariage à la virginité, & que moi je mettois la virginité au deffus du mariage, qu'il trouvoit peu ou point du tout de difference entre ces deux états, & que moi j'y en mettois une tres-grande. Enfin il n'a été condamné (& c'eft dequoi nous vous fommes redevables après Dieu) que parce qu'il avoit ofé égaler l'état du mariage avec celui d'une perpetuelle virginité. Mais s'il n'y a aucune difference entre une Vierge & une femme mariée, pourquoi donc Victorin n'a-t-il pû fouffrir qu'on debitât dans Rome une doctrine fi impie ? L'homme engendre les Vierges, mais les Vierges n'engendrent pas l'homme. Il faut être de mon fentiment, ou de celui de Jovinien ; il n'y a point de milieu. Si on me blâme d'avoir mis la virginité au dessus du mariage ; on doit le loüer d'avoir égalé ces deux états. Mais puisque son sentiment a été condamné, sa condamnation autorise le mien.

Je ne suis point surpris que les gens du monde ne puissent souffrir qu'on les mette au dessous des Vierges : mais je m'étonne que les Ecclesiastiques, les Moines, & tous ceux qui gardent la continence, ne fassent pas l'éloge de la profession qu'ils ont embrassée. Ils s'abstiennent du mariage afin de garder la chasteté comme les Vierges, & cependant ils ne mettent aucune difference entre une Vierge & une femme mariée. Qu'ils reprennent donc leurs femmes, ou s'ils persistent à ne vouloir point avoir de commerce avec elles, leur conduite en cela & leur silence même fera assez connoître que l'état qu'ils préferent au mariage, est le meilleur & le plus avantageux.

Suis-je si peu versé dans l'Ecriture Sainte, & si novice dans cette étude, que je n'aïe pû parler de la virginité & du mariage, sans m'écarter de la verité ? Ne sçais-je pas ce que dit l'Ecriture : *Ne soïez pas trop juste ?* En me tenant en garde d'un côté, me suis-je laissé blesser par l'autre ? Je m'explique ; en combatant de pié ferme contre Jovinien, me suis-je laissé prendre par derriére & blesser par [a] Manés ? N'ai-je pas dit dés le commencement du livre que j'ai fait contre Jovinien : Je ne condamne point le mariage, à l'exemple de Marcion & de Manés. Je ne donne point dans les erreurs

Eccl. 7. 17.

Luc 1. 6.

---
[a] Chef des Manichéens qui condamnoient le mariage.

Q ij

» de Tatien chef des ª Encratistes, qui regar-
» doit le mariage comme une conjonction infa-
» me, & qui condamnoit & detestoit non seu-
» lement les nôces, mais encore toutes les vian-
» des que Dieu a créés pour nôtre usage. Je 2. Tim. 2.
» sçai que *dans une grande maison il n'y a pas* 20.
*seulement des vases d'or & d'argent, mais aussi
de bois & de terre* ; & que sur le fondement
dont saint Paul est l'Architecte, & qui est
JESUS-CHRIST même, les uns bâtissent avec
» de l'or, de l'argent & des pierres précieuses; 1. Cor. 3.
» & les autres au contraire avec du foin, du 1.
bois & de la paille. *Je sçai que le mariage doit
être traité avec honesteté, & que le lit nuptial
doit être sans tache.* Je n'ignore pas ce premier commandement que Dieu fit à l'homme:
» *Croissez, & multipliez vous, & remplissez la* Gen. 1.
» terre. Mais j'approuve le mariage en sorte que 28.
» je lui préfére toûjours la virginité qui en est
» le fruit. L'argent cesse-t-il d'être argent, par-
» ce qu'il est moins prétieux que l'or ? Est-ce
» faire injure à l'arbre & à la semence, que de
» préferer les fruits à la racine & aux feüilles,
» & le froment au chalumeau & au chaume?
» Comme l'arbre produit le fruit, & le chalu-
» meau le froment, de même le mariage produit
» la virginité. Il y a des grains qui rendent cent *Matth.*
» pour un, d'autres soixante, & d'autres tren- 13. 8.
» te. Quoique ces grains soient produits d'une
» même terre & d'une même semence ; nean-
» moins ils different beaucoup en nombre. Le
» nombre trente a raport au mariage ; il semble
» même que ᵇ les deux doigts que l'on joint en-

a C'est-à-dire, des continens. b Voïez les remarques du 1.
vol. sur la lettre à Ageruquie.

semble pour marquer le nombre trente, re- «
presentent par leur union celle du mari & de «
la femme. Le nombre soixante que l'on mar- «
que en mettant un doigt sur l'autre, se raporte «
aux veuves, dont l'état est penible & labo- «
rieux; mais leur recompense est d'autant plus «
grande, qu'il est difficile dans cet état de se «
passer des plaisirs que l'on a goutés autrefois. «
Pour le nombre cent (écoutez ceci, je vous «
prie, mon cher Lecteur) on passe de la gau- «
che à la droite; & avec les mêmes doitgs dont «
on s'étoit servi à la main gauche pour mar- «
quer l'état des Veûves & des personnes ma- «
riées, on forme un cercle qui represente la «
couronne de la virginité. «

Or, je vous prie, parler de la sorte, est-ce condamner le mariage? J'ai comparé la virginité à l'or, & le mariage à l'argent. J'ai dit que les grains dont les uns rendent cent pour un, les autres soixante, & les autres trente, sont produits de la même terre & de la même semence, quoiqu'ils different beaucoup en nombre. Quel est le Lecteur assez peu équitable pour me condamner plûtôt sur ses préjugez, que sur mes propres paroles? Au reste j'ai parlé du mariage avec beaucoup plus de retenuë & de reserve, que la plûpart des Auteurs Grecs & Latins, qui appliquent aux Martyrs le nombre cent, aux Vierges le nombre soixante, & aux Veuves le nombre trente; & qui par là excluent le mariage de la bonne terre, & du champ que le Pere de famille a ensemencé.

Mais de peur qu'on ne s'imagine qu'aprés m'être ménagé dans le commencement de mon

ouvrage, je n'ai plus gardé de mesures, dans la suite; dés que j'ai eu fait le partage de mon discours, & étant sur le point d'entrer en ma-
Lib. 1. » tiére, n'ai-je pas dit: Je vous prie, Vierges
cap. 2. » de l'un & l'autre sexe, & vous tous qui vi-
» vez dans la continence, vous aussi qui êtes
» engagez dans le mariage, & qui même vous
» êtes mariés plusieurs fois; je vous prie, dis-
» je, de soutenir ma plume par vos priéres:
» c'est à vous tous en general que Jovinien dé-
» clare la guerre. Ai-je pû par une erreur semblable à celle de Manés condamner la profession de ceux dont j'implore le secours & les
priéres, & que je supplie de me soutenir dans
mon entreprise?

Poursuivons, car les bornes étroites que demande une lettre ne me permettent pas de m'arrêter long-tems sur chaque article en particulier. En expliquant ce passage de l'Apôtre
1. *Cor.* 7. 4. saint Paul: *Le corps de la femme n'est point en*
» *sa puissance, mais en celle de son mari; de mê-*
» *me le corps du mari n'est point en sa puissance,*
Lib. 1. *c.* » *mais en celle de sa femme:* J'ai ajoûté: Toute
4. » cette question ne regarde que les gens mariés,
» pour sçavoir s'il leur est permis de quitter leurs
» femmes; ce que Jesus-Christ défend dans
» l'Evangile. C'est pour cela que l'Apôtre a dit:
1. *Cor.* 7. » *Il est bon que l'homme ne touche aucune femme;*
1. » comme s'il y avoit du danger à toucher une
» femme, & qu'on ne pût s'en approcher sans
» se perdre. Delà vient que Joseph abandonne
» son manteau, afin de s'échaper des mains de
» l'Egyptienne qui vouloit le toucher. Mais
» comme celui qui s'est une fois engagé dans le
» mariage, ne peut repudier sa femme sans su-

jet, ni vivre dans la continence sans son con- «
sentement ; il faut qu'il lui rende le devoir, «
parcequ'il s'y est engagé volontairement, & «
qu'elle peut le contraindre à le lui rendre. «
Peut-on m'accuser de condamner le mariage, «
moi qui dis que Jesus-Christ defend au ma- «
ri de repudier sa femme, & qu'on ne peut sans «
un mutuel consentement separer ce que Dieu «
a joint ?

L'Apôtre dit ensuite : *Mais chacun a son* Ibid. ✝. 7.
don particulier, selon qu'il le reçoit de Dieu,
l'un d'une maniere, & l'autre d'une autre. En
expliquant ce passage, j'ai ajoûté : Il est aisé « Lib. 1 cap.
de voir, dit l'Apôtre, ce que je souhaite. « 4.
Mais comme Dieu répand sur tous les fidelles «
des graces differentes, je ne trouve pas mau- «
vais qu'on se marie, de peur qu'on ne s'ima- «
gine que je condamne la nature de l'homme «
comme quelque chose de mauvais. Remarquez «
ici qu'il y a bien de la difference entre le don «
de la virginité, & celui du mariage ; car si «
Dieu destinoit une même recompense aux Vier- «
ges & aux personnes mariées, l'Apôtre saint «
Paul après avoir conseillé de garder la conti- «
nence, n'auroit pas dit : *Mais chacun a son* «
don particulier, selon qu'il le reçoit de Dieu, «
l'un d'une maniere, & l'autre d'une autre. Si «
chacun a son don particulier, il faut necessai- «
rement que ces dons soient differens. J'avouë «
que le mariage est un don de Dieu ; mais il «
y a une grande difference entre don & don. «
C'est pourquoi saint Paul parlant aux Corin- «
thiens d'un incestueux qui faisoit penitence de «
son peché, leur dit ; *Vous devez plûtôt le trai-* « 2
ter avec indulgence, & le consoler. Et plus bas ? « 7.

Q iiij

les prémiéres nôces, puisque je ne condamne ni les secondes ni les troisiémes ?

Lorsque j'ai expliqué cet endroit de l'Apô-
1. Cor. 7. 18. tre saint Paul : *Si un homme est appellé à la foi étant circoncis, qu'il n'affecte point de paroître incirconcis ; & s'il y est appellé n'étant point circoncis, qu'il ne se fasse point circoncire ;* quoique quelques interpretes tres-sçavans expliquent ce passage de la circoncision, & des obligations de la Loi ; n'en ai-je pas fait clairement
L. 1. c. 6. » l'application au mariage en disant : *Si quel-
» qu'un est appellé n'étant point circoncis, qu'il ne
» se fasse point circoncire ;* c'est-à-dire, si vous
» étiez marié lors que vous avez été appellé à la
» foi, ne pensez pas que la Religion de Jesus-
» Christ que vous avez embrassée, vous obli-
1. Cor. 7. » ge à vous separer de vôtre femme ; *car Dieu*
15. » *nous a appellés pour vivre en paix. Ce n'est rien*
ibid. ℣. » *d'être circoncis, & ce n'est rien d'être incircon-*
19. » *cis ; mais le tout est d'observer les commande-*
» *mens de Dieu.* Le mariage & le célibat sont
» inutiles sans les bonnes œuvres ; & la foi mê-
» me des Chrétiens est une foi morte, si elle
» n'est soutenuë par la pratique des bonnes œu-
» vres ; autrement l'on pourroit mettre au nom-
» bre des saintes les Vestales, & les femmes qui
ibid. ℣. » après avoir été mariées une fois se consacroient
21. » à Junon. Et un peu après : *Si vous avez été*
» *appellé étant esclave, ne vous en mettez point*
» *en peine ; mais quand bien même vous pourriez*
» *devenir libre, demeurez plûtôt dans la condition*
» *d'esclave.* C'est-à-dire ; si vous êtes marié &
» attaché à une femme ; si vous lui rendez le
» devoir, parceque vôtre corps n'est par en vô-
» tre puissance ; ou pour mieux dire, si vous

êtes esclave de vôtre femme, ne vous chagri- «
nez point pour cela, & ne regrettez point la «
perte de vôtre virginité. Et quand bien même «
vous pouriez trouver quelque prétexte de rom- «
pre vos liens, afin de vivre librement en con- «
tinence ; n'exposez point le salut de vôtre «
Epouse pour ménager le vôtre ; souffrez enco- «
re quelque tems ; ne courez point plus vîte «
qu'elle ; attendez-là, aïez un peu de patien- «
ce, & bientôt elle deviendra vôtre sœur. «

En expliquant encore cet autre passage de *1. Cor. 7.*
saint Paul : *Quant aux Vierges, je n'ai point* *25.*
reçu de commandement du Seigneur, qui oblige
à la virginité : *Mais voici le conseil que je don-*
ne, comme étant le fidelle ministre du Seigneur,
par la misericorde qu'il m'en a faite ; j'ai loüé
la virginité sans préjudice du mariage. Voici
mes paroles : Si le Seigneur avoit fait un com- « *L. 1. c. 7.*
mandement d'embrasser la virginité, l'on au- «
roit crû qu'il auroit voulu condamner le ma- «
riage, & empêcher cette suite de generations, «
qui perpetuë les hommes sur la terre, & qui «
produit les Vierges. Car s'il avoit coupé la ra- «
cine de l'arbre, quels fruits auroit-il pû re- «
cüeillir ? S'il n'avoit pas d'abord jetté les fon- «
demens, comment auroit-il pû élever le bâ- «
timent & y mettre le comble ? Puisque j'ai
dit que les nôces sont la racine, & la virginité le fruit ; que le mariage est le fondement,
& la chasteté l'édifice & le faîte, ne faut-il
pas être bien aveuglé par l'envie & par une
demangeaison furieuse de me decrier, pour
ignorer que dans une même maison où il y a
un bâtiment & un faîte, il doit aussi y avoir
un fondement qui porte & le faîte & le bâtiment ?

252　LIV. LETTRE

I. Cor. 7.
27.

Aprés avoir cité dans un autre endroit ce passage de l'Apôtre : *Etes vous lié avec une femme ? Ne cherchez point à vous delier. N'êtes-vous point lié avec une femme ? Ne cherchez*

L. 1. c. 7. " *point de femme* ; J'ai ajoûté aussi-tôt : Nous
" sommes bornez vous & moi ; rendez-moi ce
" qui m'appartient, & gardez ce qui est à vous.
" Si vous êtes lié avec une femme, ne la repu-
" diez point ; si vous n'êtes point lié, ne cher-
" chez point de femme. Comme je ne prétens
" point délier ceux qui sont unis ensemble par
" les liens du mariage, n'entreprenez point aussi
" de lier ceux qui ne sont point engagez dans
" ses liens.

Je me suis encore expliqué tres-clairement
" dans un autre endroit sur la virginité & sur

Ibid. " le mariage. Voici mes propres termes : L'A-
" pôtre ne veut point nous surprendre, ni for-
" cer nos inclinations ; mais il nous conseille de
" prendre le parti le plus honête & le plus saint,
" & d'embrasser un état où nous puissions servir
" Dieu sans partage, considere attentivement ce
" qu'il souhaite de nous, & être toûjours prêts
" à faire ses volontez, afin que dés qu'il nous
" commandera quelque chose, semblables à de
" braves soldats, qui sont toûjours sous les armes,
" nous exécutions promtement ses ordres, sans
" nous embarasser de ces soins inutiles, qui selon
" l'Ecclesiaste font l'unique occupation des gens

Eccl. 1. 13. " du monde.

Aprés avoir comparé l'état des Vierges avec celui des personnes marieés, je finis par ces pa-
" roles : Quand on compare un état qui est bon
" de lui même avec un autre qui est meilleur, on
" ne peut pas dire que Dieu reserve une même

recompense à ceux qui vivent dans ces differens « états. Or s'il y a de la difference entre la re- « compense qu'il leur destine, il faut necessaire- « ment qu'il y en ait aussi entre les dons qu'il « répand sur eux. Il y a donc autant de differen- « ce entre le mariage & la virginité, qu'il y en « a entre ne point pecher, & faire le bien ; ou « tout au moins entre ce qui est bon & ce qui « est meilleur. «

Je dis encore ensuite : L'Apôtre saint Paul «*L. 1. c. 8;* aïant terminé la question touchant le mariage « & la virginité, prend si bien ses mesures, que « sans s'écarter ni à droit ni à gauche, il mar- « che par la voïe roïalle, & accomplit ce que « dit le Sage : *Ne soïez pas trop juste* ; car en «*Eccl.7.17.* comparant les secondes nôces avec les prémié- « res, il préfere celles-ci à celles-là, de même « qu'il avoit préferé la virginité au mariage. Ne « fais je pas assez connoître ici ce qu'on dit en- tendre par *la droite & la gauche*, & par ces pa- roles du Sage : *Ne soïez pas trop juste ?* Car c'est s'écarter à gauche que de s'abandonner comme les Juifs & les Païens aux desirs de- reglés de son cœur, en se plongeant sans au- cune retenuë dans d'infames voluptés. C'est s'écarter à droit que de suivre les erreurs des Manichéens, en s'exposant aux piéges & aux tentations de l'impureté, sous le voile appa- rent d'une chasteté feinte & affectée. Mais embrasser la virginité sans condamner le ma- riage, c'est marcher dans la voïe Roïalle.

De plus peut-on juger de mes ouvrages d'u- ne maniére assez peu équitable pour m'accuser de condamner les prémieres nôces, moi qui parlant des secondes, ai dit en termes for-

Cap. 8. » mels : L'Apôtre saint Paul permettoit les se-
» condes nôces à celles qui veulent se remarier,
» & qui ne peuvent pas vivre en continence, de
1. Tim. 5. » peur qu'*après avoir secoüé le joug de* Jesus-
11. » Christ *par une vie molle & sensuelle*, elles
» *ne veulent se remarier, & ne s'engagent* ainsi
» *dans la condamnation, en violant la foi qu'elles*
» *lui avoient donnée auparavant.* Ce qu'il ne leur
» permet que *parceque plusieurs se sont déja éga-*
1. Cor. 7. » *rées pour suivre Satan. Au reste,* dit-il, elles
40. » *seront plus heureuses si elles demeurent veuves.*
» Et pour donner à son sentiment tout le poids
» de l'autorité Apostolique, il ajoûte : *C'est le*
» *conseil que je leur donne.* Mais de peur qu'on
» ne regardât son conseil comme celui d'un hom-
» me du commun, il ajoûte encore : *Et je crois*
» *que j'ai aussi en moi l'esprit de Dieu.* Lorsqu'il
» exhorte les fidelles à la continence, il parle
» non pas en homme du commun, mais en hom-
» me inspiré de Dieu : Et lorsqu'il permet de
» se remarier, il ne dit point qu'il agit par le
» mouvement de l'esprit de Dieu ; mais il se
» comporte en homme sage & prudent, qui use
» d'indulgence, & qui sçait s'accommoder aux
» foiblesses d'un chacun.
» Après donc avoir cité les passages où l'A-
» pôtre saint Paul permet de se remarier, j'a-
Cap. 8. » joûte aussi-tôt : Comme l'Apôtre permet aux
» Vierges de se marier, afin de se garantir des
» desordres où la passion pouroit les engager ;
» & qu'il fait voir par là qu'elles sont excusa-
» bles de prendre par necessité un parti qui d'ail-
» leurs n'a aucun attrait pour elles : de même il
» permet aux Veuves de se remarier pour éviter
» les mêmes perils. Car il vaut mieux n'avoir

qu'un homme, même en secondes & en troisié- «
mes nôces, que d'en avoir plusieurs ; c'est-à- «
dire qu'il est plus pardonnable de se prostituer «
à un seul homme qu'à plusieurs. «

Que l'on ne me chicanne point ici. J'ai parlé dans cet endroit des secondes, des troisiémes, & même, si l'on veut, des quatriémes nôces, mais non pas des premières. Et pour faire voir que lors que j'ai dit, qu'il est plus pardonnable de se prostituer à un seul homme qu'à plusieurs, je n'ai point prétendu parler des prémiétes nôces, & qu'il ne s'agissoit que des secondes ou des troisiémes, voici comme finis la question des secondes & des troisiémes nôces : *Tout est permis, mais tout n'est pas ex-* « *Ibid.*
pedient. Je ne condamne point ceux qui se ma- «
rient deux fois, trois fois, & même huit fois, «
si cela se peut dire. Je dis encore plus ; Je «
pardonne à un homme qui après avoir passé «
sa vie dans les plus honteuses débauches, fait «
penitence de ses crimes. Il faut juger égale- «
ment de ce qui est également permis. «

Que ceux donc qui m'accusent faussement d'avoir condamné les prémières nôces, rougissent ici, puisque j'ai dit expressément : Je ne condamne point ceux qui se marient deux & trois fois, & même huit, si cela se peut dire. Il y a bien de la difference entre ne pas condamner une chose, & la loüer ; entre excuser des foiblesses, & loüer des vertus. Que si l'on trouve quelque chose de trop dur en ce que j'ai dit, qu'il faut juger également de ce qui est également permis ; on sera convaincu que je ne suis point trop rude ni trop sevére, si on veut bien faire reflexion que j'ai distingué les Vierges & les gens mariés, d'avec les penitens, & ceux qui marient en troisiémes, & même en huitiémes nôces.

J'ai fait voir dans la suite que JESUS-CHRIST a toûjours été Vierge selon la chair, & n'a été marié qu'une fois selon l'esprit, n'aïant jamais eu d'autre Epouse que l'Eglise; & l'on m'accusera après cela de condamner le
» mariage ? Est-ce le condamner que de dire
» comme j'ai fait : Il est certain que les Prêtres
» de l'ancienne Loi sont descendus d'Aaron,
» d'Eleazar & de Phinées ; & comme ceux-ci
» ont été mariés, on pouroit avec raison se pré-
» valoir contre moi de leur exemple, si j'étois
» dans l'erreur des Encratistes qui condamnent absolument le mariage ? Comment peut-on m'accuser de condamner le mariage, moi qui combats les erreurs de Tatien chef des Encratistes, qui défendoit de se marier ?

D'ailleurs n'ai-je pas assez fait voir quel est mon sentiment sur cela, lorsque comparant les Vierges avec les Veuves, j'ai mis la virginité, la viduité ou la continence, & le
» mariage dans des classes differentes ? Je ne nie
» pas (ce sont mes propres termes) que les
» Veuves ne soient heureuses, si elles demeurent
» dans leur état après leur baptême. Je ne pré-
» tens point non plus diminuer le merite des
» femmes mariées qui vivent chastement avec
» leurs maris. Mais comme les Veuves sont dans
» un état plus parfait & plus agreable à Dieu,
» que les femmes qui sont asservies à tous les de-

Aïant encore cité ce passage de l'Epître de saint Paul aux Galates : *Nul homme ne sera* Gal. 2. 16. *justifié par les œuvres de la loi.* Voici comment je l'ai expliqué : Le mariage est aussi une « L. 1. c. 22. œuvre de la loi. De-là vient que la loi don- « noit sa malediction aux femmes steriles. Que « si la Loi Evangelique permet de se marier, « ce n'est pas qu'elle regarde le mariage comme « une perfection, & qu'elle promette des re- « compenses à ceux qui se marient ; mais c'est « qu'elle les traite avec indulgence, & qu'elle « compatit à leurs foiblesses. Je dis clairement « dans cet endroit que la Loi Evangelique permet de se marier ; mais neanmoins que ceux qui se marient, & qui remplissent les devoirs du mariage, ne peuvent prétendre au merite & à la gloire de la chasteté. Que si ce sentiment revolte les gens mariés, ce n'est point à moi qu'ils doivent s'en prendre, mais à l'Ecriture Sainte, aux Evêques, aux Prêtres, aux Diacres, & à tout l'Ordre Ecclesiastique, qui sont bien persuadés qu'il ne leur est pas permis d'offrir des sacrifices au Seigneur, & de s'acquiter en même tems des devoirs du mariage.

Ne me suis-je pas encore expliqué clairement sur le chapitre des Vierges, des Veuves & des personnes mariées, à l'occasion d'un passage de l'Apocalypse que j'avois cité ? Voici mes paroles : *Ce sont ceux-là qui chan-* « L. 1. c. 25. *tent ce cantique nouveau, que les Vierges seules* « *peuvent chanter. ils sont purs & irreprehensi-* Apoc. 14.

» ceux qui gardent la continence dans le ma-
» riage, ne sont donc qu'après les prémices,
» c'est-à-dire, au second & au troisiéme rang.
» Je mets au second & au troisiéme rang
» les Veuves & les gens mariés, & cepen-
» dant on veut me faire passer pour un he-
» retique furieux, qui rejette & condamne le
» mariage.

J'ai rapporté dans mon livre plusieurs autres passages de l'Ecriture touchant l'état des
Vierges, des Veuves, & des personnes mariées ; & je les ai expliquez avec toute la retenuë & toute la précaution imaginable ; mais
j'apprehende d'être trop long, je me contenterai d'en citer encore un ici, auquel il n'y a
qu'un ennemi déclaré, ou un extravagant qui
puisse y trouver à redire.

Après avoir refuté l'objection qu'on me faisoit, que JESUS-CHRIST même s'étoit trouvé aux nôces de Cana en Galilée, voici ce

L. 1. c. 25. » que j'ai ajoûté : Comme le Sauveur ne s'est
» trouvé qu'une seule fois aux nôces, il nous
» donne assez à entendre qu'on ne doit se ma-
» rier qu'une seule fois. D'ailleurs l'objection
» qu'on me fait pouroit diminuer le merite & le
» prix de la virginité, si je ne mettois pas le
» mariage au troisiéme rang, c'est-à-dire, après
» la chasteté des Vierges & des Veuves. Mais
» comme il n'y a que des heretiques qui con-
» damnent l'état du mariage que Dieu même a
» établi, j'écouterai toûjours volontiers tout ce
» que l'on peut dire à son avantage. Car l'Eglise
» ne condamne point le mariage, mais elle lui
» préfere le veuvage & la virginité : elle ne le
» rejette point, mais elle le met au rang qui lui

convient, persuadée qu'elle est, comme j'ai «
déja dit, Que dans une grande maison il n'y «
a pas seulement des vases d'or & d'argent, «
mais aussi de bois & de terre ; que les uns sont «
destinez à des usages honêtes, & les autres à «
des usages honteux ; & que celui qui aura soin «
de se purifier, deviendra un vase d'honneur, «
un vase necessaire & propre à toutes sortes de «
bonnes œuvres. Je dis que j'entens volontiers «
tout ce qu'on dit à la loüange du mariage ;
comment donc puis-je le condamner, puisque
tout ce qu'on dit à son avantage me fait plaisir ? J'ajoûte que l'Eglise ne condamne point
le mariage, mais qu'elle lui préfere le veuvage & la virginité : Or malgré que vous en aïez,
les personnes mariées seront toûjours au dessous des vierges & des veuves. L'Eglise ne
condamne pas le mariage, quand on en fait
les œuvres, mais elle lui préfere le veuvage
& la virginité ; elle ne le rejette pas, mais
elle le met au rang qui lui convient. Il ne tient
qu'à vous de vous élever au second degré de
la chasteté ; pourquoi vous fâchez-vous de n'être qu'au troisiéme rang, puisque vous ne voulez pas monter plus haut ?

Puis donc que je me suis conduit avec tant
de ménagement & de précaution, & que j'ai
averti si souvent le Lecteur que j'approuvois
le mariage, ensorte neanmoins que je lui préferois toûjours la virginité, le veuvage & la
continence ; n'étoit-il pas de sa prudence &
de son humanité de juger de ce qu'il y a de
trop dur dans mon livre, par les autres endroits qui sont plus favorables au mariage,
& de ne me point accuser de m'être contredit

dans un même ouvrage ? Est-il quelque Ecrivain assez peu éclairé, & assez depourvû de bon sens, pour loüer & blâmer tout à la fois une même chose ? pour détruire ce qu'il a bâti, & pour bâtir ce qu'il a détruit ? pour se blesser lui-même de son épée, après avoir vaincu son ennemi ? Si un homme grossier, & qui n'auroit aucune teinture de la rhetorique & de la dialectique, dechiroit ma reputation ; je lui pardonnerois volontiers, & je me mettrois peu en peine d'une accusation que l'on formeroit contre moi plûtôt par ignorance que par malice. Mais puisque ce sont des hommes sçavans & versez dans les belles Lettres, qui aiment mieux noircir ma reputation, que d'entendre mes écris ; je leur répons en deux mots, qu'ils doivent plûtôt penser à se corriger de leurs defauts, qu'à reprendre ceux des autres. Le champ est ouvert, l'ennemi est en presence, il ne se cache point, il defie ses aversaires ; qu'ils se mettent donc en état de lui faire tête, qu'ils lui répondent, qu'ils paroissent dans la dispute en gens raisonnables, & non pas comme dans leurs écoles avec un air de Pedant & les verges à la main ; qu'ils me prouvent qu'en citant leurs ouvrages, j'y ai ajoûté ou retranché quelque chose. Je méprise des calomniateurs qui me decrient, mais je suis tout prêt d'écouter des Maîtres qui m'enseignent. C'est être un Maître lâche & effeminé, que d'instruire du haut de la murail-

rier tout couvert de sang.

Ce n'est pas par vanité que je parle de la sorte, comme si j'avois combatu tout seul, tandis que les autres demeuroient oisifs & tranquilles. Je veux seulement leur faire voir par les blessures que j'ai reçües, qu'ils peuvent combattre avec moins de peril. Je ne veux pas que dans le combat vous vous contentiez d'être en garde, & que sans vous servir de vôtre main droite, vous tâchiez seulement de parer les coups de vôtre ennemi avec le bouclier que vous portez à la main gauche. Il faut ou se battre ou mourir; & je ne puis vous attribuer la victoire, à moins que je ne voïe vôtre ennemi étendu mort sur le champ de bataille. Je veux bien que vous sçachiez, Messieurs les Docteurs, que j'ai autrefois été à l'école aussi bien que vous, & que je suis instruit comme vous des principes d'Aristote, qu'il avoit lui-même appris de Gorgias. Je sçai qu'il y a plusieurs manieres d'écrire & de parler en public. Je sçai qu'il y a bien de la difference entre le stile qui est propre aux déclamations du College, & celui dont on se sert dans les disputes reglées. Quand on s'exerce à la declamation, on ne parle des choses qu'en general, on répond à son adversaire ce que l'on veut, on raisonne à sa fantaisie, on dit une chose & on fait tout le contraire; on presente un morceau de pain, comme dit le proverbe, & on cache une pierre. Mais dans

par l'autre l'on instruit.

Tandis que je suis aux mains, & en danger d'être tué, vous venez me dire avec l'empressement d'un maître zelé & officieux : Ne faites point de feinte en vous battant contre vôtre ennemi ; poussez tout droit ; vous n'aurez point d'honneur à le vaincre par stratagéme ; c'est par la force que vous devez en triompher. Comme si toute l'adresse & toute l'habileté de ceux qui se battent, ne consistoit pas à faire semblant de porter une botte en un endroit, & de la porter en même-tems en un autre. Lisez, je vous prie, Ciceron & Demosthéne ; ou si vous n'avez pas de goût pour les Orateurs, parce qu'ils mettent tout leur art plûtôt à donner aux choses un air de vraisemblance, qu'à dire la verité ; lisez Platon, Theophraste, Xenophon, Aristote & les autres Philosophes qui sont sortis de l'école de Socrate, comme autant de differens ruisseaux d'une même source. Trouve-t-on dans leurs ouvrages cette bonne foi, cette candeur, cette simplicité que vous vantez tant ? Avec quel art sçavent-ils accommoder les paroles à leurs sentimens, & leur donner un sens favorable ? Origéne, Methodius, Eusebe & Apollinaire ont beaucoup écrit contre Celse & Porphyre ; de quels argumens & de quelles subtilitez ne se servent-ils pas pour combattre des erreurs que l'esprit du démon avoit inventées ? Comme la nature de leur sujet ne leur permet pas toûjours d'expliquer leurs propres pensées, ils emploïent quelquefois contre leurs adversaires l'autorité même des Païens.

Je ne dis rien des Auteurs Latins, de Tertullien, de saint Cyprien, de Minutius, de Victorin, de Lactance, de saint Hilaire, de peur qu'on ne s'imagine que je cherche plûtôt à accuser les autres, qu'à me deffendre moi-même. Je me contenterai de vous citer encore ici l'exemple de l'Apôtre saint Paul, dont je ne lis jamais les écrits, que je ne m'imagine entendre autant de coups de tonnerre, qu'il y a de mots. Lisez ses Epîtres, & particulierement celles qu'il a écrites aux Romains, aux Galates & aux Ephesiens, qui sont toutes polemiques; & vous verrez avec quel art il sçait ajuster à son sujet les passages qu'il tire de l'ancien Testament; avec quelle prudence il va à ses fins, avec quel artifice il cache le dessein qu'il se propose. A en juger par cet air simple & naïf avec lequel il dit les choses, on le prendroit pour un bon homme qui n'y entendroit point finesse, & qui est aussi peu capable de tendre des piéges aux autres, que d'éviter ceux qu'on lui tend. Mais sur quelque endroit de ses Epîtres que vous tombiez, il y lance des foudres de toutes parts, ne s'écartant jamais de son sujet, profitant de tout, tournant le dos pour vaincre, faisant semblant de fuïr, afin de tuer son ennemi. Faisons donc son procez, & disons lui : Les passages dont vous vous servez contre les Juifs & contre les autres heretiques, n'ont pas dans vos Epîtres le même sens qu'ils ont dans les livres d'où vous les tirez; vous reduisez l'Ecriture en captivité, & vous faites servir à vos victoires des passages qui étant dans leur place ne me paroissent nullement propres au combat & à la dispute. Cet Apôtre ne nous dit-il pas comme le Sauveur, Je ne tiens pas le même langage aux-étrangers qu'aux domestiques ? On parle au peuple en paraboles, mais on découvre la verité aux Disciples. JESUS-CHRIST n'explique point aux Pharisiens les questions qu'il leur propose. Il y a bien de la difference entre instruire un disciple, & combattre un ennemi. *Mon secret est pour moi,* dit le Prophete, *mon secret est pour moi,* & pour mes amis.

Isai. 24. 16.

Vous me voulez du mal de ce que j'ai vaincu Jovinien, au lieu de l'instruire : mais ceux-là seuls blâment mon procedé, qui ne peuvent souffrir la condamnation de cet heretique ; & qui en loüant ses erreurs dont ils sont infectez, condamnent la foi Catholique qu'ils font semblant de professer. Est-ce qu'au lieu de le forcer malgré lui à se soumettre au joug de la verité, je devois le prier de me ceder la victoire ? C'est ce que je dirois, si je m'étois écarté du veritable sens des Ecritures. Je tâcherois de me justifier de la faute qu'on m'impute, par l'utilité & les avantages qu'on en peut tirer ; semblable à ces Grands Hommes qui pour se purger des accusations qu'on formoit contre eux, vantoient les grands services qu'ils avoient rendus à la Republique. Mais puisque je n'ai rien dit de moi-même ; que je n'ai été que l'interprete de l'Apôtre saint Paul, & que je n'ai fait qu'expliquer ses sentimens ; si l'on trouve quelque chose de trop dur dans

tion maligne & forcée. Mais c'est ce qu'il faut me prouver par mes propres écrits.

Voici ce que j'ai dit : S'il est bon de ne « L. 1. c. 4. toucher aucune femme, c'est donc quelque « chose de mauvais que d'en toucher quelqu'une ; « car il n'y a que le mal qui soit contraire au « bien : or si c'est un mal que de toucher une « femme, & un mal pardonnable ; on ne le per- « met que pour en éviter un plus grand ; & le « reste jusqu'à la question que j'examine dans le chapitre suivant. Je n'ai parlé de la sorte que pour expliquer ce passage de l'Apôtre saint Paul : *Il est bon que l'homme ne touche aucune* 1. Cor. 7. 1. *femme : neanmoins pour éviter la fornication, que chaque homme vive avec sa femme, & chaque femme avec son mary.* En quoi me suis-je écarté du sens de l'Apôtre ? peut-être en ce qu'il parle d'une maniere decisive, & moi comme un homme qui doute : c'est un jugement qu'il prononce, & moi une question que je propose : il dit absolument, *Il est bon que l'homme ne touche aucune femme* ; & moi je dis avec beaucoup de precaution & de reserve, *S'il est bon de ne toucher aucune femme.* Quand on se sert du mot, *Si* ; on n'assure pas une chose, mais on marque par là qu'on en doute. Saint Paul dit, *Il est bon de ne point toucher* ; & moi j'ajoûte ce qui peut être contraire à ce bien dont il parle. Je dis encore immediatement après : Remarquez avec quelle prudence l'Apôtre « s'explique ; car il ne dit pas, *Il est bon que* «

que je n'ai point pretendu parler des personnes mariées, mais de l'usage & des devoirs du mariage; tout mon dessein étant de comparer les nôces avec la continence & la virginité, qui nous rendent semblables aux Anges; & de faire voir qu'il est bon à l'homme de ne toucher aucune femme.

Eccli. 1. 2.   *Vanité des vanitez, dit l'Ecclesiaste, & tout n'est que vanité.* Si toutes les creatures sont bonnes, puisqu'elles ont été tirées du neant par un Dieu qui est la bonté même; comment tout n'est-il que vanité ? Si la terre est vanité, peut-on dire que le ciel, les Anges, les Thrônes, les Dominations, les Puissances & les autres vertus celestes ne sont que vanité ? Toutes ces créatures sont bonnes, aiant reçû l'être d'un Createur qui est bon; mais quand on les compare avec quelque chose de meilleur, on dit qu'elles ne sont que vanité. Par exemple, la lumiere d'une lampe n'est rien en comparaison de celle d'un flambeau; un flambeau est sans lumiere si on le compare à une étoile; une étoile, par rapport à la lune, n'est qu'obscurité; la lune n'a aucun éclat, si vous la comparez au soleil; & le soleil en comparaison de Jesus-Christ n'est que tenebres. *Exod.* 3. 14. *Je suis celui qui est*, dit le Seigneur; toutes les creatures ne sont donc qu'un pur neant en comparaison de Dieu. *Esth.* 14. 11. *Seigneur*, dit Esther, *ne livrez pas vôtre heritage à ceux qui ne sont rien*, c'est-à-dire, aux idoles & aux démons: cependant ces idoles & ces démons ausquels cette Reine conjure Dieu de ne point livrer son peuple, étoient quelque chose. Baldad, comme nous lisons dans le livre

de Job, parlant de l'impie, dit: *Les choses* Job. 18. 14.
où il mettoit sa confiance, seront arrachées de sa
maison, & la mort le foulera aux piés comme
un Roi qui le dominera: Les compagnons de ce-
lui qui n'est plus habiteront dans sa maison. Ces
paroles, *celui qui n'est plus*, doivent s'entendre du demon: or puisqu'il a des compagnons, il faut necessairement qu'il existe, car
s'il n'existoit point, il n'auroit pas de compagnons. Cependant on dit qu'il n'est plus,
parce qu'aux yeux de Dieu il est comme an-
neanti & abîmé.

C'est donc dans ce sens que j'ai dit (sans
neanmoins parler des femmes mariées) que
c'étoit un mal de toucher une femme, parce
que c'est un bien de ne la point toucher. C'est
pour cela que dans la suite j'ai comparé la
virginité au froment, le mariage à l'orge, &
la fornication à du fumier. Il est certain que
le froment & l'orge sont des creatures de Dieu:
cependant nous remarquons dans l'Evangile
que JESUS-CHRIST aïant voulu donner à manger une fois à cinq mille hommes, & une autre fois à quatre mille qui l'avoient suivi dans
le desert, distribua des pains d'orge à ceux-
là, & des pains de froment à ceux-ci. *Seigneur,* Marc. 6.
dit le Prophete, *vous sauverez & les hommes* 44.
& les bêtes. J'ai dit la même chose en d'au- Ibid. 8. 9.
tres termes, lors que j'ai comparé la virginité Psal. 35. 7.
à l'or, & le mariage à l'argent; & que j'ai
parlé de ces cent quarante quatre mille Vierges qui étoient marquez au front, & qui ne
s'étoient jamais souïllez avec les femmes, voulant faire voir par là qu'on doit regarder comme des gens impurs & souïllez ceux qui ne

conservent point leur virginité, si on compare leur état avec la pureté des Anges & de nôtre Seigneur JESUS-CHRIST.

Que si on trouve quelque chose de trop dur dans mes comparaisons, & si on me blâme d'avoir mis une aussi grande différence entre la virginité & le mariage, qu'il y a entre l'orge & le froment, qu'on lise le livre des Veuves que saint Ambroise a composé, & on verra qu'en parlant de la virginité & du mariage, il dit entre autres choses : *L'Apôtre n'éleve pas tellement le mariage, qu'il étouffe dans les cœurs l'amour de la virginité. Il conseille d'abord de garder la chasteté, & il donne ensuite des remedes contre l'incontinence. Il montre aux forts la récompense qui est attachée à l'état sublime auquel Dieu les appelle; mais il ne souffre pas que personne tombe en deffaillance au milieu du chemin. Il exhorte les premiers, sans abandonner les derniers, sçachant que* JESUS-CHRIST *même avoit donné aux uns du pain d'orge, de peur qu'ils ne tombassent en foiblesse dans le chemin; & aux autres son propre corps, afin de les soutenir dans la voie qui conduit au roïaume celeste.* Et un peu après : *Il ne faut donc pas s'abstenir de l'usage du mariage comme d'une action criminelle ; mais il faut s'en affranchir comme d'un joug qui nous assujetit à des necessitez indispensables. Car la loi condamne la femme à enfanter dans le travail & dans la tristesse, à se tourner vers son mari, & à se soumettre à son empire. Ce sont donc les femmes mariées & non pas les veuves, que la loi condamne à enfanter dans le travail & dans la douleur: ce sont les femmes mariées, & non pas les vierges,*

Ambros. l. de Vid. cap. 13.

qui doivent se soumettre à l'empire d'un mary. Et dans un autre endroit, expliquant ce passage de l'Apôtre saint Paul : *Vous avez été achetez bien cher, ne vous rendez pas esclaves des hommes ;* vous voïez, dit-il, que l'Apôtre dit nettement que le mariage est une servitude. Et un peu après: *Si donc le mariage, quelque bon qu'il soit, n'est qu'une servitude, que doit-on penser d'un mauvais mariage, où bien loin de se sanctifier, on ne travaille qu'à se perdre l'un l'autre ?*

Ibid.
Cap. 11.
1. Cor. 7.
23.

Ce Pere renferme en peu de mots ce que j'ai dit fort au long de la virginité & du mariage. Il appelle la virginité une exhortation à la chasteté, & le mariage un remede contre l'incontinence. Et descendant peu à peu & comme par degrez, il montre aux vierges la recompense qui leur est destinée, & console les femmes mariées, de peur qu'elles ne tombent en défaillance au milieu du chemin. Il loüe celles-là, sans mépriser celles-ci. Il compare le mariage à l'orge, & la virginité au corps de Jesus-Christ. Or il y a beaucoup moins de difference entre le froment & l'orge, qu'entre l'orge & le corps de Jesus-Christ. Enfin il regarde le mariage comme un joug accablant & une veritable servitude. Il s'étend encore fort au long sur cette matiere dans les trois livres qu'il a faits des Vierges. Tout cela fait voir que je n'ai rien dit de nouveau en parlant des Vierges & des personnes engagées ans le mariage ; & que je n'ai fait que suivre ceux qui ont écrit avant moi, c'est-à-dire, saint Ambroise, dont je viens de parler, & les autres Ecrivains Ecclesiastiques, *dont j'ai-*

Terent. prol. in Andr.

me beaucoup mieux imiter l'heureuse negligence, que l'exactitude obscure & embarassée des autres.

Que les hommes mariez se déchaînent tant qu'ils voudront contre moi, à cause que j'ai dit : Comment, je vous prie, peut-on appeller un bien, ce qui nous empêche de prier, & de recevoir le corps de JESUS-CHRIST ? Je ne puis tout à la fois user du mariage, & remplir les devoirs d'un homme qui vit dans la continence. Le même Apôtre nous ordonne dans un autre endroit de prier sans cesse. Or si l'on est obligé de vaquer sans cesse à la priere, il ne faut donc jamais user du mariage, car il est impossible qu'un homme puisse prier, & rendre en même-tems tous les devoirs à sa femme. Il est aisé de voir que je n'ai dit cela que pour expliquer ce passage de l'Apôtre : *Ne vous refusez point l'un à l'autre le devoir, si ce n'est du consentement de l'un & de l'autre, pour un tems, afin de vous appliquer à l'Oraison.* Saint Paul dit qu'on ne peut pas allier la priere avec les devoirs du mariage. Si donc l'usage du mariage nous empêche de prier, à combien plus forte raison doit-il nous empêcher de recevoir le corps de JESUS-CHRIST, puis que la communion est quelque chose de plus saint & de plus excellent que la priere ? L'Apôtre saint Pierre nous exhorte aussi à la continence, *afin que nos prieres ne soient point interrompuës.* En quoi, je vous prie, ai-je manqué ici ? De quoi peut-on m'accuser ? Quelle faute ai-je faite ? Si les eaux d'un ruisseau sont troubles & bourbeuses, ce n'est pas au ruisseau, c'est à la source qu'on s'en doit prendre. Mon crime est-il d'avoir osé ajoûter de moi-même : *Comment peut-on appeller bien ce qui nous empêche de recevoir le corps de* JESUS-CHRIST ? A cela je répons en deux mots : Qu'est-ce qui est plus considerable de la priere ou de la participation au corps de JESUS-CHRIST ? Il est certain que c'est la participation au corps de JESUS-CHRIST. Si donc l'usage du mariage nous empêche de prier, à plus forte raison doit-il nous empêcher de communier.

J'ai dit dans le même livre que David & ses soldats n'auroient pû selon la loi manger les pains de proposition, s'ils n'avoient dit au Grand-Prêtre qu'il y avoit déja trois jours qu'ils n'avoient vû aucune femme, je ne dis pas des femmes de mauvaise vie, ce qui étoit absolument défendu par la loi, mais leurs propres épouses, desquelles il leur étoit permis d'approcher. J'ai ajoûté que Moïse étant sur le point de donner la loi de Dieu au peuple d'Israël sur le mont Sinaï, leur défendit d'approcher de leurs femmes durant trois jours. Je sçai bien que dans l'Eglise de Rome on a coûtume de communier tous les jours ; je ne veux ni condamner ni approuver cette pratique ; un chacun peut suivre en cela ses lumieres particulieres. Mais je demande à ceux qui communient le même jour qu'ils se sont approchez de leurs femmes, & qui comme dit Perse :

Vont laver le matin les taches de la nuit,   Sat. 2.

1. Reg. 21. 5.

Exod. 19. 15.

Je leur demande pourquoi ils n'osent approcher des tombeaux des Martyrs, ni entrer dans les Eglises ? Adore-t-on chez soi un autre JESUS-CHRIST que celui qu'on adore en public ? Ce qu'il est défendu de faire dans l'Eglise, il n'est pas permis de le faire dans une maison particuliere. On ne sçauroit rien cacher à Dieu; les tenebres mêmes sont lumiere pour lui. Qu'un chacun donc s'éprouve & s'examine avant que d'approcher du corps de JESUS-CHRIST. Ce n'est pas qu'en differant d'un jour ou deux d'approcher des Autels, on en devienne plus saint & meilleur Chrétien, & qu'on soit plus digne de communier aujourd'hui, que hier, ou avant-hier; mais c'est que la douleur qu'on a de n'avoir pû participer au corps du Seigneur, oblige à se priver pour un tems de l'usage du mariage, & à préférer l'amour de JESUS-CHRIST à celui d'une femme. C'est-là, me direz-vous, nous imposer un joug dur & insupportable; où trouver dans le siecle un homme qui pût supporter un si pesant fardeau ? Que celui qui peut le supporter, le supporte ; & que celui qui ne le peut pas, prenne le parti qu'il lui plaira. Je parle selon les regles & les maximes que l'Ecriture sainte nous prescrit, sans m'embarasser de ce que chacun peut ou veut faire.

On me fait encore un procez sur ce qu'en expliquant un passage de l'Apôtre, j'ai dit:

L. 1. c. 4. ,, Mais de peur qu'on ne s'imagine que saint
1. Cor. 7. ,, Paul en disant, *Afin que vous puissiez vaquer*
5. ,, *à l'oraison, & ensuite vivez ensemble comme*
,, *auparavant*, veut absolument qu'on use du
,, mariage; au lieu qu'il n'en permet l'usage qu'a-
,, fin de prévenir de plus grands desordres; cet
Apôtre

Apôtre ajoûte aussi-tôt : *de peur que vôtre in-*« *continence ne fournisse au demon quelque occasion* « *de vous tenter.* Ensuite, dit-il, *vivez ensem-* « *ble comme auparavant* Quelle indulgence ! de « permettre ce qu'on a honte même de nommer, « & ce qu'on n'accorde que pour prévenir les « tentations du démon, & les dangers où l'in- « continence pouroit nous exposer. Mais pour- « quoi donner la torture à nôtre esprit pour « expliquer ce passage, comme s'il étoit fort « difficile, puisque saint Paul qui en est l'Au- « teur l'explique lui-même en disant : *Quand je* « *vous parle de la sorte, ce n'est pas un comman-* « *dement que je vous fais, c'est une condescendan-* « *ce que j'ai pour vous.* Après cela pouvons- « nous balancer un moment à dire que le maria- « ge est une indulgence, & non pas un comman- « dement, puis qu'on permet de même & les se- « condes & les troisiémes nôces, &c. «

En quoi peut-on m'accuser de m'être écarté ici des paroles de l'Apôtre ? Est-ce en disant, Qu'il a honte de nommer ce qu'il permet ? Mais quand il dit : *Vivez ensemble comme auparavant*, sans s'expliquer davantage, il donne assez à entendre qu'il veut parler des devoirs mutuels qu'on se rend dans le mariage, quoi qu'il ne dise pas la chose clairement & qu'il prenne soin de l'enveloper. Est-ce en « ce que j'ai ajoûté, Qu'il n'accorde cela que « pour prévenir les tentations du demon, & les « dangers où l'incontinence pouroit nous expo- « ser ? Mais l'Apôtre ne dit-il pas la même cho « se en d'autres termes ; *De peur*, dit-il, *que* « *vôtre incontinence ne fournisse au demon quelque* « *occasion de vous tenter ?* Est-ce enfin en ce que «

"j'ai dit : Après cela pouvons nous balancer u
"moment à dire que le mariage est une indul-
"gence, & non pas un commandement ? Si cel
"paroît trop dur, on doit s'en prendre à l'A
"pôtre qui a dit : *Quand je vous parle de l*
sorte, ce n'est pas un commandement que j
vous fais, c'est une condescendance que j'ai pou
vous ; & non pas à moi qui excepté l'ordr
des choses que je n'ai pas gardé exactement
n'ai rien ajoûté ni au sens, ni aux paroles de
l'Apôtre.

Poursuivons, car je ne puis pas m'étendre
1. Cor. 7. 8. beaucoup dans une simple Lettre. *Pour ce qui*
est des Veuves, dit l'Apôtre, *& de ceux qui*
ne sont point mariez, je leur déclare qu'il leur
est bon de demeurer dans cet état, comme j'y
demeure moi-même. Que s'ils sont trop foibles
pour garder la continence, qu'ils se marient;
L. 1. c. 4 "*car il vaut mieux se marier, que brûler*. Voici
"comment j'ai expliqué ce passage : Après avoir
"accordé aux personnes mariées l'usage du ma-
"riage, & leur avoir fait voir ce qu'il vouloit
"par inclination, & ce qu'il permettoit par
"condescendance ; l'Apôtre vient ensuite à par-
"ler des veuves & des personnes qui vivent dans
"le celibat, & se proposant lui-même pour
"exemple, il dit que c'est un bonheur pour elles
"de demeurer dans cet état. Que si elles sont
"trop foibles pour garder la continence, il leur
"ordonne de se marier, conformément à ce qu'il
℣. 2. "avoit dit auparavant : *Pour éviter la fornica-*
tion, que chaque homme vive avec sa femme,
℣. 5. "*&c.* Et plus bas : *De peur que vôtre inconti-*
"*nence ne fournisse au démon quelque occasion de*
"*vous tenter.* Il ajoute la raison pourquoi il a

dit : *Que s'ils sont trop foibles pour garder la* "
continence, qu'ils se marient, parce, dit-il, "
qu'il vaut mieux se marier, que brûler. Pour- "
quoi vaut-il mieux se marier ? parce que c'est "
quelque chose de moins mauvais que de brû- "
ler. Eteignez les feux de la concupiscence, & "
l'Apôtre ne dira pas, *Il vaut mieux se marier.* "
Quand on dit qu'une chose est meilleure, c'est "
toûjours par rapport à quelque autre chose qui "
est pire, & non pas par rapport à ce qui est "
absolument bon de soi-même. C'est comme si "
l'Apôtre disoit ; il vaut mieux n'avoir qu'un "
œil, que de n'en avoir point du tout. Ensuite "
après avoir adressé la parole à saint Paul, "
voici ce que j'ai ajoûté : Si le mariage est bon "
de lui-même, pourquoi le comparez-vous à "
un embrasement ? Que ne dites-vous simple- "
ment ; *Il est bon de se marier ?* Je ne sçaurois "
goûter cette espece de bien, qui n'est qu'un "
moindre mal, que par rapport à un plus grand. "
Je veux, non pas ce qui est moins mauvais, "
mais ce qui est absolument bon. "

L'Apôtre saint Paul ne veut point que les veuves, & ceux qui vivent dans le celibat use du mariage ; il les exhorte par son exemple à prendre ce parti ; il dit qu'il leur est avantageux de demeurer dans cet état : mais s'ils ne peuvent pas se contenir, & qu'ils aiment mieux assouvir leur passion dans la débauche, que de la reprimer par la continence ; alors *il vaut mieux se marier que brûler.* C'est ce qui m'a fait dire ; Pourquoi vaut-il mieux se marier ? "
parce que c'est quelque chose de moins mau- "
vais que de brûler ; expliquant ainsi, non pas "
mon propre sentiment, mais ce passage de

aimoit la chasteté, en écoutoit l'éloge avec plaisir. Lisez Tertullien, saint Cyprien, saint Ambroise, & condamnez ou justifiez moi avec eux. Il s'est trouvé des gens du caractere de ceux que Plaute fait paroître sur la scene, qui ne sont habiles qu'à medire des autres; qui font consister tout leur art & toute leur science à décrier les ouvrages de tout le monde; & qui nous envelopant mon adversaire & moi dans une même condamnation, pretendent que nous avons tort l'un & l'autre, quoi qu'il soit impossible que l'un des deux n'ait raison.

 Lors qu'en parlant de ceux qui se marient en secondes & en troisiémes nôces, j'ai dit:

L. 1 c. 8 „ Qu'il valoit mieux n'avoir qu'un seul homme,
„ même en secondes & en troisiémes nôces, que
„ d'entretenir commerce avec plusieurs, c'est-à-
„ dire, qu'il étoit plus pardonnable de s'aban-
„ donner à un seul homme, que de se prostituer
„ à plusieurs; ne me suis-je pas expliqué aussi-
„ tôt en ajoûtant : En effet nous lisons dans l'E-
„ vangile que la Samaritaine aïant dit à Jesus-
„ Christ qu'elle en étoit à son sixiéme mary;
„ ce divin Sauveur lui répondit, Que l'homme
„ avec lequel elle habitoit, n'étoit point veri-
„ tablement son mary ? Je declare donc encore hautement que l'Eglise ne condamne point les secondes nôces, ni même les troisiémes, & qu'elle permet d'épouser un cinquiéme & un sixiéme mari, & plus encore, si l'on veut, de même qu'elle permet d'en épouser un second. Mais comme on ne prétend pas condamner ces sortes de mariages, aussi ne veut-on pas les approuver. Ils sont une resource à nos miseres & à nos foiblesses, mais ils ne

font point honneur à la chasteté. C'est pourquoi j'ai dit dans un autre endroit : Lors qu'on se marie plus d'une fois, il n'importe qu'on aille jusqu'aux secondes & aux troisiémes nôces, puis qu'on ne se borne pas aux premieres. *Tout est permis, & tout n'est pas avantageux.* Je ne condamne ni les secondes ni les troisiémes, ni même, si cela se peut dire, les huitiémes nôces. Qu'une femme donc épouse, si elle veut, un huitiéme mari, plûtôt que de vivre dans le libertinage. « *Ibid.*

Venons au reproche qu'on me fait d'avoir dit que selon le texte Hébreu, l'Ecriture sainte parlant du second jour de la creation, ne dit point comme au premier, au troisiéme, & aux autres jours suivans : *Dieu vit que cela étoit bon* ; & que par là elle vouloit nous donner à entendre que le nombre deux n'est pas bon, parce qu'il détruit l'unité, & qu'il est la figure du mariage. Que c'est pour cela que les animaux impurs entrerent par couples dans l'arche de Noé, les animaux purs étant en nombre impair. « *L. 1. c. 9.*
« *Gen.* 1.
« 10.

Quant à ce que j'ai dit du second jour de la création, je ne voi pas ce qu'on peut y trouver à redire. Me blâme-t-on de n'avoir pas dit que les paroles que j'ai citées, se trouvent dans l'Ecriture ? ou de les avoir mal entenduës, & de leur avoir donné une explication violente & peu naturelle ? Qu'ils s'en rapportent sur cela, non pas à moi, mais à tous les Hebreux, & aux autres Interpretes, je veux dire à Aquila, à Symmaque & à Theodotion, & ils seront convaincus que l'Ecriture sainte parlant du second jour de la création, ne dit point, *Dieu vit que cela étoit bon.* Puis donc que l'Ecriture n'en dit rien au second jour, & qu'elle l'a neanmoins remarqué aux autres jours, il faut necessairement que mes Censeurs ou m'apportent une meilleure raison de ce silence, ou se rendent malgré eux à celle que j'en ai donnée.

Quant à ce que j'ai dit que les animaux qui entrerent par couples dans l'arche de Noé étoient impurs, & que ceux qui étoient en nombre impair, étoient des animaux purs; puisque tout le monde convient que cela est dans l'Ecriture sainte, il faut ou qu'on nous donne la raison de cette difference, ou qu'on reçoive malgré qu'on en ait celle que j'ai apportée. Est-il necessaire que je fasse ici un détail de tous les Ecrivains Ecclesiastiques qui ont fait des traitez sur le nombre impair, tels que sont Clement, Hippolite, Origéne, Denis, Eusebe, Didime; & parmi nos Latins, Tertullien, saint Cyprien, Victorin, Lactance, saint Hilaire? Le traité que celui-ci a adressé à Fortunat, fait assez voir combien il s'est étendu sur le nombre sept, c'est-à-dire, sur le nombre impair. Faut-il que je cite ici tout ce que Pythagore, Architas de Tarente, & Scipion dans le sixiéme livre de la Republique ont dit du nombre impair. Si mes Censeurs refusent de se rendre à l'autorité de ces Grands-Hommes, toute l'école des Grammairiens leur dira, en parlant du nombre impair:

Virg. Eclog. 8.

Ce nombre plaît aux Dieux.

a Ces paroles ne se trouvent que dans les LXX. & dans la version Arabe.

Dire que l'état de la virginité est plus pur que celui du mariage ; préferer le nombre impair au nombre pair ; établir les véritez Evangeliques sur les figures de l'ancien Testament ; c'est un crime qui n'est pas pardonnable, c'est renverser toutes les Eglises, c'est revolter tout le genre humain.

Toutes les autres choses qu'on trouve dignes de censure dans mon livre, ne sont que des minucies, ou reviennent aux explications que j'ai déja données : c'est pourquoi je n'ai pas jugé à propos d'y répondre, de peur de passer les bornes d'une Lettre, & de crainte aussi qu'on ne s'imagine que je ne vous croi pas capable de suppléer au reste, vous, mon cher Pammaque, qui avez pris mon parti avant même que je vous en priasse. Je finis donc en declarant que je n'ai jamais condamné, & que je ne condamne point encore le mariage. Je n'ai pensé qu'à répondre à mon adversaire, sans appréhender les piéges que les Catholiques pouroient me tendre. Si j'éleve jusqu'au ciel le merite & la gloire de la virginité, ce n'est pas que je me flate de l'avoir conservée ; c'est que je suis charmé de cette vertu, quoique je ne la possede pas. Il faut être bien sincere & bien ingénu pour loüer dans les autres ce qu'on n'a pas. Attaché que je suis à la terre par le poids d'un corps mortel, je ne laisse pas pour cela d'admirer le vol des oiseaux, & la rapidité avec laquelle la colombe fend les airs, sans presque remuer les aîles. Ne nous flatons point nous-mêmes, & ne nous laissons point empoisonner par les loüanges des flateurs. Il y a deux sortes de virginité, la premiere est celle qu'on garde depuis sa naissance ; la seconde est celle que l'on conserve depuis le batême. Il y a long-tems qu'on a dit, & cette maxime ne vient pas de moi, *Que personne ne peut servir deux maîtres tout à la fois,* c'est à-dire, la chair & l'esprit ; car *la chair a des desirs contraires à ceux de l'esprit ; & l'esprit en a de contraires à ceux de la chair : ils sont opposez l'un à l'autre, de maniere que nous ne faisons pas les choses que nous voudrions faire.*

<small>Matth. 6. 24.</small>

<small>Gal. 5. 17.</small>

Lors que vous trouverez quelque chose de trop dur dans mon ouvrage, ne vous arrêtez point à mes paroles, mais à l'Ecriture sainte d'où je les ai tirées. JESUS-CHRIST est vierge, & celle qui l'a mis au monde aïant toûjours conservé sa virginité, est mere & vierge tout ensemble. Ce divin Sauveur est sorti de son sein, de même qu'il entra dans le lieu où étoient les disciples, les portes étant fermées. Ce sein virginal est ce sépulcre tout neuf & taillé dans un roc, où personne n'a été mis ni avant ni après JESUS-CHRIST. C'est ce *jardin fermé* & cette *fontaine scellée* dont parle l'Ecriture ; & d'où tire sa source ce fleuve qui selon le Prophete Joël, *arrose le torrent ou des * liens, ou des * épines* ; des *liens* des pechez dans lesquels nous étions autrefois engagez ; & des *épines* qui étouffent la semence du Pere de famille. C'est cette porte Orientale dont parle le Prophete Ezechiel, qui est toûjours fermée & toute brillante de lumiere, qui cache ou qui découvre le Saint des Saints, & par laquelle doit entrer & sortir le soleil de justice, & nôtre Pontife selon l'ordre de

<small>Cant. 4. 12.</small>
<small>Joël 3. 18. selon les * LXX. *selon l'Hebreu.</small>

Melchisedech. Que mes Censeurs me disent comment Jesus-Christ entra dans le cenacle les portes étant fermées ; lors qu'il fit toucher à ses Disciples ses mains, son côté, ses os & la chair, pour les convaincre qu'il n'étoit pas un fantôme, & qu'il avoit un veritable corps : & moi je leur dirai comment Marie est mere & vierge tout à la fois, vierge après ses couches, & mere avant son mariage.

Jesus-Christ & Marie aiant donc toûjours été vierges, ont consacré la virginité dans l'un & dans l'autre sexe. Les Apôtres étoient vierges, ou du moins garderent la continence après leur mariage. Les Evêques, les Prêtres & les Diacres, doivent être ou vierges, ou veufs, avant que d'être ordonnez ; ou du moins vivre toûjours en continence après leur ordination. Pourquoi nous faisons-nous illusion à nous-mêmes ? Plongez que nous sommes dans d'infames plaisirs, pourquoi trouvons-nous mauvais qu'on nous refuse la recompense qui n'est dûë qu'à la chasteté ? Pretendons-nous regner avec Jesus-Christ en la compagnie des vierges & des veuves, tandis que nous entretenons une table delicate, & que nous goûtons tous les plaisirs du mariage ? La faim & la bonne chere, la crasse & la propreté, le sac & la soïe, auront-ils donc une même recompense ? Lazare a passé ses jours dans la misere ; & ce Riche qui étoit vêtu de pourpre, toûjours propre, toûjours en bon point, a goûté durant sa vie tout ce qui peut flater la delicatesse de la nature. Mais après leur mort, ils se trouvent l'un & l'autre dans une situation bien diffe-

la virginité & du mariage.

Je ne prétens pas par là vous engager à mettre la main à la plume, persuadé que je suis que vous avez encore plus d'ardeur que moi pour l'étude de l'Ecriture sainte. Tout ce que je souhaite est que vous obligiez mes Censeurs à me répondre. Comme ils sont gens de Lettres, & qu'ils se piquent d'érudition, ils peuvent m'instruire au lieu de me critiquer. Qu'ils donnent quelque ouvrage au public, & le mien tombera aussi-tôt.

Lisez, je vous prie, & examinez attentivement les paroles de l'Apôtre, & vous verrez que pour me mettre à couvert de la censure & de la calomnie, j'ai extremement adouci les choses, & parlé du mariage avec beaucoup de ménagement & de retenuë. Origéne, Denis, Pierius, Eusebe de Cesarée, Didyme & Apollinaire ont expliqué fort au long cette Epître de saint Paul. Pierius sur tout voulant develloper le veritable sens de l'Apôtre, & expliquer ce passage : *Je voudrois que tous les hommes fussent en l'état où je suis moi-même*; ajoute aussi-tôt : *Saint Paul se declare ici ouvertement en faveur du celibat.* Qu'ai-je dit qui approche de cela ? En quoi donc, je vous prie, ai-je manqué, & que peut-on trouver de trop dur & de trop outré dans mes écrits ? Lisez les Commentaires de tous les Auteurs dont je viens de vous parler ; foüillez dans les Bibliotheques de toutes les Eglises, & vous serez pleinement convaincu de mon innocence.

J'ai appris que vous êtes universellement aimé & estimé dans Rome, & que l'Evêque & le peuple de cette grande ville ont jetté le

1.Cor. 7. 7.

eux sur vous pour vous élever au Sacerdoce ; mais songez qu'il vaut mieux meriter cette dignité, que de la posseder. Si vous voulez lire les seize Prophetes que j'ai traduits d'Hebreu en Latin, & si cet ouvrage est de vôtre goût ; cela m'engagera à vous faire part de ceux que je n'ai pas encore donnez au public. J'ai aussi depuis peu traduit en Latin le livre de Job ; vôtre parente Sainte Marcelle en a un exemplaire ; vous pouvez le lui demander. Lisez ce livre en Grec & en Latin ; comparez ma traduction avec l'ancienne édition, & vous verrez sensiblement qu'il y a autant de difference entre l'une & l'autre, qu'entre la verité & le mensonge. J'ai envoïé au saint Evêque Domnion quelques commentaires que j'ai faits sur les douze Prophetes, avec la traduction des quatre livres des Rois : Si vous les voulez lire, vous concevrez aisément combien il est difficile d'expliquer l'Ecriture sainte, & particulierement les Prophetes ; & vous verrez que les Interpretes ont defiguré & corrompu par leur ignorance des endroits qui sont très purs dans leur source. Au reste ne cherchez point dans les ouvrages d'un Auteur aussi mince que je suis, cette éloquence que vous meprisez pour l'amour de Jesus-Christ dans ceux même de Ciceron. Quelque poli & quelque delicat que soit un Ecrivain Ecclesiastique, il doit cacher & éviter soigneusement les vains ornemens d'une éloquence mondaine ; & se regarder comme un maître qui parle à tous les hommes en general, & non pas comme un Philosophe qui fait des leçons à un petit nombre de disciples oisifs.

LETTRE LVI.
à Domnion.

Ecrite vers la même année.

Domnion aïant mandé à saint Jerôme qu'un certain Moine censuroit publiquement ses livres contre Jovinien, ce Pere lui écrivit cette Lettre dans laquelle il traite ce nouveau censeur avec beaucoup de hauteur & de mépris, & le tourne en ridicule par des railleries tres-piquantes.

Tout est amitié ou reproches dans la Lettre que vous m'avez fait l'honneur de m'écrire; amitié de vôtre part, puisque les avis que vous me donnez font voir que vous craignez pour moi, où il n'y a rien du tout à craindre; reproches de la part de mes ennemis, qui toûjours attentifs à me nuire, *parlent sans cesse contre leur frere, & tendent des piéges au fils de leur mere.* Vous me mandez qu'un certain Moine, ou plûtôt je ne sçai quel batteur de pavé, dont tout l'emploi est d'aller de carfours en carfours, & de roder sans cesse dans les marchez & les places publiques, qui est la gazette de toute la ville, qui n'est habile qu'à medire du tiers & du quart, & qui à travers la poûtre qui lui créve les yeux, tâche de tirer la paille qu'il voit dans l'œil de son prochain; vous me mandez, dis-je, que cet honnête homme me timpanise par tout, & censure publiquement les livres que j'ai écris contre Jovinien.

Psal. 49. 20.

Vous

Vous ajoûtez que ce grand Logicien de la ville de Rome, qui est ᵃ le chef & l'appui de la famille de Plaute, n'a jamais lû ni les categories, ni le livre de l'interpretation, ni les lieux communs d'Aristote, ni même ceux de Ciceron ; mais que toute sa science consiste à former des Sillogismes, & à refuter par la subtilité de ses raisonnemens mes pretendus sophismes, sur tout quand il se trouve parmi une troupe d'ignorans, ou à table au milieu d'un cercle de femmes. J'étois bien simple de m'imaginer qu'il étoit impossible d'acquerir toutes ces connoissances sans l'étude de la Philosophie, & qu'il valoit mieux sçavoir effacer qu'écrire. En vain donc ai-je traduit les Commentaires ᵇ d'Alexandre ; en vain le savant maître sous lequel j'ai étudié m'a-t-il donné les premiers principes d'Aristote, afin de me donner quelque ouverture pour étudier en Logique : Laissons-là les sciences profanes ; en vain ai-je eu pour maîtres dans les Saintes Ecritures Gregoire de Nazianze & Didyme ; en vain ai-je appris l'Hebreu, & passé les jours entiers depuis ma jeunesse jusqu'à present à mediter la Loi & les Prophetes, les Evangiles & les Apôtres ; puisqu'il s'est trouvé un homme d'une érudition consommée, & acquise sans le secours d'aucun maître ; plein d'esprit, d'un genie surnaturel & divin, qui a appris de lui-même tout ce qu'il sçait ; un homme plus éloquent que Ciceron, plus

---

ᵃ C'est-à-dire, qui merite d'avoir le premier personnage parmi les comediens que Plaute produit sur la scéne.

ᵇ Alexandre d'Aphrodisée, l'un des plus habiles Interpretes d'Aristote. Il fleurissoit sur la fin du 2. siécle, & au commencement du troisiéme.

subtil qu'Aristote, plus sage que Platon, plus profond qu'Aristarque, plus laborieux qu'Origéne, plus savant dans l'Ecriture sainte que Didyme, superieur à tous les Ecrivains de son siécle. Un homme enfin qui sur quelque sujet qu'on puisse lui proposer, se vante de pouvoir à l'exemple de Carneadés soutenir également & l'affirmative & la negative, c'est-à-dire, de pouvoir parler tout à la fois & pour & contre la justice.

On n'a plus rien à craindre, & ceux qui sont en procés pour des successions, & qui plaident devant les ᵃ Centumvirs, ne doivent point desesperer de gagner leur cause, puisque ce grand homme a renoncé au barreau, pour prendre le parti de l'Eglise. Dès qu'il auroit commencé à tendre ses filets, je veux dire, à étaler ses argumens, & à marquer sur ses doigts la division de son discours; quel innocent, s'il l'avoit entrepris, n'auroit-il pas rendu criminel, & quel criminel n'auroit-il pas fait paroître innocent par son éloquence? car en frapant du pied, en regardant fixement ses auditeurs, en ridant le front, en faisant un geste, en prononçant son plaidoïer d'une voix forte & tonnante, il n'auroit pas manqué d'étourdir ses Juges, & de leur jetter de la poussiere aux yeux.

Faut-il s'étonner que ce grand Orateur qui sçait le Latin en perfection, l'emporte sur moi, qui suis absent de Rome depuis si long-tems, qui n'ai aucun usage de la langue Latine, qui ne fais qu'écorcher le Grec, & qui

---

a Les Centumvirs étoient des Magistrats établis pour juger les differens du peuple. De chacune des 35. tribus qui étoient à Rome, on tiroit trois personnes qui composoient ce tribunal.

suis devenu tout barbare; puisque dans une dispute reglée, il a écrasé par le poids de son éloquence, Jovinien, ce redoutable adversaire, ce sublime genie, dont personne ne peut entendre les écrits, & qui merite de n'écrire que pour soi-même & pour les Muses ? Je vous prie donc, mon très-cher Pere, de l'avertir qu'il cesse de décrier un état qu'il a embrassé lui-même, de combattre la chasteté dont il semble faire profession, de comparer les personnes mariées aux vierges, lui qui a toûjours conservé sa virginité, ou qui vit actuellement en continence (car c'est à lui de sçavoir ce qu'il en est) & de ne point perdre son tems à tirer au bâton avec un [a] adversaire d'une érudition consommée.

L'on m'a dit aussi que cet honnête homme rendoit de frequentes visites aux vierges & aux veuves; & que prenant l'air & l'autorité d'un maître, il raisonnoit avec elles sur les saintes Ecritures. Mais que peut-il apprendre à ces femmes en secret & dans le fond du cabinet ? à ne mettre aucune difference entre les vierges & les personnes mariées ? à profiter des beaux jours de la jeunesse ? à boire, à manger, à prendre les bains ? à se tenir toûjours propres ? à se parfumer ? ou bien leur apprent-il à jeûner, à conserver la chasteté, à mortifier leurs corps ? Pour moi je m'imagine qu'il ne leur donne que des leçons de vertu. Que ne tient il donc devant tout le monde le même langage qu'il leur tient en particulier ? ou s'il leur parle en secret, comme il

[a] C'est de Jovinien que Saint Jerôme veut parler, mais par ironie.

parle en public, il faut absolument lui interdire la compagnie des jeunes filles.

Au reste je m'étonne qu'un jeune homme comme lui, un Solitaire (car il se flate de l'être) un homme éloquent de la bouche duquel les graces semblent couler comme de leur source ; un homme poli & qui possede dans un souverain degré toutes les beautez & toute la delicatesse de la Langue ; je m'étonne, disje, qu'un homme de ce caractere ne rougisse point d'être sans cesse chez les personnes de qualité, de faire assidûment sa cour aux Dames, de confondre la Religion Chrétienne avec le paganisme, d'abandonner la foi de Jesus-Christ aux disputes de l'école, & parmi tout cela de dechirer par ses calomnies la reputation de son frere. S'il est persuadé que je me suis trompé (*car nous faisons tous beaucoup de fautes, & c'est être parfait que de n'en point faire en parlant,*) il devoit ou me remontrer charitablement mes erreurs, ou me demander quelque explication. C'est ainsi qu'en a usé Pammaque, cet homme également distingué & par sa naissance, & par son érudition ; aussi lui ai-je répondu du mieux qu'il m'a été possible, en lui expliquant mes sentimens dans une grande Lettre que j'ai eu l'honneur de lui écrire. Du moins auroit-il dû en user avec la même moderation que vous avez gardée à mon égard ; car après avoir fait un extrait de tous les endroits de mon livre, qui pouvoient faire de la peine à quelques personnes, vous m'avez prié ou de les corriger, ou de les expliquer ; persuadé que vous étiez que je n'avois pas assez peu d'esprit pour avoir parlé dans

Jac. 3. 2.

un même traité & en faveur & au desavantage du mariage.

Je le prie donc d'épargner sa reputation & la mienne, de menager davantage la gloire du nom de Chrétien, & de se souvenir que c'est par le silence & par la retraite qu'il doit remplir les devoirs de son état, & non point par des causeries & des courses perpetuelles. Qu'il lise ce que dit Jeremie : *Il est avantageux à l'homme de porter le joug dès sa jeunesse; il s'asséera tout seul, & demeurera dans le silence, parce qu'il s'est mis sous le joug.* Ou s'il veut critiquer tous les Auteurs, & s'il se pique d'érudition, parce qu'il est le seul qui entende les écrits de Jovinien, selon ce que dit le proverbe; Un bègue entend mieux que personne un autre bègue; il faut bannir tous les Ecrivains de la Republique des Lettres, puisque ce nouvel [a] Attilius l'ordonne ainsi. Jovinien lui-même, ce savant homme qui n'a jamais étudié, sera en droit de dire : Si les « Evêques me condamnent, c'est par cabale, & « non point par justice. Je ne veux point avoir « affaire à des gens qui peuvent m'opprimer par « leur autorité, au lieu de m'instruire par de « bonnes raisons. Qu'on me mette en tête un « homme dont j'entende le langage, & de la « défaite duquel dépende celle de tous les autres. « Croïez-moi, je sçai par ma propre experien- « ce de quel air il manie le bouclier, & avec « quelle force & quelle impetuosité il lance le « javelot. C'est un brave, & dans la lutte on ne «

Thren. 3. 27.

[a] Marcus Attilius Regulus, étant censeur, s'aquita de cet emploi avec beaucoup de severité; Valere Maxime l. 2. c. 9. dit qu'après la bataille de Cannes, il degrada plusieurs Chevaliers Romains.

» peut être plus vigoureux, plus ferme & plus
» roide qu'il est. Tantôt il presente le flanc à
» son ennemi ; tantôt il va fondre sur lui tête
» baissée. Souvent on la vû dans les ruës & les
» places publiques declamer contre moi depuis
» le matin jusqu'au soir. Il a les reins forts, la
» taille avantageuse, l'air & la vigueur d'un
» athlete. Je croi qu'en particulier il vit selon
» mes principes & mes maximes. Du reste il ne
» sçait ce que c'est que de rougir. Il ne se met
» guére en peine de ce qu'il dit, pourvû qu'il
» parle beaucoup; & il passe pour être si élo-
» quent, qu'on a coûtume de le proposer pour
» modele aux enfans de qualité. Combien de fois
» a-t-il poussé ma patience à bout dans les com-
» pagnies ? combien de fois en est-il sorti cou-
» vert de confusion, après m'avoir lui-même
» chargé d'injures ? mais ces sortes de disputes
» n'appartiennent qu'aux gens du commun, &
» le moindre de mes disciples seroit capable d'en
» faire autant. Mettons la plume à la main, &
» faisons passer nos ouvrages à la posterité. Ecri-
» vons l'un contre l'autre, afin que nos Lecteurs
» jugent à loisir de nos ouvrages ; & que comme
» je suis à la tête d'un grand nombre de disciples
» qui ont embrassé ma doctrine ; ceux aussi qui
» suivent la sienne puissent s'appeller [a] *Gnatho-*
» *niciens* & *Phormioniciens.*

Il est aisé, mon cher Domnion, de jaser
sans cesse au coin des ruës, & dans les bouti-
ques des Apoticaires ; d'y decider du merite
d'un chacun ; de dire, Celui-ci a très-bien

---

[a] *Gnathoniciens*, du nom de Gnathon, fameux parasite que Terence introduit sur la scène dans son Eunuque. *Phormioniciens*, du nom de Phormion, autre parasite du nom duquel le même Poëte a intitulé une de ses Co-medies.

réüssi, celui-là n'a rien fait qui vaille ; un tel sçait parfaitement bien l'Ecriture sainte ; cet autre ne fait que radoter ; celui-là n'est qu'un babillard ; celui-ci n'est encore qu'un enfant. De qui donc a-t-il reçû le pouvoir de juger & de condamner tout le genre humain ? Il n'appartient qu'aux bouffons & aux parasites de se promener dans les carrefours, de brocarder tous les passans, & de noircir sans sujet la reputation d'un chacun. Encore un coup qu'il mette la main à la plume, qu'il écrive, qu'il se remuë un peu, qu'il nous fasse voir par quelque ouvrage dequoi il est capable, qu'il nous donne quelque occasion de répondre à ses doctes & sçavans écrits. Je pourois bien, si je voulois, lui donner aussi quelque coup de dent, & lui rendre injures pour injures. J'ai étudié aussi bien que lui ;

a *J'ai affranchi ma main de plus d'une ferule* ; Juv. Sat. 1.

Et l'on peut bien m'appliquer ce que dit le Poëte :

b *Fuïez, n'approchez pas, il a du foin aux cornes.* Horat. ser. 1. Sat. 4.

Mais j'aime mieux être disciple de celui qui dit : *J'ai abandonné mon corps à ceux qui me frapoient, & je n'ai point détourné mon visage* Isaï. 50. 6. Sec. LXX.

a Il y a dans Juvenal : *Et nos ergo manum ferulæ subduximus.* Au lieu que S. Jerôme dit ici : *Et nos sæpè manum*, &c. pour faire voir qu'il avoit étudié sous plusieurs Maîtres.

b C'est-à-dire : *Cet homme est dangereux, ne l'approchez pas.* Cette metaphore est tirée de la pratique ordinaire des païsans, qui aïant des bœufs dangereux, leur attachent du foin aux cornes, pour avertir les passans de s'en donner de garde.

T iiij

de ceux qui me couvroient de confusion & de crachats ; de ce divin Sauveur qui n'a point dit d'injures à ceux qui l'en chargeoient ; qui après avoir souffert les soufflets, la croix, les fouëts, les blasphémes, pria enfin pour ceux qui le crucifioient en disant : *Mon Pere, pardonnez leur, car ils ne sçavent ce qu'ils font.* Je veux donc aussi pardonner à l'erreur de mon frere, persuadé que je suis qu'il s'est laissé seduire par le demon. Lors qu'il se trouvoit au milieu d'un cercle de femmes, il se piquoit d'érudition & d'éloquence. Mais dès que mes ouvrages ont paru dans Rome, il m'a regardé de travers comme son rival, & a voulu se faire un merite & une gloire de combattre mes sentimens, afin que tout le monde baissât la lance devant lui, excepté ceux à l'autorité desquels il est obligé de ceder, quoique d'ailleurs il ne les menage pas trop, & qu'il les craigne plus qu'il ne les respecte. Cet habile homme semblable à un vieux soldat bien aguerri a voulu en percer [a] deux d'un même coup d'épée, & faire voir que l'Ecriture sainte ne peut avoir d'autre sens, que celui qu'il lui plaît de lui donner.

Qu'il me fasse donc la grace de m'envoïer ses sentimens par écrit, & de me corriger, non pas par ses reproches, mais par ses instructions, de cette demangeaison d'écrire dont il m'accuse : & alors il verra que les choses se passent tout autrement dans une dispute reglée, que dans un cercle d'amis ; & qu'il n'est pas si aisé de raisonner sur les dogmes de la foi dans une assemblée de gens savans, que

Luc 22. 34.

[a] S. Jerôme & Jovinien.

parmi les fuseaux & les corbeilles d'une troupe de jeunes filles. Il va maintenant tête levée, il fait un grand fracas en public, il condamne hautement le mariage; & quand il se trouve avec des femmes enceintes, proche le lit des gens mariez, & parmi des enfans qui crient dans le berceau; il supprime malicieusement ce que l'Apôtre a dit en faveur du mariage, afin de faire tomber sur moi seul l'aversion & la haine du public. Mais quand une fois nous aurons mis nos sentimens par écrit, quand nous en serons venus aux mains, quand nous citerons l'un & l'autre les passages de l'Ecriture; alors on verra mon homme suer & demeurer muet. ^a Les Epicures & les Aristippes ne seront point là pour le soutenir; on n'y verra point de ^b porchers, on n'y entendra point la ^c truïe grogner:

sçai lancer un dard d'un bras fort & puissant, Æneid. 12.
Et des coups que je porte on voit couler le sang.

Au reste s'il ne veut point écrire, & s'il est resolu de n'emploïer contre moi que les medisances & les calomnies; qu'il écoute du moins malgré la vaste étendüe des terres & des mers qui nous separent, qu'il écoute, dis-je, cette declaration que je lui fais : Je ne blâme point les nôces, je ne condamne point le mariage; & afin qu'il soit pleinement convaincu de mes sentimens, je consens que tous ceux qui sont

---

a Ces Philosophes faisoient consister la beatitude dans la jouïssance des plaisirs, & leur doctrine en cela s'accordoit avec celle de Jovinien.

b C'est-à-dire, les sectateurs de Jovinien & les partisans du mariage.

c Jovinien ennemi declaré de la chasteté.

naturellement peureux, & qui n'ofent coucher feuls, fe marient & prennent une femme pour les raffurer.

LETTRE LVII.

à Riparius.

Ecrite vers l'an 404.

Riparius Prêtre Eſpagnol aïant demandé à ſaint Jerôme ſon ſentiment touchant le livre de Vigilance Prêtre de Barcelone, qui condamnoit l'honneur qu'on rend aux Reliques & aux Saints; ce Pere lui écrivit cette Lettre, dans laquelle il attaque en paſſant les erreurs de Vigilance, & prie Riparius de lui envoïer le livre de cet heretique, afin de le refuter plus amplement.

IL y auroit de l'orgueil & de la fierté à ne pas vouloir répondre à la Lettre que vous m'avez fait l'honneur de m'écrire; mais d'ailleurs il y a de la temerité à le faire : car on ne peu ſans ſacrilege ni prononcer ni entendre les choſes ſur leſquelles vous me demandez mon ſentiment. Vous dites que Vigilance (c'eſt par antiphraſe & par une contre-verité qu'on l'appelle de la ſorte, le nom de *Dormitance* lui conviendroit mieux) recommence à ouvri ſa bouche impure, & à vomir ſes blaſphéme contre les Reliques des Saints Martyrs; qu'i nous appelle *Cendriers* parce que nous reſpec tons leurs cendres; & qu'il nous traite d'ido lâtres à cauſe que nous honorons les oſſemen des morts. O le miſerable homme, & dign qu'on répande sur son aveuglement des torrens de larmes ! puis qu'en parlant de la sorte, il ne voit pas qu'il est lui-même un Samaritain & un Juif, peuples superstitieux, qui s'attachant à la lettre qui tuë, & non pas à l'esprit qui vivifie, regardoient les corps morts comme quelque chose d'impur, & s'imaginoient que les vases mêmes de la maison où il mouroit quelqu'un, contractoient quelque impureté.

Pour nous, nous n'adorons ni les Reliques des Martyrs, ni le soleil, ni la lune, ni les Anges ni les Archanges, ni les Cherubims ni les Seraphims *ni aucuns noms de dignité qui* Ephes. 1. 21. *peuvent être dans le siecle present, ou le siecle futur*, de peur de rendre à la creature le culte souverain, au lieu de le rendre au Createur qui est beni dans tous les siecles. Mais nous honorons les Reliques des Martyrs, afin d'adorer celui pour lequel ils ont souffert le martyre. Nous honorons les serviteurs, afin que l'honneur que nous leur rendons, retourne au Seigneur qui dit : *Celui qui vous reçoit, me re-* Matth. 10. *çoit*. 40.

Est-ce que les Reliques de saint Pierre & de saint Paul sont impures ? Est-ce que le corps de Moïse est impur, lui qui selon ᵃ la verité Deut. 24. 6. Hebraïque a été enseveli par le Seigneur même ? Toutes les fois que nous entrons dans les Basiliques des Apôtres, des Prophetes & des Martyrs, sont-ce des temples des idoles que nous honorons ? Les cierges que nous allumons devant leurs tombeaux, sont-ils des

---

C'est-à-dire, selon le texte Hebreu ; car la version des LXX. porte que Moïse fut enseveli par les Juifs.

marques d'idolatrie ? Je dis plus afin de confondre cet homme extravagant, de guerir ou de démonter entierement sa pauvre cervelle, & d'empêcher qu'il ne seduise les simples par ses dogmes sacrileges. Le corps du Seigneur étant dans le tombeau étoit-il impur ? Les Anges qui revêtus d'habits blancs parurent dans son sepulcre, faisoient-ils la garde autour d'un corps impur ? Falloit-il qu'après plusieurs siecles *Dormitance* vint nous debiter ses réveries, ou plûtôt vomir ses ordures & ses blasphemes ? Falloit-il qu'à l'exemple de Julien, ce cruel persecuteur des Chrétiens, il vint détruire les Basiliques des Martyrs, ou les changer en des temples des faux Dieux ? Je m'étonne que le saint Evêque dans le Diocese duquel on dit qu'il fait les fonctions de Prêtre, souffre ses emportemens. Je m'étonne qu'il ne se serve pas de la verge Apostolique, & de la *verge de fer*, pour briser ce vase inutile; &

1. Cor. 5. 5. qu'il ne *livre pas cet homme au demon pour mortifier sa chair, afin de sauver son ame.* Je m'étonne qu'il ne se souvienne pas de ce que

Psal. 49. 18. dit l'Ecriture : *Lors que vous voïiez un larron, vous couriez auffi-tôt avec lui, & vous vous rendiez le compagnon des adulteres.* Et ailleurs :

Psal. 100. 8. *Je mettois à mort dès le matin tous les pecheurs de la terre, afin de bannir de la ville du Seigneur tous ceux qui commettent l'iniquité.* Et

Psal. 138. 21. derechef : *Seigneur, n'ai-je pas haï ceux qui vous haïssoient, & ne seichois-je pas d'ennui en voïant vos ennemis ? Je les haïssois d'une haine parfaite.*

Si les ossemens des morts soüillent ceux qui les touchent, comment Elisée étant dans le tombeau a-t-il pû résusciter un mort ? comment son corps, qui selon Vigilance étoit impur, a-t-il pû donner la vie ? Les Israëlites souillerent donc leur camp, lorsqu'ils porterent dans le desert le corps de Joseph, & ceux des Patriarches, & qu'ils transporterent ces cendres impures dans la Terre sainte, On doit aussi regarder Joseph, qui étoit la figure de Jesus-Christ, comme un impie & un scelerat, puis qu'il fit transporter avec tant de pompe & de magnificence les os de Jacob à Hebron, afin de mettre le corps impur de son Pere dans le tombeau de son Grand-Pere & de son Ayeul, dont les corps étoient impurs de même, & de joindre ce mort avec les morts ?

O langue digne d'être coupée ! ô tête sans cervelle ! cet homme extravagant auroit bien besoin de se mettre entre les mains des Medecins, afin d'apprendre à se taire, puisqu'il ne sçauroit parler à propos. J'ai vû autrefois ce monstre-là ; & je me servis alors de plusieurs passages de l'Ecriture, comme d'autant de liens, pour lier cet homme furieux ; car c'est ainsi qu'Hypocrate veut qu'on traite les fous; mais il se retira, il s'éloigna, il s'enfuit, il se sauva avec précipitation ; & s'étant retiré entre la mer Adriatique & les Alpes Cotiennes, il se mit à crier & à declamer contre moi ; car tout ce qu'un fou peut dire, n'aboutit qu'à des crieries & des invectives.

Peut-être trouverez-vous mauvais de ce que je me déchaîne de la sorte contre lui en son absence; mais je vous avoüe franchement qu'il m'est impossible d'entendre de sang froid des sacriléges si horribles & si abominables. Je sçai ce que dit l'Ecriture de la juste colere de Phinées, qui perça d'un coup de poignard deux infames qu'il avoit surpris dans le crime; Je sçai ce qu'elle dit de la rigueur inflexible d'Elie ; du zele de Simon le Cananéen ; de la severité de saint Pierre qui fit tomber morts à ses pieds Ananie & Sapphire ; de la fermeté de saint Paul qui aveugla pour toûjours le Magicien Elymas, parce qu'il s'opposoit aux desseins du Seigneur. Ce n'est pas être cruel que de prendre avec chaleur les interêts de Dieu. De là vient que nous lisons dans l'Ecriture : *Si vôtre frere, ou vôtre ami, ou vôtre femme qui vous est si chere, veulent vous corrompre & vous detourner des sentiers de la verité ; tuez-les de vôtre propre main, repandez leur sang, & vous ôterez ainsi le mal du milieu d'Israël.*

Num. 25. 8.
3. *Reg.* 18. 40.
Act. 5. 5.
Ibid. 13. 11.

Deut. 13. 6.

Je le repete encore une fois ; si les Reliques des Martyrs sont impures, pourquoi donc les Apôtres ont-ils porté avec tant de pompe le corps impur de saint Estienne dans le tombeau ? Pourquoi *lui ont-ils fait des funerailles avec un si grand deüil ?* Pourquoi le sujet de leurs larmes est-il devenu le sujet de nôtre joie ?

Act. 8. 2.

Quant à ce que vous me mandez que cet heretique a les veilles en exécration, il est en cela d'un sentiment peu conforme au nom qu'il porte. Il s'appelle *Vigilance*, & il ne pense

phete dans un autre endroit : *Je me levois au milieu de la nuit pour vous loüer sur les jugemens de vôtre loi pleine de justice.* L'Evangile nous apprend encore que JESUS-CHRIST a passé des nuits entieres en oraison ; & nous lisons que les Apôtres ont chanté des Pseaumes toute la nuit dans leurs prisons, & que leurs prieres ont ébranlé la terre, converti leurs geoliers, jetté l'effroi dans les villes, & le trouble dans le cœur des Magistrats. Saint Paul dit aussi : *Perseverez & veillez dans la priere.* Et dans un autre endroit : *J'ai veillé souvent.* Que Vigilance donc dorme tant qu'il lui plaira, & que l'Ange exterminateur vienne l'étouffer comme les Egyptiens durant son sommeil. Pour nous disons avec David : *Celui qui garde Israël ne s'assoupira & ne s'endormira point* ; afin que *celui qui veille & qui est saint* vienne vers nous. Que si quelquefois il s'endort pour nous punir de nos pechez, disons lui : *Levez-vous, Seigneur, pourquoi paroissez vous comme endormi ?* Et lors que nôtre nacelle sera batuë de la tempête, réveillons-le en criant : *Maître, sauvez-nous, nous périssons.*

Pfal. 118. 62.

Coloff. 4. 2.
2. Cor. 11. 27.

Pfal. 120. 4.

Dan. 4. 10.

Pfal. 43. 23.

Matth. 8. 25.

J'en dirois davantage si je ne craignois de passer les bornes d'une Lettre ; c'est ce qui m'oblige à finir. Je vous aurois neanmoins écrit plus au long, si * vous m'aviez envoïé les sottises que ce personnage debite dans son livre, & si je sçavois ce qui merite d'être refuté. Je n'ai fait ici que battre l'air, & je

qu'à expliquer nôtre créance. Au reste si vous voulez que j'écrive plus au long contre lui, envoïez moi ses visions & ses folies, afin qu'il entende ce que dit saint Jean-Baptiste : *La coignée est déja à la racine de l'arbre ; car tout arbre qui ne produit point de bon fruit, sera coupé & jetté au feu.*

Ibid. 3. 10.

LETTRE LVIII.
à Vigilance.

Ecrite vers l'an 396.

Vigilance aïant quitté la Palestine, où saint Jerôme l'avoit reçû d'une maniere fort obligeante, en consideration de saint Paulin qui le lui avoit recommandé, se joignit à Ruffin pour décrier saint Jerôme qu'ils accusoient d'être infecté des erreurs d'Origéne. Mais ce Pere pour se purger de cette calomnie, lui écrivit cette Lettre, dans laquelle il le traite fort mal.

IL n'étoit pas necessaire que je vous envoïasse mon apologie, puis que je me suis assez expliqué avec vous tête-à-tête. Si vous n'avez pas ajoûté foi à mes paroles, vous n'en ajoûterez pas à ma Lettre. Neanmoins comme Jesus-Christ nous a laissé un exemple d'une humilité parfaite, en donnant un baiser à un traitre, & en acceptant la penitence du Larron attaché à la croix ; je veux donc bien vous témoigner encore par écrit, ce que je vous ai déja dit de vive voix, Que j'ai lû, & que je lis encore Origéne, de même que je lis Apollinaire

linaire & les autres Ecrivains, qui ont avancé dans leurs livres des sentimens que l'Eglise n'approuve point. Je ne condamne pas absolument tout ce qui est dans leurs ouvrages; mais aussi ne puis-je dissimuler qu'on y trouve quelques endroits dignes de censure. Comme mon emploi m'oblige à lire plusieurs ouvrages, & à y cueillir des fleurs de differente espece, non pas tant pour approuver tout ce qu'on y trouve, que pour choisir ce qu'ils ont de bon ; je prens plusieurs Auteurs à la fois, afin de m'instruire plus à fond, pratiquant ce que dit l'Ecriture : ^a *Lisez tout, & retenez ce qui est bon.* 1. Thess. 5, 21.

Je m'étonne donc que vous m'accusiez d'être dans les sentimens d'Origéne, vous qui jusqu'à present n'avez jamais sçû en quoi consistent la plûpart de ses erreurs. Comment pouvez-vous dire que je suis heretique, moi que les heretiques ne sçauroient aimer ? Comment pouvez-vous vous flater d'être orthodoxe, vous qui contre vos propres sentimens avez souscrit aux erreurs d'Origéne ? Si vous y avez souscrit malgré vous, vous êtes un prévaricateur ; si vous l'avez fait de bon gré, vous êtes heretique. Vous avez abandonné l'Egypte & les Provinces où plusieurs soutiennent ouvertement vos erreurs, & vous vous êtes declaré contre moi, qui censure & qui condamne hautement tout ce qui n'est point conforme à la doctrine de l'Eglise.

Origéne est heretique, que m'importe, puisque je confesse qu'il a fait plusieurs heresies ?

^a Il y a dans saint Paul : Eprouvez tout, & approuvez ce qui est bon.

Tome II.

Il a erré sur la resurrection des morts, sur l'état des ames, sur la penitence du demon; & qui plus est, il a avancé dans ses Commentaires sur Isaïe, que les Seraphims dont parle ce Prophete, étoient le Fils de Dieu & le Saint-Esprit. Si je ne disois pas qu'il a erré, & si je n'athematisois pas tous les jours ses erreurs; on auroit sujet de croire que j'en serois infecté moi-même: car on ne doit pas tellement approuver ce qu'il a de bon, qu'on soit obligé d'approuver aussi ce qu'il a de mauvais. Or il est certain qu'en plusieurs endroits il a fort bien expliqué l'Ecriture sainte, demêlé ce que les Prophetes ont de plus obscur, penetré les plus profonds misteres tant de l'ancien que du nouveau Testament. Si donc j'ai traduit ce qu'il a de bon; & retranché, ou corrigé, ou passé entierement ce qu'il a de mauvais; doit-on me blâmer d'avoir fait part aux Latins des bonnes choses que j'ai trouvées dans cet Auteur, & de leur avoir caché les mauvaises? Si c'est un crime d'en avoir usé de la sorte, il faut donc condamner aussi le Saint Confesseur Hilaire, qui a traduit de Grec en Latin les Commentaires d'Origéne sur les Pseaumes, & ses Homelies sur Job. Il faut condamner encore Eusebe de Verceil, ce Grand homme qui a souffert avec saint Hilaire tant de persecutions pour la foi, il faut, dis-je, le condamner, puisqu'il a traduit en nôtre langue les Commentaires d'un heretique sur tous les Pseaumes, prenant ce qui étoit bon, & laissant ce qui étoit mauvais. Je ne dis rien de ᵃ Victorin de Petaw, ni des autres qui en

---

a Il étoit Evêque de Petavy dans la Pannonie superieure, &

expliquant les saintes Ecritures, ont suivi & même copié Origéne, de peur que vous ne croïez que je ne cherche pas tant à me justifier par ma propre innocence, qu'à produire des complices du même crime dont vous m'accusez.

Venons à vous-même ; pourquoi avez-vous transcrit les traitez d'Origéne sur Job, où cet Auteur parlant du démon, des étoiles & du ciel, dit des choses que l'Eglise n'approuve point ? N'appartient-il donc qu'à vous, comme au plus sage de tous les hommes, & à la premiere cervelle du monde, de juger de tous les Auteurs tant Grecs que Latins, d'admettre les uns au nombre des savans, d'en bannir les autres quand bon vous semble, & de me faire passer lors qu'il vous plaira ou pour Catholique ou pour Heretique : & ne me sera-t-il pas permis à moi de rejetter & de condamner des erreurs que j'ai toûjours condamnées ? Lisez mes Commentaires sur l'Epître aux Ephesiens, lisez tous mes autres ouvrages, & particulierement mon Commentaire sur l'Ecclésiaste ; & vous verrez clairement que dès ma jeunesse je n'ai jamais donné dans les égaremens & les heresies d'aucun Auteur, quelque autorité qu'il eût, & quelque grande que fût sa reputation.

Ce n'est pas peu de sçavoir qu'on ne sçait rien. Il est d'un homme sage de bien connoître dequoi il est capable, & de ne pas rendre

non pas de Poitiers, comme disent quelques Auteurs, & comme portent quelques éditions. Il a fait plusieurs Commentaires sur l'Ecriture, dont saint Jerôme fait le denombrement dans son livre des Ecrivains Ecclesiastiques. Il fut martyrisé vers l'an 303. sous l'Empire de Diocletien.

tout l'univers témoin de son ignorance, en suivant aveuglément ce faux zele que le démon a coûtume d'inspirer. Vous voudriez bien vous faire un honneur de m'avoir confondu; vous vous en vantez même dans vôtre païs; vous dites hautement que je n'ai pû répondre à vôtre éloquence, & que trouvant en vous l'esprit & la pénétration d'un Chrisippe, je n'ai osé me commettre avec vous. Si je ne craignois pas de blesser la modestie Chrétienne, & de laisser échaper du fond de ma cellule quelque parole trop vive & trop piquante, je raconterois ici vos beaux faits, & publierois vos victoires & vos triomphes. Mais comme je suis Chrétien, & que je parle en Chrétien, je vous prie, mon frere, de ne vous en point faire tant acroire; de ne point donner la comedie au public par vos impertinences; de ne point faire connoître par vos écrits vôtre ignorance & vôtre grossiereté, & même certaines choses que je passe ici sous silence, & qui sont connuës de tout le monde, quoique vous ne vous en apperceviez pas vous-même. Ce n'est point là vôtre métier ; vous avez appris tout autre chose que cela dès vos plus tendres années. Il y a bien de la difference entre connoître le veritable sens des saintes Ecritures, & juger de la bonté d'un écu d'or ; entre [a] goûter le vin, & entendre les Prophetes

---

[a] S. Jerôme parle de la sorte, parce que Vigilance étoit fils d'un Cabaretier de Calahorra en Espagne, comme il le lui reproche dans un traité qu'il a fait contre lui. *Iste caupo Calagurritanus*, dit-il, *miscet aquam vino, & de artificio pristino sua venena perfidiæ Catholicæ fidei sociare conatur.* Ce qui fait voir que ce Vigilance auquel saint Jerôme adresse cette Lettre, est le même que celui dont il a combattu les erreurs, quoique Marianus soit d'un autre sentiment.

& les Apôtres.

Vous dechirez ma reputation par de noires calomnies ; vous accusez nôtre saint frere Ocean d'être heretique ; vous appellez du jugement des Prêtres Vincent & Paulinien, & de nôtre frere Eusebe. Vous vous regardez seul comme un autre Caton, le plus habile homme qu'aïent jamais eu les Romains, & vous voulez que tout le monde plie sous l'autorité de vos decisions. Souvenez-vous, je vous prie, du discours que je fis un jour sur la resurrection des morts, & des applaudissemens que vous me donnâtes. Vous tressaliez alors de joie à mes côtez, vous frapiez & des mains & des pieds, & vous disiez hautement que ma doctrine étoit très-orthodoxe. Mais après que vous vous fûtes embarqué, & que l'impieté & l'erreur eurent entiérement penetré vôtre pauvre cervelle, vous vous souvintes alors que j'étois heretique. De quelle maniere en userai-je à vôtre égard ? J'ai compté sur le témoignage que le saint Prêtre Paulin m'a rendu de vous dans la Lettre qu'il m'a fait l'honneur de m'écrire ; j'ai crû qu'il vous connoissoit à fond ; & quoique je m'apperçûsse bien d'abord que vos discours ne répondoient pas à l'idée qu'il me donnoit de vous dans sa Lettre, cependant je vous regardai plûtôt comme un homme simple & grossier, que comme un fou & un extravagant. Je ne prétens point condamner ici ce saint homme : je croi qu'il a mieux aimé me cacher vos defauts, qui ne lui étoient pas inconnus, que de me les faire connoître dans une Lettre dont vous étiez vous-même le porteur. Mais je me condamne moi-même de m'être rendu à son témoignage plûtôt qu'à mon propre sentiment, & d'avoir mieux aimé m'en rapporter à sa Lettre qu'à mes yeux.

Cessez donc de me decrier comme vous faites, & de m'accabler par la multitude de vos livres. Epargnez du moins l'argent qu'il vous coûte pour loüer des Copistes, dont vous vous servez tout à la fois & pour écrire & pour appuïer vos calomnies, & qui peut être ne vous applaudissent que pour gagner vôtre argent. Si vous voulez exercer vôtre éloquence, allez à l'école des Grammairiens & des Rhetoriciens; apprenez la dialectique, étudiez les Philosophes & leurs differens systémes, afin qu'après avoir acquis la connoissance de toutes choses, vous commenciez du moins à vous taire.

Mais à quoi pensai-je de donner des maîtres à un homme qui se regarde comme le maître de tous les autres, & de vouloir prescrire des bornes à un Ecrivain qui ne sçauroit ni parler ni se taire, & auquel on pouroit justement appliquer ce proverbe Grec: *L'âne tient la harpe?* Pour moi je croi qu'il faut prendre dans un contre-sens le nom que vous portez, car vous êtes dans un assoupissement profond qui tient plûtôt de la letargie que du sommeil. En effet, entre les blasphémes qui sont sortis de vôtre bouche sacrilége, vous avez *Dan. 2. 34.* osé avancer que cette montagne dont parle Daniel, d'où une pierre se détacha d'elle-même, est le démon; & que la pierre est JESUS-CHRIST, qui aïant pris un corps formé du sang d'Adam, & uni au démon par le peché, est né d'une Vierge, afin de détacher l'homme de la montagne, c'est-à-dire, du démon. O langue digne d'être coupée & hachée par morceaux! Est-il un Chrétien qui ait jamais appliqué au démon, ce qui doit s'entendre de Dieu le Pere ; & qui ait debité dans le monde une doctrine si impure & si abominable? Si jamais, je ne dis pas aucun Catholique, mais aucun heretique & même aucun Païen a approuvé l'explication que vous donnez au passage de Daniel, je consens que vôtre sentiment soit reçû de tout le monde comme une doctrine très-pieuse & très-orthodoxe. Mais si jamais l'Eglise de Jesus-Christ n'a entendu parler d'une opinion si monstrueuse, & si celui qui a dit ; *Je serai semblable au Treshaut*, est le premier qui s'est expliqué par vôtre bouche pour se flater d'être cette montagne dont parle le Prophete ; faites penitence d'un si grand crime, expiez-le par des larmes continuelles, roulez-vous dans le sac & dans la cendre, & tâchez d'obtenir le pardon de cette impieté, du moins lors que Dieu, selon l'erreur d'Origéne, l'accordera au démon, qui n'a jamais proferé de plus grands blasphémes que par vôtre bouche.

Isai. 14. 14.

J'ai souffert patiemment les outrages que vous m'avez faits ; mais pour vôtre impieté envers Dieu, je n'ai pû la supporter. C'est pour cela que malgré la moderation que je vous avois promis de garder dans cette Lettre, je n'ai pû m'empêcher sur la fin de me servir de quelques termes un peu trop durs & trop piquans. Au reste après vous être repenti de vos fautes, & m'en avoir demandé pardon ;

il vous sied bien mal d'y être retombé, & de vous être mis dans la necessité d'en faire une nouvelle penitence. Je prie JESUS-CHRIST de vous faire la grace d'écouter les autres, de vous taire, & de comprendre les choses avant que de parler.

LETTRE LIX.

à Ruffin.

Ecrite vers l'an 399.

Ruffin dans la preface sur sa traduction des livres des principes d'Origéne, aïant parlé avec éloge de l'estime que saint Jerôme avoit pour Origéne, & de la traduction qu'il avoit faite de quelques-uns de ses ouvrages ; ce Pere qui ne goûtoit pas cette espece de loüange, & qui prévoïoit qu'elle pouvoit donner atteinte à sa reputation, écrivit à Ruffin pour lui témoigner que ses loüanges ne lui plaisoient pas, & pour le prier de le ménager davantage à l'avenir.

JE juge par vôtre Lettre que vous avez fait un long sejour à Rome. Je ne doute point que l'empressement que vous avez eu de revoir vos parens selon l'esprit, ne vous ait engagé à revenir au païs, puisque la perte que vous avez faite de vôtre Mere devoit vous en éloigner, de peur que la douleur que cette mort vous a causé & que vous avez eu tant de peine à soutenir durant vôtre absence, ne se renouvellât par la presence de mille objets affligeans dont vous pouviez être frapé dans la maison paternelle.

Pour ce qui est de ce que vous vous plaignez qu'un chacun ne consulte que sa passion & son ressentiment, sans vouloir écouter ce que la raison lui suggere; Dieu m'est témoin que quand une fois je me suis racommodé avec mes amis, je ne garde plus sur le cœur aucune aigreur, & qu'au contraire je prens soin d'éviter tout ce qui peut faire la moindre peine, & leur rendre mon amitié suspecte. Mais pouvons-nous empêcher que les autres ne croient avec raison d'en user comme ils font ? Pouvons-nous les empêcher de dire qu'ils ne songent pas tant à faire une injure, qu'à repousser celle qu'on leur fait ? Un veritable ami ne doit jamais dissimuler ses sentimens.

L'on m'a envoïé ici une Préface sur le Livre des Principes. J'ai reconnu au stile que vous en étiez l'Auteur. Vous m'y attaquez indirectement, ou plûtôt vous vous y declarez ouvertement contre moi. Je ne sçai pas quel a été vôtre dessein, mais je sçai bien ce qu'on en pense ; cela saute aux yeux des Lecteurs même les plus grossiers & les moins penetrants. Comme j'ai souvent fait des declamations sur des sujets que j'inventois moi-même, il me seroit facile d'en user encore de même dans cette occasion, & de vous loüer comme vous loüez les autres. Mais à Dieu ne plaise que je vous imite en cela, & que je tombe moi-même dans la faute que je vous reproche. Au contraire j'en ai usé avec tant de moderation, que me contentant de me justifier du crime que vous m'imposez, j'ai fait tout mon possible pour épargner un ami, qui ne m'avoit pas lui-même trop menagé. Mais si une autrefois vous voulez vous conformer aux fentimens des autres, je vous prie de ne confulter fur cela que vos propres lumieres. Car ce que nous recherchons eft bon ou mauvais; s'il eft bon, nous n'avons befoin de perfonne pour nous y porter; s'il eft mauvais, la multitude de ceux qui s'egarent, ne fçauroit juftifier nos égaremens. J'ai mieux aimé fur cela me plaindre à vous en ami, que de me dechaîner contre vous ouvertement; afin de vous faire connoître que je me fuis reconcilié avec vous dans toute la droiture & la fincerité du cœur, & que je ne fuis pas de caractere à tenir, com-

Plaut. au- me dit Plaute, *du pain d'une main, & à pre-*
lul. Act. 2. fenter *une pierre de l'autre.*
fcen. 2.

Mon frere Paulinien n'eft pas encore de retour du païs. Je m'imagine que vous l'aurez vû à Aquilée chez le faint Evêque Chromace. J'ai auffi envoié le faint Prêtre Ruffin à Milan par la route de Rome pour quelques affaires particulieres, & je l'ai prié de vous faire mes complimens, auffi-bien qu'à mes au-
Gal. 5. 15. tres amis, *de peur qu'en nous mordant les uns les autres, nous ne nous confumions auffi les uns les autres.* Tachez donc, vous & tous ceux qui font dans vôtre parti, de garder un peu plus de mefures, & de ménager davantage vos amis, de peur que vous ne trouviez des gens qui ne foient pas d'humeur comme moi à fouffrir vos prétenduës loüanges.

LETTRE LX.
à Pammaque & à Ocean.

Saint Jerôme se défend dans cette Lettre du reproche qu'on lui faisoit d'avoir loüé Origéne. Il avoüe qu'il a recüeilli avec soin tous ses ouvrages, & qu'il les a lûs exactement; mais il soutient qu'il n'a jamais suivi ses erreurs. Il refute ce que Ruffin avoit avancé dans sa Préface, que les erreurs qui se trouvoient dans les œuvres d'Origéne avoient été ajoûtées par des Heretiques. Il se mocque de la liberté qu'il s'étoit donnée d'en retrancher ce qu'il lui avoit plû. Enfin il soutient que le premier Livre de l'Apologie d'Origéne, qui portoit le nom de Pamphile, n'est point de ce Martyr, mais de Didyme ou de quelque autre.

Ecrite la même année que la precedente.

ON me traite d'une maniere bien obligeante & bien outrageuse tout à la fois dans les écrits que vous m'avez fait la grace de m'envoïer, puis qu'en y faisant mon éloge, on m'impute des erreurs contraires à la verité de la foi. Ce bruit si injurieux à ma reputation s'est déja répandu & à Alexandrie & à Rome; mais puisque certaines personnes se prévalent de mon nom pour autoriser leurs sentimens, & ont tant d'amitié pour moi, qu'ils ne peuvent se resoudre à être heretiques sans moi, je me contenterai ici sans les nommer, de me justifier des crimes qu'ils m'imposent. Car il est inutile pour ma justification de rendre calomnies pour calomnies & injures pour injures, puisqu'on nous défend de rendre le mal pour le mal, & qu'on nous oblige au contraire à vaincre le mal par le bien, à nous rassasier d'opprobres, & à presenter la joüe gauche à celui qui nous a donné un soufflet sur la droite.

Ils me font un crime d'avoir loüé autrefois Origéne. Je n'ai parlé de lui avec éloge, si je ne me trompe, que dans deux endroits, sçavoir dans la Préface des Homelies sur le Cantique des Cantiques que j'ai adressées au Pape Damase; & dans celle du livre des noms Hebreux. Mais y ai-je parlé des dogmes de l'Eglise: du mystere de la Trinité? de la résurrection de la chair? de l'état de la nature des ames? J'ai loüé seulement l'érudition d'Origéne & la maniere dont il interprete l'Ecriture sainte. Il ne s'agissoit point là ni de foi ni de dogmes; il n'étoit question que d'expliquer un point de morale, & de developer un sens allegorique. Je l'ai loüé comme un habile Interprete, & non pas comme un homme dont on doit suivre les dogmes; j'ai admiré son esprit, mais je n'ai pas approuvé ses sentimens dans les choses de la foi; j'ai estimé son érudition, & non pas sa doctrine. Que si ces Messieurs veulent sçavoir ce que je pense d'Origéne, ils n'ont qu'à lire mes Commentaires sur l'Ecclesiaste, & mes trois livres sur l'Epître aux Ephesiens, & ils seront convaincus que j'ai toûjours combatu ses sentimens. Quelle folie ne seroit-ce pas de loüer la doctrine d'un Auteur dont on suivroit les erreurs & les blasphémes? Saint Cyprien a pris Tertullien pour son maître, comme on le peut voir par ses écrits, & cependant il n'a pas donné comme lui dans les visions & les rêveries de Montan & de Maximille. Apollinaire a écrit avec beaucoup de force & de solidité contre Porphyre, & Eusebe a très-bien réussi dans son histoire Ecclesiastique; neanmoins celui-là a erré sur l'Incarnation du Verbe, & a, pour ainsi dire, [a] tronqué ce mistére; & celui-ci se declare ouvertement pour l'impieté d'Arius. *Malheur à ceux*, dit le Prophete Isaïe, *qui disent que le mal est bien, & que le bien est mal; qui font passer pour doux ce qui est amer, & pour amer ce qui est doux.* Nous ne devons ni blâmer les vertus de nos ennemis, ni loüer les vices de nos amis. C'est la nature des choses, & non pas la qualité des personnes, qui doit être la regle de nos jugemens. Quoi qu'on accuse [b] Lucilius de n'avoir aucune exactitude ni aucune justesse, on ne laisse pas de loüer le tour agréable & delicat qu'il donne aux choses.

Lors que j'étois jeune j'avois une passion inconcevable pour l'étude, & comme je n'étois pas assez présomtueux pour entreprendre, comme font quelques-uns, de m'instruire moi-même, j'allai à Antioche où j'entendis souvent & suivis avec beaucoup d'assiduité Apollinaire de Laodicée. Il m'apprit l'Ecriture sainte, mais je n'embrassai point les opinions particulieres qu'il avoit sur le sens qu'on doit lui donner. Lors que je commençai à grison-

Isaï. 5. 20.

---

[a] Parce qu'il disoit que Jesus-Christ n'avoit point d'ame.
[b] C'est ce qu'Horace dit de Lucilius l. 1. Sat. 4.

Facetus Emunctae naris, durus componere versus.

ner, & que mes cheveux blancs sembloient convenir plûtôt à un maître qu'à un disciple, je ne laissai pas d'aller à Alexandrie, & d'y entendre Didyme. J'avoüe que j'ai beaucoup profité sous lui; j'y ai appris ce que je sçavois pas, & je n'y ai pas oublié ce que je sçavois déja. Dans le tems qu'on croïoit que je ne songeois plus qu'à me reposer, je vins à Jerusalem & à Bethléem. Combien m'en coûta-t-il & d'argent & de peines pour étudier sous Barabbanus qui venoit toutes les nuits m'apprendre l'Hebreu? car il craignoit les Juifs, & il étoit à mon égard comme un autre [a] Nicodéme. Je fais souvent mention dans mes ouvrages de tous ces Maîtres qui m'ont appris les Saintes Ecritures. Comme Apollinaire & Didyme ont des opinions differentes, il faut qu'ils disputent l'un & l'autre à qui me mettra dans son parti, puisque je les reconnois tous les deux pour mes maîtres. S'il est permis de haïr les hommes, & de detester quelque peuple en particulier, je puis dire qu'il n'y a point de nation sous le ciel pour qui j'aïe plus d'aversion que les Juifs, parce qu'ils persecutent encore aujourd'hui nôtre Seigneur JESUS-CHRIST dans leurs Synagogues diaboliques. Qu'on m'accuse après cela d'avoir eu un Juif pour maître. On a bien osé produire contre moi les Lettres que j'ai écrit à Didyme comme à mon Maître. Le grand crime pour un disciple d'avoir reconnu pour son maître un savant & venerable vieillard. Voïons donc cette Lettre qu'on a conservée si

---

[a] S. Jerôme fait allusion à ce passage de S Jean ch. 3. *Un Pharisien nommé Nicodéme vint la nuit trouver Jesus.*

long-tems pour me perdre de reputation. Que contient-elle autre chose que des honnêtetez & des complimens?

Il n'est rien de plus ridicule ni de plus frivole que ces sortes d'accusations. Que ne me fait-on voir en quel endroit de mes ouvrages j'ai soutenu les heresies, ou loüé les erreurs d'Origéne? Cet Ecrivain aïant appliqué au Fils & au Saint-Esprit ce que le Prophete Isaïe dit des deux Seraphims qui se crioient l'un à l'autre: *Saint, Saint, Saint est le Seigneur*; n'ai-je pas rejetté cette interpretation avec horreur, & appliqué ce passage à l'ancien & au nouveau Testament? Mon livre est entre les mains de tout le monde, & il y a plus de vingt ans que je l'ai donné au public. Dans tous mes ouvrages, & particulierement dans mes Commentaires, je ne laisse échaper aucune occasion de combatre ses erreurs.

Isaï. 6. 2.

On me reproche qu'il n'y a personne au monde qui ait pris plus de soin que moi d'amasser tous les livres d'Origéne: mais plût à Dieu que j'ûsse les ouvrages de tous les Ecrivains Ecclesiastiques, afin de suppléer par une lecture continuelle à la lenteur & à la sterilité de mon esprit. Oüi, j'avoüe que j'ai eu soin d'amasser tous les écrits d'Origéne, & c'est parce que j'ai lû tous ses ouvrages, que je ne donne pas dans ses erreurs. On peut s'en rapporter à mon témoignage & à l'experience que j'en ai faite; je parle ici à des Chrétiens avec toute la sincerité d'un Chrétien: La doctrine de cet Auteur est une doctrine empoisonnée; il s'écarte du veritable sens des Saintes Ecritures, & les explique d'une maniere dure &

violente. Je le repete encore ; j'ai lû Origéne ; Si c'est un crime je le confesse ; j'ai épuisé ma bourse pour faire venir d'Alexandrie tous ses ouvrages : Si vous voulez ajoûter foi à ce que je vous dis, je confesse que je n'ai jamais été Origéniste ; si vous ne me voulez pas croire, je vous proteste que je ne le suis plus. Que si après cela vous vous defiez encore de ma sincerité & de ma bonne foi, vous me forcerez enfin pour me justifier d'écrire contre vôtre heros, afin de vous convaincre par là que je n'ai jamais été dans ses sentimens, puisque je ne puis pas vous le persuader autrement.

Mais on me croit plus volontiers quand je dis que je suis dans l'erreur, que lors que j'assure que j'y ai renoncé. Je n'en suis point surpris ; en voici la raison, c'est que ces Messieurs s'imaginent que je suis dans leurs sentimens, & que ce qui m'empêche de me declarer ouvertement, est que je ne veux pas découvrir leurs mystéres à ceux qu'ils appellent des animaux & des hommes de boüe. Car c'est une regle établie parmi eux, qu'il ne faut point jetter les perles devant les pourceaux, ni donner les choses saintes aux chiens, selon ce que dit David : *J'ai caché vos paroles au fond de mon cœur, afin que je ne peche point devant vous.* Et ailleurs : L'homme juste *parle sans déguisement & sans dissimulation à son prochain,* c'est-à-dire, à ceux qui lui sont unis par une même foi. D'où ils concluent qu'on doit déguiser la verité à ceux qui ne font pas profession de leurs dogmes, & qui n'étant encore que comme des enfans à la mammelle, sont incapables de digérer une nourriture plus solide,

*Psal.*118.11.
*Psal.*14.4.

DE S. JÉRÔME.

side. Or que le parjure & le mensonge entrent dans leurs mistéres, & soient le lien de leur societé, c'est ce que l'on peut aisément voir dans le sixiéme livre des [a] œuvres mêlées d'Origéne, où il tâche d'accommoder nôtre creance avec les principes de Platon.

Quel parti donc prendrai-je? nierai-je que je sois dans leurs sentimens? ils ne me croiront pas: l'assurerai-je avec serment? ils se mocqueront de moi; En fait de sermens, me diront-ils, nous sommes passez maîtres, & nous en faisons des leçons aux autres. Ce que je ferai donc, & c'est la seule chose qu'ils appréhendent, c'est que je vais dévoiler leurs infames mysteres, & faire connoître à tout le monde les déguisemens & les artifices dont ils se servent pour nous leurer. Puisque je n'ai pû par mes sermens les persuader de ma sincerité, je veux les en convaincre par les accusations que je formerai contre eux. Ils craignent sur tout qu'on ne se serve de leurs écrits pour combattre la doctrine de leur Maître. Ce qu'ils ont d'abord assuré avec serment, ils ne craignent point de le desavoüer ensuite par un nouveau parjure. De là ces detours & ces faux fuïants pour se dispenser de souscrire la condamnation d'Origéne. Je ne puis, dit l'un, condamner un homme que personne n'a condamné. Les Evêques, dit l'autre, n'ont fait aucun reglement sur cela: c'est ainsi qu'il en appelle au témoignage de tout le genre humain, afin de se dispenser de signer. Comment

---

[a] Nous n'avons plus cet ouvrage. Il étoit intitulé *Stromatis*, c'est-à-dire, *tapisseries*, par- ce qu'Origéne y traitoit de plusieurs matieres différentes.

les chicaner, & nous difent avec une candeur & une simplicité apparente, Qu'ils croient la resurrection de la chair. Le simple peuple se contente d'autant plus facilement de cette confession de foi, qu'il la trouve conforme au symbole. Si après cela vous leur faites quelque nouvelle instance, vous entendez aussitôt s'élever autour de vous un bruit sourd & confus; leurs partisans vous disent hautement: N'ont-ils pas confessé la resurrection de la chair? que demandez-vous davantage? Alors les sentimens & les inclinations de la populace changeant tout à coup, on les regarde comme des gens de bonne foi, & nous comme des imposteurs.

Que si sans vous déconcerter, & malgré les murmures du peuple, vous continuez à les pousser, & à leur demander en prenant la peau de vôtre main, s'ils croient que nous resusciterons avec cette chair que nous voïons & que nous touchons, cette chair qui marche & qui parle? d'abord ils se mettent à rire, & ensuite ils témoignent par une inclination de tête, que tel est leur sentiment. Mais quand nous leur demandons si après la resurrection nous aurons des cheveux, des dents, une poitrine, un ventre, des mains, des pieds & tous les autres membres sans qu'il nous en manque aucun; alors ils ne peuvent s'empêcher d'éclater de rire, & de nous dire d'un air railleur, Que nous aurons donc aussi besoin de Barbiers, de gateaux, de Medecins & de Cordonniers.

Ils nous demandent à leur tour si nous résusciterons avec les parties qui distinguent l'homme d'avec la femme ; si les hommes auront le menton rude & herissé de barbe ; & si les femmes auront la peau du visage unie & sans barbe ; en un mot si les corps seront distinguez par toutes les parties qui font la difference de l'un & de l'autre sexe. Si nous leur accordons cela, il nous demandent aussi-tôt si chaque membre servira aux fonctions & aux usages qui lui sont propres. Ils avoüent que le corps résuscitera, & cependant ils soutiennent que nous ne résusciterons point avec toutes les parties dont le corps est composé.

Ce n'est ici le lieu d'emploïer ma rethorique pour declamer contre cette pernicieuse doctrine. Quand je joindrois à l'heureuse fecondité de Ciceron la vivacité & le beau feu de Demosthéne, je ne pourois jamais ni exprimer tout ce que mon zele m'inspire, ni découvrir toutes les ruses & les artifices de ces heretiques, qui en confessant la resurrection des morts du bout des lévres, la nient au fond du cœur. Car leurs femmes en touchant leur sein, leur ventre, leurs reins, leurs cuisses & leurs puantes aisselles, ont coutume de dire : « Que nous serviroit-il de résusciter, si nous « résuscitions avec ce corps foible & fragile ? « Puisque que nous devons être semblables aux « Anges, nous en aurons aussi la nature. Appa- « remment qu'ils s'imaginent qu'il est indigne d'eux de résusciter comme JESUS-CHRIST en chair & en os.

Mais enfin je veux que je me sois trompé dans ma jeunesse ; que prévenu & imprimé que j'étois des opinions des Philosophes païens, j'aïe été mal instruit, dans les commencemens d'une foi naiſſante, des veritez de la Religion; & que j'aïe crû voir dans les Apôtres, ce que j'avois lû dans Pythagore, dans Platon & dans Empedocle. Pourquoi ſuivez-vous les erreurs d'un neophite qui ne fait que de renaître en JESUS-CHRIST? pourquoi apprenez-vous une doctrine impie d'un homme qui n'a pas encore la moindre teinture de pieté ? L'aveu ſincere de nos fautes eſt une ſeconde planche après le naufrage. Vous m'avez ſuivi autrefois dans les ſentiers de l'erreur & du menſonge; ſuivez moi maintenant dans les voies de la verité où je ſuis heureuſement rentré. Si nous nous ſommes égarez dans nôtre jeuneſſe, corrigeons-nous dans nôtre vieilleſſe. Joignons nos gemiſſemens & nos larmes; pleurons, & convertiſſons-nous au Seigneur qui nous a créés. N'attendons point la penitence du démon; ne nous repaiſſons point de cette eſperance préſomptueuſe & chimerique, qui n'eſt propre qu'à nous engager dans des ſupplices éternels. C'eſt durant la vie preſente qu'il faut ou chercher ou perdre la veritable vie. Si je n'ai jamais embraſſé la doctrine d'Origéne, en vain cherchez-vous à noircir ma reputation ; ſi j'ai été ſon diſciple, imitez moi dans ma penitence. Vous m'avez crû lors que je vous ai avoüé que j'avois été dans ſes ſentimens, croïez-moi auſſi quand je vous dis que je n'y ſuis plus.

Mais, me direz-vous, pourquoi donc l'avez-vous loüé dans vos ouvrages, puiſque vous étiez convaincu que ſa doctrine n'étoit pas orthodoxe ? Je le loüerois encore aujourd'hui, ſi vous ne loüeïez pas vous-même ſes erreurs. Je goûterois son esprit, si certaines gens ne goûtoient pas ses impietez. Je pratiquerois ce que dit l'Apôtre : [a] *Lisez tout, & approuvez ce qui est bon.* Lactance nie expressément la divinité du Saint-Esprit dans ses ouvrages, & particulierement dans ses Lettres à Demetrianus, rapportant comme les Juifs ou au Pere ou au Fils tout ce que l'Ecriture dit du Saint-Esprit, & prétendant que par le Saint-Esprit, on doit entendre la sainteté ou du Pere ou du Fils. Or sous prétexte que ce sentiment là est digne d'anathême, peut-on me défendre de lire ses livres des Instituts qu'il a composez contre les Païens avec beaucoup de solidité & d'éloquence ? Apollinaire a très-bien écrit contre Porphyre, j'approuve son ouvrage, mais je condamne ses erreurs & ses visions. Confessez qu'Origéne a erré en certaines choses, & après cet aveu je garderai sur son chapitre un profond silence. Avoüez qu'il a de mauvais sentimens touchant la divinité du Fils, & de plus mauvais encore touchant la divinité du Saint-Esprit; Qu'il n'a pû sans impieté avancer que les ames n'étoient descenduës dans les corps qu'après avoir péché dans le ciel ; Qu'il ne confesse que de bouche la resurrection de la chair, & qu'il détruit cette créance, en soutenant comme il fait qu'après plusieurs siecles, & à la resurrection generale, il n'y aura aucune difference entre l'Ange Gabriel & le Démon, entre saint Paul & Caïphe, entre les Vierges & les femmes de mauvaise vie. Quand vous aurez rejetté toutes ces opinions,

1. *Thess.* 5. 21.

---

a S. Jerôme ajuste à son sujet le passage de S. Paul qui porte : *Eprouvez tout, & approuvez ce qui est bon.*

que vous les aurez censurées, & separées de la foi de l'Eglise, alors je pourai hardiment lire tout le reste. Muni que je serai de contre-poison, je n'apprehenderai plus d'être empoisonné. Je pourai dire, sans craindre qu'on
" m'en fasse un crime: Origéne surpasse tous
" les autres Ecrivains dans les ouvrages; mais
" dans son Commentaire sur le Cantique des
" Cantiques il se surpasse lui-même. Je n'apprehenderai point de l'appeller, comme j'ai fait autrefois, le Docteur des Eglises. Etois-je obligé alors de condamner un Auteur dont on m'avoit prié de traduire les ouvrages? Devois-
" je dire dans ma Préface: Cet Auteur que je
" traduis, est heretique; prenez-y garde, mon
" cher Lecteur, ne lisez pas ses ouvrages, fuïez
" cette vipere; ou si vous avez envie de les lire,
" je vous avertis que ceux que j'ai traduits ont
" été corrompus par des heretiques, & par des
" gens malicieux. Ne craignez pourtant rien,
" car j'ai eu soin de rétablir tous les endroits
" qu'on avoit malicieusement corrompus. N'est-ce pas là dire: L'Auteur que je traduis est heretique, mais moi qui en fais la traduction, je suis Catholique.

Pour vous, vous en usez avec beaucoup de candeur, de droiture & de sincerité; car laissant-là toutes les regles de la Rhetorique & l'art des Orateurs, vous avoüez de bonne foi qu'il y a des heresies dans les livres des principes, vous les attribuez à ceux par qui vous prétendez qu'ils ont été corrompus, & par là vous engagez le Lecteur timide & scrupuleux à examiner la vie de cet Auteur, & à juger de son livre des Principes par ses autres ouvrages. Mais pour moi, je suis un homme rusé & artificieux, qui pour ménager la reputation d'Origéne, ai pris soin de corriger ses ouvrages, de dissimuler ses erreurs, & de passer tout ce que j'ai voulu. Les Medecins disent qu'il ne faut point donner de remedes dans les grandes maladies, de peur d'aigrir le mal ; qu'il vaut mieux laisser agir la nature, & l'abandonner à elle-même. Depuis environ cent cinquante ans qu'Origéne est mort à Tir, est-il quelque Ecrivain parmi les Latins, qui ait jamais osé traduire les livres de la Résurrection & des Principes ; ses œuvres mêlées & ses Commentaires ? En est-il qui ait voulu se deshonorer soi-même par la traduction de ces infames ouvrages ? Nous ne sommes ni plus éloquens que saint Hilaire, ni plus fidelles que [a] Victorin qui ont traduit les traitez d'Origéne, non pas en simples Interpretes qui s'attachent servilement à la lettre, mais en Auteurs qui se rendent maîtres de leur sujet, & qui donnent leurs propres ouvrages. Saint Ambroise a aussi compilé depuis peu son Hexameron, mais en sorte qu'il s'est toûjours plus attaché au sentiment d'Hippolite & de saint Basile, qu'à celui de cet Auteur. Moi-même, dont vous vous proposez l'exemple, & à l'égard duquel vous êtes si clair-voïans, tandis que vous fermez les yeux sur tout ce que font les autres ; moi, dis-je, si j'avois voulu faire tort à la réputation d'Origéne, je n'avois qu'à traduire les livres dont je viens de parler, afin de faire connoître ses

---

[a] Evêque de Petavv, dont saint Jérôme parle dans la Lettre adressée à Vigilauce.

erreurs aux Latins. Mais je ne l'ai jamais voulu faire, malgré toutes les instances que plusieurs personnes m'ont faites pour m'y engager; car je ne suis pas d'humeur à decrier ceux dont j'admire l'esprit. Origéne lui-même s'il étoit encore en vie, se plaindroit de vous, qui prenez si fort ses interêts, & vous diroit avec Jacob : *Vous m'avez rendu odieux à tout le monde.*

Gen. 24. 30.

Veut-on loüer Origéne ? qu'on le loüe comme je fais. Ce grand homme si digne d'être le fils d'un [a] Martyr, se distingua dès ses plus tendres années. Il enseigna l'Ecriture sainte à Alexandrie après le sçavant Prêtre Clement, auquel il succeda. Il avoit tant d'horreur des voluptez charnelles, qu'il se mutila pour conserver sa chasteté ; mais son zele en cela n'étoit pas selon la science. Il foula aux pieds les richesses de la terre ; il apprit par cœur toute l'Ecriture sainte, & passa les jours & les nuits à l'expliquer. Il a composé plus de mille traitez ; outre une infinité de Commentaires qu'il appelle *tomes*, & dont je ne dis rien, de peur qu'on ne s'imagine que je veüille faire le catalogue de tous ses ouvrages. Qui de nous pouroit lire autant qu'il a écrit ? Qui n'admirera la vivacité & la penetration d'esprit qu'il fait paroître dans l'explication des saintes Ecritures ? Que si quelque zelé m'objecte ici ses erreurs, je lui répondrai :

Horat. lib. de art. poët.

Homere quelquefois ne s'assoupit-il point?
Le sommeil est permis quand l'ouvrage va loin.

---

[a] Origene étoit fils de Leonide, qui souffrit le martyre sous l'Empereur Severe l'an de Jesus-Christ 204.

N'imitons point les defauts de ceux dont nous ne pouvons pas imiter les vertus. Il y a bien d'autres Auteurs que lui, tant Grecs que Latins, qui ont erré. Il n'est pas necessaire de les nommer, de peur qu'on ne croïe que je veux justifier Origéne par les erreurs des autres, & non pas par son propre merite.

Mais, me direz-vous, ce n'est pas là excuser Origéne, c'est accuser les autres. Vous auriez raison de parler de la sorte, si je n'avoüois pas qu'Origéne est tombé dans l'erreur; & que si saint Paul lui-même ou un Ange du ciel nous enseignoient quelque chose de contraire à la foi, nous ne devrions pas les croire, ni les écouter. Mais puisque j'avoüe de bonne foi qu'Origéne a fait des erreurs, je puis le lire comme les autres, puisqu'il n'a erré que comme les autres. S'il a erré avec plusieurs, me direz-vous, pourquoi donc vous dechaînez-vous contre lui seul ? C'est parce que vous le regardez comme un Apôtre. Ne l'aimez point tant, & je le haïrai moins. Vous ne censurez les ouvrages des autres, que pour justifier les erreurs d'Origéne. Vous l'élevez jusqu'au ciel, afin qu'on croïe qu'il n'a point erré. Qui que vous soïez qui soutenez cette nouvelle doctrine, je vous conjure de ne la point debiter dans Rome, & d'épargner une foi qui a reçû des loüanges de la bouche même de l'Apôtre saint Paul. Pourquoi après quatre cens ans venez-vous nous enseigner des choses que nous avons ignorées jusqu'à present ? pourquoi nous debitez vous des dogmes dont saint Pierre & saint Paul n'ont pas jugé à propos de nous instruire ? On s'est passé de cette doctrine là jusqu'à present, & le monde n'a pas laissé pour cela d'être Chrétien. Je veux conserver dans ma vieillesse la foi dans laquelle je suis né. Ces Messieurs nous appellent animaux & ᵃ *Pelusiotes*, & nous regardent comme des hommes plongez dans la boüe & attachez à la chair, parce que nous ne donnons pas dans leur pretendüe spiritualité. Pour eux ils se regardent comme des enfans de la Jerusalem celeste. Je ne meprise point la chair avec laquelle JESUS-CHRIST est né, & réssuscité. Je ne meprise point la boüe dont a été formé ce vase très-pur qui regne dans le ciel. Mais je m'étonne que des gens qui se déchaînent si fort contre la chair, vivent neanmoins selon la chair, & accorde à leur ennemie tout ce qui peut flater sa delicatesse. Peut-être veulent-ils en cela pratiquer ce que dit l'Ecriture : *Aimez vos ennemis, & faites du bien à ceux qui vous persecutent.* J'aime une chair chaste, une chair vierge, une chair mortifiée par le jeûne : j'aime la substance, & non pas les œuvres de la chair ; j'aime cette chair qui s'attend d'être jugée par le Seigneur, cette chair qui se laisse foüetter, dechirer, brûler pour l'amour de JESUS-CHRIST.

Matth. 5. 44.

Quant à ce que ces Messieurs pretendent que quelques heretiques & des gens pleins de malignité ont corrompu les livres d'Origéne, voici une preuve qui fait voir combien cette

---

a C'est-à-dire des gens de boüe, du mot grec πηλὸς qui signifie *boüe*. C'est ainsi que les Origénistes appel'oient les Catholiques à cause qu'ils disoient que nous devions résusciter avec les mêmes corps que nous avons.

Baronius dit qu'ils les appelloient *Pilosiotes*, du mot *pilus*, qui veut dire *poil*, à cause qu'ils soutenoient que nous résusciterions avec toutes les parties qui composent le corps, & même avec le poil & les cheveux.

prétention est ridicule & frivole. Qui fut jamais plus sage, plus sçavant, plus éloquent qu'Eusebe & Didyme, qui ont pris si hautement le parti d'Origéne ? Cependant Eusebe dans les six livres de l'apologie qu'il a faite pour justifier la doctrine d'Origéne, avoüe que cet Auteur est de même sentiment que lui ; & quoique Didyme tâche d'excuser ses erreurs, il confesse neanmoins qu'elles sont de lui : il explique ses Ecrits, mais il ne les desavoüe pas, & il ne défend pas comme des veritez, les erreurs qu'on pretend que les heretiques y ont ajoûtez. Est-il possible qu'Origéne soit le seul dont les ouvrages aient été universellement corrompus, & qu'en un même jour, ^a comme par un ordre de Mithridate, on ait retranché de ses écrits toutes les veritez catholiques ? Si on a corrompu quelqu'un de ses livres, comment a-t-on pû corrompre ses autres ouvrages qu'il a donnez au public dans des tems & des lieux differens ? Origéne lui-même écrivant à Fabien Evêque de Rome, lui témoigne le regret qu'il a d'avoir avancé dans ses écrits de semblables propositions, & il en rejette la faute sur ^b Ambroise, qui avoit eu l'indiscretion de publier des ouvrages qu'il n'avoit pas encore mis au jour. Osent-ils bien soutenir après cela, que ce qu'il y a de mauvais dans les livres d'Origéne, a été corrompu ou supposé ?

Au reste je suis fort obligé à ces Messieurs, de ce qu'en disant que Pamphile a fait l'élo-

---

a Saint Jerôme fait allusion à l'ordre que Mithridate donna d'égorger en un même jour tous les Romains qui se trouveroient dans ses Etats.

b Ami & disciple d'Origéne. Voïez ce que saint Jerôme en dit dans le premier vol. pag. 498.

ge d'Origéne, ils me jugent digne de partager avec cet illustre Martyr la calomnie qu'ils lui imposent. Car s'ils prétendent que les ennemis d'Origéne ont corrompu ses ouvrages, afin de les décrier dans le monde ; pourquoi ne me sera-t-il pas permis de dire que les amis & les partisans d'Origéne ont composé un livre sous le nom de Phamphile, pour sauver la reputation de cet Auteur par le témoignage d'un Martyr ? Puisque vous corrigez bien dans les livres d'Origéne ce qu'il n'a point écrit, pourquoi vous étonnez-vous qu'on fasse paroître sous le nom de Pamphile un livre dont il n'est point l'Auteur ? Comme les ouvrages d'Origéne sont entre les mains de tout le monde, on peut aisément vous convaincre de fausseté : mais comme le livre qui porte le nom de Pamphile est le seul qui ait paru sous son nom, il est facile à la calomnie de le lui attribuer. Montrez-moi quelque autre ouvrage dont Pamphile soit l'Auteur ; vous n'en trouverez jamais. Celui dont vous parlez est le seul qui ait paru sous son nom. Comment donc puis-je connoître que Pamphile en est l'Auteur ? sera-ce par son style ? Je ne croirai jamais que ce sçavant homme ait consacré ses premiers ouvrages à deffendre une si mauvaise cause. Le seul titre même d'apologie que porte ce livre fait assez voir qu'on imputoit des erreurs à Origéne ; car on ne prend la défense que de ceux qui sont accusez de quelque crime.

Voici encore un fait qu'on ne peut contester sans être fou ou impudent. Ce livre qu'on attribuë à Pamphile contient près de mille lignes tirées du commencement du sixiéme livre de l'apologie d'Origéne faite par Eusebe. Dans le reste de l'ouvrage l'Auteur cite plusieurs passages pour prouver qu'Origéne étoit Catholique. Or Eusebe & Pamphile étoient si étroitement unis ensemble, qu'on eût dit qu'ils n'avoient qu'un même esprit & un même cœur; jusques-là même que ᵃ l'un a pris le nom de l'autre. Comment donc se peut-il faire qu'ils n'aient pû s'accorder sur le chapitre d'Origéne, Eusebe prouvant dans tout son ouvrage qu'il étoit Arien, & Pamphile faisant voir qu'il a été le défenseur du Concile de Nicée qu'on a tenu long-tems après lui ? preuve sensible que cet ouvrage est de Didyme ou de quelque autre. Je veux neanmoins que ce livre soit de Pamphile; mais de Pamphile qui n'étoit pas encore Martyr; car il doit l'avoir composé avant que de souffrir le martyre. Et comment donc, me direz-vous, a-t-il été jugé digne du martyre ? çà été pour reparer son erreur par le martyre, & pour expier une seule faute par l'effusion de son sang. Combien y a t-il de Martyrs qui se sont abandonnez à differens crimes, avant que de sacrifier leur vie pour Jésus-Christ ? Prendrons-nous pour cela la défense du peché, sous pretexte que plusieurs Saints ont été pecheurs avant que d'être Martyrs ?

Voilà, mes très-chers freres, ce que j'ai dicté à la hâte pour répondre à vôtre Lettre. C'est malgré moi que je me suis vû obligé d'écrire contre une personne dont j'avois fait autrefois l'éloge; mais j'ai mieux aimé com-

Eusebe a pris le nom de Pamphile, & se faisoit appeller Eusebe de Pamphile.

mettre ma reputation que ma foi. Ces Messieurs m'ont mis dans la necessité de passer ou pour coupable, si je me tais; ou pour leur ennemi, si je répons. L'une & l'autre de ces extremitez est très-fâcheuse, mais j'ai crû devoir prendre le parti qui me paroît le moins desavantageux. On peut renoüer une amitié rompüe, mais on ne doit jamais pardonner un blasphéme. Je vous laisse à juger combien la traduction du livre des Principes doit m'avoir coûté, puisqu'on ne peut rien changer dans le grec sans defigurer tout l'ouvrage au lieu de le traduire ; & que d'ailleurs il est impossible de conserver dans la traduction toutes les beautez de la langue Latine, en s'attachant trop scrupuleusement à la lettre.

LETTRE LXI.

à Avitus.

Ecrite vers l'an 409. Cette Lettre ne contient qu'un denombrement des erreurs que saint Jerôme avoit trouvées dans les livres des Principes d'Origéne, traduits par Ruffin, & que Pammaque lui avoit envoïez.

IL y a environ dix ans que le saint homme Pammaque m'envoia des papiers où étoient les Livres des Principes d'Origéne, qu'une certaine personne avoit traduits, ou plûtôt entierement defigurez ; me priant très instamment d'en faire une traduction exacte & fidele, qui fît connoître sans aucun déguisement tout ce qu'il y a de bon ou de mauvais dans cet Auteur. Je fis ce qu'il souhaitoit de moi ; je lui envoïai ces Livres ; mais il ne put les lire sans horreur, & il les serra dans son portefeüille, de peur qu'ils n'empoisonnassent les ames si on les rendoit publics. Un certain Frere fort zelé, mais dont le zele n'étoit pas selon la science, le pria de les lui prêter, lui promettant de les lui rendre dès qu'il les auroit lûs. Pammaque les lui confia, ne pouvant pas s'imaginer qu'il pût en si peu de tems abuser de sa bonne foi & de sa confiance. Mais celui-ci aïant fait venir des Copistes, fit transcrire tout l'ouvrage, & le rendit à Pammaque plûtôt qu'il ne lui avoit promis. Il poussa encore plus loin son indiscretion, pour ne pas dire sa temerité, en confiant à d'autres la copie qu'il avoit surprise. Et comme il est difficile d'observer exactement les abbreviations dans un ouvrage de longue haleine, qui traite des choses mystiques, sur tout quand on le dicte furtivement & à la hâte ; tout étoit si confondu & si defiguré dans cette copie, qu'on n'y trouvoit en plusieurs endroits ni ordre ni sens.

Vous me priez donc, mon cher Avitus, de vous envoïer un exemplaire de cette traduction que je n'avois confiée qu'à Pammaque, & que ce Frere dont je viens de vous parler a eu l'indiscretion de rendre publique. Je vous envoie ce que vous souhaitez, mais en mêmetems je vous avertis que vous trouverez dans ces livres plusieurs choses qui font horreur, & qu'en les lisant vous serez obligé, selon la parole du Seigneur, de marcher parmi les *Luc* 10. 19.

Tome II. Y

scorpions & les serpens.

Telles sont, par exemple, ces propositions qu'on trouve dès le commencement du premier livre : Que Jesus-Christ Fils de Dieu n'a point été engendré, mais créé ; Que Dieu le Pere étant invisible par sa nature, ne peut être vû que par le Fils ; Que le Fils qui est l'image d'un Pere invisible, n'est point verité si on le compare au Pere ; & qu'à l'égard des hommes qui ne sont pas capables de connoître la verité d'un Dieu tout-puissant, il n'est que l'image de la verité, ensorte que la majesté & la grandeur du Pere est en quelque façon bornée dans le Fils : Que le Pere est une lumiere incompréhensible, & que le Fils en comparaison du Pere n'est qu'une petite lueur, qui neanmoins nous paroît comme une grande lumiere à cause de nôtre foiblesse. Il prouve cela en comparaison de deux statuës, dont l'une qui est fort grande remplit tout le monde, & devient en quelque façon invisible par son extrême grandeur ; & l'autre, qui est fort petite, tombe sous les sens ; il compare le Pere à celle-là, & le Fils à celle-ci.

Il dit que le Pere est bon, & parfaitement bon ; que le Fils n'est point bon, & qu'il n'est que l'ombre & l'image de la bonté ; de maniere qu'on ne dit pas absolument qu'il est bon, mais en parlant de sa bonté, on y ajoûte quelque chose ; on dit, par exemple, qu'il est le bon Pasteur ; & ainsi du reste.

Il ajoûte que le saint Esprit est inferieur au Pere & au Fils en gloire & en dignité, & il le met au troisième rang. Il avoüe d'abord qu'il ne sçait pas si le Saint Esprit a été fait ou non ; mais dans la suite il fait assez connoître quel est son sentiment, lors qu'il dit Que tout a été fait, excepté Dieu le Pere. Que le Fils est inferieur au Pere, & ne tient que le second rang après lui ; & que le Saint-Esprit qui est inferieur au Fils, habite dans toutes les ames saintes. D'où il conclut que le Pere est plus fort que le Fils & le Saint-Esprit ; & que le Fils est plus fort que le Saint Esprit ; & qu'enfin le Saint-Esprit a plus de force & de vertu que tout ce qu'on appelle Saint.

Parlant ensuite des creatures raisonnables, après avoir dit qu'elles sont tombées par leur faute dans des corps terrestres, voici ce qu'il ajoûte : Quelle negligence & quelle indolence « pour ses creatures spirituelles, de s'oublier « ainsi de leur dignité, de se degrader elles-mê- « mes, de s'abandonner au vice, & de se ren- « dre dignes d'être enfermées dans le corps épais « des bêtes brutes ? Et un peu après : C'est, dit- « il, ce qui nous oblige de croire que les uns « sont demeurez volontairement en la compagnie « des Saints, & se sont attachez au service de « Dieu ; que les autres étant déchus par leur pro- « pre faute de l'état de sainteté dans lequel ils « avoient été créés, se sont rendus dignes par « leur negligence d'être changez en démons ; « qu'après cela on verra encore de nouveaux « changemens & de nouvelles vicissitudes, de « maniere que celui qui est homme à present, « poura devenir Ange dans un autre monde ; & « que celui qui est Ange, & qui se comportera « avec lâcheté & negligence, sera relegué dans « un corps grossier, & deviendra homme. Il «

confond & renverse tellement l'ordre des choses, que selon lui un Archange peut devenir démon, & un démon être rétabli au rang des Anges.

Il ajoute que ceux qui auront chancelé, sans neanmoins se laisser tomber, seront mis sous la conduite & la direction des Principautez, des Puissances, des Thrônes, des Dominations, afin de s'élever par leur secours à un état plus parfait ; & que peut-être ils composeront une societé d'hommes dans quelque autre monde, lors que Dieu, selon Isaïe, fera un ciel nouveau & une terre nouvelle. Mais que ceux qui n'auront pas merité d'être hommes pour redevenir Anges, seront changez en diables, en Anges du diable, en de méchans démons ; & que selon leurs differens merites ils auront dans chaque monde des emplois differens. Que les démons mêmes, ces Princes des tenebres, s'ils veulent se tourner au bien, deviendront hommes dans quelque monde, & seront ensuite retablis dans leur premier état; ensorte neanmoins qu'ils ne seront élevez à la dignité des Anges, qu'après avoir expié leurs fautes dans des corps humains, & souffert durant un certain tems plusieurs supplices. Ce qui fait voir que toutes les creatures raisonnables peuvent passer par differens états en devenant hommes, non pas tout d'un coup, mais par degrez ; que les hommes & les Anges deviendront demons, s'ils s'acquitent de leurs devoirs avec negligence ; & que les demons seront rétablis dans la dignité d'Anges, s'ils veulent travailler à acquerir la vertu.

Il dit encore que toutes les substances cor-

Isaï. 63.

porelles seront entierement détruites, ou du moins qu'à la fin des siecles les corps seront semblables à l'air, & aux autres corps qui sont d'une nature encore plus subtile & plus degagée de la matiere. Il est aisé de voir par là quel sentiment il a de la résurrection.

Il soûtint aussi que le soleil, la lune & les autres astres sont des animaux; & que comme les hommes en punition de leurs pechez ont été condamnez à vivre dans des corps grossiers & pesants; de même les astres du ciel ont reçû des corps plus ou moins lumineux; & que les démons aïant commis des pechez encore plus grands, ont été revêtus d'un corps d'air : Que selon l'Apôtre toute creature est assujetie à la vanité, & qu'elle ne sera affranchie de cette servitude qu'au jour de la manifestation des enfans de Dieu. *Rom. 8.20.*

Mais de peur qu'on ne m'accuse ici de lui imposer, voici ses propres paroles : A la fin « du monde, Dieu aïant tiré les ames & les crea- « tures raisonnables de leurs prisons & de leurs « cachots; les unes pesantes & paresseuses mar- « cheront lentement; les autres vives & in- « dustrieuses fourniront promtement leur carrie- « re. Comme elles ont toutes leur libre arbitre, « & qu'elles peuvent à leur gré s'adonner ou à « la vertu ou au vice, celles-là seront plus mal- « heureuses, & celles-ci plus heureuses qu'elles « ne sont à present; elles changeront d'état se- « lon leurs differentes inclinations & les diffe- « rens mouvemens dont elles sont agitées; c'est- « à-dire, que les Anges deviendront hommes « ou démons, & que les démons deviendront « hommes ou Anges. «

Après avoir fait voir par plusieurs raisons que le démon peut devenir vertueux, quoique son panchant ne le porte pas encore à aimer & à pratiquer la vertu; il prouve fort au long que les Anges, les ames & les démons, qui selon lui sont d'une même nature, quoiqu'ils aient des inclinations differentes, peuvent par un excès de folie & de negligence devenir bêtes; & qu'ils aiment mieux entrer dans le corps de quelque animal, & demeurer dans les eaux, que de souffrir la violence du feu, & les autres supplices ausquels ils ont été condamnez. Si cela est, nous devons craindre non seulement les bêtes à quatre pieds, mais encore les poissons. Et de peur qu'on ne l'accusât d'admettre la metempsycose de Pythagore, après avoir blessé l'esprit du Lecteur par des ″ opinions si exécrables, il ajoûte enfin : Au ″ reste on ne doit point regarder ce que j'ai dit, ″ comme des dogmes & des veritez que je veüil- ″ le enseigner & soutenir ; ce ne sont que des ″ projets & des questions que je fais, & que je ″ me contente de toucher en passant.

Dans le second livre il soutient que le nombre des mondes est infini ; non pas qu'il y en ait plusieurs à la fois, & semblables les uns aux autres, comme le pretendoit Epicure; mais que l'un commence lors que l'autre finit: Qu'avant celui-ci où nous sommes, il y a eu un autre monde, & qu'il y en aura encore un autre après, & ainsi successivement les uns après les autres. Il doute neanmoins s'il y aura quelqu'un de ces mondes qui ressemble entierement à un autre, ou s'ils seront tous differens.

Il dit encore un peu après : Si toutes les «
creatures, comme nous avons déja dit, doi- «
vent un jour être sans corps, tous les corps «
seront donc détruits, & reduits au neant d'où «
ils ont été tirez ; après quoi il viendra un «
tems où ils seront encore necessaires. Il ajoûte «
ensuite : Mais si ce corps corruptible est re- «
vêtu de l'incorruptibilité, & si ce corps mor- «
tel est revêtu de l'immortalité, comme nous «
l'avons déja fait voir & par les lumieres de «
la raison, & par l'autorité de l'Ecriture sain- «
te ; alors la mort sera absorbée & détruite «
par une entiere victoire, & la corruption an- «
neantie par l'incorruptibilité ; peut-être même «
que tous les corps, sur lesquels seuls la mort «
peut agir, seront entierement détruits. Et un «
peu après : Si ce que je dis n'est pas contraire «
à la foi, peut-être serons-nous un jour sans «
corps : ou s'il est vrai que celui qui est entie- «
rement assujetti à Jesus-Christ, n'a point «
de corps, & que toutes les creatures doivent «
un jour lui être assujeties ; il faut conclure que «
nous n'aurons point de corps, quand nous «
serons parfaitement assujetis à Jesus-Christ. «

Il dit encore au même endroit : Quand tou- «
tes les creatures seront assujeties à Dieu, elles «
se dépoüilleront de leurs corps, & alors tous «
les corps seront détruits. Que s'il est necessaire «
de les retablir pour servir aux creatures rai- «
sonnables qui seront déchües de leur premier «
état, ils seront crées une seconde fois. Car «
Dieu laisse aux ames des combats à soutenir «
& des ennemis à vaincre, pour leur faire com- «
prendre que ce n'est point par leurs propres «
forces, mais par sa grace qu'elles peuvent rem- «

» porter une pleine & entiere victoire. Ce qui
» me fait croire que Dieu ne crée des mondes
» differens que pour de differentes causes; &
» que ceux-là se trompent qui s'imaginent que
» tous les mondes seront semblables.

» Il ajoûte ensuite : Je m'imagine qu'à la con-
» sommation des siecles, les choses se passeront
» de l'une ou l'autre de ces trois manieres; &
» je laisse au Lecteur à juger laquelle est la ve-
» ritable & la meilleure. Car ou nous n'aurons
» point de corps, lors qu'étant assujetis à Je-
» sus-Christ, nous le serons aussi à Dieu, &
» que Dieu sera tout en tous. Ou de même que
» toutes les creatures étant assujeties à Jesus-
» Christ, le seront aussi à Dieu avec Jesus-
» Christ, & seront étroitement unis ensem-
» ble; ainsi les corps changeant de substance,
» seront composez de qualitez très-excellentes,
» & se resoudront en air dont la nature est très
» pure & très-simple. Ou enfin cette sphere que
» nous avons dit ci-dessus être fixe & immobile,
» sera anneantie avec tout ce qu'elle contient;
» & celle qui est au dessous & qui est distinguée
» par plusieurs cercles, sera appellée *la bonne*
» *terre*; & cette autre sphere qui environne im-
» mediatement nôtre terre, & que nous appel-
» lons *ciel*, sera la demeure des Saints. N'est-
» ce pas là donner dans des erreurs du paganis-
» me, & joindre à la pureté de la doctrine
» Evangelique les visions & les réveries des Philo-
» sophes ?

» Il dit encore dans le même livre : Il faut
» donc conclure que Dieu est invisible. Or s'il
» est invisible de sa nature, il s'ensuit que le
» Sauveur même ne le peut voir. Et un peu plus

bas : De toutes les ames qui font defcenduës « dans un corps humain, il n'y en a aucune qui « ait entierement confervé les traits & les ca- « racteres que le Createur lui avoit d'abord im- « primez, excepté celle dont le Sauveur a dit : « *Perfonne ne peut me ravir mon ame, mais c'eft* « *Joan.* 10. *de moi-même que je la quitte.* Et dans un au- « 18. tre endroit : On ne peut, dit-il, traiter cette « matiere avec trop de précaution, parce que « les ames quand elles feront fauvées & en pof- « feſſion d'une vie bienheureufe, ceſſeront peut- « être d'être ames. Car comme nôtre Seigneur « *eft venu pour chercher & pour fauver ce qui* « *étoit perdu*, afin qu'il ne foit plus perdu ; de « même l'ame qui s'étoit perduë, & pour le fa- « lut de laquelle nôtre Seigneur eft venu, ne « fera plus ame quand elle fera fauvée. Il faut auſſi « examiner s'il y a eu un tems où l'ame n'étoit « point ame, & s'il y aura un tems où elle ceſſera « d'être ame, de même qu'il y a eu un tems où ce « qui a été perdu, n'étoit pas perdu, & qu'il y « aura encore un tems où il ceſſera d'être perdu. «

Après s'être étendu fort au long fur la nature & la condition des ames, voici ce qu'il ajoûte : L'Efprit en s'abandonnant au peché, « eft devenu ame, & l'ame en s'appliquant à la « vertu redeviendra efprit ; comme il paroît par « l'ame d'Efaü, qui en punition de fes pechez, « a été condamnée à vivre dans une condition « moins heureufe, que celle dans laquelle elle « avoit été créé. Pour ce qui eft des corps ce- « leftes, il faut fçavoir que l'ame du foleil « (qu'on l'appelle comme on voudra) n'a pas « commencé d'exifter lors que le monde a été « fait, mais qu'elle exiftoit déja avant que d'en- «

„ trer dans ce corps ardent, & lumineux. On
„ doit dire la même chose de la lune & des étoi-
„ les, que pour des causes qui ont precedé l'é-
„ tat où elles sont aujourd'hui, elles ont été
„ assujeties malgré elles à la vanité, afin de me-
„ riter un jour la recompense qui leur est desti-
„ née; & qu'elles sont forcées de faire, non par
„ leur volonté, mais par celle du Createur qui
„ leur a donné à chacune leurs emplois differens.
„ Pour ce qui est du feu & des supplices de
„ l'enfer dont l'Ecriture Sainte menace les pe-
„ cheurs, ils ne consistent pas dans des tourmens
„ sensibles & des châtimens exterieurs, mais
„ dans les remords de la conscience, & dans un
„ triste & affligeant souvenir que Dieu par sa
„ puissance nous remettra devant les yeux. Car
„ il reste dans nos ames je ne sçai quelle se-
„ mence qui reproduit tous les pechez que nous
„ avons commis; Dieu même expose à nos yeux
„ comme un tableau de toutes les impietez & de
„ toutes les infamies ausquelles nous nous som-
„ mes autrefois abandonnez; & l'ame envisa-
„ geant cette affreuse peinture de ses desordres
„ passez, est brûlée par les ardeurs, & dechi-
„ rée par les cuisans remords de sa propre con-
„ science.
„ Il ajoute ensuite: A moins qu'on ne veüille
„ donner le nom d'obscurité & de tenebres à ce
„ corps épais & terrestre dont nous sommes re-
„ vêtus, & dans lequel nous reprendrons une
„ nouvelle vie, lors que ce monde sera fini, &
„ qu'il nous faudra passer dans un autre monde.
N'est-ce pas là soutenir ouvertement la metempsycose de Pithagore & de Platon?
„ Sur la fin du second livre parlant de nôtre

perfection, il dit: Lors que nous serons arri- «
vez au point de n'être ni chair, ni corps, & «
peut-être même ni ame non plus ; alors nôtre «
esprit aïant acquis toute sa perfection, & n'é- «
tant plus obscurci par les nuages épais que «
forment les passions, verra à découvert & face «
à face les substances raisonnables & intelli- «
gibles. «

Voici encore les erreurs qu'on trouve dans
son troisiéme livre : Que si une fois, dit-il, «
nous tombons d'accord que Dieu pour des cau- «
ses antecedentes, a créé & formé des vases, «
les uns pour des usages honorables, & les au- «
tres pour des usages vils & honteux ; pourquoi «
n'entrerons-nous pas dans les plus secrets re- «
plis de l'ame pour voir & pour nous convain- «
cre qu'elle a fait autrefois des choses qui l'ont «
renduë digne d'être & aimée dans l'un, & «
haïe dans l'autre, avant même qu'elle [a] sup- « *Gen. 25.*
plantât dans Jacob, & qu'elle fût supplantée «25.
dans Esau ? «

Et derechef : Ce n'est, dit-il, que pour le «
bien ou le mal qu'elles ont fait autrefois, que «
les ames sont destinées, les unes à des usages «
honorables, & les autres à des usages vils & «
honteux. Et au même endroit: Or je m'ima- «
gine, dit-il, que le vase qui à cause de ses «
merites précedens avoit été fait pour être un «
vase d'honneur, deviendra dans un autre siecle «
un vase d'infamie, si dans celui-ci il ne s'em- «

---

[a] Origéne fait allusion à ce passage de Malachie 1. 2. *J'ai aimé Jacob, & j'ai haï Esaü*, & à ce qui est rapporté dans la Genese chap. 25. que lors qu'Esaü & Jacob, qui étoient jumeaux, vinrent au monde, Jacob sortit du sein de sa mere en tenant son frere par le pied, ce qui lui fit donner le nom de *Jacob*, qui veut dire *supplantateur*, ou, *celui qui tient un autre par le talon.*

» ploïe pas aux usages pour lesquels il avoit été
» formé : & qu'au contraire si le vase qui pour
» ses fautes precedentes avoit été appellé vase
» d'infamie, veut se corriger dans le siecle pre-
» sent, il deviendra dans un autre siecle un *vase*
» *sanctifié, propre au service du Seigneur, &*

2. Tim. 2. » *préparé pour toutes sortes de bonnes œuvres.* Et
21. » il ajoute aussi-tôt : Je croi qu'il y a des hom-
» mes qui en s'engageant d'abord dans des vices
» peu considerables, peuvent porter leur malice
» & leur iniquité si loin, qu'à moins qu'ils ne
» se corrigent & ne fassent penitence de leurs pe-
» chez, ils deviendront enfin démons : & qu'au
» contraire il y en a d'autres qui en travaillant
» à guerir leurs plaïes & à reprimer leurs pas-
» sions, deviendront Anges de démons qu'ils
» étoient. J'ai déja dit plusieurs fois que durant
» cette multitude infinie de siecles qui se succe-
» dent les uns aux autres, il y a des ames qui
» s'abandonnent tellement au crime, qu'elles ar-
» rivent enfin jusqu'au dernier degré de malice;
» & que d'autres au contraire s'élevent du der-
» nier degré de malice jusqu'à une vertu par-
» faite & consommée. Par là il veut faire voir
» que les hommes, c'est-à-dire les ames peuvent
devenir demons, & que les démons peuvent
redevenir Anges.

» Il dit encore dans le même livre : Il faut
» examiner aussi pourquoi nos ames sont poussées
» vers differens objets tantôt par certains esprits,
» & tantôt par d'autres. Il attribuë ces differentes impressions aux bonnes œuvres que quelques ames ont faites avant que de descendre dans
les corps. C'est ainsi qu'il juge du tressaille-
ment de Saint Jean dans le sein de sa mere,

lors qu'Elizabeth entendant la voix de Marie qui la saluoit, confessa qu'elle étoit indigne de l'honneur que cette Vierge lui faisoit. Et il ajoute ensuite : L'on voit au contraire de petits « enfans qui n'étant encore qu'à la mammelle, « sont possedez par des esprits malins, & pa- « roissent inspirez comme des sorciers & des de- « vins ; Il y en a même qui dès leurs plus ten- « dres années sont livrez à un démon [b] Pytho- « nicien. Or quand on est persuadé qu'il n'arrive « rien sans la permission de Dieu, & que ce Dieu « gouverne toutes choses avec justice ; peut-on « croire que sa Providence abandonnât de la sor- « te des enfans qui n'ont rien fait qui merite « une si cruelle disgrace ? «

Il dit encore en parlant du monde : Je croi « qu'il y a eu un autre monde avant celui-ci, & « qu'il y en aura encore un autre après. Voulez- « vous que je vous prouve qu'il y aura un au- « tre monde après que celui où nous sommes au- « ra été entierement détruit ? écoutez ce que dit « Isaïe : *Il y aura un ciel nouveau, & une terre* « *Isaï.* 66. *nouvelle qui subsistera toûjours devant moi.* Vou- « 22. lez-vous que je vous fasse voir qu'il y a eu d'au- « tres mondes avant que celui-ci fut créé ? Ecou- « tez ce que dit l'Ecclesiaste : *Qu'est-ce qui a été* « *Eccl.* 1. 9. *autrefois ? C'est ce qui doit être à l'avenir. Qu'est-* « *ce qui s'est fait ? C'est ce qui se doit faire encore.* « *Il n'y a rien de nouveau sous le ciel, & on ne* « *peut dire : Voila une chose nouvelle, car elle a* « *été déja dans les siecles qui se sont passez avant* « *nous.* Ce passage fait voir non seulement qu'il «

---

a Les Grecs appelloient Py-*thons*, les esprits qui aidoient à prédire les choses futures, & même les personnes qui en étoient possedées ; telle étoit cette Pythonice dont parle l'Ecriture qui fit paroître l'ombre de Samuël à Saül.

» y a eu des mondes avant celui-ci où nous som-
» mes, mais qu'il y en aura encore d'autres après;
» & que ces mondes n'existent pas tous en mê-
» me-tems, mais qu'ils se succedent les uns aux
» autres. Et il ajoûte aussi-tôt: Je croi que le
» ciel est la demeure de Dieu, & le lieu de nô-
» tre veritable repos; que c'est là que les creatu-
» res raisonnables joüissoient de leur ancienne
» felicité, avant que de descendre ici, & de pas-
» ser des choses invisibles aux visibles, & d'ê-
» tre precipitées en terre, où elles ont eu be-
» soin d'un corps grossier & terrestre. C'est pour
» cela que Dieu a créé ce monde visible, & leur
» a donné des corps proportionnez aux lieux
» qu'elles habitent. Et comme il veut sauver &
» corriger ceux qui sont tombez, il a envoïé en
» ce monde des ministres dont les uns occupent
» certains lieux, & sont assujetis aux necessitez
» de ce monde; & les autres s'acquitent exacte-
» ment & dans des tems connus de Dieu, des
» emplois dont il les a chargez. Le soleil, la
» lune & les étoiles, qui sont du nombre de ces
Rom. 8. » Ministres, & que l'Apôtre appelle *creature,*
10. » occupent la partie superieure de ce monde. Or
» *cette créature est assujetie à la vanité,* parce
» qu'elle est exposée à nos yeux, & environnée
» d'un corps épais & grossier. Ce n'est pourtant
» pas volontairement qu'elle est assujetie à la va-
» nité, mais par l'ordre de celui qui l'y a assu-
» jetie, avec esperance d'être delivrée de cette
» servitude. Et derechef: Les autres ministres,
» que nous croïons être des Anges, gouvernent
» le monde dans les lieux & dans les tems que
» Dieu seul connoît. Et un peu après: C'est la
» divine Providence qui regle & entretient l'or-

dre que nous voïons dans ce monde, & qui «
permet que quelques Anges soient précipitez «
tout à coup du haut du ciel, & que les autres «
descendent en terre peu à peu & par degrez. «
Ceux-ci descendent volontairement ; & ceux- «
là sont precipitez malgré eux. Les premiers «
s'acquittent avec plaisir de l'emploi que le «
Createur leur a donné de relever ceux qui tom- «
bent ; mais les autres sont forcez malgré eux «
de demeurer durant un si long-tems dans le «
ministere dont il les a chargez. Et derechef : «
De tous ces differens mouvemens il s'ensuit «
qu'il y aura aussi differens mondes, & qu'a- «
près celui-ci où nous sommes, Dieu en créera «
un autre tout different. Or il n'y a que Dieu «
Createur de toutes choses qui puisse présider «
à tous ces differens évenemens, mesurer les «
differens progrez des creatures, recompenser «
la vertu & punir le vice, regler cette vicissi- «
tude continuelle des siecles qui se succedent les «
uns aux autres, & conduire toutes choses à «
une même fin ; parce que lui seul sçait pour- «
quoi il permet que les uns étant abandonnez à «
leur propre volonté, tombent de l'état subli- «
me où ils étoient élevez ; & pourquoi il vi- «
site les autres & leur donne la main pour les «
retablir peu à peu dans leur premiere dignité. «

Après avoir entamé cette matiere qui regarde la fin & la consommation de toutes choses,
il conclut en ces termes : Puis qu'il y a des «
choses, comme nous avons déja dit plusieurs «
fois, qui commencent par où les autres finis- «
sent ; on demande si alors il y aura encore «
des corps ; ou si on vivra sans corps, après «
qu'ils auront été détruits ; & s'il faut croire «

„ que les creatures qui n'ont point de corps,
„ meneront une vie incorporelle, telle que nous
„ sçavons qu'est celle de Dieu. Si tous les corps
„ que l'Apôtre saint Paul appelle *les choses visi-*
„ *bles*, appartiennent à ce monde qui tombe sous
„ nos sens, il n'y a point de doute que les crea-
„ tures qui n'ont point de corps, meneront une
„ vie incorporelle. Et un peu après : Quant à ce
„ que dit l'Apôtre saint Paul. Que toutes les
„ creatures seront delivrées de la corruption à
„ laquelle elles sont assujeties, pour participer
„ à la liberté & à la gloire des enfans de Dieu;
„ nous expliquons ces paroles en disant, Que
„ les creatures raisonnables & incorporelles qui
„ tiennent le premier rang parmi les creatures,
„ ne sont point assujeties à la corruption, parce
„ qu'elles n'ont point de corps; qui seuls sont
„ sujets à la corruption : mais ces corps seront
„ delivrez de la corruption à laquelle ils sont
„ assujetis, lors qu'ils participeront à la gloire
„ du Fils de Dieu, & que Dieu sera tout en
„ toutes choses.

„ Il dit encore au même endroit : Rien ne
„ nous convainc davantage qu'il n'y aura point
„ de corps, quand toutes choses auront pris fin,
„ que ce que dit le Sauveur dans cette priere
Joan. 17. „ qu'il fait à son Pere : *Je vous prie que comme*
21. „ *nous ne sommes qu'un vous & moi, de même*
„ *ceux ci ne soient qu'un en nous.* Car nous de-
„ vons sçavoir ce que Dieu est, & ce que le
„ Sauveur doit être; en quoi consiste cette ressem-
„ blance du Pere & du Fils qui est promise aux
„ Saints; & comment les Saints ne seront qu'un
„ dans le Pere & le Fils, de même que le Pere
„ & le Fils ne sont qu'un. En effet, pour que la
vie

vie que meneront les Saints soit entierement semblable à celle de Dieu, il faut necessairement ou que Dieu ait un corps, & soit environné de quelque matiere, comme nous sommes environnez de chair; ou si cela paroît indigne de Dieu, particulierement à ceux qui ont quelque idée de la majesté & de la gloire de cet être incréé & superieur à tous les êtres, il faut ou que nous perdions toute esperance d'être semblables à Dieu, si nous devons avoir des corps; ou que nôtre vie si elle est semblable à celle de Dieu comme on nous le fait esperer, en ait toutes les prérogatives & tous les avantages. Tout cela fait voir ce qu'il pense de la résurrection; & que son sentiment est que tous les corps seront détruits, & que nous serons sans corps, comme nous étions avant que d'en être revêtus.

Parlant encore des differens mondes qui se succedent les uns aux autres; après avoir dit que les Anges deviendront démons, & que les démons deviendront Anges ou hommes; & qu'au contraire les hommes seront changez en démons, & qu'il y aura en toutes choses une vicissitude & une revolution perpetuelle; il confirme enfin son sentiment par ces paroles: Il n'y a point de doute qu'après un certain tems Dieu créera une nouvelle matiere, de nouveaux corps, & un nouveau monde, à cause des differentes inclinations des creatures raisonnables, qui étant déchûës peu à peu de cette parfaite felicité qu'elles pouvoient goûter jusqu'à la consommation de toutes choses, ont porté leur malice jusqu'à un tel excez, qu'elles ont entierement changé de nature, parce

Tome II. Z

» qu'elles n'ont pas voulu se maintenir dans leur
» premier état, ni joüir d'une beatitude incor-
» ruptible. Il faut sçavoir aussi que plusieurs crea-
» tures raisonnables ne changent jamais, & se
» soutiennent dans leur premier état jusqu'au se-
» cond, au troisiéme & quatriéme monde : que
» les autres perdent si peu de chose de leur pre-
» miere felicité, qu'on ne s'apperçoit presque
» pas de leurs pertes ; & qu'enfin quelques-unes
» tombant du comble de la gloire, sont précipi-
» tées dans le fond de l'abîme. Or dans la créa-
» tion des mondes, Dieu qui est le dispensateur
» de toutes choses, sçait emploïer ces creatures
» selon leurs merites, & autant qu'il est necessai-
» re pour le gouvernement & la conservation du
» monde ; en sorte que celle qui surpasse les
» autres en malice & qui est devenuë toute ter-
» restre, deviendra démon dans le monde sui-
» vant, & tiendra le premier rang parmi ces créa-
» tures, *afin de servir de joüet* aux Anges qui sont
» déchus de leur premier état. Ne tâche-t-il pas
par là de faire voir que les hommes qui dans
ce monde s'abandonnent au peché, peuvent
devenir diable & démons dans un autre monde, & que les démons peuvent aussi dans un
autre monde devenir Anges & hommes?

Après s'être étendu fort au long pour montrer que toutes les creatures corporelles auront
des corps spirituels & d'une matiere très-sub-
tile, & que toutes les substances seront changées en un corps trés-pur & plus éclatant que
la lumiere, & environnées d'une gloire que
l'esprit humain ne sçauroit comprendre ; il
» ajoûte enfin : Et Dieu sera tout en toutes cho-
» ses, de maniere que toutes les substances cor-
» porelles seront changées en celle qui est la

Job. 40.
14.

meilleure & la plus excellente de toutes, c'est-
à-dire en la substance de Dieu.

Il avance encore dans son quatriéme livre,
qui est le dernier de cet ouvrage, ces erreurs
que l'Eglise de Jesus-Christ condamne:
Comme ceux, dit-il, qui meurent en ce monde par la separation de l'ame & du corps,
occupent en enfer des lieux differens, selon
le merite & la nature de leurs œuvres; de même ceux qui, pour ainsi dire, meurent aux
emplois de la Jerusalem celeste, descendent
dans l'enfer de nôtre monde, afin d'occuper
sur la terre des lieux differens, & proportionnez à leurs merites. Et derechef: Puisque nous
avons comparé les ames qui vont de ce monde
aux enfers, avec celles qui descendent du ciel
en terre, & qui sont mortes en quelque façon;
il faut examiner soigneusement si nous ne
pourions pas dire la même chose de la
naissance des unes & des autres, c'est-à-
dire, que comme les ames qui naissent
ici-bas & y prennent un corps humain,
viennent des enfers à cause qu'elles se sont tour-
nées au bien, ou descendent d'enhaut où elles
menoient une vie plus heureuse: de même de
toutes les ames qui habitent le firmament, les
unes s'y sont élevées d'ici-bas par l'amour de
la vertu, & les autres y sont descenduës du ciel,
n'étant pas assez criminelles pour être précipi-
tées dans les lieux que nous habitons. Par là
il veut insinuer que le firmament, c'est-à-dire
le ciel, est un enfer par rapport à un ciel plus
élevé; & que nôtre terre est un enfer par rapport au firmament, & un ciel par rapport aux
enfers qui sont au dessous de nous; de maniere

que ce qui est enfer à l'égard des uns, est ciel à l'égard des autres.

Il n'en demeure pas là ; il dit encore qu'à la consommation de toutes choses, & lorsque nous retournerons à la Jerusalem celeste, les puissances ennemies declareront la guerre au peuple de Dieu, afin qu'il exerce dans les combats son courage & sa vertu, dont il ne peut donner des marques, qu'en resistant courageusement à des ennemis qui ont été vaincus, comme nous le lisons dans le livre des Nombres, par une sage conduite, par une belle ordonnance des troupes, & par une experience consommée dans l'art de la guerre. Et après avoir dit que cet Evangile éternel, dont parle Saint Jean dans son Apocalypse, c'est à-dire, qui doit subsister éternellement dans le ciel, surpasse autant nôtre Evangile, que la prédication de Jesus-Christ est au-dessus des sacremens de l'ancienne loi, il ajoûte (ce qu'on ne peut même penser sans sacrilége) que Jesus-Christ doit souffrir la mort au milieu des airs pour le salut des démons : d'où l'on peut tirer cette consequence, quoiqu'il ne s'en explique pas formellement, que comme Dieu s'est fait homme pour sauver les hommes, il se fera aussi démon pour sauver les démons. Mais de peur qu'on ne s'imagine que je lui en impose, je veux rapporter ici ses propres paroles : Comme Jesus-Christ, dit-il, a perfectioné les ombres de la loi par les ombres de l'Evangile, & que toute loi n'est que l'ombre & la figure des ceremonies qui s'observent dans le ciel ; il faut examiner soigneusement si l'on peut dire qu'il manque quelque chose à la loi, au culte & aux ceremonies du ciel, & qu'elles ont besoin d'ê-

Apoc. 14. 6.

tre perfectionnées par la publication de cet
Evangile que Saint Jean dans son Apocalypse
appelle *éternel*, par rapport au nôtre qui est
temporel, & qui a été annoncé dans un monde & dans un siecle perissable & passager. Et
quoiqu'il y ait de la présomption & de la temerité à vouloir sçavoir si nôtre Sauveur souffrira dans l'air, je croi neanmoins que nous
pourions pousser jusques-là nôtre curiosité &
nos recherches. Car puisque les esprits de malice sont répandus dans l'air, & que nous n'avons point de honte de confesser que le Seigneur a été attaché à la croix pour détruire ce
qu'il a détruit par sa Passion ; pourquoi craindrons-nous de dire qu'à la fin des siecles il
souffrira peut-être en l'air quelque chose de
semblable, afin de sauver par sa Passion toutes les Nations qui habitent dans tous les lieux
du monde ?

Voici encore d'autres blasphêmes qu'il profere contre le Fils : Si le Fils, dit-il, connoît
le Pere, il semble que par cette connoissance
il peut aussi le comprendre, de la même maniere que nous disons que l'esprit d'un ouvrier
comprend toutes les regles de son art. Il est
certain que si le Pere est dans le Fils, le Fils
comprend le Pere qui est en lui. Que si par le
mot de *comprehension* on entend non seulement
une action de l'esprit par laquelle il comprend
& conçoit les choses qu'il connoît, mais encore une vertu & une puissance par laquelle
celui qui connoît les choses, renferme & contient tout ce qu'il connoît, on ne peut pas dire
que le Fils comprend le Pere ; c'est le Pere
qui comprend toutes choses ; & comme le Fils

,, est au nombre des choses que le Pere comprend, il faut conclure que le Pere comprend le Fils. Or pour nous faire voir pourquoi le Pere comprend le Fils, & que le Fils ne peut comprendre le Pere, voici ce qu'il ajoûte: Le ,, Lecteur curieux me demandera peut-être si le ,, Pere se connoît lui-même de la même maniere ,, que le Fils le connoît? mais s'il sçait qu'il est

Joan. 14. ,, écrit: *Mon Pere qui m'a envoié est plus grand*
28. ,, *que moi*, & s'il est persuadé que cela est abso-
,, lument & universellement vrai, il avoüera que
,, les connoissances du Pere surpassent celles du
,, Fils, puisque le Pere se connoît lui-même
,, d'une maniere plus pure & plus parfaite que le
,, Fils ne le connoît.

Voici encore un endroit qui fait voir qu'Origéne admet la metempsycose & l'annéan-
,, tissement des corps: Si l'on peut prouver, dit-
,, il, que la substance incorporelle & raisonna-
,, ble étant separée du corps, subsiste & vit par
,, elle-même, & qu'elle est moins heureuse quand
,, elle est unie au corps, que lors qu'elle en est
,, separée; on sera obligé d'avoüer que les corps
,, ne sont point faits pour eux-mêmes, & qu'ils
,, ne sont créés que de tems-en-tems, & à cause
,, des differens changemens qui arrivent parmi
,, les creatures raisonnables, afin que celles qui
,, en ont besoin en puissent prendre quelqu'un.
,, Mais après que ces creatures se sont corrigées
,, de leurs vices, & affranchies de la corruption
,, dans laquelle elles s'étoient engagées; alors les
,, corps sont entierement annéantis, leur nature
,, & leur destination étant de sortir du neant
,, & d'y rentrer par une vicissitude perpetuelle.

Cet Auteur porte encore son impieté plus

loin, car sur la fin de ce même livre il dit qu'il n'y a aucune difference entre les substances raisonnables, c'est-à-dire, que le Pere, le Fils, le Saint-Esprit, les Anges, les Puissances, les Dominations, toutes les autres vertus celestes, & l'ame même de l'homme sont d'une même nature. Dieu, dit-il, & son Fils unique, & le Saint-Esprit, les Anges, les Puissances & les autres vertus, & l'homme interieur qui a été créé à l'image & à la ressemblance de Dieu, sont d'une nature intellectuelle & raisonnable. D'où l'on doit conclure que Dieu & toutes ces creatures sont en quelque façon d'une même substance. De peur qu'on lui reproche un si horrible sacrilege, il ajoûte ces mots; *en quelque façon*: cependant il fait part de la nature divine aux Anges & aux hommes, tandis que dans un autre endroit il la refuse & au Fils & au Saint-Esprit, de peur qu'on ne croïe qu'il partage la divinité.

Cet ouvrage étant donc rempli de toutes les erreurs dont je viens de vous faire le détail, ne faut-il pas avoir perdu l'esprit pour se contenter d'en changer quelques endroits qui regardent le Fils & le Saint-Esprit, & qui sont de veritables blasphémes ; & pour publier le reste tel qu'il est, & le loüer même d'une maniere impie, comme si toutes ces erreurs ne venoient pas d'une source également empoisonnée ? Ce n'est pas ici le lieu de combatre toutes ces impietez. D'ailleurs il est à croire que ceux qui ont écrit contre les erreurs d'Arius, d'Eunomius, de Manés & de plusieurs autres heretiques, n'auront pas manqué de refuter aussi celles d'Origéne. Si quel-

dit l'Apôtre Saint Paul, si nous ne pouvons pas même exprimer nos propres pensées; combien plus est-il dangereux de vouloir sonder le cœur des autres, & juger de leurs intentions? L'homme est naturellement porté à la clemence; il pardonne volontiers les defauts des autres, afin de pouvoir se pardonner à lui-même ses propres foiblesses. Si vous l'accusez d'indiscretion dans ses paroles, il dira que c'est franchise & simplicité; si vous lui reprochez qu'il est un homme rusé & artificieux, il vous dira que ses pretendus artifices viennent de son peu d'experience, & non point de malice; & ainsi l'accusateur passera pour un imposteur, & l'accusé pour un homme grossier & impoli, & non pas pour un heretique.

Vous sçavez, mon cher Pammaque, vous sçavez que ce n'est qu'à vôtre sollicitation, & par le seul interêt de la foi que j'entreprens cet ouvrage; que la passion & la vanité n'y ont aucune part; que je souhaiterois voir, si cela se pouvoit, tous les hommes réunis dans les mêmes sentimens; & qu'enfin on ne peut m'accuser ni de temerité ni de trop de chaleur, puis qu'il y a trois ans que je garde le silence; j'avois même resolu de le garder toûjours, & je ne le romps aujourd'hui que parce que vous m'avez mandé, que l'apologie contre laquelle j'ai dessein d'écrire, avoit jetté le trouble dans l'esprit de plusieurs personnes, qui ne sçavoient quel parti prendre. Loin d'ici donc l'heretique Novat, qui refuse de donner la main à ceux qui s'égarent; loin d'ici Montan avec ses [a] femmes insensées, qui au lieu de re-

---

[a] Priscille & Maximille disciples de Montan.

lever ceux qui sont tombez, les précipite dans l'abîme. Nous sommes tous pecheurs, & il n'y a personne qui ne tombe tous les jours dans quelque faute. Comme donc nous avons beaucoup d'indulgence pour nous-mêmes, aussi ne traitons-nous pas les autres avec rigueur, au contraire nous les prions, nous les sollicitons, nous les conjurons ou d'entrer de bonne foi dans nos sentimens, ou de deffendre ouvertement ceux des autres. Je n'aime point les équivoques ; je ne veux point qu'on me parle d'une maniere ambigüe & susceptible de plusieurs sens. *Otons le voile qui nous couvre les yeux, afin de contempler à découvert la gloire du Seigneur.* 2.Cor. 3.18. Le peuple d'Israël balançant autrefois à prendre le parti du vrai Dieu, ou celui des Idoles, Elie, qui signifie *le Fort du Seigneur,* leur dît : *Jusqu'à quand serez vous comme un homme qui boite des deux côtez ? Si le Seigneur est Dieu, marchez après lui ; si Baal est le vrai Dieu, suivez-le.* 3. Reg. 18. 21. Le Seigneur dit aussi en parlant des Juifs : *Des enfans étrangers ont agi avec dissimulation à mon égard ; des enfans étrangers ont vieilli dans leurs mauvaises habitudes, ils ont boité, & n'ont plus marché dans leurs voies.* Psal. 17. 46.

Si l'Evêque de Jerusalem n'est point heretique, ce que je souhaite & ce que je veux croire, & s'il est de même sentiment que moi, pourquoi ne s'explique-t-il pas aussi comme moi ? Ce qu'il appelle simplicité & franchise, je l'appelle dissimulation & malice. S'il veut me persuader que sa creance est pure, qu'il s'explique simplement & sans détour. S'il ne s'exprimoit d'une maniere équivoque que dans deux ou trois endroits, je pardonnerois à son ignorance, & je ne jugerois pas de ce qu'il y a dans son apologie d'obscur & de douteux, par les endroits qui sont clairs & bien marquez. Mais est-ce parler avec franchise & sans déguisement, que de tâtonner sans cesse comme il fait, & de s'exprimer d'une maniere toûjours douteuse & toûjours envelopée, semblable à un charlatan qui semble marcher sur des œufs, & qui paroît suspendu sur la pointe des épics? Son apologie a plûtôt l'air d'une piece de rhetorique, que d'une exposition de foi. Je suis versé aussi-bien que lui dans ce genre d'écrire qu'il affecte, & j'ai appris à manier les armes dont il se sert contre moi. Quand bien même sa foi seroit orthodoxe, neanmoins cette affectation, ces reserves, ces précautions avec lesquelles il s'explique me la *Prov.* 10. 9. rendroient suspecte. *Celui qui marche avec simplicité, marche en assurance.* Il faut être foû pour commettre sa reputation sans sujet.

Il dit qu'il ne se sent point coupable du crime dont on l'accuse. Mais puisque sa justification ne dépend que d'un mot, qu'il nie hardiment ce crime, & qu'il en fasse tomber l'infamie & la confusion sur [a] son adversaire ; qu'il se deffende avec la même hardiesse & la même confiance que son accusateur fait paroître ; & après qu'il aura tout dit, & qu'il se sera clairement expliqué & pleinement justifié, alors si l'on continüe à le calomnier, qu'il crie à l'imposture, & qu'il en demande hautement justice. Nous ne devons point souffrir patiemment qu'on nous soupçonne d'heresie, de peur

[a] Saint Epiphane.

qu'en demeurant dans le silence, & en dissimulant une accusation si atroce, nous ne passions pour coupables dans l'esprit de ceux qui ne connoissent pas nôtre innocence.

[a] Mais au reste puisque vous avez en main la Lettre de vôtre accusateur, il est fort inutile que vous le citiez, & que vous l'obligiez de prouver ce qu'il avance contre vous. Nous sçavons tous ce qu'il vous a écrit, & de quels griefs, ou comme vous dites, de quelles calomnies il vous charge : répondez lui article par article, suivez-le pié-à-pié, épluchez toutes ses médisances, & n'en laissez échaper aucun trait. Car si vous n'examinez sa Lettre que d'une maniere superficielle, & si vous en passez quelque endroit par inadvertance, comme je le veux croire après le serment que vous en avez fait ; il ne manquera pas de se récrier aussi-tôt, & de vous dire : C'est ici que je vous tiens ; C'est en cela que consiste toute la difficulté & tout le fond de nôtre dispute. Car un ennemi n'est pas si indulgent qu'un ami ; celui-là chicane sur une vetille, celui-ci justifie tout, même les choses les plus mauvaises ; ce qui fait dire à un Auteur profane, Que les amis sont aveugles dans leurs jugemens. Mais peut-être *Cic. off. l. 1.* avez-vous entierement negligé cette espece de litterature, occupé que vous êtes de l'étude de l'Ecriture sainte. Ne comptez donc point sur le jugement de vos amis, & ne vous flatez point des sentimens qu'ils ont de vous. Le témoignage d'un ennemi est toûjours veritable ;

---

[a] S. Jerôme adresse ici la parole à Jean de Jerusalem contre lequel il écrit, ce qu'il continuë de faire dans la suite de cette Lettre.

Si c'est un ami qui parle en vôtre faveur, on le regardera non pas comme un témoin, ni comme un Juge, mais comme un homme partial, & qui est entierement dans vos interêts.

Voilà ce que vos ennemis ne manqueront pas de vous dire, s'ils ne veulent pas ajoûter foi à vos paroles, & s'ils prennent plaisir à vous échauffer la bile. Mais pour moi à qui vous n'avez jamais donné le moindre chagrin, & que vous êtes obligé de citer à tout moment dans vos Lettres; je vous conseille ou de confesser ouvertement la foi de l'Eglise, ou d'expliquer nettement vos sentimens. Car cette affectation avec laquelle vous mesurez & pesez toutes vos paroles, peut bien surprendre les ignorans; mais un auditeur éclairé & un Lecteur qui sera sur ses gardes, découvrira sans peine les piéges que vous lui tendez, & fera connoître les artifices dont vous vous servez pour détruire la verité. Les Ariens, gens que vous connoissez parfaitement bien, firent long-tems semblant de condamner le mot *homousion*, à cause du scandale qu'ils prétendoient que ce terme pouvoit causer dans l'Eglise; couvrant ainsi sous des apparences specieuses, comme avec un peu de miel, le poison de leur heresie. Mais enfin ce serpent entortillé se développa, & l'on frapa avec un glaive spirituel sa tête envenimée qu'il avoit cachée au milieu des replis de tout son corps. L'Eglise, comme vous sçavez, reçoit les penitens; & accablée qu'elle est par la multitude des pecheurs, elle pardonne aux Pasteurs, afin de ramener les brebis égarées. L'ancienne & nouvelle heresie qui regne aujourd'hui, en use avec le même artifice que les Ariens, afin que les Peuples prennent dans un sens, ce que les Evêques disent & entendent dans un autre.

Avant que d'inferer ici en Latin la Lettre que vous avez écrite à l'Evêque Theophile, & de vous faire voir que je sçai bien pourquoi vous en usez avec tant de reserve & de menagement ; je suis bien aise de vous demander raison d'une chose. Pourquoi, je vous prie, refusez-vous avec tant de fierté & tant d'orgueil, de rendre compte de vôtre foi à ceux qui vous le demandent ? Pourquoi regardez-vous comme des ennemis declarez cette multitude de Freres & de Solitaires qui demeurent dans la Palestine, & qui refusent de commuquer avec vous. Le Fils de Dieu a laissé sur les montagnes quatre-vingt dix-neuf brebis pour en chercher une qui étoit malade, souffrant pour elle les soufflets, la croix & les foüets, la rapportant jusqu'au ciel sur ses propres épaules, & souffrant patiemment les foiblesses & les langueurs de cette pauvre pecheresse. Mais vous, fier de vôtre dignité, & plein de l'orgueil que vous inspire le rang que vous tenez dans l'Eglise, comme si vous aviez seul en partage les richesses, la naissance, l'éloquence & la sagesse ; vous regardez de travers & avec un orgueilleux dédain, vos freres qui ont été rachetez comme vous du sang de JESUS-CHRIST. Est-ce là ce que vous apprend l'Apôtre, qui dit : *Soïez toûjours prêts de répondre pour vôtre deffense à tous ceux qui vous demanderont raison de vôtre esperance ?*

1. Pet. 3. 15.

Je veux que nous ne cherchions que des occasions de vous chagriner, & que sous pretexte de deffendre les interêts de la foi, nous ne songions qu'à broüiller, à faire schisme, & à mettre la division par tout. Ne vous fournissez donc point ces occasions & ces pretextes que nous cherchons ; répondez aux accusations qu'on vous fait sur les dogmes de la foi ; débarassez-vous des questions qu'on vous propose ; & quand une fois vous nous aurez satisfait sur cela, faites voir qu'il ne s'agit point des dogmes de la foi, mais de l'ordination de Paulinien, à moins que vous ne croiiez qu'il est de vôtre interêt de ne point répondre sur les points de foi, de peur que vôtre réponse ne fasse voir que vous êtes heretique. Sur ce pié-là, on ne devroit donc jamais se justifier des crimes dont on est accusé, de peur de s'en rendre coupable, en les niant. Mais vous méprisez les Laïques, les Diacres & les Prêtres, & vous vous vantez de pouvoir faire mille Clercs en une heure.

Saint Epiphane vous a écrit une Lettre dans laquelle il vous accuse ouvertement d'être heretique. Vous n'oseriez pas dire que ce Prelat soit inferieur à vous en âge, en science, en merite, en reputation. Pour ce qui est de l'âge, vous êtes beaucoup plus jeûne que lui. Vous lui cedez encore en science ; quoique vos partisans publient par tout, & vous aient peut-être persuadé à vous-même, que vous êtes plus éloquent que Demosténe, plus subtil que Chrysippe, plus sage que Platon. Quant à l'innocence des mœurs & à la pureté de la foi, je n'en dirai rien davantage, de peur qu'il ne semble que je veüille vous insulter. Dans le tems que tout l'Orient, à l'exception de saint

Athanase

Athanase & de Paulin, étoit assujetti à l'heresie des Ariens & des Eunomiens, pendant que vous n'osiez communiquer avec les Occidentaux, avec les Confesseurs bannis pour la foi, Epiphane quoiqu'il ne fut encore que Prêtre de son Monastere, avoit [a] Eutyche pour auditeur ; & quand il fut ensuite ordonné Evêque de Cypre, Valens même n'osa le persecuter. Car on eut toûjours pour lui un si grand respect, que les Heretiques qui étoient absolument les maîtres, croïoient se deshonorer eux-mêmes, s'ils persecutoient un si grand homme. Ecrivez lui donc : Repondez à sa Lettre : Que tout le monde connoisse vôtre foi, vôtre éloquence & vôtre prudence, afin que vous ne soïez pas seul à vous croire habile & éloquent. Pourquoi, étant attaqué d'un côté, portez-vous la guerre de l'autre ? on vous fait des questions dans la Palestine, & vous répondez à l'Egypte. Pendant que les uns ont du mal aux yeux, vous appliquez des remedes à ceux qui ont les yeux sains. Si vous dites à un étranger des choses qui nous pourroient être agreables, c'est une pure vanité : si c'est toute autre chose que ce que nous demandons, c'est fort inutilement. Mais, dites-vous, l'Evêque d'Alexandrie a approuvé ma Lettre. Qu'a-t-il approuvé ? que vous avez attaqué fortement Arius, Photin, & Mani-

---

[a] Cet Eutyche fut Evêque d'Eleuterople auquel Acace de Cesaree laissa l'administration de l'Eglise de Jerusalem après qu'il eut posé saint Cyrille l'an 358. l'inimitié qu'Eutyche avoit contre saint Cyrille l'engagea dans le parti d'Acace & des purs Ariens, quoi qu'il fût Catholique dans le cœur, selon saint Epiphane. C'est cet Eutyche qui traita avec tant de barbarie Lucifer Evêque de Cagliari banni à Eleutherople.

chée. (Vraiment c'est bien là dequoi il s'agit) Hé! qui est-ce qui vous accuse maintenant d'Arianisme? y a-t-il quelqu'un qui rejette à present sur vous le crime de Photin & de Manichée? il y a déja long-tems que tout cela a été corrigé & renversé. Vous n'étiez pas assez dépourvû de sens pour défendre ouvertement une heresie que vous sçaviez que l'Eglise a en horreur. Vous n'ignoriez pas, que si vous l'aviez fait, on vous auroit aussi-tôt déposé de l'Episcopat : mais vous ne soupiriez qu'après les delices de vôtre thrône. C'est pourquoi vous avez tellement adouci vos opinions que vous avez pris soin de ne pas déplaire aux simples, ni offenser vos bons amis. Vous avez bien écrit, mais il n'y a rien qui regarde le fond de vôtre cause. De qui l'Evêque d'Alexandrie pouvoit-il connoître les articles sur lesquels on vous accuse, & dont on vous demande une confession pure & simple? Vous deviez vous proposer ce que l'on vous objecte, & répondre à chaque point en particulier. On trouve dans une ancienne histoire, qu'un certain homme éloquent aïant parlé long-tems avec beaucoup d'impetuosité & un grand torrent de paroles, sans toucher au point de la question, le juge, prudent auditeur prenant la parole, fort bien, lui dit-il, fort bien, mais où irez-vous en disant si bien? Les Medecins ignorans n'ont qu'un seul remede pour toutes les maladies des yeux. Lors qu'un homme est accusé sur plusieurs chefs, si voulant se purger il en passe quelques-uns sous silence, il se reconnoît coupable de tout ce qu'il taît. N'avez-vous pas répondu à la Lettre d'Epiphane, & ne vous êtes vous pas fait à vous même des objections pour les refuter? C'est pour cela que vous y avez répondu avec tant de confiance. Quand on se bat soi-même, on ne se porte pas des coups trop rudes, on s'épargne toûjours. De deux partis prenez celui qu'il vous plaira, on vous en donne le choix. Ou vous avez répondu à la lettre d'Epiphane, ou vous n'y avez pas répondu. Si vous y avez répondu, pourquoi passez vous plusieurs choses sous silence, & particulierement les principales dont on vous accuse? Si vous n'y avez pas répondu, où est donc cette belle apologie dont vous faites vanité parmi les ignorans, & que vous répandez de tous côtez, comme si on n'en sçavoit pas le sujet?

On vous accuse de huit erreurs touchant la foi & l'esperance chrétienne, comme je vais vous le faire voir incontinent. Vous n'en touchez que trois dans vôtre réponse, encore le faites vous d'une maniere fort superficielle & comme en passant. Pour ce qui est des autres, vous n'en dites pas un seul mot. Si vous vous étiez pleinement justifié sur sept articles, je ne pourrois vous faire vôtre procès que sur un seul, & je m'attacherois à celui que vous auriez passé sous silence. Mais dans la situation où vous êtes, vous ne sçauriez vous tirer d'intrigue, semblable à un homme qui tiendroit un loup par les oreilles, sans pouvoir l'arrêter & sans oser le lâcher. Ces trois articles même auxquels vous répondez, vous les touchez si superficiellement, vous en dites si peu de choses, vous passez si legerement par dessus, qu'il semble que vous n'y pensez seulement pas, ou que vous n'y trouvez pas la moindre petite difficulté. Enfin vôtre réponse est si ambiguë & si envelopée, que vous nous en apprenez plus par vôtre silence, que par toutes vos explications. Ne pouroit-on pas vous appliquer ici ce que dit l'Evangile : *Si la lumiere qui est en vous n'est que tenebres, combien seront grandes les tenebres mêmes ?* Si l'explication que vous donnez aux trois articles que vous n'avez touché qu'en passant, est si suspecte & si vicieuse ; & si vous y faites paroître tant de mauvaise foi, tant d'artifice & de dissimulation ; que deviendront les cinq autres articles sur lesquels vous ne sçauriez biaiser ni imposer au Lecteur, & que vous avez mieux aimé passer sous silence, que d'avoüer la verité ?

Matth. 6. 23.

Origéne dans son livre des Principes, dit 1°. Que comme on ne doit pas dire que le Fils peut voir le Pere, on ne doit pas dire non plus que le Saint-Esprit peut voir le Fils. 2°. Que les ames sont dans les corps comme dans une espece de prison, & qu'avant que l'homme eût été créé dans le Paradis terrestre, elles étoient dans le ciel parmi les creatures raisonnables, & que c'est pour cela que depuis sa chute, l'ame touchée de sa disgrace, dit dans les Pseaumes : *J'ai péché avant que d'être humiliée* ; & dans un autre endroit : *Rentrez, ô mon ame, dans le lieu de vôtre repos* : & ailleurs : *Seigneur, tirez mon ame de sa prison* ; & autres choses semblables. 3°. Que le diable & les démons feront un jour penitence, & regneront à la fin des siecles avec les Saints. 4°. Que les habits de peau dont Dieu couvrit Adam & Eve après leur chute & leur

Psal. 118.
Psal. 114.
Psal. 141.

bannissement du Paradis terrestre, n'étoient autre chose que les corps dont il les revêtit ; par où il nous donne à entendre qu'ils n'avoient point de corps avant leur peché. 5°. Dans son explication du premier Pseaume, & dans plusieurs autres traitez, il nie ouvertement la résurrection de la chair, & soutient que nous ne resusciterons point avec les membres qui composent nôtre corps, & qui distinguent l'homme d'avec la femme. 6°. Il parle du Paradis terrestre d'une maniere si allegorique, qu'il détruit entierement la verité de l'histoire ; entendant par les arbres, les Anges ; & par les fleuves, les vertus celestes ; & renversant par des explications violentes & forcées, tout ce que l'Ecriture nous dit de ce lieu de delices. 7°. Par les eaux qui selon l'Ecriture sont au dessus des cieux, il entend les Anges & les Vertus celestes ; & par celles qui sont sur la terre & au dessous de la terre, il entend les demons & les puissances ennemies. 8°. Enfin il dit que l'homme a perdu l'image de Dieu que le Createur lui avoit imprimée en le formant ; & qu'aussi-tôt qu'il fut banni du Paradis terrestre, il ne lui resta plus aucun trait de cette divine ressemblance.

Voilà ce que vous écrit Saint Epiphane, voilà les coups qu'il vous porte. Mais en même-tems prosterné à vos genoux, sans avoir égard ni à son âge, ni à sa dignité, il vous prie de menager les interêts de vôtre salut : Pour l'amour de moi, vous dit-il, & pour « l'amour de vous-même, *sauvez-vous*, comme « dit l'Ecriture, *de cette race corrompüe* ; Renon- « cez, mon très-cher frere, renoncez à l'here- «

» sie d'Origéne, & à toutes sortes d'erreurs.
» Attaché que vous êtes au parti de l'heresie,
» vous soulevez toute la terre contre moi, &
» vous rompez l'union que la charité avoit for-
» mée entre nous ; de maniere que le zele avec
» lequel vous deffendez les erreurs & la doctri-
» ne d'Origéne, m'a obligé de me repentir d'a-
» voir communiqué avec vous.

Dites moi s'il vous plaît, valeureux champion, avez vous répondu à aucun des huit articles qu'on vous a objectez ? Sans parler des autres, avec quelle force & par combien de raisons a-t on battu en ruine ce premier blasphéme qu'Origéne a osé avancer, Que le Fils ne peut voir le Pere, & que le Saint-
» Esprit ne peut voir le Fils ? Nous confessons,
» vous dit S. Epiphane, que les trois person-
» nes de la sainte & adorable Trinité ont une
» même substance, une même éternité, une mê-
» me gloire & une même divinité, & nous
» anathematisons ceux qui dans la Trinité ad-
» mettent quelque inégalité, quelque chose de
» visible, & differens degrez de superiorité. Ce
» que nous disons du Pere, qu'il est incorpo-
» rel, invisible, éternel ; nous le disons aussi
» & du Fils & du Saint-Esprit.

On vous banniroit de l'Eglise, si vous n'étiez pas dans ces sentimens. Je ne m'informe point [a] si vous avez été autrefois d'un sentiment contraire ; je n'examinerai point ici si vous êtes attaché à ceux qui suivent cette doctrine, ni de quel parti vous étiez lors qu'on exiloit ceux qui en faisoient profession ; ni

---

a Jean de Jerusalem avoit suivi autrefois les erreurs de Macedonius qui nioit la divinité du Saint-Esprit.

qui est celui qui entendant dire au Prêtre Theonas que le Saint-Esprit est Dieu, se boucha les oreilles, & sortit de l'Eglise avec ses partisans, de peur d'entendre cet horrible blasphême. Il ne faut se convertir, disoit un impie, & se faire Chrétien que le plus tard qu'on peut. ᵃ Le malheureux Prétextat, cet homme sacrilége & addonné au culte des idoles, qui mourut dans le tems qu'on l'avoit designé Consul, avoit coutume de dire en plaisantant au Pape Damase: Qu'on me fasse Evêque de Rome, & dès demain je me fais Chrétien. A quoi bon emploïer tant de raisons, & prendre de si longs détours pour prouver que vous n'êtes point Arien? Ou niez qu'Origénes n'a pas avancé les erreurs dont on l'accuse; ou condamnez-le, s'il est vrai qu'il les ait avancées. Voulez-vous sçavoir jusqu'où doit aller sur cela le zele des Chrétiens? écoutez ce que dit l'Apôtre: *Quand nous vous annoncerions nous-mêmes, ou quand un Ange du ciel vous annonceroit un Evangile different de celui que nous vous avons annoncé, qu'il soit anathême.* Vous affectez dans vôtre Lettre de cacher le nom du criminel, afin de diminuer le crime; & comme si cette affaire n'étoit d'aucune consequence, & qu'on n'accusât personne d'avoir proferé des blasphêmes, vous tâchez de donner à une foi suspecte & douteuse les couleurs les plus belles & les plus séduisantes. Commencez vôtre Lettre par dire ana-

Gal. 1. 8.

---

a Ce que S. Jerôme dit ici de Prétextat est un reproche tacite qu'il fait à Jean de Jerusalem de ne s'être converti que par interêt, parce qu'après avoir abjuré l'heresie de Macedonius, il fit si bien par ses menées, qu'il parvint à la chaire Episcopale de l'Eglise de Jerusalem.

théme à celui qui a ofé enfeigner ces erreurs. Quand la foi eft pure & fans déguifement, elle ne balance pas un feul moment à fe declarer. Il faut écrafer le fcorpion dès qu'on l'apperçoit. *Seigneur*, dit David cet homme felon le cœur de Dieu, *n'ai-je pas haï ceux qui vous haïffent, & ne féchois-je pas d'ennui en voïant vos ennemis? Je les haïffois d'une haine parfaite.* Si j'avois entendu prononcer de pareils blafphémes contre JESUS-CHRIST à mon pere à ma mere, à mon frere ; je les aurois regardez comme des chiens enragez, je les aurois dechirez à belles-dents, je leur aurois moi-même porté les premiers coups. Celui-là fait la volonté du Seigneur qui dit à fon pere & à fa mere, Je ne vous connois point. Mais *celui qui aime fon pere & fa mere plus que* JESUS-CHRIST, *n'eft pas digne de lui.*

Pfal. 138. 21.

Matth. 10. 37.

Quand on vous objecte que ᵃ vôtre Maître, qui felon vous eft fi bon Catholique, & dont vous deffendez les interêts avec tant de chaleur, dit que le Fils ne voit point le Pere, & que le Saint-Efprit ne voit point le Fils; vous nous dites pour toute réponfe : Le Pere eft invifible ; le Fils eft invifible, le Saint-Efprit eft invifible ; comme fi les Anges, les Cherubins & les Seraphins n'étoient pas auffi felon leur nature invifibles à nôtre égard ; de là vient que David incertain fi l'on pouvoit voir les cieux d'une maniere fenfible, difoit : *Je verrai les cieux qui font les ouvrages de vos mains.* Il dit, *Je verrai,* & non pas, *Je vois ;* Je les verrai lors que je contemplerai à découvert la gloire du Seigneur ; car dans la vie

Pfal. 8. 4.

a Origénes.

préfente nos vûës & nos connoiffances font très imparfaites. On vous demande fi le Fils voit le Pere? & vous dites que le Pere eft invifible. On vous prie de dire fi le Saint-Efprit voit le Fils? vous repondez que le Fils eft invifible. Il s'agit de fçavoir fi les trois perfonnes de la Trinité fe voïent l'un l'autre; & vous dites que la Trinité eft invifible. Vous vous étendez fort au long fur tous leurs autres attributs, mais toûjours hors de propos; vous déploïez vôtre éloquence fur des chofes dont il n'eft point queftion; & vous donnez fans ceffe le change à vos auditeurs, de peur d'être obligé de répondre aux objections qu'on vous fait.

Je vous paffe neanmoins cet article. Je veux que vous ne foïez point Arien, & même que vous ne l'aïez jamais été. Je veux croire qu'en répondant à la premiere objection qu'on vous a faite, vous avez expliqué vos fentimens fans détour, fans déguifement & de la meilleure foi du monde. Je vous parle auffi avec la même candeur & la même franchife. Saint Epiphane vous a-t-il accufé d'être Arien, ou dans les fentimens d'Eunomius, cet athée qui ne connoît point Dieu? Il ne vous accufe dans toute fa Lettre que de fuivre les erreurs d'Origénes, & d'y avoir engagé plufieurs autres perfonnes. Pourquoi ne répondez-vous jamais jufte aux queftions qu'on vous fait? pourquoi diffimulez-vous les crimes dont faint Epiphane vous charge dans fa Lettre? Pourquoi nous rebattez-vous fans ceffe ce que vous avez dit dans l'Eglife en fa prefence? penfez-vous donc avoir affaire à des bêtes? On vous demande

niere du monde la plus aifée & la plus claire.

Si on ne vous demandoit point raifon de vôtre foi, & fi perfonne ne vous inquietoit là-deffus, qu'étoit-il neceffaire de vous engager temerairement dans des queftions fi difficiles & dans de fi longues difputes ? S'il s'agiffoit alors de vôtre foi, ce n'eft donc point l'ordination de Paulinien qui vous a broüillé avec faint Epiphane, puifqu'il eft certain que Paulinien n'a été ordonné Prêtre que long-tems après. Vous avez impofé aux abfens, & vous ne leur avez écrit que pour les engager dans vos interêts. Pour nous qui étions ici fur les lieux, nous fommes témoins de tout ce qui s'y eft paffé. Pendant que faint Epiphane declamoit dans l'Eglife contre les erreurs d'Origéne, & qu'il vous attaquoit vous même fous le nom de cet heretique ; nous vous avons vû vous & vos Partifans le vifage refrogné faire mille grimaces, & traiter ce Prelat de vieux radoteur. Parlant un jour devant le Saint Sepulcre fur le même fujet, ne lui envoïâtes-vous pas un Archidiacre pour lui impofer filence ? Qui eft l'Evêque qui ait jamais fait taire de la forte un fimple Prêtre en prefence du peuple ? Allant une autrefois avec vous du lieu de la Réfurrection au Calvaire, fuivi d'une multitude prodigieufe de peuple de tous âges, & de tout fexe, qui s'empreffoient pour le voir, pour lui baifer les pieds, pour toucher fes habits, pour lui prefenter leurs enfans ; & ne pouvant ni avancer ni demeurer en une même place, à caufe de la foule qui le preffoit & dont il étoit accablé ; alors rongé de jaloufie vous

vous emportâtes contre ce venerable vieillard, & vous fûtes assez effronté pour lui dire en face qu'il prenoit plaisir à s'arrêter, & qu'il le faisoit exprès. Souvenez-vous, je vous prie, du jour que tout le peuple attendit saint Epiphane jusqu'à sept heures, dans l'esperance d'entendre de sa bouche la parole de Dieu. Avec quel emportement & avec quelle fureur ne declamâtes vous pas alors contre les Antropomorphites, qui sont assez simples & assez grossiers pour s'imaginer que Dieu est composé des membres que l'Ecriture sainte lui attribuë? Avec quelle affectation ne tourniez vous pas les yeux, les mains & tout le corps du côté de ce saint vieillard, afin de le rendre suspect de cette impertinente heresie? Quand vous eûtes cessé de parler, ce qui fit un vrai plaisir à vos auditeurs, fatigué & épuisé que vous étiez par un si long discours, & aïant la bouche toute séche, & les lévres encore toutes tremblantes, à cause des grands mouvemens que vous vous étiez donné en parlant, que fit ce bon vieillard que vous traitiez de fou & de radoteur ? il se leva pour faire voir qu'il avoit quelque chose à dire, & aïant saluë l'assemblée de la voix & de la main, il dît : Tout ce que mon Confrere & « mon Fils vient de dire contre l'heresie des « Antropomorphites, est très veritable & très « Catholique, & je suis sur cela de son senti- « ment : mais il est juste que comme nous con- « damnons cette heresie, nous condamnions aussi « les erreurs d'Origéne. Vous vous souvenez « sans doute des éclats de rire & des huées qui se firent alors. C'est ce qui vous fait dire dans vôtre Lettre, Qu'en parlant au peuple il difoit tout ce qu'il vouloit, & de la maniere qu'il vouloit. Il faloit en effet qu'il eût perdu le fens pour ofer combattre vos fentimens dans un lieu foumis à vôtre jurifdiction. Il difoit, dites vous, tout ce qu'il vouloit & de la maniere qu'il vouloit. Ou approuvez ou condamnez ce qu'il difoit; pourquoi toûjours biaifer ? Si ce qu'il difoit étoit bon, que ne le loüiez vous hautement ? s'il étoit mauvais, que ne le condamnez vous fans façon ?

Mais voïons un peu avec quelle retenüe, avec quelle modeftie, avec quelle humilité vous parlez de vous-même, vous qui croïez être la colomne de la foi & de la verité, & qui reprochez à ce grand homme de debiter
» au peuple tout ce qu'il lui plaît. Expliquant
» un jour, dites-vous, en fa prefence & dans
» l'affemblée des Fideles, un droit de l'Ecriture
» Sainte dont on venoit de faire la lecture, je
» fis un difcours fur tous les dogmes de la foi,
» & dis ce que Dieu me fait la grace d'enfei-
» gner tous les jours dans l'Eglife & dans le Ca-
» techifme que je fais au peuple. D'où peut naître, je vous prie, tant de prefomption & tant d'orgueil ? Tous les Philofophes & tous les Orateurs dechirent cruellement Gorgias le [a] Leontin, parce qu'il fe vantoit de répondre en public & fur le champ à toutes les queftions qu'on voudroit lui faire. Si je n'étois retenu par le refpect qui eft dû à vôtre dignité & à vôtre caractere ; & par l'exemple de l'Apôtre *Act.* 23. 5. qui difoit : *Je ne fçavois pas, mes freres, que ce fût le Grand-Prêtre, car il eft écrit : Vous*

---
[a] Il étoit natif de Leonce, aujourd'hui Lentini ville de Sicile.

ne maudirez point le Prince du peuple; quels sanglants reproches ne vous ferois-je pas de tout ce que vous avez osé avancer dans vôtre Lettre? Quoiqu'au reste vous aviliffiez vous-même la dignité dont vous êtes revêtu, en traitant si indignement & par vos actions & par vos difcours un Prelat qui est le Pere de prefque tous les Evêques, & en qui nous voïons reluire encore cette vertu antique, & ces caracteres de fainteté que l'on admiroit autrefois dans les premiers Pasteurs de l'Eglife.

Vous dites qu'un jour expliquant un endroit de l'Ecriture Sainte dont on venoit de faire la lecture, vous fites en fa prefence & dans l'affemblée de tous les Fideles un long difcours fur tous les dogmes de la foi. Qu'on ceffe d'admirer Demofthéne, qui à ce que l'on dit emploïa beaucoup de tems & de travail à compofer la belle harangue qu'il a faite contre Efchinés. Qu'on ne vous vante plus l'éloquence de Ciceron, qui fur le champ & fans préparation recita en prefence de Cornelius Nepos prefque mot à mot & [a] telle que nous l'avons aujourd'hui l'oraifon qu'il a faite pour Cornelius Tribun du peuple, homme turbulent & feditieux. Voici un nouveau *Lyfias*, un nouveau *Gracchus*, & pour dire quelque chofe des modernes, un nouveau *Quintus Aterius*, qui étoit toûjours prêt à parler, qui ne tariffoit jamais à moins qu'on ne l'avertit de finir, & dont Céfar Augufte difoit agreablement: Il faut enraïer nôtre Quintus. Un homme fage & de bon fens fe vanta-t il jamais d'avoir expliqué dans un feul difcours

[a] Il ne nous refte plus qu'un fragment de cette oraifon.

tous les dogmes de la foi ? Montrez-moi, je vous prie, ce passage de l'Ecriture si fecond & si patetique, qui vous a donné occasion de faire voir dequoi vous étiez capable. Si vous ne vous étiez pas laissé entrainer par le torrent de vôtre éloquence, on n'auroit jamais pû s'imaginer que vous ussiez été capable de parler sur le champ de tous les dogmes de la foi. Cependant il me semble que les effets ne répondent pas à vos promesses. Nous avons coûtume d'instruire les Catechumenes en public durant quarante jours, du mystere de la sainte & adorable Trinité. Si ce passage de l'Ecriture qu'on a lû en vôtre presence vous a engagé à parler durant une heure de tous les points de la Religion, qu'étoit-il besoin d'expliquer en abregé & en si peu de tems ce qu'on a coutume d'enseigner durant quarante jours ? Ou si vôtre discours n'a roulé que sur les matieres que vous avez coutume d'expliquer durant tout le Carême, comment se peut-il faire que vous vous soïez trouvé engagé à parler de tous les dogmes de la foi à l'occasion d'un seul passage de l'Ecriture ? Mais il biaise encore ici. Car il se peut faire qu'un seul passage de l'Ecriture lui ait donné occasion d'expliquer ce qu'il a coûtume d'enseigner aux Catechumenes durant quarante jours, puis qu'il faut être également éloquent ou pour s'étendre sur un sujet sterile, ou pour se resserrer sur une matiere féconde & abondante. On pouroit dire encore que sa verue s'étant échauffée à l'occasion d'un seul passage de l'Ecriture, il a parlé durant quarante jours sans discontinuer ; & que saint Epiphane l'é-

coutant

coutant attentivement afin de profiter des choses rares & nouvelles qu'il debitoit, s'étoit presque laissé tomber, accablé qu'il étoit de lassitude & de sommeil. Tout cela est en quelque façon supportable ; peut-être parle-t-il en cette occasion avec sa droiture & sa franchise ordinaire.

Voïons le reste de sa Lettre, où après plusieurs détours il s'explique ouvertement & sans biaiser, & conclut ainsi ses admirables traitez : Après avoir parlé de la sorte en sa pré- « sence, je le priai de parler après moi, ce que « je faisois pour lui faire honneur, n'aïant laissé « échaper aucune occasion de l'en combler. Il « applaudit donc à tout ce que j'avois dit, & « declara qu'il étoit charmé de mon discours, « & que je n'avois rien dit que de tres ortho- « doxe. On doit juger des honneurs prétendus « dont vous l'avez comblé, par les outrages sanglants que vous lui avez fait en envoïant vôtre Archidiacre pour lui commander de se taire, & en lui reprochant publiquement qu'il ne s'arrêtoit avec la populace, qu'afin de se repaître des loüanges & des applaudissemens qu'on lui donnoit. Le present nous répond du passé. Depuis trois ans il ne vous a fait aucun reproche de la maniere outrageuse dont vous en avez usé à son endroit ; en oubliant ses propres interêts, il se contente de vous demander raison de vôtre foi. Pour vous qui possedez des richesses immenses, & qui tirez de gros revenus de la devotion des Fideles, vous envoïez de tous côtez vos Ambassadeurs, gens de poids & de merite, afin de reveiller ce Prelat de son assoupissement,

& de l'engager à vous répondre. Puisque vous lui aviez fait tant d'honneur, il étoit bien juste qu'il applaudit à un discours que vous aviez fait sur le champ & sans préparation. Mais comme les hommes ont coutume quelquefois de loüer ce qu'ils n'approuvent pas, & de repaître par des loüanges flateuses la vanité de ceux qui veulent être flatez ; il ne se contenta pas de loüer vôtre discours, il avoüa qu'il en étoit charmé ; & de peur qu'on ne vous dérobât une partie de la gloire que meritoit ce prodige d'éloquence, il declara devant tout le peuple que vous n'aviez rien dit qui ne fût très orthodoxe. Mais nous sçavons ses sentimens sur cela mieux que personne ; il s'en expliqua devant nous, lors qu'étourdi de vos crieries perpetuelles, il vint nous voir penetré de douleur de ce qu'il avoit été trop facile à communiquer avec vous. Toute nôtre Communauté l'aïant conjuré de vous aller trouver, & ne pouvant resister aux prieres & aux sollicitations de tant de personnes ; il alla chez vous le soir, mais il s'échapa la nuit pour revenir à Bethléem, comme il le témoigne dans une Lettre qu'il a écrite au Pape Sirice. Lisez-la, cette Lettre, & vous verrez comment il a admiré vôtre discours, & declaré qu'il le trouvoit très orthodoxe. Mais laissons-là ces fadaises, c'est perdre le tems que de s'amuser à les refuter.

Passons à la seconde question, qu'il traite d'une maniere si superficielle & avec tant de nonchalance, qu'on diroit qu'il n'a aucun dessein, ou qu'il ne songe qu'à endormir les
» Lecteurs. Quant aux autres points, dit-il,

qui regardent la foi, je disois qu'un seul & « même Dieu, c'est-à-dire, la sainte Trinité, « avoit créé les choses visibles & invisibles, les « vertus celestes, & les creatures inferieures ; « selon ce que dit David : *C'est par la parole du* « *Seigneur que les cieux ont été affermis, & c'est* « Psal. 32] *le souffle de sa bouche qui fait toute leur vertu.* « 6. Ce qui paroît d'une maniere très sensible dans « la création de l'homme ; car c'est Dieu qui « l'a formé du limon de la terre, & qui par « son souffle lui a donné une ame raisonnable, « & doüée du libre arbitre ; & une nature qui « lui est propre, & non pas, comme l'ensei- « gnent [a] quelques impies, une portion de sa « substance, dont il a fait part aussi, à ce qu'ils « pretendent, aux saints Anges, selon ce que « l'Ecriture dit de Dieu : *Vous prenez des Esprits* « Psal. 103] *pour vos Ambassadeurs, & des feux ardens pour* « 4. *vos Ministres.* Mais l'Ecriture sainte ne nous « permet pas de croire que les Anges ne soient « pas sujets au changement, puis qu'elle dit : « *Il retient liez de chaînes éternelles dans de pro-* « Ep. Jud.] *fondes tenebres, & reserve pour le jugement du* « 6. *grand jour les Anges qui n'ont pas conservé leur* « *premiere dignité, mais qui ont quitté leur pro-* « *pre demeure :* parce qu'ils ont changé d'état « & de condition, & qu'ils sont devenus dé- « mons, étant malheureusement déchûs de leur « ancienne dignité, & de ce haut rang de gloire « dans laquelle ils avoient été créés. Pour ce « qui est des ames humaines, nous n'avons ja- « mais crû ni enseigné que ce sont ou les An- « ges après leur chute, ou les démons après leur « conversion qui entrent dans les corps humains «

[a] Les Manichéens. «

» pour les animer. A Dieu ne plaise que nous
» aïons jamais été dans ces sentimens, que nous
» sçavons être très contraires à la doctrine de
» l'Eglise.

Il s'agit de sçavoir si avant la création de l'homme les ames ont été parmi les creatures raisonnables; si elles ont été créés dans un état qui leur fût propre; si elles ont vécu, subsisté & demeuré long-tems dans cet état; si c'est une erreur de dire, comme a fait Origéne, que toutes les creatures raisonnables sont incorporelles & invisibles; si par leur negligence elles déchoient peu à peu de leur premier état; si elles prennent des corps conformes à la qualité & à la nature des lieux où elles descendent; par exemple si d'abord elles prennent des corps d'un air très-subtil, & ensuite d'un air plus grossier; si leurs corps s'épaississent à mesure qu'elles approchent de la terre; si enfin elles animent des corps de chair. Si les démons qui ont volontairement quitté le service de Dieu à l'exemple du diable qui est leur chef, entrent dans des corps humains après avoir changé de vie & de mœurs; & si par la penitence qu'ils font en cet état, ils meritent après la résurrection d'être degagez des corps d'air dont ils étoient environnez, de voir Dieu & de remonter au ciel en passant par les mêmes états où ils se sont trouvez en descendant sur la terre, *afin que tout genou flechisse devant Dieu dans le ciel, dans la terre, & dans les enfers, & que Dieu soit tout en toutes choses*. Puis donc qu'il s'agit de cela entre nous, pourquoi abandonnez vous le sujet de la question, & quittez vous le champ de bataille, pour vous amuser à combattre des chimeres?

Vous croïez que Dieu seul a créé toutes les choses visibles & invisibles: Arius est aussi de ce sentiment, & confesse que le Fils a créé toutes choses. Je me contenterois de cette réponse, si on vous accusoit de l'heresie de Marcion, qui admettoit un Dieu bon, créateur des choses invisibles; & un Dieu juste, créateur des choses visibles. Vous croïez que l'univers est l'ouvrage de la Trinité: c'est ce que nient les Ariens & les Demi-Ariens, qui par un horrible blasphême pretendent que le Saint-Esprit est créature & non pas créateur. Mais vous accuse-t-on aujourd'hui d'être Arien? Vous dites que l'ame humaine n'est pas une portion de la substance de Dieu; comme si saint Epiphane vous imputoit les erreurs des Manichéens. Vous detestez ceux qui disent que les Anges deviennent ames, & qu'après être déchus du comble de leur gloire, ils animent des corps humains, & deviennent une portion de nôtre substance. Ne deguisez point vos sentimens, & ne nous en imposez point sous un air de franchise & de bonne foi. Origéne lui-même n'a jamais dit que les Anges deviennent ames, puisque selon lui le nom d'Ange marque, non pas la nature, mais les emplois de ces créatures spirituelles. Car dans son livre des Principes il dit que les Anges, les Trônes, les Dominations, les Puissances, les Princes du monde & des tenebres, *tous les titres qui peuvent être non seulement dans le siécle present, mais encore dans le siécle futur*, sont les ames des corps qu'ils prennent

Ephes. 1. 21.

soit par leur propre panchant, soit à cause du besoin qu'ils en ont pour s'acquiter de leurs ministéres. Il dit même que le soleil, la lune & tous les autres astres, sont les ames de certaines créatures qui autrefois étoient raisonnables & incorporelles, & qui étant aujourd'hui assujeties à la vanité, c'est à-dire, à des corps de feu que nous prenons par ignorance pour des astres destinez à éclairer le monde ; seront un jour affranchies de cette servitude & de cette corruption pour participer à la liberté & à la gloire des enfans de Dieu. De là vient que *toutes les créatures soupirent* après cette liberté, *& sont comme dans le travail de l'enfantement* ; & que l'Apôtre Saint Paul s'écrie en gemissant : *Malheureux homme que je suis, qui me delivrera de ce corps de mort ?*

Rom. 8. 23.

Ibid. 7. 24.

Ce n'est point ici le lieu de refuter cette doctrine païenne, & qui tient beaucoup de celle de Platon. Je croi m'être assez expliqué là-dessus dans mon Commentaire sur l'Ecclesiaste, que j'ai composé il y a environ dix ans, & dans celui que j'ai fait sur l'Epître aux Ephesiens. Je vous prie, vous dont l'éloquence est si feconde, & qui dans un seul discours expliquez à fond tous les dogmes de la foi, je vous prie, dis-je, de répondre, mais en deux mots & sans detour, à la question que je vais vous faire. Lors que Dieu forma l'homme du limon de la terre, & qu'il l'anima de son souffle, l'ame qu'il lui donna existoit-elle avant sa creation ? en quel lieu étoit-elle avant que le Createur la communiquât à l'homme par son souffle ? Dieu par sa puissance lui a-t-il donné l'être & la vie le sixiéme jour auquel il forma le corps de l'homme du limon de la terre? A tout cela vous ne répondez rien, & comme si vous ne sçaviez pas ce qu'on vous demande, vous vous arrêtez à des questions inutiles & qui ne font rien à nôtre sujet. Muet & tranquille sur tout ce qui regarde Origéne, vous vous dechainez contre Marcion, contre Apollinaire, contre Eunomius, contre Arius, contre Manichée, contre les visions & les réveries de tous les autres heretiques. Vous ne répondez jamais aux questions qu'on vous fait, & vous tâchez à tout moment de nous donner le change. Cependant vous donnez assez à connoître que vous êtes toûjours dans les mêmes sentimens; & comme nous sommes trop grossiers pour découvrir vos artifices, vous sçavez l'art de nous appaiser, sans déplaire à ceux de vôtre parti.

Vous dites que les Anges sont plûtôt changez en démons qu'en ames; comme si Origéne ne disoit pas que les démons mêmes sont des ames qui animent des corps d'air (ce qui est vrai) & que s'ils changent de vie, de démons qu'ils sont ils deviendront des ames humaines. Vous ajoutez que les Anges sont sujets au changement, & faisant passer l'impieté & le mensonge à la faveur de la verité, vous soutenez qu'après plusieurs changemens ils deviendront ames, non pas en quittant l'état d'Anges où ils ont été créés, mais celui où ils se sont trouvez après leur chute. Je m'explique. Supposons qu'un Tribun qu'on dégraderoit pour quelque faute qu'il auroit faite, descende jusqu'au rang des Cadets, en passant successivement & comme par degrez par tous les offices subalternes de la Cavalerie; devient-il tout d'un coup Cadet de Tribun qu'il étoit? non; mais on le fait d'abord Primicier, ensuite Senateur, Capitaine d'une compagnie de deux cens hommes, Commissaire des vivres, [a] Capitaine de piquet, simple Cavalier, & enfin Cadet; & quoiqu'il ait été autrefois Cadet avant que d'être Tribun, cependant il ne redevient pas d'abord de Tribun Cadet, mais Primicier. Origéne dit que les creatures raisonnables descendent peu à peu comme par l'échelle de Jacob jusqu'au dernier échelon, c'est-à-dire, jusqu'à des corps de chair & de sang; qu'il est impossible que de cent on vienne tout d'un coup à un, sans passer par tous les autres nombres, comme par les échellons d'une échelle; & que les Anges changent de corps à mesure qu'ils changent de condition & de demeure en descendant du ciel en terre.

Voilà les ruses & les artifices dont vous vous servez pour nous faire passer pour [b] des hommes grossiers, pour des bêtes & des animaux incapables de concevoir les choses spirituelles. Mais vous qui êtes citoïens de Jerusalem, vous vous mocquez des Anges mêmes. Cependant on dévoile vos mysteres, & on fait connoître aux Chrétiens les dogmes

---

[a] Le texte porte *Circitor*: c'étoit un officier qui faisoit la ronde autour du camp pour voir si tout étoit en ordre, ce qui répond à ce que nous appellons aujourd'hui dans la Cavalerie, *Capitaine de piquet*.

[b] Il y a dans le texte, *Pelusiotas*, c'est-à-dire des hommes de boüe, du mot grec πηλός qui veut dire *boüe*.

que vous avez puisez dans les fables du paganisme. J'ai autrefois meprisé dans Platon ce que vous regardez aujourd'hui avec admiration; & je l'ai meprisé, parce que j'ai fait profession de cette sagesse de Jesus-Christ qui passe pour folie aux yeux du monde, & qui neanmoins *est plus sage que la sagesse de tous les hommes.* Des Chrétiens & des Evêques mêmes ne rougissent point de traiter les choses de Dieu comme une comedie; de s'expliquer sur les dogmes de la foi d'une maniere ambigüe & envelopée; de s'attacher malicieusement à des termes équivoques, & de se tromper ainsi eux-mêmes plûtôt que ceux qui les écoutent.

1. Cor. 1. 25.

Aïant pressé un jour un de vos Messieurs de me dire ce qu'il pensoit de la nature de l'ame, & s'il croïoit qu'elle eût été avant le corps; il me répondit que le corps & l'ame existoient en même-tems. Je sçavois bien que cet heretique vouloit m'en imposer & me jetter de la poussiere aux yeux; mais après l'avoir tourné de tous côtez, enfin il me donna assez à entendre que l'ame ne doit être appellée *ame* qu'après son union avec le corps qu'elle anime; & qu'avant cette union on l'appelloit ou Démon, ou Ange de Satan, ou Esprit de fornication; ou bien Domination, Puissance, Esprit administrateur, ou Ambassadeur de Dieu. Si l'ame existoit avant la création du premier homme, dans quelque état & quelque situation qu'on la considere, elle vivoit, cette ame, elle agissoit; car enfin on ne peut pas s'imaginer qu'étant incorporelle & éternelle, elle fut toûjours immobile & endormie comme un loir. Ce n'a donc pas été fans raifon que Dieu a mis dans un corps, cette ame qui auparavant n'en avoit point. Que s'il eft de la nature de l'ame d'être fans corps, il s'enfuit qu'il eft contre fa nature d'être unie au corps ; s'il eft contre fa nature d'être unie au corps, la réfurrection fera donc contraire aux loix de la nature : or comme cela ne fe peut dire, il faut conclure, felon vos propres principes, qu'après la réfurrection les corps n'auront point d'ame, puis qu'ils ne peuvent réfufciter contre l'ordre la nature.

Vous dites que l'ame n'eft point une portion de la fubftance de Dieu ; vous avez raifon, & par là vous condamnez l'impie Manichée, dont on ne peut feulement prononcer le nom fans fe foüiller foi-même. Vous dites que les Anges ne deviennent point ames; je vous paffe cette queftion, quoique je fçache bien dans quel fens vous la prenez. Mais puifque nous fçavons ce que vous niez, obligez nous maintenant de nous dire ce que vous croïez. Dieu, dites-vous, aïant pris du limon de la terre, en forma l'homme ; & par fon propre fouffle il lui donna une ame raifonnable & doüée du libre arbitre ; une ame d'une nature fpecifique, & qui n'étoit pas, comme le difent quelques impies, une portion de fa propre fubftance. Quel détour il prend pour dire ce qu'on ne lui demande point. Nous fçavons bien que Dieu a formé l'homme du limon de la terre, & qu'aïant répandu fur fon vifage un fouffle de vie, l'homme devint vivant & animé. Nous n'ignorons pas que l'ame eft raifonnable & doüée du libre arbitre, &

que sa création est l'ouvrage de Dieu. Tout le monde convient que c'est une erreur d'enseigner, comme fait Manichée, que l'ame est une portion de la substance de Dieu. Mais je vous demande ; cette ame qui est l'ouvrage de Dieu, qui est raisonnable & doüée du libre arbitre, & qui n'est point une portion de la substance du Createur, quand a-t-elle été créé ? étoit-ce lors que Dieu forma l'homme du limon de la terre, & répandit sur son visage un souffle de vie ? où existoit-elle parmi les creatures raisonnables & incorporelles avant que Dieu la communiquât à l'homme par son souffle ? C'est ici que vous demeurez muet, que vous faites semblant de ne rien comprendre à la question qu'on vous fait, & que vous emploïez les paroles de l'Ecriture pour nous debiter une doctrine que l'Ecriture n'enseigna jamais. Au lieu de nous dire (ce qu'on ne vous demandoit pas) que l'ame n'est point une portion de la substance de Dieu, comme l'enseignent quelques impies ; vous deviez dire, pour répondre juste à ce qu'on vous demandoit, que l'ame que Dieu donna à l'homme par son souffle n'étoit pas une ame qui eût existé, qui eût été créé, qui eût vécu parmi les creatures raisonnables, incorporelles & invisibles long-tems avant son union avec le corps. Vous produisez Manichée sur la scene, & vous tirez le rideau sur Origéne. Semblable à ces nourrices qui lors que leurs petits enfans demandent à manger, leur presentent quelque poupée pour les amuser & pour leur en faire perdre l'idée, vous tâchez de nous mettre sur d'autres voies, afin qu'occupez du nouveau perſonnage que vous nous preſentez, nous perdions de vûë celui que nous cherchons.

Je veux que vous agiſſiez en cela de bonne foi, & que la diſſimulation & l'artifice n'aient aucune part à vôtre ſilence : mais pourquoi après avoir commencé à parler de la nature de l'ame, en remontant pour cela juſqu'à la création de l'homme, abandonnez vous tout à coup cette queſtion, pour traiter celle des Anges & de l'Incarnation du Verbe? Pourquoi paſſant d'un plein ſaut ces longues & épineuſes queſtions, nous laiſſez-vous pour ainſi dire embourbez au milieu du chemin? Si Dieu a créé l'ame par ſon ſouffle (c'eſt dequoi vous ne tombez pas d'accord, & ſurquoi vous ne voulez pas maintenant vous expliquer) quelle eſt donc l'origine de l'ame d'Eve, puiſque Dieu n'a point répandu ſon ſouffle ſur ſon viſage ? Laiſſons-là Eve; comme elle a été formée d'une des côtes de l'homme, & qu'en cela elle eſt la figure de l'Egliſe, il ne faut pas l'expoſer après tant de ſiecles aux outrages de ſes deſcendans. Quelle eſt l'origine des ames de Caïn & d'Abel qui ſont les premiers enfans d'Adam & d'Eve? Quelle eſt l'origine des ames de tous les autres hommes ? Viennent-elles par la voie de la generation comme les animaux, en ſorte qu'une ame engendre une autre ame, de même qu'un corps engendre un autre corps? Ou les creatures raiſonnables étant deſcenduës du ciel en terre, entraînées par le panchant naturel qu'elles ont de s'unir au corps, ſont-elles entrées dans des corps humains pour les ani-

mer? Ou enfin faut-il s'en tenir au sentiment & à la doctrine de l'Eglise, qui nous enseigne que Dieu dont la volonté est toute-puissante, crée tous les jours des ames, & ne cesse point d'être Createur, selon ce que dit Jesus-Christ: *Mon Pere n'a point cessé d'agir jusqu'à present, & j'agis aussi incessamment.* Et le Prophete Zacharie: *Dieu forme dans l'homme l'esprit de l'homme.* Et le Psalmiste: *Dieu forme le cœur d'un chacun d'eux.* *Joan.* 5. 17.
Zach. 12. 1.
Psal. 32. 15.

Je sçai ce que vous avez coûtume d'opposer à ces passages pour en diminuer la force & l'autorité; je sçai les objections que vous nous faites, & que vous puisez dans des sources étrangeres & corrompuës: le tems ne me permet pas de les refuter; cela me meneroit trop loin. Nous pouvons aussi tourner contre vous les mêmes armes dont vous vous servez pour nous combattre. Ce qui paroît indigne de Dieu dans les ouvrages qu'il fait tous les jours, n'est point indigne de lui dès qu'il en est l'auteur. Naître d'un adultere, ce n'est point la faute de l'enfant, c'est le crime du pere. La terre ne peche point en recevant la semence dans son sein, & le grain en tombant sur les sillons, ni l'humidité ou la chaleur en nourrissant & faisant germer le froment: mais celui qui péche est, par exemple, un voleur qui enleve le grain ou par fraude ou par violence. Il en est de même de la generation des hommes. La terre, c'est-à-dire, le sein maternel reçoit le sang qui lui est propre; ce sang s'échauffe & prend peu à peu la figure d'un corps; chaque partie se develope & se met à sa place, & Dieu qui est tout à la fois le Createur & de l'ame & du corps, opere sans cesse dans cet étroit & sombre reduit. Ne méprisez point la bonté de l'ouvrier qui vous a fait tel qu'il a voulu : il est la vertu & la sagesse de Dieu, & il s'est bâti lui-même une demeure dans le sein d'une Vierge. Jephté que saint Paul met au nombre des Justes, est né d'une femme de mauvaise vie. Esaü fils d'Isaac & de Rebecca étant venu au monde tout couvert de poil, & pour ainsi dire aussi herissé par l'esprit comme par le corps, fut comme un pur froment qui degenera en herbe & en ïvraie ; parce que ce n'est point le sang du pere, mais la volonté des enfans qui est la source ou des vices ou des vertus. Si c'est un crime de naître avec un corps humain, pourquoi donc la naissance d'Isaac, de Samson & de Jean-Baptiste a-t-elle été prédite & annoncée par un Ange ? Vous voïez ce que c'est que de professer librement & hautement sa foi. Prenez que je me trompe ; du moins je dis ouvertement ce que je pense. Usez-en donc avec la même franchise, en vous declarant hautement pour nos sentimens, ou en défendant les vôtres constamment. Ne faites point semblant d'être de mon parti, & ne cachez point vos mauvais desseins sous un air de sincerité, afin de pouvoir me blesser par derriere quand il vous plaira, & vous sauver après avoir fait vôtre coup. Ce n'est pas ici le lieu de refuter les erreurs d'Origéne, je me reserve, si Dieu me donne des jours, à le faire dans un autre ouvrage. Il s'agit ici d'examiner comment vous vous purgez des accusations qu'on a formées contre vous, & si vos réponses sont sinceres, sans dissimulation & sans équivoque.

Passons maintenant à la fameuse question de la résurrection du corps & de la chair. Sur quoi je croi devoir encore vous avertir, mon cher Lecteur, qu'en écrivant ceci j'ai toûjours devant les yeux la crainte & les jugemens de Dieu, & que vous devez entrer dans les mêmes dispositions en lisant cet ouvrage : car si la créance est pure, & s'il s'explique d'une maniere qui ne laisse aucun sujet de douter de la sincerité de sa foi ; je ne suis pas assez fou pour lui faire son procez sous de vains & specieux pretextes, & pour me rendre moi-même coupable de calomnie, en voulant le faire passer pour heretique. Lisez donc ce qu'il dit de la résurrection de la chair, & après que vous l'aurez lû & condamné (car je suis bien persuadé qu'on ne peut pas approuver une telle doctrine) suspendez vôtre jugement, & attendez à vous declarer que vous aïez entierement lû ma réponse ; si vous n'en êtes pas satisfait, je consens que vous me regardiez comme un imposteur.

Nous confessons, dit-il, que la Passion de Jesus-Christ, sa mort, sa sepulture (car ce divin Sauveur a bien voulu s'assujetir à tout cela) & sa résurrection, sont réelles & veritables, & non pas chimeriques & imaginaires ; qu'*il est le premier né des morts*, & qu'aïant tiré du tombeau les prémices de nos corps, il les a elevez avec lui jusques dans le ciel, afin de nous engager à fonder sur sa résurrection l'esperance de la nôtre. Car nous esperons tous résusciter un jour de la même

Coloss. 1. 18.

» maniere qu'il est résuscité lui-même ; or com-
» me il est résuscité avec le même corps qu'il
» avoit & qui a été mis dans le saint sepulcre ;
» nous esperons de même résusciter, non pas
» avec des corps étrangers & fantastiques, mais
» avec les mêmes corps dont nous sommes re-
» vêtus, & qui ont été mis dans le tombeau.

1. Cor. 15. » Car selon l'Apôtre saint Paul, *Le corps com-*
42. » *me une semence est maintenant mis en terre plein*
» *de corruption, & il résuscitera incorruptible :*
» *il est mis en terre tout difforme, & il résusci-*
» *tera glorieux ; il est mis en terre comme un*
» *corps animal, & il résuscitera comme un corps*
Luc 20. » *spirituel.* Ce qui a fait dire au Sauveur : *Mais*
35. » *pour ceux qui seront jugez dignes d'avoir part*
» *au siecle futur & à la résurrection des morts,*
» *ils ne se marieront plus, & n'épouseront plus*
» *de femmes ; car alors ils ne pourront plus mou-*
» *rir, mais ils seront semblables aux Anges,*
» *parce qu'ils sont enfans de la résurrection.*

Voici encore les détours qu'il prend & les équivoques dont il se sert dans un autre endroit de sa Lettre, je veux dire à la fin de ses traitez, pour décrire le terrible & pompeux appareil de la résurrection future, afin
» d'imposer par là aux ignorans. Nous n'avons
» pas oublié, dit-il, de parler du second &
» glorieux avenement de nôtre Seigneur Jesus-
» Christ, qui doit venir dans toute sa ma-
» jesté juger les vivans & les morts : car il ré-
» suscitera tous les morts, & les faisant paroî-
» tre devant son redoutable tribunal, il rendra
» à chacun selon les œuvres soit bonnes soit
» mauvaises dont leur corps aura été l'instru-
» ment ; couronnant ceux qui se seront servi de
leurs

leurs corps pour vivre dans la chasteté & dans la justice ; & condamnant ceux qui les auront plongez dans l'iniquité & dans de honteuses débauches.

Nous voïons ici la verité de ce que nous lisons dans l'Evangile, Qu'à la fin du monde les Elûs mêmes, s'il étoit possible, se laisseront séduire par les faux Prophetes. Le peuple ignorant entend parler de corps morts & ensevelis dans le tombeau ; il entend dire que la résurrection des morts sera veritable, & non point imaginaire ; que Jesus-Christ en montant au ciel y a porté avec lui les prémices de nos corps ; que nous devons ressusciter non point dans des corps étrangers & fantastiques, mais avec les mêmes corps dont nous sommes revêtus, & avec lesquels nous sommes ensevelis dans le tombeau ; de même que Jesus-Christ est résuscité avec le même corps qu'il avoit durant sa vie mortelle, & qui a été mis dans le Saint sepulcre. Et pour ne laisser aucun doute de la sincerité de la foi, il ajoûte enfin que Jesus-Christ rendra à un chacun selon ses œuvres bonnes & mauvaises dont son corps aura été l'instrument ; couronnant ceux qui se seront servis de leurs corps pour vivre dans la chasteté & dans la justice ; & condamnant ceux qui les auront plongez dans l'iniquité & dans de honteuses débauches. Une populace ignorante & credule qui n'entend parler que de corps, de sepulture & de résurrection, ne peut s'imaginer qu'on ait dessein de lui faire illusion, & croit de bonne foi tout ce qu'on lui dit ; car les oreilles du peuple sont plus pures & plus innocentes que l'esprit & le cœur de l'Evêque. Je vous prie donc, mon cher Lecteur, & vous conjure derechef de vous donner patience, vous apprendrez par là ce que je n'ai découvert moi-même qu'avec le tems. Mais avant que de déveloper la tête de ce dragon, & d'expliquer la doctrine d'Origéne sur la résurrection (car vous ne pouvez juger de la bonté de l'antidote, si vous ne connoissez pas toute la malignité du poison) remarquez je vous prie & comptez exactement, & vous verrez que nôtre apologiste parlant de la résurrection, a emploïé neuf fois le mot de *corps*, sans se servir une seule fois de celui de *chair*. Défiez-vous de ce silence malin & affecté.

Origéne donc dit en plusieurs endroits de ses ouvrages, mais particulierement dans le quatriéme Livre de la résurrection, dans l'explication du premier Pseaume, & dans
» ses œuvres mêlées, qu'il y a dans l'Eglise
» deux sortes d'erreurs sur la résurrection des
» morts. Car les uns (c'est de nous qu'il parle)
» gens grossiers & charnels, soutiennent que
» nous résusciterons avec les mêmes os, le mê-
» me sang, la même chair, le même visage,
» & les mêmes parties dont nôtre corps est
» composé; & qu'ainsi nous aurons des piés
» pour marcher, des mains pour travailler, des
» yeux pour voir, des oreilles pour entendre,
» un estomach pour digerer les viandes, & un
» ventre que nous ne pourrons jamais rassasier:
» d'où l'on doit conclure que nous aurons be-
» soin de boire & de manger, de nous déchar-
» ger des excremens & des superfluitez de la

nature, d'avoir des femmes & d'user du ma- «
riage : car de quel usage seront les parties qui «
servent à la generation, si on ne se marie «
point ? à quoi serviront les dents si on ne «
mange point ? de quelle utilité seront & le «
ventre & les viandes, si selon Saint Paul, « 1. Cor. 6.
Dieu doit détruire l'un & l'autre, & *si la chair* « 13.
& le sang, comme dit le même Apôtre, *ne* « Ibid. 15.
peuvent posseder le roïaume de Dieu, ni la cor- « 50.
ruption entrer en possession de cet heritage incor- «
ruptible ? Voilà, à ce qu'il pretend les erreurs «
où nôtre simplicité & nôtre ignorance nous «
a engagez. «

Les autres (il parle des heretiques, tels «
que sont Marcion, Apellés, Valentin & ᵃMa- «
nés, qui porte dans son nom des extravagan- «
ces) les autres, dit-il, nient absolument la «
résurrection de la chair & du corps, & pre- «
tendent que l'ame seule sera sauvée ; qu'en «
vain nous nous flatons que nôtre résurrection «
sera semblable à celle de JESUS-CHRIST, «
puis qu'il n'est résuscité qu'en apparence, & «
qu'il n'a eu non seulement dans sa résurrec- «
tion, mais même dans sa naissance, qu'un «
corps fantastique & apparent. «

Origéne dit qu'il ne sçauroit goûter ni l'un «
ni l'autre de ces sentimens ; qu'il a horreur & «
de la résurrection charnelle que nous admet- «
tons, & de la résurrection fantastique qu'en- «
seignent les heretiques ; que ces deux opinions «
sont également outrées, & donnent dans des «
extremitez contraires ; les uns soutenant qu'ils «

ᵃ Manés est un nom Persan qui signifie *disputeur* ; mais saint Jerôme fait ici allusion au mot grec μανία, qui veut dire *manie*, *fureur*, *extravagance*, *folie*.

» seront tels qu'ils ont toûjours été, & les au-
» tres niant abfolument la réfurrection des corps.
» Tous les Philofophes, difent ceux-ci, & tous
» les Medecins conviennent que toutes les cho-
» fes fenfibles & les corps humains font com-
» pofez de quatre élemens, fçavoir de terre,
» d'eau, d'air & de feu. La terre eft represen-
» tée par la chair, l'air par la refpiration, l'eau
» par l'humide radical, & le feu par la chaleur
» naturelle. Or lors que Dieu aura feparé l'a-
» me d'avec le corps terreftre & periffable,
» chaque chofe fe réunira à fon principe ; la
» chair deviendra terre, la refpiration & le
» fouffle qui nous anime fe diffipera dans les
» airs, l'humide radical rentrera dans les abî-
» mes d'eau, & la chaleur naturelle s'élevera
» vers la fphere du feu. Il en fera, difent-ils,
» de la réfurrection de nos corps, comme d'un
» fétier de lait ou de vin qu'on répandroit dans
» la mer, & qu'on voudroit enfuite feparer
» d'avec l'eau après leur union & leur mélange:
» car de même que ces liqueurs qu'on répand ne
» periffent pas dans l'eau de la mer, & que ce-
» pendant on ne peut pas les feparer après qu'on
» les a mêlées; de même nôtre chair & nôtre
» fang ne periffent pas en fe réuniffant à la pre-
» miere matiere dont ils étoient compofez ; ce-
» pendant ils ne peuvent jamais redevenir ce
» qu'ils étoient, ni être rétablis dans leur pre-
» mier état.
»   Selon ce principe on ne peut pas dire que
» nous réfufciterons avec un corps compofé de
» chair, de fang, de nerfs, de veines & d'os.
» Mais nous avons, dit Origéne, une autre idée
» de la réfurrection des corps qui font enfeve-

lis dans le tombeau & reduits en poussiere ; " car nous croïons que Paul sera Paul, & que " Pierre sera Pierre ; en un mot, qu'un chacun " résuscitera avec son propre corps ; parce qu'il " n'est pas juste de punir dans un corps une ame " qui a peché dans un autre, ni de couronner " un corps qui n'a point souffert pour Jesus- " Christ, à la place d'un autre qui a répandu " son sang pour son amour. "

A l'entendre parler de la sorte, pouroit-on s'imaginer qu'il nie la résurrection de la chair ? La sagesse de Dieu, dit-il, a mis dans cha- " que semence un germe qui contient en petit " tout ce qu'elles doivent produire un jour. " Quoiqu'on ne puisse pas découvrir dans la " semence toute la grandeur de l'arbre qui en " doit naître, c'est-à-dire son tronc, ses bran- " ches, ses fruits & ses feüilles ; tout cela nean- " moins ne laisse pas d'être enfermé dans ce pe- " tit germe, ou selon les Grecs dans cette pe- " tite étincelle qui est au cœur de la semence. " Il y a par exemple dans un grain de froment " une espece de moüelle ou de petite veine, qui " se dévelopant & s'étendant par la chaleur de " la terre, se lie & s'incorpore avec la matiere " dont elle est environnée, & ensuite se chan- " ge en herbe, en chalumeau & en épi. Ce que " la terre a reçû dans son sein, elle le repro- " duit sous une nouvelle forme ; car la racine, " l'herbe, le chalumeau, l'épi, la paille, tout " cela n'est ni distingué ni arrangé dans le grain " de froment. "

Or il en est de même du corps humain ; " car il y a dans chaque corps un ancien germe " qui étant échauffé par la terre, devient pour "

» les morts la source & le principe d'une nou-
» velle vie. Au jour du jugement, la terre étant
» ébranlée par la voix de l'Archange & le der-
» nier son de la trompette ; toutes ces semences
» se remüeront & reproduiront les morts en un
» instant, non pas avec la même chair, mais
» sous une forme nouvelle & differente de celle
» qu'ils avoient auparavant. Voulez-vous que
» je vous convainque de cette verité ? écou-
» tez ce que dit l'Apôtre saint Paul : *Mais quel-*
» *qu'un me dira; de quelle maniere les morts ré-*
» *suscîteront-ils, & quel sera le corps dans lequel*
» *ils reviendront ? Insensé que vous êtes, quand*
» *vous semez, vous ne semez pas le corps de la*
» *plante qui doit naître, mais seulement la graine,*
» *par exemple, du blé, de la vigne, ou d'un*
» *arbre.*

»   Après avoir parlé du grain de froment &
» de la semence des arbres, parlons maintenant
» du grain de raisin. Il est si petit, ce grain,
» qu'à peine peut-on le tenir avec les deux doigts.
» Où est la racine ? où est le sep ? où sont ces
» branches entrelassées les unes avec les autres ?
» ces larges feüilles qui font un ombrage si agrea-
» ble ? ces belles grapes qui doivent un jour
» donner tant de vin ? Ce grain que vous tenez
» entre vos mains est tout sec & presque im-
» perceptible : cependant par la puissance de
» Dieu, & par une vertu secrete & cachée qu'il
» renferme au dedans de lui-même, ce petit
» grain, tout sec qu'il est, produira un jour
» d'excellent vin. Vous accordez tous ces avan-
» tages à un bois fragile & périssable qui ne
» reprendra jamais la forme vile & meprisable
» qu'il avoit dans sa premiere origine ; & vous

le refufez au corps humain. Vous voulez qu'il
réfufcite avec des os, du fang, & toutes les
autres parties qui le compofent; enforte qu'on
aura befoin de fe faire rafer, de fe moucher,
de couper fes ongles, de fe decharger des hu-
meurs & des fuperfluitez de la nature. Si vous
vous arrêtez à toutes ces vifions dont les efprits foibles & groffiers ont coutume de fe
repaître, & fi vous vous attachez fi fort à la
chair *qui ne peut nous rendre agreable à Dieu,* "*Rom.* 8. 7.
parce qu'elle est elle-même ennemie de Dieu;
vous ne pouvez avoir qu'une idée très fauffe
de la réfurrection des morts : car felon l'A- "*Ib.* 15. 42.
pôtre S. Paul, *le corps comme une femence est*
maintenant mis en terre plein de corruption, &
il refufcitera incorruptible; il est mis en terre
tout difforme, & il refufcitera tout glorieux; il
est mis en terre privé de mouvement, & il ré-
fufcitera plein de vigueur; il est mis en terre
comme un corps animal, & il refufcitera com-
me un corps fpirituel. Nous nous fervons à prefent de nos yeux pour voir, de nos oreilles
pour entendre, de nos mains pour agir, de
nos piés pour marcher : mais dans ce corps
fpirituel avec lequel nous réfufciterons, il n'y
aura aucune partie qui ne voïe, aucune qui
n'entende, aucune qui ne marche; parce que
le Seigneur *transformera nôtre corps tout vil* "*Phil.* 3.
& abject qu'il est, afin de le rendre conforme à "21.
fon corps glorieux. Lors que l'Apôtre dit que
le Seigneur transformera nôtre corps, en lui
donnant une nouvelle figure, il ne nie pas
que nous n'aïons les mêmes parties dont nôtre corps est maintenant compofé; mais il
nous promet un corps fpirituel & d'un air

» très pur ; un corps qu'on ne poura ni voir ni
» toucher ; un corps leger & sans pesanteur,
» & qui changera selon la difference des lieux
» où il se trouvera. Car si nous résuscitons avec
» la même chair & le même corps que nous
» avons maintenant, il s'ensuit qu'il y aura en-
» core une difference de sexe, qu'on fera encore
» des mariages, que les hommes auront les
» sourcils épais & la barbe longue, & les fem-
» mes les joües douces & la poitrine étroite ;
» que l'on use du mariage comme auparavant ;
» que les enfans résusciteront avec un corps pro-
» portionné à leur âge, & les vieillards avec
» un corps usé & chargé d'années ; qu'il faudra
» donner à manger à ceux-là, & que ceux-ci
» auront besoin d'un bâton pour se soutenir.
»   Lors que vous lisez dans l'Evangile que
» Jesus-Christ après sa résurrection montra
» son côté & ses mains, parut debout sur le
» rivage de la mer, voïagea avec Cléophas, &
» assura ses Apôtres que son corps étoit com-
» posé de chair & d'os ; ne soïez pas assez sim-
» ple pour vous imaginer que nôtre résurrection
» sera semblable à la sienne. Comme son corps
» n'a pas été conçû par la voie ordinaire de la
» generation, il a aussi des privileges ausquels
» les autres hommes ne doivent point preten-
» dre. S'il boit & mange après sa résurrection,
» s'il paroît revêtu d'habits, s'il se laisse tou-
» cher ; c'est qu'il veut convaincre ses Apôtres
» de la verité de sa résurrection. Mais cepen-
» dant lors qu'il entre dans le Cenacle les por-
» tes étant fermées, & qu'il disparoît aux yeux
» de deux de ses disciples en rompant le pain ;
» il fait assez connoître par là que son corps

est tout spirituel, & composé d'un air très-« subtil. Selon vos principes nous serons donc « encore assujetis après la résurrection à boire, « à manger, & à nous decharger de ce que « l'estomac aura digeré ? Si cela est, comment « s'accomplira ce que dit l'Apôtre saint Paul : « *Il faut que le corps mortel soit revêtu de l'im-* « I. Cor. 15. *mortalité ?* « 53.

Voilà la seule raison pourquoi dans vôtre exposition de foi vous emploïez jusqu'à neuf fois le mot de *corps*, sans vous servir une fois de celui de *chair*, & cela dans la vûë de faire illusion aux ignorans, qui vous entendant parler de la résurrection du corps, s'imaginent que vous confessez la résurrection de la chair, & que chair & corps c'est la même chose. Si c'est la même chose, ils n'ont donc point de signification differente. Car je prévois bien que vous m'allez dire que vous n'y entendez point de finesse, & que vous avez toûjours crû que *corps* & *chair* étoient une même chose. Pourquoi donc ne vous servez-vous point du mot de *chair* pour signifier le corps ? pourquoi n'emploïez vous pas indifferemment tantôt l'un, tantôt l'autre, pour montrer que par le mot de *corps* vous entendez la chair, & que par le mot de *chair* vous entendez le *corps* ? Avoüez-le de bonne foi, vôtre silence sur cela n'est pas sans dessein : car enfin la chair & le corps n'ont pas une même definition. Tout ce qui est chair, est corps ; mais tout ce qui est corps, n'est pas chair. Ce qu'on appelle proprement *chair*, est une substance composée de sang, de veines, d'os & de nerfs. Mais le nom de *corps* (quoi qu'il convienne aussi à la chair) on le donne quelquefois à une substance étherée ou aërienne, qu'on ne peut ni voir ni toucher, & qui neanmoins devient souvent visible & palpable. Une muraille est un corps, mais elle n'est pas chair. Il y a selon saint Paul des corps celestes, & des corps terrestres. Le soleil, la lune, les étoiles ont des corps celestes : le feu, l'air, l'eau, la terre, & tous les êtres inanimez qui sont composez de ces quatre élemens, ont des corps terrestres.

Vous voïez bien que vos artifices ne me sont pas inconnus, & que je dévoile ici des mysteres que vous ne decouvrez qu'aux ames parfaites, & ausquels le simple peuple ne merite pas d'avoir part. C'est ce qui vous fait dire en riant, & avec un certain air puerile & badin : *Toute la gloire de la fille du Roi lui vient tu dedans.* Et : *Le Roi m'a fait entrer dans son appartement secret.* Il est aisé de voir à quel dessein vous parlez de la résurrection du corps, sans faire aucune mention de la résurrection de la chair. C'est afin que nous autres gens simples & grossiers, nous entendions de la chair tout ce que vous dites du corps ; & que ceux que vous appellez parfaits, jugent par l'affectation avec laquelle vous vous servez du mot de *corps*, que vous ne croïez point la résurrection de la chair. Mais l'Apôtre saint Paul voulant faire voir que Jesus-Christ avoit un corps de chair, & non pas un corps spirituel, aërien, ou composé d'une autre matiere subtile, dit expressément dans son Epître aux Colossiens :

Psal. 44. 14.
Cant. 1. 3.

Col. 1. 21. *Lors que vous étiez autrefois éloignez de* Jesus-Christ, & *que vos œuvres criminelles vous rendoient ennemis de son esprit, il vous a reconciliez par sa mort dans le corps de sa chair,* Et derechef : *C'est en lui que vous avez été circoncis d'une circoncision qui n'est pas faite de main d'homme, mais qui consiste dans le dépoüillement du corps de la chair.* Si le mot de *corps* ne signifie que la chair & ne peut point avoir plusieurs sens, qu'étoit-il necessaire que l'Apôtre parlât d'un *corps de chair*, comme si par le mot de *corps* on pouvoit entendre autre chose que la chair ? Dans le simbole de nôtre esperance & de nôtre foi, que nous avons reçû des Apôtres, & qui est écrit *non pas avec de l'encre, ni sur du papier, mais sur des tables de chair qui sont nos cœurs*, après avoir confessé le mystere de la sainte Trinité, & l'unité de l'Eglise, nous finissons nôtre confession de foi en declarant que nous croïons la résurrection de la chair. Les Apôtres se servent toûjours du mot de *chair*, sans parler du corps ; & vous au contraire vous emploïez jusqu'à neuf fois le mot de *corps*, sans parler une seule fois de la chair.

Je sçai aussi quelles sont vos vûës dans ce que vous dites ensuite avec tant de précaution & tant d'artifice. Car vous prouvez la verité de la résurrection par les mêmes passages dont Origéne se sert pour la nier ; & confirmant ce qui est incertain par ce qui est douteux, vous détruisez la certitude de nôtre créance, & renversez comme par une espece de tempête subite & imprévûë tout l'édifice de nôtre foi. *Le corps,* dit Origéne, *semblable à une semence, est mis en terre comme un corps animal,*

Ibid. 2. 11.

& *il réfufcitera comme un corps fpirituel.* Car après la réfurrection les hommes n'auront point de femmes, ni les femmes de maris, mais ils feront comme les Anges dans le ciel. Si vous vouliez nier la réfurrection des morts, de quels autres paſſages vous ſerviriez vous pour appuïer vôtre ſentiment ? Mais voulez-vous confeſſer que nous réfufciterons avec de veritables corps, & non point, comme vous dites, avec des corps fantaſtiques ? A ces paſſages que vous avez citez pour leurrer les ignorans, & pour prouver que nous réfufciterons avec les mêmes corps dans leſquels nous mourrons & avec leſquels nous ſerons enſevelis, ajoûtez celui-ci : *Conſiderez qu'un eſprit n'a* Luc 24. 39. *ni chair, ni os, comme vous voïez que j'en ai;* & particulierement ce que JESUS-CHRIST Joan. 20. dit à Thomas : *Portez ici vôtre doigt & con-* 27. *fiderez mes mains ; approchez auſſi vôtre main & la mettez dans mon côté, & ne ſoïez plus incredule, mais fidelle.* Ce qui fait voir qu'après la réfurrection nous aurons la même chair, le même ſang, les mêmes os & les mêmes parties dont nôtre corps eſt maintenant compoſé, & dont l'Ecriture ſainte condamne les œuvres, & non pas la nature, ſelon ce Gen. 6. 3. qui eſt écrit dans la Geneſe : *Mon eſprit ne demeurera pas avec ces hommes, parce qu'ils ne ſont que chair.* De là vient que l'Apôtre S. Paul parlant de la mauvaiſe doctrine des Juifs, & de la corruption de leurs œuvres, Gal. 1. 16. dit : *Je n'ai conſulté ni la chair, ni le ſang.* Et écrivant à des Saints qui étoient encore en-Rom. 8. 9. vironnez d'une chair mortelle : *Pour vous,* leur dit-il, *vous n'êtes pas dans la chair, mais dans l'esprit; si toutefois l'esprit de Dieu habite en vous.* Lors qu'il dit qu'ils n'étoient point dans la chair, quoiqu'ils fussent environnez d'un corps de chair, il fait bien voir que ce sont les pechez, & non pas la substance de la chair qu'il condamne. Voila en quoi consiste la foi de la résurrection, à croire que nôtre chair sera revêtüe de gloire, sans cesser d'être une veritable chair.

Quand l'Apôtre Saint Paul dit: *Ce corps* 1. Cor. 15. *corruptible & mortel*, il fait bien voir qu'il 53. parle du corps, c'est-à-dire, de la chair qu'il voïoit à ses yeux. Et lors qu'il ajoute: *doit être revêtu de l'incorruptibilité & de l'immortalité*; il ne dit pas que le corps doit être détruit par cette gloire dont il sera revêtu; mais qu'il deviendra glorieux & éclatant, d'abject & de difforme qu'il étoit: c'est-à-dire qu'après nous être depoüillez de cette mortalité & de ces foiblesses qui rendent nôtre corps vil & méprisable, nous serons revêtus, pour ainsi dire, de l'or de l'immortalité, & comblez d'un bonheur solide & constant. Car *nous ne desirons pas d'être dépoüillez de la* 2. Cor. 5. 3. *chair, mais d'être revêtus comme d'un sur-tout de cette gloire qui est nôtre maison celeste, en sorte que ce qu'il y a de mortel en nous soit absorbé par la vie.* Un sur-tout ne se met que sur les autres habits. Lors que nôtre Seigneur se transfigura sur la montagne & parut tout brillant de gloire, il n'étoit pas sans piés, sans mains, ni sans les autres parties de son corps, comme s'il fut devenu tout à coup semblable au soleil, ou à quelque globe celeste: mais ses membres sans changer de nature, devinrent éclatans comme le soleil, en sorte que les Apôtres en furent ébloüis. Et de peur que vous ne difiez que fes habits étoient fpirituels, il eft marqué, non pas qu'ils furent changez en air, mais qu'ils devinrent blancs comme la neige. *Son vifage*, dit l'Evangile, *devint éclatant comme le foleil*. Puifque l'on voïoit fon vifage, il eft à croire qu'on voïoit auffi toutes les autres parties de fon corps. Henoch & Elie étoient revêtus d'une chair mortelle lors qu'ils furent enlevez au ciel. Affranchis qu'ils font jufqu'à prefent des loix de la mort, & déja habitans du Paradis, ils ont le même corps qu'ils avoient lors que le Seigneur les enleva de la terre. Ils joüiffent dans la compagnie de Dieu de tous les avantages que nous tâchons de meriter par le jeûne, fe nourriffant d'un pain celefte, fe raffaffiant de la parole de Dieu, & n'aïant point d'autre nourriture que le Seigneur même.

Matth. 17. 2.

Ecoutez ce que dit le Sauveur : *Ma chair fe repofera dans l'efperance*. Et dans un autre endroit : *Sa chair n'a point éprouvé la corruption*. Et derechef : *Toute chair verra le Sauveur envoïé de Dieu*. Voilà ce que dit l'Ecriture ; cependant vous ne nous parlez que de corps. Que ne nous citez vous plûtôt le Prophete Ezechiel qui nous reprefente des os fortant de leurs tombeaux, fe joignant les uns aux autres, & fe tenant debout fur leurs piés; des nerfs qui s'étendent fur ces os, des chairs qui les environnent, & une peau qui les couvre ? Que ne nous rapportez vous l'exemple de Job, qui vainqueur des douleurs qu'il fouf-

Pfal. 15. 9.
Act. 2. 31.
Luc 3. 6.

Ezech. 37. 8.

froit, & ôtant avec un morceau de pot de terre, la pourriture qui fortoit de ses playes, se soutenoit au fort de ses disgraces par l'esperance & la certitude de sa résurrection future? *Qui m'accordera*, disoit-il, *que mes pa-* *roles soient écrites? qu'elles soient tracées dans un livre, & gravées sur une lame de plomb avec une plume de fer, ou sur la pierre avec le ciseau? Car je sçai que mon Redemteur est vivant, & que je résusciterai de la terre au dernier jour; que je serai encore revêtu de cette peau, & que je verrai Dieu dans ma chair; que je le verrai, dis-je, moi-même, & non un autre, & que je le contemplerai de mes propres yeux. C'est là l'esperance que j'ai, & qui reposera toûjours dans mon cœur.* Qu'y a-t-il de plus formel & de mieux marqué que cette Prophetie? Personne au monde depuis JESUS-CHRIST n'a parlé de la résurrection d'une maniere plus claire, que ce Prophete a fait avant JESUS-CHRIST. Il veut que ses paroles demeurent éternellement, & qu'on les grave sur le plomb ou sur la pierre, afin qu'elle puissent échaper à la vicissitude des tems. Il est plein de l'esperance ou plûtôt de la certitude de sa résurrection. Il sçait que JESUS-CHRIST son Redemteur est vivant; il est assuré de résusciter au dernier jour. Le Seigneur n'étoit pas encore mort, & déja ce genereux athlete voïoit son Redemteur sortir du tombeau. Lors qu'il dit, *Je serai encore revêtu de cette peau, & je verrai Dieu dans ma chair*, ce n'est pas qu'il aimât cette chair qui étoit couverte d'ulcéres, & pleine de corruption & de pourriture; mais c'est que la certitude de sa résurrection & l'es-

Job. 19. 23.

perance des biens futurs, lui faisoient mépriser les choses presentes. *Je ferai*, dit-il, *encore revêtu de cette peau*. Où est-il ici fait mention d'un corps aërien, ou composé d'une matiere subtile & étherée, & qui tienne de la nature des esprits ? Là où il y a de la peau, de la chair, des os, des nerfs, du sang, & des veines, il doit aussi y avoir un corps revêtu de chair, & distingué par le sexe qui lui est propre. *Je verrai Dieu*, dit Job, *dans ma chair*. Quand *toute chair verra le Sauveur que Dieu a envoié*, c'est-à-dire JESUS-CHRIST Dieu ; alors je verrai aussi mon Redemteur, mon Sauveur & mon Dieu ; je le verrai, dis-je, dans cette chair qui maintenant me fait si cruellement souffrir, & qui aujourd'hui est toute épuisée par la grandeur de mes maux. Je verrai Dieu dans ma chair, parce qu'il m'a délivré par sa résurrection de toutes les miseres dont je suis accablé.

Ne semble-t-il pas que Job écrivoit dès lors contre Origéne, & qu'il soutenoit un nouveau combat contre les heretiques, pour deffendre la verité de cette chair dans laquelle il souffroit ? Il n'auroit pû voir sans chagrin l'inutilité de ses souffrances, s'il eût dû résusciter avec un corps spirituel, & different de celui qui avoit été en proïe à de si longues & si cruelles douleurs. Pour ruiner donc tous les retranchemens d'une confession équivoque & artificieuse, & pour ne lui laisser aucune resource, il s'exprime d'une maniere très claire, & repete plusieurs fois ces paroles : *Je le verrai moi-même, & non un autre, & je le contemplerai de mes propres yeux*. S'il ne doit point
résusciter

avec le sexe qui lui est propre, ni avec le même corps qui a été étendu sur le fumier; s'il ne voit pas Dieu des mêmes yeux avec lesquels il voïoit les vers fourmillier dans ses playes: où donc sera Job? Vous le detruisez pour mettre un fantôme à sa place; comme si vous vouliez soûtenir qu'un vaisseau qu'on a radoubé après le naufrage, n'a aucune des parties dont il est composé.

Pour moi je dirai franchement mes sentimens, & dûssiez vous vous dechaîner contre moi, & prendre comme les Juifs des pierres pour me lapider, je me declarerai toûjours hautement pour la foi de l'Eglise. Dire que nous résusciterons sans chair & sans os, sans sang & sans membres, c'est une chimere qu'on ne peut comprendre, & qui détruit entierement la verité de la résurrection. Si nous résuscitons avec de la chair, des os, du sang, & les autres parties qui composent le corps, nous serons aussi de differens sexes: Si les sexes sont differens, Jean sera Jean, & Marie sera Marie. Et vous ne devez pas apprehender que des personnes qui durant leur vie mortelle ont renoncé au mariage, desirent se marier après la résurrection. Quand l'Evangile dit: *Les hommes n'auront point de femmes,* Matth. 22. *ni les femmes de maris*; il parle de ceux qui 30. peuvent se marier, & qui neanmoins ne se marient pas. Car enfin ce passage de l'Ecriture ne peut pas s'appliquer aux Anges; & je n'ai jamais oüi dire qu'on ait celebré dans le ciel les nôces de ces esprits celestes. La difference de sexe ne se trouve qu'entre l'homme & la femme. C'est pour cela que ne pouvant resister aux vives impressions de la verité, vous avez été obligé malgré vous d'avoüer que nous serons ou couronnez dans le corps qui aura vécu chastement & marché dans les voies de la justice; ou condamnez dans le corps qui se sera abandonné à l'iniquité & à la débauche. Au lieu du mot de *corps*, servez vous de celui de *chair*, & vous avoüerez que l'homme & la femme seront distinguez par leurs sexes: car peut-on meriter la couronne de la chasteté, quand on n'est point d'un sexe capable de s'abandonner à l'impureté ? A-t-on jamais couronné la virginité d'une pierre ? On nous promet de nous rendre semblable aux Anges, c'est-à-dire, de nous faire joüir dans nôtre propre chair & dans nôtre sexe, du même bonheur que les Anges, qui n'ont ni chair ni sexe, possedent dans le ciel.

Telle est ma créance, & voilà, simple & grossier que je suis, l'idée que j'ai de la résurrection. Je croi que tous les hommes résusciteront avec le sexe qui leur est propre, sans neanmoins en faire aucun usage; & que c'est en cela qu'ils seront semblables aux Anges. Mais quoi qu'alors nous n'emploïions pas ces membres aux usages qui leur sont propres & naturels, on ne doit pas conclure de là qu'ils nous seront inutiles, puisque même durant cette vie mortelle nous tâchons de ne nous en point servir. Or lors qu'on nous fait esperer que nous deviendrons semblables aux Anges, ce n'est pas à dire que les hommes seront changez en Anges, mais qu'ils entreront en possession de l'immortalité & de la gloire dont joüissent ces esprits bienheureux.

Quant aux argumens que vous nous faites sur la condition des enfans & des vieillards, & sur le besoin que nous aurons de manger, & de nous décharger des superfluitez de la nature; vous ne les avez pas tirez, ces argumens, de vôtre propre fond; vous les avez puisez dans la Philosophie des Païens, qui s'en servent aussi contre nous. Puisque vous vous vantez d'être Chrétien, n'emploïez point contre nous les armes des Gentils. Au lieu d'apprendre d'eux à nier la résurrection de la chair, qu'ils apprennent de vous à la confesser: ou si vous voulez prendre leur parti, déclarez vous ouvertement, afin que nous vous traitions en ennemi & en païen. Pour ce qui est de vos nourrices, je vous les laisse pour empêcher les enfans de crier: je vous laisse aussi vos vieillards, de peur qu'ils ne gèlent de froid en hiver. Il étoit encore fort inutile que vos barbiers se missent en apprentissage; car on sçait bien que pendant les quarante années que les Israëlites passerent dans le desert, leurs ongles & leurs cheveux ne crûrent point; & qui plus est, que leurs habits & leurs souliers ne s'userent point. Henoch & Elie dont nous venons de parler, ne sont pas plus vieux qu'ils étoient lors que le Seigneur les enleva de la terre: ils ont des dents, un ventre, & les parties qui servent à la generation, cependant ils n'ont besoin ni de viandes ni de femmes.

Quelle idée donc avez vous de la puissance de Dieu, & pourquoi lui donnez vous des bornes si étroites? Puis qu'il peut bien non seulement former une chair d'une autre chair, mais encore tirer le corps humain d'une source impure, & de ce corps en produire encore un autre ; puis qu'il peut changer en un vin excellent & delicieux, l'eau qui est le plus vil de tous les élemens dont le corps est composé : il peut bien aussi par cette même puissance qui a tiré toutes choses du neant, redonner l'être à celles qui ont existé autrefois ; car il est plus aisé de rétablir une chose dans son premier état, que de la tirer du neant. Pourquoi vous étonner qu'à la résurrection les enfans & les vieillards aient l'âge d'un homme parfait, puisque Dieu en formant l'homme du limon de la terre, le créa en cet état sans le faire passer par l'enfance & par la jeunesse ? La femme fut aussi formée d'une des côtes de l'homme. La matiere même qui sert à nôtre generation ([a] c'est la troisiéme maniere dont l'homme a été fait) quelque vile & impure qu'elle soit, se change une partie en chair, l'autre en nerfs pour lier les membres les uns avec les autres ; celle-ci en veines pour distribuer le sang, celle-là en os pour soutenir le corps. Vous parlerai-je d'une quatriéme espece de generation ? l'Evangile nous la fait connoître par ces paroles : *Le Saint Esprit surviendra en vous, & la vertu du Très-haut vous couvrira de son ombre.* Adam, Eve, Abel & JESUS-CHRIST ne sont pas venus au monde d'une même maniere ; mais quoique leur

Luc 1. 35.

---

a S. Jerôme parle ici de quatre manieres differentes dont les hommes ont reçû l'étre. 1. Adam a été formé du limon de la terre. 2. Eve a été formée de la côte d'Adam. 3. Tous les autres hommes sont venus au monde par la voie de la generation. 4. Jesus-Christ a été conçû par l'operation du Saint Esprit.

origine soit differente, leur nature est toûjours la même.

Il me faudroit faire plusieurs volumes, si je voulois entreprendre de prouver la résurrection de la chair & de toutes les parties qui composent le corps humain, & d'expliquer chaque passage en particulier. Cela n'est point necessaire à mon sujet, car je n'ai pas dessein de suivre Origéne pié-à-pié, mais seulement de faire voir les artifices & les déguisemens de vôtre réponse. Cependant comme je ne me suis déja que trop étendu sur cela, & que j'apprehende qu'en voulant découvrir vos supercheries, je ne laisse au Lecteur quelque sujet de douter de la verité de la résurrection; je vais vous citer ici une foule de passages (que je ne toucherai neanmoins qu'en passant) afin de refuter vôtre doctrine empoisonnée, & de vous accabler par le poids & l'autorité de toute l'Ecriture Sainte.

De quelle maniere traite-t-on cet homme dont parle l'Evangile, qui étoit allé aux nôces sans avoir la robbe nuptiale, & qui n'avoit pas pratiqué ce que dit le Sage : *Que vos vêtemens soient blancs en tout tems?* On lui lie les piés & les mains, on l'exclüe du nombre des conviez, on l'empêche de s'asseoir sur un trône & de se mettre à la droite de Dieu ; & on le precipite dans un lieu de supplices, *où il y a des pleurs & des grincemens de dents. Tous les cheveux de vôtre tête sont comptez*, dit Jesus-Christ. Si l'on compte nos cheveux, il est encore plus aisé de compter nos dents : or il seroit inutile de les compter s'ils devoient périr un jour. *Un tems vien-*

Matth. 22. 13.

Ecclef 9. 8.

Luc 12 7.

dra où tous ceux qui sont dans les sepulcres, entendront la voix du *Fils de Dieu*, & sortiront de leurs tombeaux; Ils auront donc des oreilles pour entendre cette voix, & des piés pour sortir de leurs tombeaux? c'est ce qui étoit déja arrivé à Lazare. *Ils sortiront de leurs tombeaux*; c'est-à-dire, que les morts résusciteront & sortiront des tombeaux où ils auront été ensevelis; parce que *la rosée que Dieu répand sur eux, ranime leurs os.* Alors on verra l'accomplissement de ce que dit le Seigneur par un Prophete: *Mon peuple, entrez pour un peu de tems dans vos celliers, jusqu'à ce que ma colere soit passée.* Par ces celliers, d'où l'on tire ce qu'on y avoit mis en reserve, on doit entendre les sepulcres où les morts étoient ensevelis. Ils en sortiront comme de jeunes fans qu'on a deliez & mis en liberté. Leur cœur sera penetré de joie, & leurs os se leveront comme le soleil. Toute chair paroîtra devant le Seigneur. Il commandera aux poissons de la mer de rejetter les os qu'ils avoient devorez, & il les rejoindra les uns avec les autres. *Ceux qui dormoient dans la poussiere de la terre, se reveilleront, les uns pour entrer en possession d'une vie immortelle, & les autres pour être couverts d'un opprobre éternel.* Alors les Justes seront témoins des peines & des supplices des impies. *Le ver de ceux-ci ne mourra point, leur feu ne s'éteindra point, & ils seront exposez aux yeux de tous les hommes.*

Animez donc de l'esperance de nôtre résurrection future, *faisons servir les membres de nôtre corps à la justice pour nôtre sanctification,*

Joan. 5. 28.

Isai 26 19.
Sec LXX
Ibid. ⅴ. 20.

Dan. 12. 2.

Isai. 66. 24.

Rom. 6. 19.

de même que nous les avons fait servir à l'impureté & l'injustice, afin de mener une vie nouvelle après nôtre résurrection. Comme la vie de *Ibid.* 8. 11. Jesus-Christ paroît dans nôtre chair mortelle, ainsi celui qui a résuscité Jesus-Christ d'entre les morts, donnera aussi la vie à nos corps mortels, parce que son esprit habite en nous. Car il est bien juste qu'après avoir toûjours porté en nôtre corps une image de la mort *Ibid.* 4. 10. de Jesus-Christ, la vie de Jesus paroisse aussi dans nôtre corps mortel, c'est-à-dire dans une chair qui est mortelle de sa nature, mais que la grace a renduë immortelle.

Saint Estienne a vû Jesus-Christ debout *Act.* 7. 55. à la droite de son Pere. Dieu aïant couvert de lepre la main de Moïse, lui rendit ensuite *Exod.* 4. 6. sa couleur naturelle: dans l'un & l'autre de ces états, c'étoit toûjours la même main. Ce *Jerem.* 18. Potier dont parle Jeremie qui avoit laissé tomber sur un tas de pierres le vase qu'il faisoit, reprit de la même argile, & rétablit ce vase brisé. Le mot de résurrection fait assez voir que ce qui résuscite n'est point different de ce qui étoit mort. On ajoûte, *des morts*, pour montrer que les morts reprendront leur propre chair. C'est la chair qui meurt en l'homme, & c'est à la chair qu'on redonne la vie; semblable à ce pauvre homme qui fut blessé sur le chemin de Jericho, on la porte toute entiere dans l'hôtellerie du ciel, & on guerit par le baume de l'immortalité les playes que le peché lui avoit faites. A la mort du Seigneur *les sepulcres s'ouvrirent, le soleil s'éclypsa,* *Matth.* 27. *la terre trembla, & plusieurs corps des Saints* 52. *se firent voir dans la ville de Jerusalem. Qui* *Is.i.* 63. 1.
Sec. LXX.

est celui, dit Isaïe, *qui vient d'Edom & de Bosor, avec sa robbe teinte en écarlate, & dont les vêtemens sont si éclatans ? Edom* veut dire *qui est de terre*, ou *de couleur de sang* : & Bosor signifie *chair*, ou, *celui qui est dans la tribulation.* Ce Prophete nous explique en peu de mots tout le mystere de la résurrection, qui consiste & dans la verité de la chair, & dans un accroissement de gloire ; comme s'il disoit : Qui est celui qui sort de la terre, & qui paroît tout couvert de sang ? dont les vêtemens sont tout rouges de vin nouveau, parce que selon la prophetie de Jacob, *il a attaché son ânon à la vigne*, & qu'il *a foulé seul le vin sur le pressoir.* Il vient de *Bosor*, c'est-à-dire, de la chair, ou d'un monde où il a passé par toutes sortes de *tribulations*, parce qu'il a vaincu le monde. Ses habits sont rouges & éclatans, parce qu'*il surpasse en beauté tous les enfans des hommes* ; l'éclat de ses vêtemens est un effet de la gloire de son triomphe. L'on peut appliquer à la chair de Jesus-Christ résuscité, ce que dit le Sage : *Qui est celle-ci qui s'éleve avec des habits blancs, & qui est appuiée sur son Bien aimé ?* Ceux-là l'imitent *qui n'ont point souillé leurs vêtemens* dans de honteux commerces, & qui aïant toûjours conservé leur virginité, se sont rendus eunuques eux-mêmes pour gagner le roïaume du ciel ; c'est pour cela qu'*ils seront revêtus de robbes blanches.* Alors on verra l'accomplissement de ce que dit le Seigneur : *Je ne perdrai rien de ce que mon Pere m'a donné, mais je le résusciterai au dernier jour* ; c'est-à-dire qu'il résuscitera l'homme tout entier, comme

Gen. 49. 11.
Isaï. 63. 4.

Cant. 8.

Apoc. 14.

Joan. 6. 39.

il l'avoit uni tout entier à sa nature divine. Alors ce divin Sauveur rapportera sur ses épaules la brebis qui s'étoit égarée & perduë icibas, & elle trouvera, cette brebis, dans la bonté & la clemence de son Juge, une resource à ses langueurs & à ses foiblesses. Alors JESUS-CHRIST paroîtra aux yeux de ceux qui l'ont fait mourir, & qui ont crié: *Crucifiez-le, crucifiez-le.* Tous les peuples, hommes & femmes, se fraperont la poitrine ; ces femmes, dis-je, ausquelles JESUS-CHRIST chargé de sa croix disoit autrefois: *Filles de Jerusalem, ne pleurez point sur moi, mais pleurez sur vous-mêmes, & sur vos enfans.* Alors on verra s'accomplir ce que les Anges prédirent aux Apôtres, qui regardoient avec admiration JESUS-CHRIST montant au ciel : *Ce JESUS qui en se separant de vous s'est élevé dans le ciel, viendra de la même maniere que vous l'y avez vû monter.*

Luc 23. 28.

Act. 1. 11.

Mais que pretendez-vous en disant que de peur que les Apôtres ne prissent JESUS-CHRIST pour un fantôme, ce divin Sauveur mangea plusieurs fois avec eux durant les quarante jours qui s'écoulerent après sa résurrection ; & que par les apparences trompeuses d'un corps fantastique, il prouvoit la verité de son corps, & faisoit voir qu'il avoit veritablement mangé durant le cours de sa vie mortelle ? Ce que les Apôtres voïoient étoit un veritable corps, ou un fantôme : Si c'étoit un veritable corps, JESUS-CHRIST a donc mangé effectivement, & a eu de veritables membres : Si c'étoit un fantôme, comment a-t-il voulu prouver la verité par le mensonge. Il s'ensuit donc de là ; me direz-vous, que nous mangerons après la résurrection ? Je n'en sçai rien; l'Ecriture sainte ne s'explique pas là-dessus : mais si on me demande ce que j'en pense, je ne croi pas que nous aïons besoin de manger; car l'Ecriture m'apprend *que le roïaume de Dieu ne consiste pas dans le boire ni dans le manger*: elle nous promet au contraire la possession d'un bien que *l'œil n'a point vû, que l'oreille n'a point entendu, & que le cœur de l'homme ne sçauroit comprendre*. Moïse & Elie ont jeûné durant quarante jours & quarante nuits; une si longue abstinence est audessus des forces humaines ; mais ce qui est impossible à l'homme, n'est pas impossible à Dieu. Comme il importe peu que celui qui prédit les choses à venir, les prédise dix ans ou cent ans avant qu'elles arrivent, puisque l'une & l'autre de ces prédictions suppose une égale connoissance des choses futures : de même celui qui peut jeûner, ou plûtôt vivre de Dieu même durant quarante jours (car une abstinence de cette nature est absolument impossible) peut bien vivre aussi durant toute une éternité sans boire ni manger. Pourquoi JESUS-CHRIST mangea-t-il d'un raion de miel ? Ce n'étoit pas pour autoriser vôtre delicatesse , mais pour prouver la verité de sa résurrection. Il demanda du poisson rôti pour manger, afin d'affermir par là la foi chancelante de ses Apôtres, qui n'osoient approcher de lui, & qui s'imaginoient voir un esprit, & non pas un véritable corps. Après que JESUS-CHRIST eût résuscité la fille du Prince de la Synagogue, il lui fit donner à manger. Lazare qui avoit

Rom. 14. 17.

Isai. 65. 4.

été quatre jours dans le tombeau, se trouve à un festin après sa résurrection. Ce n'est pas qu'il eût faim dans le tombeau, mais c'est qu'il étoit à-propos de confirmer par cette preuve sensible la verité d'un si grand miracle, & de ne laisser aucun sujet d'en douter. Comme Jesus-Christ a montré à ses Apôtres de veritables mains & un veritable côté, il a aussi mangé veritablement avec eux, il a marché veritablement avec Cleophas, il a veritablement parlé à tous ses Disciples, il s'est veritablement mis à table le jour de la Cene ; il s'est servi de veritables mains pour prendre le pain, pour le benir, pour le rompre, pour le distribuer à ses Apôtres. Que s'il a disparu tout à coup à leurs yeux, c'est un effet de sa vertu & de sa puissance divine, & non pas une preuve que son corps n'étoit qu'un ombre & un fantôme. Avant même sa résurrection les Habitans de Nazareth l'aïant chassé de leur ville, & mené sur le haut d'une montagne pour le précipiter, *il passa au milieu d'eux*, c'est-à-dire qu'il s'échapa de leurs mains. Pouvons-nous dire comme Marcion qu'en venant au monde il s'est revêtu d'un corps fantastique, à cause qu'il s'est échapé d'une maniere miraculeuse des mains de ceux qui le tenoient ? Ce que font les Magiciens, le Seigneur ne le peut-il pas faire ? On dit qu'Apollonius de Tiane étant dans le Senat en presence de l'Empereur Domitien, disparut tout à coup aux yeux des assistans. N'allez pas comparer ici la puissance du Seigneur aux enchantemens des Magiciens, & ne dites pas qu'il a paru aux yeux des hommes sous une

Luc. 4. 29.

forme empruntée, & qu'il a mangé sans dents, marché sans piés, rompu le pain sans mains, parlé sans langue, & montré son côté sans avoir de côtes.

Mais comment se peut-il faire, me direz-vous, que les deux Disciples qui alloient en Emmaüs, ne l'aïent point reconnu, s'il avoit le même corps qu'auparavant? Ecoutez ce que dit l'Ecriture: *Leurs yeux étoient retenus par une vertu divine qui les empêchoit de le reconnoître.* Et derechef: *Leurs yeux s'ouvrirent, & ils le reconnurent.* Etoit-il d'une autre nature dans le tems qu'ils ne le connoissoient point, que lors qu'ils l'eurent reconnu? Non, c'etoit toûjours le même homme. Il tenoit donc à leurs yeux, & non pas à celui qu'ils voïoient, de le connoître & de ne le pas connoître. On peut dire neanmoins qu'il tenoit aussi à Jesus-Christ, puisque c'étoit lui qui par sa puissance empêchoit leurs yeux de le reconnoître. Et pour faire voir que leur erreur venoit non pas du corps de Jesus-Christ, mais de leurs yeux qui étoient liez, l'Ecriture ajoûte aussi-tôt: *Leurs yeux s'ouvrirent, & ils le reconnurent.* De là vient que Marie Madeleine ne reconnoissant point Jesus-Christ qu'elle cherchoit dans le tombeau, le prit pour un jardinier: mais aussi-tôt qu'elle l'eut reconnu, elle l'appella *Maître.* Jesus-Christ après sa résurrection aïant paru sur le rivage de la mer, & les Disciples qui étoient dans une barque ne l'aïant pas reconnu, *le Disciple que Jesus aimoit dit à Pierre: C'est le Seigneur.* Cet Apôtre qui étoit vierge reconnut le premier le corps vierge de son divin Maître. Le Fils

Luc. 24. 16.

Joan. 21. 7.

de Dieu paroiſſoit ſous une même forme, cependant ils ne le voïoient pas tous de la même maniere. L'Evangile ajoûte incontinent : *Nul d'entre eux n'oſoit lui demander, Qui êtes vous ? car ils ſçavoient que c'étoit le Seigneur.* Perſonne n'oſoit lui faire cette queſtion, parce qu'ils ſçavoient qu'il étoit Dieu. Ils étoient à table avec lui, parce qu'ils voïoient un homme revêtu d'un corps de chair : Ce n'eſt pas que le Dieu fut ſeparé de l'homme ; mais c'eſt que dans une même perſonne ils reconnoiſſoient JESUS-CHRIST comme homme, & l'adoroient comme Dieu.

Ibid. ℣. 12.

Eſt-il neceſſaire que je vous parle ici de l'incertitude de nos ſens, & particulierement de la vûë ? Faut-il que je réſuſcite Carneadés pour vous faire remarquer un aviron qui paroît rompu dans l'eau, des galleries qui ſemblent ſe retreſſir par le bout dont on eſt le plus éloigné, des tours quarrées qui paroiſſent rondes de loin, un pigeon dont le plumage change de couleur à chaque mouvement qu'il fait ? Rhode étant venu dire aux Apôtres que Pierre étoit à la porte, & qu'il s'étoit ſauvé de ſa priſon, ceux-ci n'en voulurent rien croire, & le prirent pour un fantôme. Soit que JESUS-CHRIST entre dans le lieu où étoient les Apôtres, les portes étant fermées ; ſoit qu'il diſparoiſſe à leurs yeux ; c'eſt toûjours par la même vertu & la même puiſſance. Lincée, comme nous l'apprenons de la fable, voïoit au travers des murailles ; & le Seigneur ne pourra pas entrer dans un lieu dont les portes ſont fermées, à moins qu'il n'ait un corps fantaſtique ? Les aigles &

Act. 12. 15.

les vautours fentent l'odeur des charognes qui font au delà de la mer; & le Sauveur ne pourra pas voir fes Apôtres à moins qu'on ne lui ouvre la porte? Dites moi, je vous prie, vous qui êtes fi fubtil dans la difpute, lequel eft le plus difficile à Dieu de fufpendre fur rien le vafte globe de la terre, & de le tenir en balance fur les eaux, élement liquide & flotant; ou de paffer au travers d'une porte fermée, & d'obliger la creature de ceder au Createur? Vous lui accordez le pouvoir de faire ce qui eft le plus difficile, & vous lui refufez celui de faire ce qui eft le plus aifé. Saint Pierre revêtu d'un corps pefant & folide marche fur les eaux; cet élement tout liquide qu'il eft, le porte & le foutient: mais cet Apôtre aïant chancelé dans fa foi, le corps s'apperçût auffi-tôt de fa pefanteur naturelle; pour nous apprendre que ce n'étoit pas fon corps, mais fa foi qui marchoit fur les eaux.

Mais dites moi, je vous prie, vous qui me faites tant d'objections contre le myftere de la réfurrection; eft-ce une difpute reglée que vous voulez avoir avec moi, ou une fimple converfation dans laquelle on explique franchement fes fentimens? Croïez-vous que le Seigneur eft veritablement réfufcité avec le même corps qu'il avoit quand il eft mort, & qu'il a été enfeveli? ou ne le croïez vous pas? fi vous le croïez, pourquoi m'apportez-vous ici toutes les raifons & tous les paffages dont on fe fert pour nier la réfurrection? Si vous ne le croïez pas, pourquoi faites-vous fonner fi haut le mot de réfurrection, mais dans un fens qui ne fignifie rien, afin de furprendre

& de leurrer une populace ignorante ? Un disciple de Marcion me disoit il y a quelques jours, Malheur à celui qui résuscitera avec cette chair & avec ces os. Je lui cité aussi tôt cet endroit de l'Apôtre saint Paul : *Nous avons* Rom. 6. 4. *été ensevelis, & nous sommes résuscitez avec Jesus-Christ par le batême.* Mais, me dit-il, entendez-vous ce passage de la résurrection de l'ame, ou de celle de la chair ? Je l'entens, lui dis-je, non seulement de l'ame, mais aussi de la chair qui renaît avec l'ame dans le batême ; car comment pouroit-elle perir, cette chair, après avoir reçû une nouvelle naissance en Jesus-Christ ? parce qu'il est écrit, me répondit-il, *Que la chair & le sang ne* 1. Cor. 15. *possederont point le roïaume de Dieu.* Prenez 50. garde, je vous prie, lui dis-je, à ce que dit l'Apôtre : *La chair & le sang ne possederont point le roïaume de Dieu* ; dit-il, qu'ils ne résusciteront point ? non, mais qu'*ils ne possederont point le roïaume de Dieu.* Pourquoi ne le possederont-ils point ? parce que *la corruption,* ajoûte l'Apôtre, *ne possedera point cet heritage incorruptible.* Ils ne possederont donc point le roïaume de Dieu, tant qu'ils ne seront que chair & que sang. Mais quand *ce corps corruptible sera revêtu de l'incorruptibilité ; que ce corps mortel sera revêtu de l'immortalité,* & que la chair se verra heureusement affranchie des foiblesses & des fragilitez de la nature, & déchargée de ce poids accablant qui l'appesantit & l'attache à la terre ; alors on s'envolera vers le ciel avec les aîles de l'esprit & revêtüe d'une nouvelle gloire qui lui fera changer de condition sans détruire sa substance : Ibid. ꝟ. 54. alors l'on verra l'accomplissement de ce que dit

l'Ecriture : *La mort a été abſorbée par la victoire;*
ô mort où eſt ta victoire? ô mort où eſt ton aiguillon?

J'ai commencé par répondre aux objections
que nôtre Apologiſte nous fait ſur l'état des
ames, & ſur la réſurrection de la chair ; &
laiſſant le commencement de ſa Lettre, je me
ſuis attaché à refuter ſes excellens traitez,
perſuadé que je devois préferer les interêts de
Dieu à ceux de ma propre reputation. *Si un*
homme pêche contre un homme, dit l'Ecriture,
on lui peut rendre Dieu favorable ; mais ſi un
homme pêche contre le Seigneur, qui prie-
ra pour lui ? Ce n'eſt pas ſur ce pié-là qu'on
juge de ma conduite & des ſentimens de mon
cœur ; car tandis que par un eſprit de douceur & de charité je tends la main à ceux
qui blaſphement contre Dieu, on m'accuſe
de perſecuter mes ennemis, & d'avoir pour
eux une haine implacable.

Voici comme il commence l'apologie qu'il
a envoïée à l'Evêque Theophile : *Quoique vous*
ſoïez déja aſſez occupé des affaires & du gou-
vernement de vôtre Dioceſe ; cependant l'eſprit
de Dieu & la grace Apoſtolique dont vous êtes
rempli, vous oblige encore d'étendre vos ſoins
& vôtre vigilance ſur toutes les Egliſes, par-
ticulierement ſur celle de Jeruſalem. Cet exorde
ne roule que ſur les loüanges de la perſonne
à qui il écrit. Mais vous qui paroiſſez ſi zelé
pour la diſcipline de l'Egliſe, qui vous reglez
ſur les Canons du Concile de Nicée, & qui

1. *Reg.* 2.
25.

vous prie, quel droit l'Evêque d'Alexandrie a-t-il sur la Palestine ? Si je ne me trompe, il a été arrêté dans le Concile de Nicée que Cesarée seroit la Metropole de la Palestine, & Antioche de tout l'Orient. Vous deviez donc envoïer vos Lettres à l'Evêque de Césarée, avec lequel vous sçaviez bien que nous avions communion, parce que nous ne voulions point en avoir avec vous: ou si vous vouliez porter vôtre affaire à un Siege plus éloigné, vous deviez du moins vous adresser à l'Evêque d'Antioche. Mais je vois bien pourquoi vous n'avez pas voulu vous en rapporter au jugement des Evêques d'Antioche & de Cesarée; vous sçaviez bien ce qu'il y avoit à craindre pour vous; & vous avez mieux aimé importuner un Prélat déja accablé d'affaires, que de rendre à vôtre Metropolitain l'honneur que vous lui deviez.

Quand je dis cela, ce n'est pas que je trouve à redire à l'ambassade que vous avez envoïée à Alexandrie (quoique la trop grande liaison que vous avez avec vôtre Ambassadeur me soit fort suspecte) mais c'est que vous deviez vous justifier devant ceux qui vous interrogeoient & qui étoient sur les lieux. Vous avez envoïé *le Prêtre Isidore, qui est un homme de Dieu & d'une pieté universellement reconnuë; un homme de poids & d'autorité, tant à cause de son grand air & de sa bonne mine, que de la vivacité & de l'étendüe de son esprit;*

LXII. LETTRE

de difference entre l'Evêque & le Prêtre; celui qui est envoïé est égal en dignité à celui qui envoïe; ce qui me paroît assez irregulier: c'est-là, comme on dit, faire naufrage au port. Cet Isidore, dont vous élevez le merite jusqu'au ciel, debite à Alexandrie les mêmes choses dont vous nous étourdissez à Jerusalem, ce qui fait voir qu'il n'est pas tant vôtre Ambassadeur, que le compagnon & le partisan de vos erreurs. Le Prêtre Vincent a reçû & conserve encore une Lettre qu'Isidore a écrite de sa propre main, & qu'il nous adressa trois mois avant que d'aller à Alexandrie, par laquelle il fait assez connoître ses erreurs, exhortant le chef de vôtre parti à soutenir constamment les interêts de la foi, & à ne se point épouvanter de ce qu'il appelle nos visions & nos chimeres. Il mande qu'il viendra à Jerusalem avant qu'on soit informé de sa Legation, & qu'à son arrivée il fera échouer tous les desseins de ses adversaires. *Comme on voit* (ce sont ses propres termes) *la fumèe se dissiper dans les airs, & la cire se fondre auprès du feu, de même l'on verra à mon arrivée disparoître tout à coup ceux qui s'opposent à la foi de l'Eglise, & qui aujourd'hui font tous leurs efforts pour troubler cette même foi par les dangereuses impressions qu'ils donnent à des gens simples & credules.*

Dites-moi, je vous prie, mon cher Lecteur, un homme qui avant que d'être arrivé au lieu de son ambassade, écrit des lettres si menaçantes, agit-il en Ambassadeur, ou en ennemi declaré? qu'en pensez-vous? Voilà quel est *ce grand serviteur de Dieu*, si zelé pour les interêts de sa gloire, cet homme d'une vertu si distinguée, & *d'une pieté si universellement reconnuë, d'un esprit si sublime & d'une erudition si profonde, d'un air si grand & si majestueux,* qui comme un autre Hipocrate pouvoit par sa seule presence adoucir les maux de nos ames foibles & languissantes, pourvû neanmoins que nous fussions assez dociles pour suivre ses conseils, & pour user de ses remedes. Puisqu'il a coûtume de guerir les autres, qu'il se guerisse lui-même, & qu'il se serve de ses propres remedes. Cette science sublime dont il se picque, nous paroît comme une folie, & nous aimons mieux demeurer dans nos langueurs & nôtre ignorance, que de nous servir d'un collyre qui ne peut nous guerir les yeux, qu'en nous rendant plus impies.

Nous prions, dites vous, *jour & nuit le Seigneur dans les Lieux Saints pour vôtre sainteté, & nous le conjurons de vous donner la couronne de vie, & la juste recompense que merite vôtre zele; comme s'il avoit déja eu tout le succez que nous en devons attendre.* Vous avez raison de lui donner des marques de vôtre reconnoissance; car si Isidore n'étoit pas venu, vous n'auriez jamais pû trouver dans toute la Palestine un compagnon si fidelle : & s'il n'avoit pas pris vos interêts comme il vous l'avoit promis, vous n'auriez jamais pû rien gagner sur cette foule de gens grossiers & ignorans qui ne sont pas capables de comprendre la sublimité de vôtre doctrine. L'Apologie même dont nous parlons a été composée en presence d'Isidore, qui vous a aidé à la faire, de maniere qu'il a été le porteur de la Lettre qu'il a dictée lui-même.

Etant donc arrivé ici, il vint chez nous jusqu'à trois fois, & nous presenta ce remede salutaire, c'est à-dire cette Lettre où vous aviez emploïé toute vôtre sagesse, & lui toute sa science: mais tous ses soins furent inutiles, & il ne pût rien gagner sur nous. Cet homme qu'on dit être venu chez nous jusqu'à trois fois (nombre mysterieux dont il a voulu marquer les démarches qu'il a faites pour nous venir trouver) cet homme, dis-je, qui nous venoit parler de la part de Theophile, n'a pourtant jamais voulu nous donner les Lettres que ce Prélat nous adressoit; & lorsque nous lui avons dit: Si l'on vous a deputé vers nous, montrez nous donc vos Lettres de créance; si vous n'en avez point, comment pouvez-vous nous faire voir qu'on vous a deputé? il nous a répondu qu'il avoit des Lettres pour nous, mais que l'Evêque de Jerusalem l'avoit conjuré de ne nous les point donner. Voilà quelle a été la fermeté de cet Ambassadeur, & comment il est demeuré neutre, afin de faire la paix, & d'empêcher qu'on ne le soupçonnât de favoriser l'un des deux partis. Il ne faut pas s'étonner que ses remedes aient été inutiles, puisqu'il n'avoit point d'emplâtre, ni les instrumens propres à penser nos playes.

Jerôme & tous ceux de son parti, lui ont protesté souvent & en public & en particulier, que ma foi ne leur avoit jamais été suspecte, & que sur cela ils étoient dans les mêmes dispositions à mon égard, où ils avoient été dans le tems qu'ils communiquoient avec moi. Voïez, je vous prie, ce que c'est que d'être dans les mêmes sentimens, & de faire profession d'une même doctrine. Isidore qui s'étoit joint à lui pour nous faire ces remontrances passe pour *un homme de Dieu,* pour un Prêtre *d'une insigne pieté,* pour *un homme d'autorité,* également respectable *& par son port majestueux, & par la vivacité & l'étenduë de son esprit,* enfin pour l'Hippocrate des Chrétiens : & moi qui ne suis qu'un pauvre Moine caché dans le fond d'une affreuse solitude, je me vois tout à coup frapé d'anathéme par ce grand Evêque, & dégradé du nombre des Prêtres. Cependant ce Jerôme avec sa troupe de Solitaires crasseux & couverts de haillons, qu'a-t-il osé répondre à ce redoutable Isidore, qui n'étoit armé que de foudres & de tonnerres? *De peur,* dites vous, *qu'Isidore ne voulut pas ajoûter foi à ce qu'ils lui disoient, & qu'ils ne pussent soutenir cet air de grandeur & de majesté qui brille en sa personne, ils lui protesterent plusieurs fois qu'ils reconnoissoient l'Evêque de Jerusalem pour un Prélat orthodoxe, & que jamais ils ne l'avoient soupçonné d'hérésie.* Quelle imposture! quelle effronterie! fusse un Caton qui parlât de la sorte en sa faveur, on ne se rendroit pas à son propre témoignage. Car *tout se doit juger,* dit l'Ecriture, *sur la déposition de deux ou trois témoins.* Vous a-ton jamais dit ou écrit que nous étions prêts de communiquer avec vous, sans vous demander raison de vôtre foi? Lors que le Comte Archelaüs, si distingué par sa vertu & par son éloquence, & qui étoit le mediateur de la

Deut. 19. 15.

paix, nous eut marqué un lieu pour en traiter, ne demandâmes-nous pas avant toutes choses, qu'on l'établît, cette paix, sur les fondemens de la foi ? Ce Comte nous promit qu'il ne manqueroit pas de se rendre au lieu dont on étoit convenu. Le jour de Pâques approchoit ; plusieurs Solitaires étoient venus en foule au rendez-vous ; on vous y attendoit, mais vous ne sçaviez quel parti prendre : enfin vous prîtes celui de nous mander que je ne sçai quelle femme étoit malade, & que son indisposition ne vous permettoit pas de vous trouver ce jour-là à nôtre assemblée. Est-ce un Bâteleur, ou un Evêque qui parle de la sorte ? mais je veux que cela fut vrai, deviez vous par complaisance pour une femme, & de peur qu'elle n'eût mal à la tête, qu'elle ne s'ennuïa en vôtre absence, qu'elle n'eût froid à l'estomac, deviez-vous, dis-je, sur cet indigne pretexte, abandonner les interêts de l'Eglise, & mepriser tant de Chrétiens & de Solitaires qui vous attendoient ? Comme nous voïons bien quel étoit vôtre dessein, & que nous ne voulions pas qu'on eût rien à nous reprocher ; nous prîmes le parti de vous attendre, & de dissimuler l'affront que vous nous faisiez. Archelaüs nous recrivit pour nous prier qu'en cas que vous fussiez dans la disposition de venir, nous voulussions bien attendre encore un ou deux jours. Mais vous fûtes toûjours occupé à soulager vôtre chere malade, qui avoit un vomissement continuel ; & pendant que vous lui donniez tous vos soins, vous nous oubliâtes tout-à-fait.

Enfin Isidore arriva après s'être fait attendre durant deux mois. Mais bien loin de lui rendre un témoignage avantageux de vôtre foi, comme vous vous en flatez faussement, nous lui fîmes connoître les raisons que nous avions de vous en demander compte. Car nous aïant demandé pourquoi nous avions communiqué avec vous, si vous étiez héretique ? nous lui répondîmes tous que c'étoit parce que nous ne croïions pas que vous le fussiez ; mais qu'après avoir refusé de répondre aux chefs d'accusation dont Epiphane vous avoit chargé, & de bouche & par écrit, nous avions reçû des Lettres de ce saint Evêque, par lesquelles il nous avertissoit de ne point communiquer avec vous, jusqu'à-ce que vous ûsiez rendu raison de vôtre foi ; que ce fait étoit constant, que nous avions pieces en main, & que nous étions prêts de les produire quand on voudroit. Voilà ce que nous répondîmes tous à Isidore, & non pas, comme vous osez l'avancer, que vous n'étiez point héretique, parce qu'autrefois on ne vous avoit pas accusé de l'être ; car selon vôtre raisonnement, on ne devroit pas dire qu'un homme est malade, quand il a été sain avant sa maladie.

Lors qu'on vint à agiter la question de l'ordination de Paulinien & de ceux qui avoient été ordonnez avec lui, ils s'aperçurent bien que leur conduite en cela avoit été très irreguliere. Neanmoins par un esprit de charité & de paix, on leur passoit tout, & on exigeoit seulement d'eux, que quoiqu'ils ûssent été ordonnez contre toutes les regles de la discipline Ecclesiastique, ils voulussent bien se soumettre à l'Eglise de Dieu, ne point faire de schisme parmi les Fidelles, &

ne se point rendre indépendans. Mais tout cela ne les accommodant point, ils mirent sur le tapis les matieres de la foi, & déclarerent devant tout le monde, que pourvû qu'on ne fît point d'affaires à ceux qui étoient avec le Prêtre Jerôme, il ne nous en feroient point non plus; mais que si on prétendoit condamner la démarche qu'ils avoient faite, & leur faire un procès sur l'ordination de Paulinien, comme ils ne pouvoient pas disputer de ces sortes de matieres, ni justifier l'irrégularité de leur conduite; ils se jetteroient sur les dogmes de la foi, non pas tant dans l'espérance de pouvoir me convaincre d'héréfie, que dans le dessein de noircir ma réputation. Si cet endroit de son Apologie est confus & embarassé, qu'on ne s'en prenne point à moi, je l'ai traduit comme il est dans le grec. Au reste je suis bien aise de me voir ici tout d'un coup rétabli au rang des Prêtres, & revêtu de la dignité du Sacerdoce dont je me croïois dépoüillé.

Il dit que nous ne sçaurions le convaincre d'héréfie, & cependant il n'ose entrer en dispute avec nous. S'il ne s'agit pas entre nous des dogmes de la foi, mais de l'ordination de Paulinien, quelle folie n'est-ce pas de refuser de répondre à ceux qui vous demandent raison de vôtre foi? Faites une confession de foi, & répondez aux questions qu'on vous fait, afin que tout le monde soit convaincu qu'il ne s'agit point de la foi, mais de l'ordination. Car tant que vous refuserez de répondre aux questions de foi, vos adversaires pourrons vous dire, qu'il ne s'agit point de l'ordination, mais des dogmes. S'il s'agit de l'ordination, c'est une folie & un entêtement ridicule de ne vouloir pas repondre sur les dogmes : S'il est question de la foi, c'est encore une folie de prétendre qu'il ne s'agit que de l'ordination.

Quant à ce que vous dites que *vous les priâtes de se soûmettre à l'Eglise de Dieu, de ne point faire de schisme, & de ne se point rendre independans*; je ne sçai pas de qui vous voulez parler. Si c'est de moi & du Prêtre Vincent, je ne sçaurois comprendre comment vous avez été treize ans entiers sans nous parler de cela, il faut assurément que vous aïez dormi durant tout ce tems-là : car vous n'ignorez pas que nous avons abandonné lui Antioche, & moi Constantinople, villes tres-celebres, non pas pour venir appláudir aux discours que vous faites au peuple, mais pour pleurer dans la solitude les pechez de nôtre jeunesse, & pour attirer sur nous par nos larmes les misericordes de JESUS-CHRIST. Si vous voulez parler de Paulinien, vous voïez bien qu'il est soumis à son Evêque, qu'il demeure dans l'île de Chypre, & qu'il vient nous voir de tems en tems, non pas comme vôtre Prêtre Diocèsain, mais comme un Prêtre étranger, c'est-à-dire dépendant de l'Evêque qui l'a ordonné. Que s'il veut demeurer avec nous, & vivre en paix dans nôtre solitude, qui est un lieu d'exil pour nous, il ne vous doit rien que l'honneur & le respect qui est dû à tous les Evêques. Mais quand bien même vous l'auriez ordonné Prêtre, il vous diroit ce que j'ai pris la liberté, tout méprisable que je suis, de dire à l'Evêque

[a] Paulin de sainte memoire : Vous ai-je prié de m'ordonner ? Si vous m'élevez à la dignité du Sacerdoce, sans m'ôter la qualité de Moine, c'est à vous à répondre du choix que vous avez fait de moi : mais si sous prétexte que je suis Prêtre, vous voulez me tirer de l'état que j'ai embrassé, & pour lequel j'ai abandonné le siécle ; je vous déclare que je suis bien aise de demeurer comme je suis, & d'être ce que j'ai toûjours été : Le parti que je prens ne vous fait point tort, & ne porte aucun préjudice à vôtre ordination.

Vous les priâtes de ne point faire de schisme, & de ne se point rendre indépendans. Qui de nous peut-on accuser de faire schisme, ou nous qui communions tous en Communauté dans l'Eglise ; ou vous qui refusez avec fierté de confesser vôtre foi, si elle est orthodoxe ; & qui divisez veritablement l'Eglise, si vous êtes dans l'erreur ? Faisons-nous un schisme dans l'Eglise, nous qui à l'occasion de cette éclipse de Soleil qui arriva il y a quelques mois vers les Fêtes de la Pentecôte, & qui sembloit menacer tous les hommes du dernier jugement, allâmes présenter à vos Prêtres trente personnes de differens âges & de different sexe pour les baptiser ? Il y avoit alors dans nôtre Monastere cinq Prêtres qui étoient en droit de leur donner le baptême ; mais ils ne voulurent rien faire qui pût vous chagriner, de peur que vous ne prissiez prétexte de là de ne point declarer quelle étoit vôtre créance. N'est-ce pas vous au contraire qui faites schisme dans l'Eglise, en déffendant,

───────────
[a] Evêque d'Antioche qui avoit ordonné saint Jérôme.

comme vous avez fait, à vos Prêtres de Bethléem de baptiser à Pâques nos catechuménes ? Aussi avons nous été obligés de les envoïer à Diospole, pour recevoir le baptême de la main de Denis Confesseur & Evêque de cette ville ? Peut-on dire que nous divisons l'Eglise, nous qui hors les petites cellules qui nous sont destinées, ne tenons aucun rang dans l'Eglise ? N'est ce pas vous plûtôt qui la divisez, en donnant ordre à vos Clercs d'interdire l'entrée de l'Eglise à quiconque osera dire que Paulinien aïant été ordonné par l'Evêque Epiphane, est veritablement Prêtre ? En effet depuis ce tems-là jusqu'à present nous ne voïons que de loin la crêche du Seigneur ; & tandis que nous en sommes éloignez & bannis, nous avons la douleur d'y voir entrer tous les jours les Heretiques. Est-ce nous qui faisons schisme dans l'Eglise, ou celui qui bannit les vivans, qui refuse la sepulture aux morts, & qui sollicite l'exil de ses freres ? Qui est-ce qui a armé & irrité contre nous cette puissante bête, qui asservit toute la terre à sa tirannie ? Qui est-ce qui a abandonné aux injures du tems, des cendres innocentes & les ossemens des Saints ? C'est par ces marques de bonté & de tendresse que ce charitable Pasteur veut nous gagner & nous engager à faire la paix. Il nous accuse de vouloir vivre dans l'independance, nous qui sommes unis par les liens de la charité & d'une même communion avec tous les Evêques orthodoxes. Etes-vous, vous seul toute l'Eglise ? Est-on separé de Jesus-Christ dés que l'on vous a offensé ? Si nous entreprenons, comme vous nous le reprochez, de nous rendre independans, faites nous voir que nous aïons un autre Evêque dans vôtre Diocèse. Il s'agit entre nous des dogmes de la foi, sur lesquels nous ne nous accordons pas ; c'est pour cela que nous ne voulons point communiquer avec vous : justifiez vous sur ce point, & il s'agira de l'ordination.

Ils se prévalent encore d'une lettre qu'Epiphane, à ce qu'ils disent, leur a écrite. Quoiqu'il en soit, lorsque Jesus-Christ *jugera les grands & les petits, sans avoir égard à la qualité des personnes, ce Prélat rendra compte devant son tribunal de tout ce qui s'est fait. Cependant quel fond peuvent-ils faire sur cette lettre qui n'a été écrite qu'au sujet de l'ordination irreguliere de Paulinien & de ses compagnons, dont je lui ai fait des plaintes, comme il le témoigne lui-même dès le commencement de sa lettre ?* Fût-il jamais un plus grand aveuglement & de plus épaisses tenebres ? Il dit que nous nous prévalons d'une lettre d'Epiphane, & que cependant nous n'en avons aucune que ce Prélat ait écrite contre lui ; & il ajoûte aussi-tôt : *Quel fond peuvent-ils faire sur cette lettre qui n'a été écrite qu'au sujet de l'ordination irreguliere de Paulinien & de ses Compagnons, dont je lui ai fait des plaintes, comme il le témoigne lui même dès le commencement de sa lettre ?* Nous n'avons point cette lettre ? Hè, dans quelle lettre donc parle-t on dès le commencement de l'ordination de Paulinien ? Mais après ce commencement il y a quelque chose dont vous apprehendez bien qu'on ne fasse mention. Vous avez repris Epiphane de ce qu'il avoit ordonné Paulinien Prêtre avant qu'il fût en âge de l'être : Mais vous-même n'avez-vous pas ordonné Isidore Prêtre, quoiqu'il ne fût pas plus agé que Paulinien ? ne l'avez-vous pas deputé comme fauteur & partisan de vos erreurs ? N'avez-vous pas eu le front d'envoïer un Prêtre qui n'est encore qu'un enfant, dans le lieu même où vous supposez qu'on a élevé un enfant à la dignité du Sacerdoce ? N'avez-vous pas encore donné l'ordre de la Prêtrise à Theosebas Diacre de l'Eglise de Tir ? Ne l'avez-vous pas armé contre nous, & engagé à emploïer son éloquence en vôtre faveur ? Il n'est permis qu'à vous seul de fouler aux piés toutes les regles de l'Eglise ; tout ce que vous faites doit servir d'exemple aux autres, & vous n'avez point de honte de citer Epiphane à comparoître avec vous devant le tribunal de Jesus-Christ.

Voici ce que vous ajoûtez ensuite : *Epiphane a toûjours logé & mangé chez moi ; cependant jamais il ne m'a parlé des dogmes d'Origéne, jamais il ne m'a soupçonné d'être dans l'erreur.* C'est ce que vous dites avec serment, & dont vous prenez Dieu même à temoin. Je ne veux pas vous pousser sur cela trop vivement, ni vous faire les justes reproches que vous meritez, de peur que je ne convainque un Evêque de parjure. Nous avons en main plusieurs lettres de saint Epiphane, dont l'une s'adresse à vous-même, les autres aux Evêques de la Palestine, & une que ce Prélat a écrite depuis peu à l'Evêque de Rome. Dans toutes ces lettres il dit que vous aïant accusé d'erreur en présence de plusieurs personnes, vous n'aviez pas seulement daigné lui répon-

Mais que nous sert-il de vouloir la paix, si tout nôtre pouvoir se termine à la souhaiter inutilement, sans être en état de nous la procurer? car si nous avons cette consolation que Dieu ne laisse pas même la simple volonté du bien sans recompense, il nous reste toujours un juste sujet de douleur, de nous voir reduits à laisser imparfait un ouvrage dont nous souhaitons l'accomplissement avec tant d'ardeur. L'Apôtre le sçavoit bien que pour établir une paix solide, le consentement des deux partis est necessaire: *Vivons*, dit-il, *en paix autant qu'il est en nous avec toutes sortes de personnes.* Et le Prophete nous dit: *La paix, la paix.* Mais où est cette paix; & quel moïen de la trouver, si l'on se contente seulement de faire semblant de la vouloir? si lors qu'on temoigne de bouche qu'on la desire, on travaille effectivement par sa conduite à la rompre? Si l'on declare au dehors qu'on ne souhaite que l'union & la concorde, pendant qu'on n'a autre chose en vûë que de reduire tout le monde dans une dure servitude? Pour ce qui est de nous, nous souhaitons la paix; & non seulement nous la souhaitons, mais encore nous la demandons avec instance. Mais la paix que nous souhaitons est une paix sincére & veritable, une paix de JESUS-CHRIST, une paix sans inimitié, une paix sans guerre, une paix où l'on ne cherche qu'à gagner les autres & à se les unir par les liens d'une amitié étroite, & non pas à les traiter en ennemis, avec domination & avec empire.

Car pourquoi appeller paix ce qui ne sent que l'esprit de domination? Et pourquoi ne pas

Rom. 12.

Jerem. 4.

pas donner aux choses les noms qui leur conviennent ? qu'on donne le nom d'inimitié à des haines declarées ; mais qu'on n'appelle *paix* que cette union solide & sincere que forme la charité. Nous ne rompons point l'unité de l'Eglise ; nous ne nous separons point de la communion de nos Peres ; nous pouvons nous vanter au contraire d'avoir succé, pour ainsi dire, la foi catholique avec le lait. Il n'est point de Chrêtien plus uni à l'Eglise que celui qui ne s'en est jamais separé par l'heresie. Mais nous ne sçavons ce que c'est qu'une paix sans charité, & une communion sans paix. Nous sçavons ce que dit l'Evangile : *Si lors que vous présentez vôtre don à l'Autel, vous vous souvenez que vôtre frere a quelque chose contre vous ; laissez-là vôtre don devant l'autel, & allez vous reconcilier auparavant avec vôtre frere, & puis vous viendrez offrir vôtre don.* Que s'il n'est pas permis à celui qui n'est point en paix avec son frere, d'offrir un present à l'autel ; lui sera-t-il permis d'y recevoir le corps adorable de Jesus-Christ ? Et moi, en quelle conscience oserai je approcher de la sainte Eucharistie, & répondre *Amen*, si je croi que celui qui me la donne n'a pas la charité dans le cœur ?

Donnez-vous, je vous prie, la patience de m'entendre, & ne prenez pas la verité que je vais vous dire pour une basse flaterie. A-t-on jamais eu la moindre repugnance de communiquer avec vous ? Est-il jamais arrivé que dans le tems que vous donniez la communion, on ait detourné le visage en tendant la main pour la recevoir ? Avez-vous jamais reçû au milieu de ce banquet sacré un baiser de Judas ? Aussi ne craignons-nous pas de vous dire que les Moines bien loin d'appréhender vôtre arrivée, l'ont souhaitée & s'en sont réjoüis. On les a vû sortir du fond de leurs deserts, & s'empresser à l'envi à vous donner des marques de leur respect & de leur soumission. Qui les a portez à cela, sinon l'amour sincere qu'ils ont pour vous ? Oüi je le dis, c'est cet amour seul qui a pû ramasser ce nombre infini de Moines de tant de solitudes écartées. Car si un pere doit aimer ses enfans, les enfans aussi doivent reciproquement aimer leur pere & leur Evêque, mais d'un amour tendre & sincere, & où la crainte n'ait point de part. On dit ordinairement, qu'on haït celui qu'on craint, & qu'on ne peut s'empêcher de souhaiter la ruine de celui qu'on haït. Aussi

1. Joan. 4. l'Ecriture Sainte nous apprent-elle que *la charité, quand elle est parfaite, bannit la crainte*, qui est la vertu des commençans. Vous ne cherchez point à vous assujettir les Solitaires, mais c'est cela même qui vous les rend plus soumis. Vous leur offrez le baiser, & ils plient la tête sous le joug que vous voudrez leur imposer. Vous ne voulez combattre avec eux qu'en simple soldat, & ils se font un honneur de vous choisir pour leur chef & de combattre sous vos enseignes. Vous ne dédaignez pas de vous mêler avec eux comme leur égal, & c'est ce qui les engage à vous regarder comme leur maître. La liberté est ennemie de la servitude, & elle se revolte dès que l'on pense à l'opprimer. On obtient tout d'un homme libre, dès qu'on ne le traite point

en esclave. Nous sçavons les Canons de l'Église, nous n'ignorons point le rang que chacun doit tenir, & nous sommes dans un âge où les lectures continuelles, les frequens exemples, & une longue experience ont dû nous apprendre bien des choses. Un Roi ne tarde guères à demembrer le roïaume de David, ce Prince si doux & si pacifique, lors qu'il [a] *châtie ses Sujets avec des verges de fer*, & qu'il se vante d'avoir *les doigts plus gros que n'étoit le dos de son pere*. Le peuple Romain ne put pas même souffrir l'orgueil [b] d'un de ses Rois. Moïse, ce fameux conducteur du peuple Juif, qui avoit frappé l'Egypte de dix playes differentes, & qui sembloit avoir un empire absolu sur le ciel, sur la terre, & sur la mer, nous est representé dans l'Ecriture Sainte comme *le plus doux de* tous les hommes, & ce fut par cette douceur avec laquelle il sçavoit temperer ce que l'autorité souveraine a de trop dur & de trop onereux, qu'il se maintînt durant quarante ans dans le commandement que Dieu lui avoit donné. Tandis qu'on le lapide, il prie pour ses bourreaux, aimant mieux être effacé du livre de vie, que de voir perir un peuple que Dieu avoit confié à ses soins, & souhaitant imiter ce souverain Pasteur, qui devoit venir un jour chercher ses brebis égarées, & les rapporter sur ses propres épaules; & qui nous a dit lui-même; *Que le bon Pasteur donne sa vie pour ses brebis*. Aussi un des disciples de ce bon Pasteur souhaitoit-il d'ê-

3. Reg. 12. 14.

Joan. 10.

---

[a] Saint Jerôme fait ici allusion à la réponse que Roboam fit à ses Sujets, qui se plaignoient de la dureté avec laquelle il les traitoit.

[b] Tarquin, surnommé *le Superbe*.

Rom. 9. *tre anathême pour les Israëlites qui étoient ses freres & ses parens selon la chair.* Que si cet Apôtre veut périr pour sauver ceux dont la perte étoit déja assurée, que ne doit pas faire un bon Pere pour éviter d'aigrir l'esprit de ses enfans, & de revolter par une conduite trop severe ceux même d'entre eux qui sont les plus doux & les plus traitables?

Quoique je sois obligé de me prescrire des bornes dans cette Lettre, neanmoins la douleur dont je suis penetré est si vive, qu'elle ne me permet pas de m'y renfermer. L'Evêque de Jerusalem avoüe lui-même dans ses Lettres, qui ne respirent, à ce qu'il pretend, que la charité & la paix, mais que je trouve, moi, très aigres & très piquantes; il avoüe, dis-je, que je ne l'ai jamais offensé; ni traité d'heretique. Pourquoi donc me traite-t-il lui-même d'une maniere si outrageante, en me faisant passer pour un homme rebelle à l'Eglise, & attaqué d'une maladie très dangereuse? Il épargne ceux qui lui font du mal, & il s'en prend à moi qui ne lui en fais point. Avant l'ordination de mon frere, il n'a jamais témoigné qu'il eût eu le moindre different avec le saint Evêque Epiphane touchant les dogmes & la doctrine de l'Eglise. Pourquoi donc s'est-il engagé, comme il le dit lui-même, à disputer devant tout le peuple sur une matiere que personne n'avoit encore mise en question? car vous êtes trop éclairé pour ne pas sçavoir qu'il est très dangereux d'agiter ces sortes de questions, & que le parti le plus sûr est de n'en rien dire, si ce n'est peut-être qu'on s'imagine être obligé de traiter des matieres les plus sublimes & les plus relevées. Quelle éloquence & quelle étendüe d'esprit ne faut-il pas avoir, pour traiter à fond dans un seul discours comme il se vante de l'avoir fait, des matieres sur chacune desquelles en particulier les plus sçavans hommes se sont épuisez, & ont écrit tant de volumes? Mais ce n'est point là mon affaire; c'est celle de celui qui s'en vante dans sa Lettre, ou de ceux en presence desquels il s'en est vanté; qu'il ne m'accuse donc point de lui en imposer; je n'étois point present lors qu'il s'en est vanté, & je ne lui ai point entendu dire; j'en parle comme les autres, ou plûtôt j'ai laissé crier les autres, & j'ai gardé sur cela un profond silence.

Mais comparons un peu la personne de l'accusateur avec celle de l'accusé, & jugeons par le merite, par les mœurs & par la doctrine de l'un & de l'autre, auquel des deux nous devons ajoûter foi. Vous voïez bien que je ferme les yeux sur bien des choses, que je me contente de les toucher en passant, & que j'aime mieux vous faire connoître ma pensée par mon silence, que de l'exprimer par mes paroles. J'ai penetré d'abord vos intentions, & je n'ai pû m'empêcher d'admirer la sagesse avec laquelle vous vous étiez comporté dans cette affaire; car dans le dessein que vous aviez de travailler à la paix de l'Eglise, vous vous êtes, pour ainsi dire, bouché les oreilles de peur d'entendre la voix des Sirénes. En effet, instruit comme vous êtes dès vos plus tendres années dans l'étude de l'Ecriture sainte, vous n'ignorez pas en quel sens on doit

impostures. Qui ne craindroit pas d'avoir affaire avec un homme d'un esprit si subtil & si penetrant? Qui pouroit resister à la force & à la rapidité de cette éloquence, qui semblable à la foudre renverse tout ce qu'on lui oppose? Lequel est le plus glorieux d'avancer une calomnie, ou de la souffrir? d'accuser une personne qu'on fait ensuite semblant d'aimer, ou de lui pardonner les injures qu'elle nous a faites? lequel est le plus supportable de voir [a] un imposteur devenir Edile, ou de le voir élevé à la dignité de Consul? Il voit assez ce que je passe ici sous silence, ce que je pourois dire, ce que j'ai entendu, & ce que je veux bien par charité ne pas croire tout-à-fait.

Il me reproche d'avoir traduit les ouvrages d'Origéne en Latin. Je ne suis pas le seul qui l'ai fait; le saint Confesseur Hilaire les a traduits aussi, & à son exemple j'ai retranché ce qu'il y avoit de dangereux dans ses écrits, & traduit seulement ce qui pouvoit être bon & utile. Qu'il lise lui-même ma traduction, s'il entend le Latin; (car je m'imagine qu'il doit avoir appris cette langue par le commerce continuel qu'il a avec des gens de l'Eglise Latine;) ou s'il ne l'entend pas qu'il se la fasse expliquer par ses Interpretes, & il connoîtra qu'il devoit me loüer des choses mêmes dont il me blâme. Car comme j'ai toûjours loüé

---

[a] Saint Jerôme compare ici, quoique d'une maniere un peu envelopée, un simple Ecclesiastique avec un Edile, & un Evêque avec un Consul; & par là il fait un reproche très delicat, mais en même-tems très piquant à Jean de Jerusalem. Car c'est comme s'il lui disoit: Comment pouvez-vous trouver mauvais qu'on ait admis à la Clericature celui que vous traitez ici d'imposteur, puisqu'on vous a bien élevé vous-même à l'Episcopat, tout imposteur que vous soïez.

Origéne pour sa maniere d'interpreter l'Ecriture sainte, aussi l'ai-je toûjours condamné pour sa doctrine. Est-ce que j'approuve sans distinction tous les ouvrages d'Origéne? Approuvai-je de même tous ceux des autres Ecrivains? Je sçai la difference qu'il faut mettre entre les écrits des Apôtres, & ceux des autres Ecrivains Ecclesiastiques; je sçai que les premiers disent toûjours vrai, & que les autres se trompent quelquefois. Ce seroit une maniere bien nouvelle de deffendre un Auteur si en publiant ce qu'il y a de defectueux dans les ouvrages d'Origéne, je voulois en faire un crime à tous les autres; c'est-à-dire, si n'osant pas le deffendre ouvertement, j'entreprenois de l'excuser, en attribuant aux autres les mêmes erreurs dans lesquelles il est tombé. Il est impossible que personne ait jamais lû six mille volumes d'Origéne, puisque cet Auteur n'en a jamais tant composé; & celui qui dit avoir entendu [a] quelqu'un se vanter de les avoir lûs, me paroît plus capable d'avoir inventé cette fausseté, que l'autre de l'avoir avancée.

Il rejette sur [b] mon frere la cause de nôtre division, lui qui demeure tranquillement dans la cellule, & qui ne regarde pas tant la Clericature comme un honneur, que comme un fardeau. Après nous avoir témoigné cent fois qu'il ne desiroit que la paix, & avoir pris plaisir à nous repaître de cette vaine esperance, il va soulever par ses lettres & par ses

---

[a] C'est le reproche que Rufin & Jean de Jerusalem faisoient à saint Epiphane, comme S. Jerôme le témoigne dans le 2 livre de son apologie contre Ruffin: *Ne me nittas*, dit-il, *ad sex millia librorum ejus (Origenis) quos legisse Beatum Papam Epiphanium criminaris.*

[b] Paulinien.

plaintes tous les Evêques d'Occident, en leur mandant que quoique mon frere ne fut encore qu'un jeune homme & presque un enfant, on l'avoit neanmoins ordonné Prêtre dans la Paroisse de Bethléem, qui est de son Diocèse. Si cela est, tous les Evêques de Palestine ne sçauroient l'ignorer. Car le Monastere de saint Epiphane, qu'on appelle l'*Ancien*, & où mon frere a été ordonné, est situé dans le territoire d'Eleutherople, & non pas dans celui de Jerusalem. Pour ce qui est de son âge, vôtre Beatitude sçait qu'il a trente ans accomplis: or je ne vois pas qu'on puisse trouver à redire qu'on ordonne Prêtre un homme de trente ans, puisque le mystere de l'Incarnation du Sauveur nous fait voir que cet âge est un âge parfait en JESUS-CHRIST. Qu'il lise l'ancienne loi, & il y trouvera qu'on élevoit au Sacerdoce ceux de la Tribu de Levi à l'âge de vingt-cinq ans : ou s'il veut en cela seulement suivre le texte Hebreu, il verra que les Prêtres étoient ordonnez à l'âge de trente ans. Que s'il me répond que l'ancienne loi a fait place à la nouvelle, je le renvoirai à ce que dit saint Paul à son disciple Timothée : *Faites ensorte que personne ne meprise vôtre jeunesse*; ou bien je le renvoirai à lui-même, puisque l'on sçait assez qu'il n'étoit guére plus âgé que mon frere, quand il a été sacré Evêque. Il me répondra peut-être que cela est permis à un Evêque, mais non pas à un Prêtre, parce que cet âge ne répondroit pas ᵃ au nom qu'il porte ; mais je lui demande, pourquoi donc

---

a S. Jerôme fait allusion au mot grec πρεσβύτερος d'où celui de Prêtre est derivé, & qui signifie *Ancien*.

lui-même a-t-il ordonné un Prêtre qui n'étoit pas plus âgé, ou même qui étoit plus jeune que mon frere, & ce qui est encore plus irregulier, qui étoit attaché à un autre Diocèse que le sien ? Que s'il ne veut pas laisser mon frere en paix à moins qu'il ne souftraïe à la jurisdiction de l'Evêque qui l'a ordonné, pour se soumettre à la sienne, il fera voir par cette conduite qu'il ne cherche la paix que comme un moïen de se venger plus aisément, & qu'il n'aura jamais de repos, qu'il ne nous ait fait tout le mal dont il nous menace. Mais au reste la retraite & le repos ont tant d'attrait pour mon frere, que quand bien même il auroit été ordonné Prêtre par l'Evêque de Jerusalem, il ne voudroit pas faire les fonctions de son ordre : & si pour cela ce Prelat vouloit troubler la paix de l'Eglise, mon frere se contenteroit alors de lui rendre l'honneur & le respect que l'on doit à tous les Evêques, sans se croire obligé à rien davantage.

Voilà jusqu'où il pousse son apologie, ou plûtôt sa satyre contre moi. Je ne lui ai répondu dans ma Lettre qu'en peu de mots & comme en passant, pour lui faire sentir par ce que j'ai dit, que j'en aurois pû dire davantage ; que j'ai assez d'esprit pour découvrir ses ruses, & que je ne suis point une bête qui n'entend que le son des paroles, sans en penetrer le sens. Il me reste à vous prier de pardonner à ma douleur, & de considerer que si c'est un orgueil d'avoir répondu aux accusations qu'il me fait, c'en est encore un plus grand de s'être declaré mon accusateur. Je puis me flater neanmoins d'avoir répondu avec assez

LXIII. Lettre

de moderation & de retenuë, me contentant de lui faire connoître que j'en ai laissé beaucoup plus à dire, que je n'en ai dit. Pourquoi vont-ils chercher la paix si loin? pourquoi veulent-ils que les autres nous forcent de l'accepter? qu'ils nous laissent en repos, & aussi-tôt nous serons en paix. A quoi bon nous faire tant de menaces, & vouloir nous effraïer par le nom de vôtre Sainteté, puisque vôtre Lettre ne respire que la douceur & la paix? Nous avons une preuve sensible que les Lettres que vous nous avez fait l'honneur de nous écrire ne tendoient qu'à l'union & à la concorde, c'est que le Prêtre Isidore qui en étoit le porteur n'a jamais voulu nous rendre celles où l'on ne songeoit qu'à nous leurrer par une paix fausse & simulée.

Voici surquoi il faut que nos adversaires se declarent. Ou nous sommes honnêtes gens, ou nous ne le sommes pas: si nous le sommes, qu'il nous laissent donc en repos; si nous ne le sommes pas, d'où vient veulent-ils faire liaison avec nous? Il a sans doute appris par sa propre experience combien il est avantageux de s'humilier. Quand on voit un homme separer deux choses qu'il avoit unies lui-même, il est aisé de juger qu'il ne le fait que parce qu'il y est contraint par une puissance & une autorité superieure à laquelle il ne peut resister. Il n'y a pas long-tems qu'il a demandé & obtenu mon exil; plût à Dieu qu'il eût fait executer les ordres & le pouvoir qu'on lui avoit donné pour cela; j'aurois la gloire d'avoir souffert l'exil non seulement de volonté, mais encore d'effet; comme il a le chagrin d'avoir eu la volonté de nous le faire souffrir, & de voir que cette volonté lui est reputée pour le fait.

C'est en répandant son sang, c'est en souffrant, & non pas en faisant des outrages que l'Eglise de Jesus-Christ s'est établie : elle s'est accrüe par les persecutions, elle a été couronnée par les souffrances de ses Martyrs. Si nos ennemis, comme ils le font assez voir par leurs Lettres, ne veulent pas entrer dans ces dispositions que la douceur & la charité chrétienne ont coutume d'inspirer, s'ils veulent user toûjours de severité & de rigueur, s'ils aiment mieux persecuter les autres que d'être persecutez eux-mêmes ; il y a ici des Juifs, il y a plusieurs sortes d'Heretiques, & particulierement d'infames Manichéens ; pourquoi ont-ils tant d'égards pour eux ? pourquoi n'osent-ils leur donner le moindre chagrin ? Il n'y a que nous qu'ils veulent exterminer, & qu'ils accusent de vouloir troubler la paix de l'Eglise, à laquelle neanmoins nous sommes étroitement unis par une même communion. J'en appelle ici à vôtre propre témoignage ; n'est-il pas juste ou qu'ils chassent ces heretiques avec nous, ou qu'ils nous souffrent avec eux ? si ce n'est peut-être qu'ils veuillent nous faire l'honneur de nous en separer, en nous envoïant en exil.

Un Moine (je ne le puis dire sans douleur) & encore un Moine qui se vante d'être Evêque d'un Siege Apostolique, menace d'autres Moines ; il demande qu'on les envoïe en exil, & il l'obtient. Mais graces à Dieu des Moines ne sont pas gens à s'épouvanter des persécutions, & ils font toûjours plus prêts à presenter leur tête à l'épée des bourreaux, qu'à en detourner le coup. Comme ils se sont volontairement exilez de leur patrie, aussi regardent-ils tout le monde comme un lieu d'exil. Qu'est-il necessaire d'emploïer l'autorité du Prince, de faire de si grandes dépenses & de se donner de si grands mouvemens pour obtenir des Lettres de cachet ; il n'a qu'à nous faire la moindre sommation, & nous obeïrons aussi-tôt. *La terre est au Seigneur, & tout ce qu'elle contient.* JESUS-CHRIST n'est renfermé dans aucun lieu.

Psal. 23. 1.

Quant à ce qu'il dit que nous allons à Rome aussi bien que vous pour les affaires Ecclesiastiques, & que nous communiquons avec cette Eglise dont il nous croit separez ; nous n'avons que faire d'y aller, nous ne sommes pas moins de la communion Romaine étant en Palestine, que si nous étions à Rome, & sans aller si loin, nous communiquons ici avec les Prêtres de cette Eglise qui sont à Bethléem. Tout cela fait bien voir que ce n'est point l'interêt de l'Eglise, mais sa seule passion qui l'anime contre nous, & qu'on ne doit point attribuer à l'Eglise en general les mauvais traitemens qu'il nous fait, mais à l'aversion qu'il a pour nous, & qu'il tâche d'inspirer aux autres. Je le repete encore une fois, je souhaite de vivre en bonne intelligence avec lui ; je desire la paix, mais une paix de JESUS-CHRIST ; & je vous prie de lui dire qu'il doit aussi la souhaiter, & non pas nous faire violence pour nous contraindre de l'accepter malgré nous. Qu'il se contente de nous avoir traitez d'une maniere si dure & si outrageante, & qu'il en use desormais à nôtre égard avec un peu plus de charité, afin de guerir les playes qu'il nous a faites autrefois. Qu'il soit tel à nôtre endroit qu'il étoit lors que son propre panchant le portoit à nous aimer ; qu'il n'agisse point par les mouvemens qu'une passion étrangere lui inspire ; qu'il fasse ce qu'il veut lui-même, & non pas ce que les autres lui suggerent ; qu'il remplisse les devoirs d'un veritable Evêque en commandant également à tous ; ou qu'il imite l'Apôtre saint Paul en travaillant avec une égale charité au salut de tous ses freres. S'il en use de la sorte à nôtre égard, nous voila d'accord, il peut nous regarder comme ses amis & comme ses proches, & être persuadé que nous lui serons parfaitement soumis en JESUS-CHRIST, comme nous le sommes à tous les autres Evêques. *La charité est patiente, elle est douce, la charité n'est point envieuse, elle ne s'enfle point d'orgueil, elle endure tout, elle croit tout* ; elle est la mere de toutes les vertus, & quand elle est jointe avec la foi & l'esperance, comme saint Paul les unit en disant : *La foi, l'esperance & la charité*, ces trois vertus sont comme une *triple corde qu'on ne sçauroit rompre*. Nous avons la foi & l'esperance, & ces deux vertus nous unissent tous par les liens de la charité. Car nous avons quitté nôtre païs, pour vivre en paix dans la solitude ; pour respecter les Evêques de JESUS-CHRIST qui enseignent la veritable foi, non pas avec la severité d'un Maître, mais avec la charité d'un Pere ; pour leur rendre tout ce qui est dû à leur dignité

1. Cor. 13.

Ibid. ỹ. 13.
Eccli. 4.

LXIV. Lettre

Hebr. 12. me donnez fur cela; car je fçai que *le Seigneur châtie celui qu'il aime, & qu'il frape de verges tous ceux qu'il reçoit au nombre de ses enfans.* Je vous prie neanmoins d'être perfuadé qu'il n'y a rien à quoi je m'attache plus inviolablement qu'à conferver les droits de Jesus-Christ, que je ne paffe point les bornes que nos Peres nous ont prefcrites, & que je n'ai point oublié que la foi de l'Eglife Romaine, avec laquelle celle d'Alexandrie fe fait honneur d'être unie de communion, a reçû autrefois des loüanges de la bouche même de

Rom. 1. l'Apôtre faint Paul.

Pour ce qui eft de la douceur dont vous ufez à l'égard d'une herefie tres pernicieufe, dans l'efperance de ramener par là au fein de l'Eglife ceux qui ne cherchent qu'à l'opprimer; permettez-moi de vous dire que plufieurs d'entre les Fidelles n'approuvent point vôtre conduite en cela; & qu'ils appréhendent que la patience avec laquelle vous attendez le retour d'un petit nombre qui pourroient fe convertir, ne ferve à rendre les méchans plus hardis, & à fortifier leur parti. Je vous falüe en Jesus-Christ.

LETTRE LXV.
au même.

Saint Jerôme remercie Theophile dans cette Lettre de ce qu'il a chaffé les Origeniftes, & loüe particulierement la prudence qu'il a fait paroître dans cette occafion. Ecrite vers l'an 400.

J'AI reçû depuis peu les Lettres que vôtre Beatitude m'a fait l'honneur de m'écrire, par lesquelles après m'avoir fait d'obligeants reproches du filence que je garde depuis longtems, elle m'exhorte à lui écrire à mon ordinaire. Ainfi quoique vous ne m'aïez point écrit par nos faints freres Prifque & Eubule ; cependant comme je fuis témoin du courage & du zele avec lequel l'amour qu'ils ont pour la pureté de la foi, leur a fait parcourir toute la Paleftine, & chaffer dans leurs trous ces bafilics quï s'étoient répandus de toutes parts : je ne puis m'empêcher de vous marquer en peu de mots que tout le monde vous applaudit & & fe réjoüit de vos triomphes, & que les peuples, ont une joïe incroïable de voir l'étendart de la Croix élevé par vos foins dans Alexandrie, & les marques éclatantes de la victoire que vous avez remportée fur l'herefie. Plein de courage & de zele pour la foi, vous avez fait connoître que le filence que vous aviez gardé jufqu'à prefent étoit l'effet d'une fageffe confommée, & non pas d'une lâche condefcendance. Car vous voulez bien me permettre de vous dire franchement que cette patience excessive avec laquelle on vous a vû souffrir les Heretiques, nous a fait une vraie peine ; parce que ne pouvant pas pénetrer les raisons que vous aviez de les menager de la sorte, nous ne souhaitions rien avec plus de passion & d'empressement que de les voir exterminer entierement. Mais à ce que je vois vous avez voulu tenir la main levée, & suspendre le coup pour quelque tems, afin de fraper ensuite plus rudement.

Pour ce qui est de cette personne qu'on a reçûë à la communion, vous ne devez point en sçavoir mauvais gré à l'Evêque de cette Ville, puisque vous n'aviez rien ordonné sur cela par vos Lettres, & que ç'auroit été une temerité à lui de porter jugement sur une affaire dont il n'étoit pas informé. Au reste je ne croi pas qu'il ose vous chagriner en quoi que soit, ni même qu'il en ait le dessein.

LETTRE LXVI.

au même.

Ecrite vers la même année que la précédente.

Saint Jerôme loüe encore Theophile dans cette Lettre du zele qu'il a fait paroître contre l'heresie des Origenistes, & lui marque que non seulement l'Egypte & la Syrie, mais l'Italie même lui sont redevables de leur délivrance.

LEs Lettres que j'ai reçûës de vôtre Beatitude m'ont fait un double plaisir, puisqu'outre qu'elles m'ont procuré le bonheur de voir les Saints & venerables personnages Agathon Evêque, & Athanase Diacre, qui en ont été les porteurs; elles m'ont encore fait connoître le zele avec lequel vous avez soutenu les interêts de la foi contre la plus abominable de toutes les heresies. La voix de vôtre Beatitude s'est fait entendre par toute la terre; & pendant que toutes les Eglises retentissent de chants d'allegresse, l'heresie qui est le venin du diable demeure dans un morne silence; on n'entend plus de sifflemens de cet ancien serpent, parce qu'aïant été dechiré & mis en pieces, & ne pouvant plus supporter la clarté du soleil, il est reduit à se cacher au fond de sa caverne.

Avant que de recevoir vos Lettres, j'avois déja écrit sur cela en Occident, pour découvrir aux Latins une partie des artifices des heretiques. Je croi que c'est par une disposition particuliere de la divine providence, que vous avez écrit dans le même-tems que moi au Pape Anastase pour appuïer & fortifier mon sentiment sans le sçavoir. Mais puisque vous m'avez fait l'honneur de m'en écrire, & de me donner avis de ce que vous avez fait pour les interêts de la Religion, je vais redoubler mon zele pour travailler de concert avec vous, non seulement dans nos quartiers, mais encore dans les lieux les plus éloignez, à ramener ceux qui par simplicité & par ignorance, sont tombez dans l'erreur. Ne craignons point de nous exposer par là à l'envie & à la haine de quelques particuliers, car nous ne devons point chercher à plaire aux hommes, mais à Dieu seul. Il faut avoüer cependant qu'ils ont encore plus d'opiniâtreté à deffendre leur heresie, que nous n'avons d'ardeur & de zele pour l'attaquer.

Si vous avez fait quelques reglemens dans vôtre Synode, je vous prie d'avoir la bonté de me les envoïer, afin qu'appuïé de l'autorité d'un si grand Prelat, je puisse me declarer pour la cause de Jesus-Christ avec plus de hardiesse & de confiance. Le Prêtre Vincent est arrivé de Rome ici deux jours avant que j'écrivisse cette Lettre. Il vous salüe avec beaucoup de respect, & publie par tout que c'est à vos Lettres, après Jesus-Christ, que Rome & toute l'Italie sont redevables de leur salut & de leur delivrance. Continuez donc, Pere très-saint & très-aimable, & ne laissez échaper aucune occasion d'écrire aux Evêques d'Occident, pour les porter à emploïer, comme vous le dites vous-même dans vôtre Lettre, le tranchant de la faux, pour couper toutes les mauvaises herbes qui pourroient naître dans le champ de l'Eglise.

LETTRE LXVII.
à Tranquillin.

Saint Jerôme marque ici à Tranquillin avec quelle précaution on doit lire les ouvrages d'O-rigéne, lui repetant ce qu'il a dit en plusieurs endroits, qu'Origéne merite d'être loüé pour son sçavoir, mais qu'on ne doit pas suivre ses dogmes.

Ecrite vers l'an 397.

SI j'ai autrefois douté que les liens qui unissent les esprits fussent plus forts que ceux qui unissent les corps, j'en suis convaincu presentement par la liaison étroite que la charité de JESUS-CHRIST a formé entre vous & moi; car vôtre Lettre (je vous le dis avec toute la sincerité possible) toute muette qu'elle est, exprime d'une maniere très vive & très touchante les sentimens de tendresse & d'amitié que vous avez pour moi.

La nouvelle que vous m'apprenez, que plusieurs personnes sont tombez dans les erreurs d'Origéne, & que mon fils Oceanus travaille avec zele à les détromper, me cause de la douleur & de la joie tout ensemble : de la douleur de ce que des personnes simples se sont laissé seduire; & de la joie de ce que ce sçavant homme veut bien s'emploïer à les faire revenir de leurs égaremens.

Puisque vous voulez que je vous dise mon sentiment sur la lecture des ouvrages d'Origéne, sçavoir si l'on doit s'abstenir de les lire,

Gg iiij

comme le voudroit nôtre cher frere Faustin; ou si, comme le veulent quelques autres, on peut les lire en partie : Je vous dirai que je croi qu'on peut lire quelquefois Origéne à cause de son érudition, comme on lit Tertullien, Novat, Arnobe, Apollinaire & quelques autres Ecrivains Ecclesiastiques tant Grecs que Latins ; mais avec cette précaution qu'on n'en prenne que ce qu'il y de bon, & qu'on laisse ce qu'il y a de mauvais, selon ce que dit l'Apôtre : *Eprouvez tout, & attachez vous à ce qui est bon.* Mais pour ce qui est de ceux ou qui témoignent trop d'attachement pour lui, ou qui n'en ont de l'éloignement qu'à cause de leurs injustes préventions, je croi qu'on peut leur appliquer ce que dit le Prophete : *Malheur à ceux qui appellent mal ce qui est bien, & bien ce qui est mal ; & qui font doux ce qui est amer, & amer ce qui est doux.* Car son érudition ne doit point faire embrasser ce qu'il y a d'impie dans ses dogmes, ni l'impieté de ses dogmes faire rejetter entierement la lecture de ses Commentaires sur l'Ecriture sainte, qui peuvent avoir quelque chose de bon & d'utile. Que si ses ennemis & ses partisans ne veulent garder aucun milieu, & pretendent qu'on doit sans distinction ou tout approuver ou tout condamner dans ses ouvrages ; pour moi je croi qu'on doit toûjours préferer une pieuse ignorance à une science impie & pleine de blasphémes. Nôtre saint frere Tatien Diacre vous saluë de tout son cœur.

Marginalia: 1. Thess. 5. 21. — Isaï. 5.

LETTRE LXVIII.
à Pammaque & à Marcelle.

Saint Jerôme leur parle dans cette Lettre du zele que Theophile Evêque d'Alexandrie a fait paroître pour l'extinction de l'heresie des Origenistes. Il leur envoïe aussi la seconde Lettre Pascale de Theophile, & les prie d'engager le Pape Anastase à confirmer par son autorité tout ce que l'Evêque d'Alexandrie a fait & écrit contre Origéne.

Ecrite vers l'an 402.

VOICI encore [a] des marchandises d'Orient, & des richesses d'Alexandrie que je vous envoie & que je fais transporter à Rome au commencement du printems. *Dieu viendra du côté du Midi, & le Saint de la montagne de Pharan, qui est couverte d'une ombre épaisse.* De là vient que l'Epouse des Cantiques s'écrie dans le transport de sa joïe : *Je me suis assise à l'ombre de celui qui étoit l'objet de tous mes desirs ; j'ai goûté de son fruit, & il m'a paru delicieux.* Nous voïons aujourd'hui l'heureux accomplissement de cette prophetie d'Isaïe : *Il y aura en ce tems-là un Autel du Seigneur au milieu de l'Egypte. Où il y a eu une abondance de péché, il y a eu ensuite une surabondance de graces.* Ceux qui ont reçû & conservé JESUS-CHRIST dans son enfance, le deffen-

Abac. 3. 3.

Cant. 2. 3.

Isaï. 19. 19.
Rom. 5. 20.

---

[a] Saint Jerôme veut parler de la seconde Lettre Pascale de Theóphile, qu'il avoit traduite de grec en Latin, & dont il leur envoïoit un exemplaire.

disciples ? Si vous ne dites que la verité, aïez donc autant de zele maintenant pour soutenir les interêts de la veritable foi, que vous en avez fait paroître autrefois pour deffendre le parti de l'erreur. Pourquoi ramasser de tous côtez comme vous faites, tant de vieilles medisances & de calomnies usées, pour noircir la reputation de ceux dont vous n'osez attaquer la foi ? Croïez vous en être moins heretiques quand vous nous aurez fait passer dans l'esprit de quelques-uns pour des gens dont la vie n'est pas bien reglée ? Vôtre bouche sera-t-elle moins souillée par les blasphémes qu'on vous entend prononcer, quand vous aurez fait voir que nous avons quelque legere blessure à l'oreille ? Croïez-vous pouvoir vous justifier de vôtre perfidie, & blanchir vôtre peau qui est aussi noire que celle d'un Ethiopien, & aussi tachetée que celle d'un Leopard, en faisant remarquer une petite tache que nous aurions sur le corps ? L'Evêque Theophile accuse hautement Origéne d'être heretique ; & comme ses Disciples n'osent deffendre ses Ecrits, ils disent qu'ils ont été falsifiez par les heretiques ; ce qui est arrivé à plusieurs Ecrivains dont les ouvrages ont êté corrompus. C'est ainsi qu'ils tâchent de justifier Origénes par les erreurs des autres, & non pas par la pureté de sa foi.

Mais c'est assez parlé de ces Heretiques, qui par la haine aussi injuste qu'implacable qu'ils ont contre nous, font assez connoître ce qu'ils ont dans l'ame, & découvrent le poison qu'ils ont au fond du cœur. Pour vous qui êtes l'ornement du Senat & de la Religion, recevez, s'il vous plaît, encore cette année la Lettre que je vous envoie en Grec & en Latin, de peur que ces Heretiques ne m'accusent encore fauſſement d'y avoir changé ou ajoûté pluſieurs choſes. Je puis vous aſſurer que je n'ai rien épargné pour conſerver dans la traduction toute l'élegance & la beauté de l'original ; je l'ai ſuivi pié-à-pié avec une exacte fidelité, afin de ne rien perdre de l'éloquence avec laquelle elle eſt écrite, & de dire les mêmes choſes & en mêmes termes. C'eſt à vous à juger ſi j'ai bien réüſſi. Je vous dirai ſeulement que cette Lettre eſt diviſée en quatre parties. Dans la premiere, l'Auteur invite les Fidelles à celebrer dignement la fête de Pâques : dans la ſeconde & la troiſiéme, il combat & détruit parfaitement les hereſies d'Apollinaire & d'Origéne ; enfin dans la quatriéme & derniere partie il exhorte les Heretiques à faire penitence. Que s'il ne dit pas dans cette Lettre tout ce que l'on peut objecter à Origéne, c'eſt qu'il l'avoit déja dit dans la premiere que je vous envoïai l'année paſſée, & qu'il a crû qu'il ne devoit pas dans celleci dont je vous envoïe la traduction, s'étendre beaucoup ſur cette matiere qu'il ne vouloit toucher qu'en paſſant. Quant aux erreurs d'Apollinaire, il n'emploïe pour les refuter qu'une ſimple expoſition de nôtre foi, mais il le fait avec tant de force & de ſubtilité, qu'après avoir deſarmé ſon adverſaire, il lui enfonce dans le ſein le poignard qu'il lui a arraché des mains. Priez donc le Seigneur que cet ouvrage qui a tant de grace & d'élegance dans le texte grec, n'en ait pas moins dans la verſion Latine, que Rome reçoive avec plaiſir une piece qui a déja fait l'admiration de tout l'Orient, & que la Chaire de l'Apôtre saint Pierre confirme par son approbation ce que le Siege de l'Evangeliste saint Marc vient de publier avec tant d'applaudissement. Au reste le bruit s'est déja répandu par tout que le saint Pape Anastase animé du même esprit & du même zele a aussi poursuivi ces Heretiques jusques dans les tannieres qui leur servent d'azile & de retraite. Ses Lettres même nous ont appris que ce qui a été condamné en Orient, l'a aussi été en Occident. Je prie le Seigneur de lui donner une longue suite d'années, afin que l'heresie qui comme une mauvaise plante commence à repousser, se deseche peu à peu, & meure enfin par le soin qu'il prend de s'opposer à ses desseins.

LETTRE LXIX.

à Riparius.

Ecrite vers l'an 400.

Après avoir loüé le zele avec lequel Riparius s'opposoit aux Heretiques, il lui mande que Ruffin, qu'il appelle son Catilina, a été chassé de la Palestine ; il lui marque en même-tems les persecutions que les Heretiques ont excité contre lui, jusqu'à l'obliger d'abandonner son Monastere.

J'APPRENS par vos Lettres, aussi-bien que par le recit que m'en ont fait plusieurs personnes, que vous combattez avec beaucoup de zele pour les interêts de JESUS-CHRIST contre les ennemis de la foi Catholique; mais que les vents vous sont contraires, & que ceux qui devroient être les deffenseurs de la verité, se sont malheureusement engagez dans le parti de l'erreur. Vous sçavez cependant que par un secret jugement de Dieu, & sans que les hommes s'en soient mêlé en aucune maniere, ᵃ Catilina a été chassé non seulement de la ville, mais encore de toute la Palestine. Il est vrai que nous avons le chagrin de voir que plusieurs des conjurateurs sont restez à Joppé avec ᵇ Lentulus. Pour nous, nous avons crû qu'il étoit plus expedient de changer de demeure, que de nous voir exposez à changer de foi; & quelque commode, quelque agreable que soit nôtre maison, nous avons mieux aimé l'abandonner, que de nous soüiller par la communion des heretiques, ausquels il a falu ceder dans la conjoncture presente, ou nous voir reduits à nous battre, non pas à coups de langue, mais à ᶜ coups d'épée. Je croi que le bruit public vous a déja appris tout ce que nous avons souffert, & la vengeance que le bras tout-puissant de Jesus-Christ a exercée sur nos ennemis. Je vous conjure donc de poursuivre l'ouvrage que vous avez entrepris, & de ne pas souffrir que dans le lieu où vous êtes, l'Eglise de Jesus-Christ soit sans deffenseur. Tout le monde sçait que ce n'est point par les forces du corps qu'il faut combattre

a Saint Jerôme veut parler de Ruffin, auquel il donne souvent des noms empruntez.

b Il fait allusion à ce que dit Salluste, que Catilina étant sorti de Rome durant la nuit, laissa Cethegus & Lentulus à Rome pour maintenir les conjurez dans ses interêts.

c S. Jerôme parle de la sorte, parce que Ruffin l'avoit menacé de le tuer, comme il le témoigne lui-même dans son apologie.

en cette occasion, mais par la seule charité qui est toûjours invincible, & dont vous êtes rempli. Nos Freres qui sont ici vous saluent de tout leur cœur. Je croi que nôtre frere le saint Diacre Alentius vous aura fait un recit exact de tout ce qui s'est passé. Je vous supplie, mon très-saint, très-venerable & très-aimable frere, de ne me point oublier; & je prie nôtre Seigneur JESUS-CHRIST de vous conserver en santé.

LETTRE LXX.

à Apronius.

Ecrite vers le même tems

Saint Jerôme loüe dans cette Lettre Apronius de ce qu'il s'est opposé aux erreurs des Heretiques. Il l'invite à venir à Jerusalem, & deplore la ruine du Monastere de Bethléem que les Heretiques avoient détruit.

JE ne sçai par quel artifice du démon tous vos travaux & les soins du saint Prêtre Innocent sont demeurez jusqu'à present inutiles, & tous mes desirs sans effet. Cependant je rends graces à Dieu de ce que vous êtes en parfaite santé, & de ce que tous les efforts du démon n'ont rien diminué de vôtre foi. Rien ne me fait plus de plaisir que d'apprendre que mes enfans combattent pour JESUS-CHRIST. Je prie celui en qui nous mettons toute nôtre confiance d'augmenter en nous ce zele, afin que nous soïons toûjours prêts de répandre nôtre sang pour la deffense de la foi. J'ai appris

pris avec bien de la douleur que nôtre belle maison a été renversée de fond en comble. Je ne sçai à quoi attribuer ce malheur ; celui qui m'en a apporté la nouvelle m'a dit qu'il n'en sçavoit rien. Tout ce que nous pouvons faire est de prendre part à la douleur de nos amis communs, & qui le sont aussi de JESUS-CHRIST; & de le prier pour eux, lui qui est le seul Seigneur, & qui peut tout. Il faut avoüer cependant que nous avions bien merité cette punition, pour avoir retiré chez nous des gens qui étoient les ennemis de Dieu. Je croi que vous ne pouvez prendre un meilleur parti, que d'abandonner toutes choses pour venir en Orient, & particulierement à Jerusalem. Car tout est ici fort calme & fort tranquille. Quoique les Heretiques aient le cœur encore tout rempli de venin, cependant ils n'osent ouvrir la bouche pour publier leurs erreurs ; mais ils *sont sourds comme l'aspic qui* *se bouche les oreilles.* Je vous prie de saluer nos saints Freres de ma part. Si nôtre maison a été détruite par les Heretiques, & dépoüillée de tous ses biens temporels ; graces au Seigneur elle est très riche en biens spirituels. Il vaut mieux être reduit à ne manger que du pain, que d'être en danger de perdre le tresor de la foi.

Psal. 57. 5.

LETTRE LXXI.

à saint Augustin.

Écrite vers l'an 410.

Il lui mande que les Heretiques quoique condamnez plusieurs fois, font encore tous leurs efforts pour réveiller leurs erreurs.

IL y a des gens qui après avoir eu le coû rompu & les jambes cassées, ne peuvent neanmoins se resoudre à se soumettre, attachez qu'ils sont toûjours à leurs anciennes erreurs, quoiqu'ils n'aïent pas la liberté de les enseigner. Nos Freres qui sont ici vous saluënt avec beaucoup de respect, & particulierement vos saintes & venerables [a] Filles. Je vous supplie de vouloir bien aussi saluër de ma part vos freres [b] Alipe & Evode. [c] Jerusalem est tombée sous la puissance de Nabuchodonosor, & cependant elle ne veut point écouter les conseils de Jeremie; elle souhaite au contraire de se retirer en Egypte, pour mourir dans Taphnés, & expirer sous le joug d'une éternelle servitude.

Jerem. 42.

---

a Eustoquie & la jeune Paule. Alipe étoit grand ami de saint Augustin, & Évêque de Tagaste. Évode étoit Évêque d'Uzale.

c Cet endroit est un énigme dont il est assez difficile de pénetrer le sens. Erasme, Marianus & quelques autres Ecrivains croient que saint Jerôme veut parler de Jean de Jerusalem, qui après la condamnation d'Origène, tâchoit toûjours de defendre ses erreurs. Mais les Theologiens de Louvain, & Erasme même dans l'édition des ouvrages de saint Augustin, croient que saint Jerôme veut parler de la prise de Rome par Alaric. Baronius est aussi de ce sentiment.

LETTRE LXXII.
à Saint Paulin.

Saint Jerôme répond à deux questions que saint   Ecrite vers
Paulin lui avoit proposées, la premiere com-   l'an 406.
ment on pouvoit accorder le libre arbi-
tre avec ce qui est dit dans l'Ecriture que
Dieu a endurci le cœur de Pharaon. La se-
conde, pourquoi saint Paul appelle Saints les
enfans nez des fidelles. Il lui explique aussi
en quel sens il a loüé les ouvrages d'Origéne.

Vous voulez m'engager à vous écrire, mais je vous avoüe que je n'ose me commettre avec vous : vous me paroissez trop redoutable par vôtre éloquence, & je trouve dans vos Lettres une pureté & une delicatesse qui approche beaucoup de celle de Ciceron. Vous vous plaignez que mes Lettres sont trop courtes, & d'un stile trop negligé ; si elles ne sont pas plus longues & plus polies, ce n'est pas que je me neglige, c'est que je vous crains, & que j'apprehende de les rendre plus defectueuses en les faisant plus longues. Pour vous parler franchement, lors que quelque vaisseau est prest de faire voile en Occident, on me demande tant de Lettres à la fois, que si je voulois mander à un chacun en particulier tout ce que j'ai à dire, je laisserois malgré moi échaper l'occasion de leur écrire. C'est ce qui fait que sans m'embarasser ni de la pureté du stile, ni de l'exactitude de mes Copistes, je

ve dans Origéne ce qu'il a de bon, & je ne condamne que sa mauvaise doctrine, persuadé que je suis que *ceux qui appellent mauvais ce qui est bon, & amer ce qui est doux*, encourent la même malédiction que ceux *qui appellent bon ce qui est mauvais, & doux ce qui est amer*. Est-il en effet un entêtement plus prodigieux que celui de ceux qui en voulant loüer la doctrine & l'érudition d'un Auteur, approuvent & suivent jusqu'à ses blasphémes?

Isai. 5.

Pour ce qui est de la seconde question que vous m'avez proposée, Tertullien en traite dans son livre de la Monogamie, & dit qu'on donne le nom de *Saints* aux enfans des Fidéles, parce qu'ils sont candidats de la foi, & qui ne sont jamais soüillez par l'idolatrie. Sur quoi vous devez aussi remarquer, que quoique le nom de *Saint* ne puisse convenir qu'aux créatures raisonnables qui servent & adorent Dieu, on ne laisse pas neanmoins de donner ce nom aux vases du tabernacle, & à tout ce qui sert à l'Autel. C'est une façon de parler ordinaire aux Ecrivains sacrez d'appeller *Saints* ceux qui sont purs, ou qui se sont lavez & purifiez de leurs soüilleures par differentes expiations. C'est dans ce sens que l'Ecriture sainte donne au Temple le nom de Sanctuaire, & qu'en parlant de Bethsabée elle dit qu'*elle se sanctifia*, c'est-à-dire, qu'elle se purifia de son impureté.

2. Reg. 11. 14.

Au reste si nonobstant l'appréhension que j'avois d'écrire à une personne aussi habile & aussi éloquente que vous êtes, comme je vous l'ai témoigné dès le comencement de cette Lettre; je n'ai pas laissé de répondre aux questions

que vous m'avez fait l'honneur de me propo-
fer, je vous prie de ne me pas accufer de vanité ou de menfonge. Dieu m'eſt témoin qu'il
n'y a que la crainte d'avoir un homme de vôtre caractere pour Juge de mes ouvrages, qui
m'ait fait balancer à vous écrire. Or vous fça-
vez que quand une fois l'efprit eſt prévenu,
il eſt bien difficile qu'il puiſſe réüſſir dans ce
qu'il entreprend.

Je vous fuis infiniment obligé du bonnet
que vous m'avez fait la grace de m'envoïer ;
quelque petit qu'il foit, la charité le rend très
grand & très large. C'eſt un meuble fort utile pour un homme de mon âge qui a befoin de
fe tenir la tête chaude. Ce prefent m'eſt dou-
blement agréable & par lui-même, & par
l'eſtime que je fais de la perfonne qui me l'a
envoïé.

LETTRE LXXIII.
à Ctésiphon.

Ecrite vers l'an 412.

Pelage aïant publié ses erreurs, saint Jerôme qui se déclaroit contre toutes les nouvelles opinions, l'attaqua fortement dans cette Lettre, sans neanmoins le nommer. Le premier des dogmes qu'il y combat, est celui de l'Apathie, c'est-à-dire, de l'exemtion des passions. Le second regarde la grace de JESUS-CHRIST dont Pelage combattoit la necessité. Le troisiéme est l'exemtion du péché à laquelle cet Heretique pretendoit que l'homme pouvoit parvenir sans le secours de Dieu.

NE pensez pas, mon cher Ctésiphon, que vous en aïez usé avec trop de liberté en m'apprenant qu'on commence aujourd'hui à reveiller de certaines opinions [a] qui ont eu cours autrefois: Vous m'avez donné dans cette occasion des marques sensibles & de vôtre amitié pour moi, & de vôtre zele pour les interêts de la Religion. Avant que vous m'en écrivissiez, cette heresie avoit déja séduit plusieurs personnes en Orient, leur apprenant à cacher un orgueil delicat sous les apparences trompeuses d'une humilité affectée, & à dire avec le démon: *Je monterai au ciel, j'établirai* Isaï. 14. 13. *mon trône au dessus des astres, & je serai sem-*

---

[a] Saint Jerôme dans la Preface du 4. livre de ses Commentaires sur Jeremie, dit: *On commence à renouveller l'heresie de Pithagore & de Zenon touchant l'impossibilité & l'impeccabilité, erreur que l'on a combatuë & détruite autrefois en écrivant contre Origene, & depuis peu contre ses disciples Jeannius* (c'est-à-dire Rufin) *Evagre de Pont, & Jovinien.*

blable au Tres-haut. En effet est-il rien de plus temeraire que de vouloir se rendre non seulement semblable, mais encore égal à Dieu même, & de se faire un sistême qui tout abregé qu'il est, renferme tout le venin que les Heretiques ont puisé dans les sources corrompües des Philosophes, & particulierement de Pithagore & de Zenon, chef des Stoïciens ? Car ceux qui suivent ces opinions, prétendent que par la meditation & la pratique continuelle de la vertu, on peut s'affranchir de toutes sortes de vices, & bannir entierement de son cœur ces agitations & ces mouvemens dereglez que les Grecs appellent *passions*, c'est-à-dire la tristesse & la joie, la crainte & l'esperance, dont [a] les deux premieres regardent le present, & les deux autres l'avenir. Les Peripateticiens disciples d'Aristote combatent fortement contre les partisans de cette orgueilleuse doctrine. Les nouveaux Academiciens, dont Ciceron suit les sentimens, renversent aussi, je ne dis pas leurs principes, car ils n'en ont aucun, mais le vain fantôme de cette perfection chimerique dont ils se flatent, & qui ne subsiste qu'en idée. Car pretendre qu'on peut vivre sans passions, c'est vouloir déplacer l'homme & le tirer de son état naturel ; c'est entreprendre de le dépoüiller d'un corps auquel il est necessairement attaché ; c'est former des desirs & des idées de perfection, & non pas en donner des regles & des preceptes. De là vient que l'Apôtre saint Paul di-

---

[a] La tristesse vient d'un mal present qui nous afflige ; & la joie d'un bien present que nous possedons. La crainte au contraire s'occupe d'un mal avenir que nous apprehendons ; & l'esperance se flate d'un bien avenu que nous souhaitons.

soit: *Malheureux homme que je suis! qui me delivrera de ce corps de mort?*

<small>Rom. 7. 24.</small>

Comme les bornes étroites qu'on doit se prescrire dans une Lettre, ne me permettent pas de m'étendre beaucoup, & de refuter toutes les visions de ces Heretiques; je me contenterai de vous découvrir ici en peu de mots les piéges qu'ils nous tendent, & que nous devons éviter. Virgile lui-même nous apprend de combien de passions differentes nous sommes agitez, lors qu'il dit:

<small>Æneid. 6.</small>

La crainte, les desirs, la joie & la tristesse
Les gesnent tour a tour, les agitent sans cesse;
Et ces esprits captifs dans leur affreux sejour,
Gemissent dans les fers sans jamais voir le jour.

En effet qui est l'homme qui ne se laisse ni chatoüiller par la joie, ni abbatre par la tristesse, ni repaître par l'esperance, ni ébranler par la crainte? ce qui fait dire au fameux Horace:

<small>Horat. serm. l. 1. Sat. 3.</small>

Nul ne naît sans défauts; le mieux qu'on puisse faire
N'est pas d'en être exemt, mais de n'en avoir guére.

Un de nos Auteurs a fort bien dit que les Philosophes, qui sont les Patriarches des Heretiques, ont corrompu par leur pernicieuse doctrine toute la pureté de la foi de l'Eglise, ne sçachant que c'est de la foiblesse & de la fragilité de l'homme que parle l'Ecriture lors qu'elle dit: *Pourquoi la terre & la cendre s'éleve-t-elle d'orgueil?* & ignorant particulierement ce que dit l'Apôtre: *Je sens dans les membres de mon corps une autre loi qui s'oppose*

<small>Tert. cont. Hermog.</small>

<small>Eccli 10. 9.</small>

<small>Rom. 7. 23.</small>

à la loi de l'esprit, & qui me retient dans l'esclavage. Et derechef: *Car je ne fais pas ce que* Ibid. ⱳ. 15. *je veux, mais je fais ce que je ne veux pas.* Si cet Apôtre fait ce qu'il ne veut pas, comment ces Heretiques peuvent-il soutenir ce qu'ils osent avancer ; Que l'homme peut être entierement exemt de peché, s'il le veut ? Hé comment l'homme pouroit-il venir à bout de ce qu'il veut, puisque saint Paul nous assure qu'il ne peut lui-même accomplir ce qu'il desire ? Lors que nous leur demandons où sont ceux qu'ils croient exemts de péché, ils tâchent d'éluder la verité par une nouvelle supercherie, en disant qu'ils ne prétendent pas qu'il y ait à present, ou qu'il y ait eu autrefois des hommes exemts de péché, mais qu'il y en peut avoir. Les habiles Docteurs ! qui soutiennent que ce qui n'a jamais été, peut être ; quoique l'Ecriture dise formellement : *Tout ce qui doit arriver à l'avenir, a déja été* Eccli. 3. 15. *fait par le passé.*

Il n'est pas necessaire que je parcoure ici la vie de chaque Saint en particulier, pour y faire remarquer comme dans un beau corps, quelques defauts & quelques taches (ce que font mal-à-propos quelques-uns de nos Ecrivains ;) il suffit de rapporter quelques passages de l'Ecriture, pour mettre en poudre tous les argumens des Heretiques & des Philosophes. Que dit saint Paul, ce vaisseau d'élection ? *Dieu a voulu que tous fussent envelopez* Rom. 11. 32. *dans le peché, afin d'exercer sa misericorde envers tous.* Et dans un autre endroit : *Tous ont* Ibid 3. 23. *peché, & ont besoin de la gloire de Dieu.* L'Ecclesiaste par la bouche duquel la Sagesse mê-

Eccli. 7. 21. me a voulu s'exprimer, dit expressément : *Il n'y a point d'homme juste sur la terre, qui fasse le bien & qui ne péche point.* L'Ecriture dit en-
2. Paral. 6. 36. core en un autre endroit : *Si ce peuple vient à pécher, car il n'y a point d'homme qui ne peche.*
Prov. 20. 9. Et ailleurs : *Qui peut se flater d'avoir le cœur*
Job. 14. 4. *pur ?* Et derechef : *Il n'y a personne qui soit*
Sec. LXX. *exemt de souïlleures, non pas même un enfant qui n'a qu'un jour de vie.* Ce qui fait dire à
Psal. 50. 7. David : *Car vous voïez que j'ai été engendré dans l'iniquité, & que ma mere m'a conçû dans*
Psal. 142. 2. *le peché.* Et ailleurs : *Nul homme vivant ne sera trouvé juste devant vous.* Nos Heretiques donnent un nouveau tour à ce passage, afin d'en éluder la force & l'autorité sous un pretexte specieux de pieté, pretendant que l'Ecriture veut dire par là, Qu'il n'y a personne de parfait en comparaison de Dieu. Mais c'est donner une explication violente à l'Ecriture; car elle ne dit pas : *Nul homme vivant ne sera trouvé juste, si on le compare avec vous*, mais, *Nul homme vivant ne sera* trouvé juste devant vous. Lors qu'elle ajoûte, *devant vous*, elle donne à entendre que ceux qui paroissent Saints aux yeux des hommes, ne le sont pas aux yeux
1. Reg. 16. 7. de Dieu : car *l'homme ne voit les choses que par le dehors, mais le Seigneur voit le fond du cœur.* Or si personne n'est juste aux yeux de Dieu qui voit tout, & qui penetre jusques dans les replis les plus secrets du cœur humain ; il est aisé de voir que de prétendre, comme font les Heretiques, qu'on peut être entierement exemt de peché, ce n'est pas élever l'homme, mais déroger à la puissance de Dieu.

L'Ecriture Sainte nous fournit plusieurs autres passages de cette forte; mais si j'entreprenois de les rapporter tous ici, il me faudroit passer les bornes, je ne dis pas d'une simple Lettre, mais même d'un volume entier. Ces Heretiques qui ne trouvent des approbateurs que parmi les impies, ne nous débitent point une nouvelle doctrine; & s'ils sont capables de séduire les simples & les ignorans; ils ne sçauroient faire illusion à ceux qui méditent jour & nuit la loi du Seigneur. Qu'ils rougissent donc d'avoir pour Maîtres & pour sectateurs de cette doctrine impie, ceux qui disent que l'homme, s'il le veut, peut être sans peché, & comme disent les Grecs, [a] *impeccable*. Comme ce terme paroît dur & insupportable à toutes les Eglises d'Orient, ils tâchent de déguiser leurs sentimens en disant qu'ils avoüent que l'homme peut être sans peché : mais qu'ils n'osent dire qu'il peut être *impeccable* : comme s'il y avoit de la difference entre *être sans peché*, & *être impeccable*, & comme si le Latin n'exprimoit pas en deux mots le veritable sens du mot grec qui est un nom composé. Si vous dites que l'homme peut être sans peché, & non pas *impeccable* ; condamnez donc ceux qui soutiennent qu'il peut être *impeccable*. Mais vous n'avez garde de le faire ; vous sçavez bien ce que vous enseignez à vos disciples en secret, & vos paroles ne

---

[a] Le mot grec ἀναμάρτητος proprement dit, qui est sans peché, on a neanmoins traduit ce mot par celui d'impeccable, parce qu'il paroît que les Pelagiens le prenoient en ce sens, puisqu'ils avoüoient que l'homme pouvoit être sans peché, sans neanmoins oser dire qu'il pouvoit *être impeccable.* Aussi saint Jerôme fait-il voir dans la suite que Manichée, qui étoit un des Patriarches des Pelagiens, admettoit cette impeccabilité.

font guére d'accord fur cela avec vos penfées: Vous ne nous dites rien à nous autres ignorans & étrangers que fous le voile des paraboles; les fecrets & les myftéres font pour vos partifans; & vous vous vantez d'imiter en cela Jesus-Christ, qui parloit au peuple en paraboles, & qui difoit à fes Difciples: *Pour vous il vous a été donné de connoître les myftéres du roïaume du ciel, mais cette grace n'a pas été accordée aux autres.*

Luc. 8. 10.

Je me contenterai donc, comme j'ai déja dit, de nommer ici vos Maîtres & vos Sectateurs, afin de faire connoître ceux dont vous faites gloire de fuivre la doctrine. Manichée dit que fes Elûs, qu'il place dans le ciel parmi les ames de Platon, font exemts de toutes fortes de pechez, & qu'ils peuvent même s'ils le veulent fe mettre dans l'impuiffance de pouvoir jamais pecher; parce qu'étant élevez au comble de la plus haute perfection, ils fe trouvent par cette heureufe fituation au deffus des œuvres & des mouvemens dereglez de la chair. Prifcillien qui a infecté les Efpagnes de fes erreurs, qui n'eft pas moins infame que Manichée, & dont les Sectateurs ont une liaifon fi étroite avec vous; Prifcillien, dis-je, fe flate auffi-bien que fes difciples, d'avoir acquis la perfection de la vertu & de la fcience; & lors qu'ils font enfermez feul à feul avec les femmes de leur fecte, ils leur chantent ces vers au milieu de leurs débauches & de leurs infames plaifirs:

Virg. Georg. lib. 2.

Jupiter ce grand Dieu, le fouverain des Dieux,
    Defcend du ciel en terre, y répand l'abondance,

Echauffe, anime tout par sa douce influence,
Et verse dans son sein les richesses des cieux.

Ces Heretiques ont tiré la plûpart de leurs erreurs de l'heresie des Gnostiques, dont l'impie Basilides est la source. Ne suivez-vous pas leurs sentimens lors que vous soutenez que ceux qui n'ont aucune connoissance de la loi, ne sçauroient éviter le peché? Mais laissons-là Priscillien [a] que toute la terre a condamné, & qui a même été puni de mort par le bras séculier. Evagre l'Iberien originaire de Pont, qui a écrit aux Vierges, aux Moines, & à celle [b] qui porte dans son nom le caractere de sa noirceur, de son aveuglement & de sa perfidie; Evagre, dis-je, a composé un livre de maximes intitulé de *l'Apathie*, c'est-à-dire, selon nôtre maniere de parler, de *l'impassibilité* ou *exemtion des passions*, qui éleve l'esprit au dessus des mouvemens & des impressions du vice, ou plûtôt qui le change ou en Dieu ou en pierre. On lit cet ouvrage en grec dans l'Orient, mais Ruffin disciple d'Evagre l'a traduit en Latin, & il est aujourd'hui entre les mains de la plûpart des Occidentaux. Ruffin a fait aussi un livre où il parle de je ne sçai quels Moines qui n'ont jamais été que dans son imagination, & qu'il pretend avoir suivi les dogmes d'Origéne. Ce qu'il y a de certain c'est que la plûpart de ceux dont il parle, ont

---

a Priscillien fut condamné dans un Concile de Saragosse en 381. & dans un Synode de Bourdeaux en 385. Et la même année il fut condamné par l'Empereur Maxime à avoir la tête tranchée.

b Saint Jerôme veut parler de Melanie qui s'étoit laissé infecter des erreurs d'Origéne. Il fait allusion au mot grec μελαίνη, qui veut dire *noire*.

été condamnez par les Evêques, sçavoir Ammonius, Eusebe, Euthyme, Evagre, Or, Isidore, & plusieurs autres qu'il seroit ennuïeux de nommer ici. Il en use neanmoins dans cet ouvrage avec le même artifice que les Medecins, qui, comme dit Lucrece, pour faire avaler de l'absinte aux enfans, frotent avec un peu de miel le bord du vase dans lequel ils leur presentent cette potion amére. Car dès le commencement de son livre il parle de Jean, dont la catholicité & la sainteté sont universellement reconnuës ; afin de faire passer à la faveur de celui-là, pour des gens très orthoxes, les autres heretiques dont il fait mention.

Lucr. lib. 4. de nat.

Que dirai-je de l'insolence ou plûtôt de l'extravagance avec laquelle il a fait passer le livre de Xiste Philosophe Pythagorien, & qui n'avoit aucune connoissance de Jesus-Christ, sous le nom de saint Sixte Martyr & Evêque de l'Eglise de Rome ? On traite fort au long dans cet ouvrage de la perfection selon les principes des Pythagoriens, qui égalent l'homme à Dieu, & qui pretendent qu'il est de même nature & de même substance que Dieu. Il s'est servi de cet indigne artifice afin que ceux qui ne sçavent point que ce livre est l'ouvrage d'un Philosophe païen, avalent sous le nom d'un Martyr le poison de l'heresie dans le calice d'or de Babylone. Au reste on ne fait dans cet ouvrage aucune mention ni de Prophetes, ni de Patriarches, ni d'Apôtres, ni de Jesus-Christ même, afin de donner à entendre qu'un Evêque & un Martyr n'a pas crû en Jesus-Christ. C'est de ce livre

livre que vous tirez plusieurs passages pour combattre la foi de l'Eglise. Ce fut par une semblable fourberie que Ruffin voulant donner aux Latins les quatre fameux livres *des Principes* d'Origéne, fit passer autrefois sous le nom de Pamphile Martyr, le premier des six livres de l'apologie d'Origéne, composée par Eusebe de Cesarée, que tout le monde sçait avoir été infecté de l'heresie d'Arius.

Voulez-vous que je vous fasse encore connoître un de vos Maîtres ? c'est Origéne : vôtre heresie est un rejeton de la sienne. Car sans parler de ses autres ouvrages, lors qu'il explique les paroles du Psalmiste : *Jusques dans la nuit même mes reins m'ont repris & instruit;* il dit qu'un homme Saint, tel que vous êtes, étant une fois parvenu au comble des vertus, se trouve heureusement affranchi, même durant la nuit, de toutes les infirmitez humaines, & que la pensée même du vice ne peut troubler la paix & la tranquillité de son cœur. Ne rougissez point d'avoir pour compagnons des gens de ce caractere ; pourquoi voudriez-vous les desavoüer, puisque vous les imitez dans leurs blasphémes ? Comme vôtre heresie revient à la ᵃ seconde proposition de Jovinien, vous devez aussi prendre pour vous la réponse que j'ai faite à cet heretique. Puisque vous êtes l'un & l'autre dans les mêmes sentimens, il est impossible que vous n'aïez pas la même destinée.

Les erreurs que vous enseignez n'étant donc

Psal. 15. 7.

---

a La seconde proposition de Jovinien, que saint Jerôme refute dans son second livre contre cet heretique, étoit que ceux qui sont batisez, ne sont plus sujets aux tentations du démon.

qu'un rechauffé de ces anciennes herefies, pourquoi mettre dans vos interêts de miferables 2.Tim.3. 6. femmes qui *font chargées de pechez, qui fe laiffent emporter à tous les vents des opinions humaines, qui apprennent toûjours, & n'arrivent jamais à la connoiffance de la verité?* Pourquoi engager avec elles dans vôtre parti une foule d'ignorans qui ont une demangeaifon extrême d'entendre ce qui les flate, qui ne fçavent ni ce qu'ils entendent ni ce qu'ils difent, qui reçoivent comme une nouvelle doctrine, ce que les anciennes herefies ont de plus fale & de plus corrompu, qui comme parle Ezech. 13. le Prophete Ezechiel, enduifent la muraille 11. fans y rien mêler, & qui tombent & fe reduifent en poudre dès que la verité vient à paroître? Simon le Magicien s'eft fervi d'une ᵃ Helene, femme de mauvaife vie, pour établir fon herefie. Nicolas d'Antioche qui a inventé une herefie pleine d'ordures & d'abominations, avoit toûjours à fa fuite une troupe de femmes. Marcion envoïa avant lui à Rome une femme pour préparer les efprits à recevoir fes erreurs. Apellés fe joignit à ᵇ Philuméne pour répandre par tout fes dogmes pernicieux. Montan cet homme impur qui vouloit fe faire paffer pour le Saint-Efprit, fe fervit de Prifque & de Maximille, femmes également diftinguées & par leurs richeffes & par leur naiffance, afin de corrompre d'abord par leur argent plufieurs Eglifes qu'il infecta en-

a Cet Heretique porta fon impudence jufqu'à vouloir faire paffer cette Helene, qui étoit fa concubine, pour le Saint-Efprit.

b C'étoit une jeune fille poffedée qu'Apellés fectateur de Marcion faifoit paffer pour infpirée du Saint-Efprit.

suite de ses erreurs. Mais laissons-là les anciens heretiques, & venons à ceux de nos jours. Arius aïant dessein de répandre son heresie dans tout le monde, commença par séduire [a] la sœur de l'Empereur. Lucille se servit de ses richesses pour favoriser le schisme des Donatistes en Afrique. Agapé en Espagne séduisit Helpide, & cet homme aveugle se laissa conduire dans le précipice par une femme aussi aveugle que lui. Elle eut pour successeur Priscillien, homme addonné aux superstitions de Zoroastre, & qui de Magicien qu'il étoit, fut élevé à l'Episcopat. Une femme nommée Galla (c'étoit son nom propre, & non pas celui de son païs) s'étant jointe à lui, laissa pour heritage à une sœur qu'elle avoit & qui répandoit l'erreur par tout, une autre heresie qui approche fort de celle des Priscillianistes. Ce mystére d'iniquité est encore aujourd'hui en usage; les deux sexes se tendent des piéges l'un à l'autre, & l'on peut bien leur appliquer ici ce que dit un Prophete: *La perdrix a crié, & a couvé des œufs qui ne sont point a elle; tel sera l'injuste qui s'enrichit du bien des autres par son injustice; il quittera ses richesses au milieu de ses jours, & sa fin fera voir sa folie.* [a Jerem. 17. 11.]

Ces mots, *avec la grace de Dieu*, que ces Heretiques ajoûtent pour nous faire illusion, & qui imposent d'abord au Lecteur, ne sçauroient le seduire, pourvû qu'on ait soin de démêler le veritable sens qu'ils leur donnent. Car par le mot de *grace*, ils n'entendent pas un secours particulier de Dieu, qui nous conduit & nous soutient dans chaque action; ils

[a] Constance sœur de l'Empereur Constantin.

veulent que cette grace ne soit rien autre chose que le libre arbitre, & les commandemens de la loi, selon ce passage d'Isaïe qu'ils citent en leur faveur: *Dieu vous a donné sa loi pour vous aider*, & qu'ainsi nous devons seulement remercier Dieu de nous avoir créés avec le libre arbitre, par lequel nous pouvons également & nous porter au bien & éviter le mal. Mais en disant cela ils ne s'apperçoivent pas qu'ils prêtent leur bouche au démon pour vomir un horrible blasphême. Car si toute la grace de Dieu consiste en ce qu'il nous a donné l'usage de nôtre propre volonté ; & si contents d'avoir le libre arbitre, nous croïons n'avoir plus besoin de son secours, de peur que cette dépendance ne donne atteinte à nôtre liberté; il s'ensuit donc que nous ne devons plus prier, ni fléchir sa misericorde par nos oraisons, afin d'obtenir de lui tous les jours cette grace dont nous sommes toûjours maîtres, dès qu'une fois nous l'avons reçûë. Ces Messieurs abolissent entierement l'usage de la priere, & se flatent d'être par leur libre arbitre non seulement maîtres de leur propre volonté, mais encore égaux à Dieu même qui n'a besoin de personne pour faire ce qu'il veut. Qu'ils abolissent donc aussi le jeûne & la continence; car qu'est-il necessaire que je me donne tant de peine pour obtenir par mon travail ce qui est déja en mon pouvoir?

Ce n'est pas moi qui fais cet argument, c'est un de ses disciples, ou plûtôt le maître & le chef de la secte, & un vase de perdition opposé à l'Apôtre saint Paul. Voici donc comme raisonne ce nouveau Docteur, en faisant plus

Isai. 8. 20.
Sec. LXX.

de solecismes que de syllogismes, quoi qu'en disent ses partisans : Si je ne puis rien faire « sans le secours de Dieu, & si c'est à lui « seul qu'on doit attribuer toutes les actions « que je fais; ce n'est donc point mes œu- « vres, mais le secours de Dieu qu'on doit « couronner en moi. En vain m'aura-t-il « doüé du libre arbitre, si je ne puis en faire « aucun usage qu'avec le secours continuel de sa « grace. C'est détruire la volonté que de la faire « dépendre d'un secours étranger. Mais Dieu « m'a donné le libre arbitre, & il ne peut être « veritablement libre, si je ne fais pas ce que « je veux. Ou je me sers de ce pouvoir que « Dieu m'a déja donné, afin de conserver mon « libre arbitre; ou je le perds entierement, si « pour agir j'ai besoin du secours d'autrui. «

Prononça-t-on jamais un plus horrible blasphéme, & jamais heresie renferma-t-elle un poison plus dangereux & plus subtil ? Ils pretendent que quand une fois on a reçû le libre arbitre, on n'a plus besoin du secours de Dieu, ne sçachant pas qu'il est écrit : *Qu'a-* *vez-vous que vous n'aïez reçû ? que si vous l'a-* *vez reçû, pourquoi vous glorifiez vous comme* *si vous ne l'aviez pas reçû ?* Dans le tems même qu'ils remercient Dieu de leur avoir donné le libre arbitre, ils se servent de cette liberté pour se revolter contre Dieu. Il est vrai, & nous le confessons volontiers, que Dieu nous a donné le libre arbitre; mais nous ne nous croïons pas dispensez pour cela de rendre de continuelles graces à celui de qui nous l'avons reçû; persuadez que nous ne sommes rien, si Dieu ne prend soin de conserver lui-

1. Cor. 4. 7.

même ce qu'il nous a donné, selon ce que dit l'Apôtre : *Cela ne dépend ni de celui qui veut, ni de celui qui court, mais de Dieu qui fait misericorde.* C'est moi qui *veux* & qui *cours*, cependant je ne sçaurois sans un secours continuel de Dieu ni *vouloir* ni *courir* ; car comme dit le même Apôtre, *C'est Dieu qui opere en nous & le vouloir & le faire* ; & le Sauveur dans l'Evangile : *Mon Pere ne cesse point d'agir jusqu'à present, & j'agis aussi incessamment.* Dieu donne & répand sans cesse ses graces ; il ne me suffit pas qu'il me les ait une fois données ; j'ai besoin qu'il me les donne toûjours. Je les demande pour les recevoir ; & quand je les ai reçûës, je les demande encore : je suis avide de ses bienfaits ; il ne cesse point de me donner, & je ne me lasse point de recevoir : plus je bois de cette source divine, & plus j'ai soif, selon ce que dit le Psalmiste : *Goûtez & voïez combien le Seigneur est doux.* Tout le bien qui est en nous, n'est qu'un goût du Seigneur. Quand je croirai être arrivé au comble de la vertu, je ne ferai encore que commencer. *La crainte du Seigneur est le commencement de la sagesse* ; mais la charité bannit & détruit entierement cette crainte. Toute la perfection de l'homme consiste à sçavoir qu'il est imparfait. *Lors que vous aurez accompli*, dit JESUS-CHRIST, *tout ce qui vous est commandé, dites ; Nous sommes des serviteurs inutiles, nous avons fait ce que nous étions obligez de faire.* Si celui qui a fait tout ce qu'il devoit faire, est un serviteur inutile ; que doit-on dire de celui qui n'a pû faire ce qu'on lui avoit commandé ? Ce qui fait dire à l'Apôtre

Rom. 9. 16.

Phil. 2. 13.

Joan. 5. 17.

Psal. 33. 9.

Prov. 1. 7.

Luc 17. 10.

int Paul, Qu'il n'a encore reçû qu'en par- *Phil.* 3 12.
e la recompense qu'il espere, & atteint qu'en
artie le but où il tend ; qu'il n'est pas encore
rivé au point de sa perfection, & qu'ou-
liant ce qu'il a déja fait, il s'avance vers ce
'il lui reste à faire. Celui qui oublie le passé,
qui soupire après l'avenir, fait bien voir
'il n'est pas content de l'état present où il
trouve.

Quant à ce qu'ils nous objectent si souvent
avec tant de chaleur, que nous détrui-
ns le libre arbitre ; qu'ils sçachent que c'est
x-mêmes qui le détruisent, en abusant de
ır liberté pour s'élever contre leur bien-
cteur. Lequel des deux détruit le libre ar-
re, ou de celui qui rend à Dieu de conti-
elles actions de graces, & qui le regarde
mme la source de tous les biens qu'il a re-
s ; ou de celui qui dit : Retirez-vous de moi, «
ce que je suis pur. Je n'ai point besoin de «
us. Vous m'avez donné le libre arbitre pour «
re ce que je veux, qu'est-il necessaire que «
ıs vous mêliez dans tout ce que je fais, «
mme si je ne pouvois rien faire sans vôtre «
urs ? On voit bien à quel dessein & par «
l artifice vous ne voulez point reconnoître
ıtres graces que celles que l'homme a re-
s dans sa création, & vous pretendez qu'il
point besoin du secours de Dieu pour cha-
action ; c'est que vous apprehendez que
e dépendance ne préjudicie à vôtre libre
itre. Mais en méprisant le secours de Dieu,
s avez recours à celui des hommes. Ecou-
, je vous prie, le plaisant raisonnement
fait cet homme sacrilége : Si je veux, dit- «

" il, plier le doigt, remuer la main, m'asseoir,
" me tenir debout, marcher, me promener,
" cracher, me moucher, me décharger des ex-
" cremens de la nature, ai-je besoin pour cela
" d'un secours continuel de Dieu ? Ecoute ingrat, écoute sacrilége ce que dit saint Paul :

1. Cor. 10. 31. *Soit que vous mangiez, ou que vous beuviez, & quelque chose que vous fassiez, faites tout*

Jacq. 4. 13. *pour la gloire de Dieu.* Et l'Apôtre saint Jacques : *Je m'addresse maintenant à vous qui dites, Nous irons aujourd'hui ou demain en une telle Ville; nous y demeurerons un an, nous y trafiquerons, & nous y gagnerons beaucoup; quoi que vous ne sçachiez pas même ce qui arrivera demain. Car qu'est-ce que vôtre vie, sinon une vapeur qui paroît pour un peu de tems, & qui s'évanouït ensuite ? Au lieu que vous devriez dire ; S'il plaît au Seigneur, & si nous vivons, nous ferons telle & telle chose : Et vous au contraire vous vous élevez dans vos pensées présomptueuses. Toute cette présomption est très-mauvaise.* Vous croïez que c'est vous faire injure, & détruire entierement vôtre liberté, que d'avoir sans cesse recours à Dieu qui est vôtre Créateur, de dépendre toûjours de sa volonté, &

Psal. 24. 15. de lui dire avec le Prophete Roi : *Je tiens toûjours mes yeux élevez vers le Seigneur, parce que c'est lui qui degagera mes pieds du piége.* C'est ce qui vous rend assez temeraire & assez audacieux pour dire qu'un chacun se conduit par son libre arbitre. Si cela est, en quoi dépandrons-nous du secours de Dieu ? Si l'homme n'a pas besoin de JESUS-CHRIST pour se conduire, comment Jeremie a-t-il pû dire ;

L'homme n'est point maître de ses voïes, c'est le Jerem. 10.
Seigneur qui conduit & regle toutes ses demarches? 23.

Vous dites que les Commandemens de Dieu sont faciles à observer, & cependant vous ne sçauriez me produire un seul homme qui les ait accompli tous avec une inviolable fidelité. Répondez moi un peu, je vous prie; ces commandemens sont-ils faciles ou difficiles à pratiquer? S'ils sont faciles, montrez-moi un seul homme qui les ait exactement observez; expliquez-moi ce que dit David: *Vous* Psal. 93. *faites des commandemens penibles;* Et derechef: 20. *J'ai eu soin à cause des paroles de vos lévres,* Psal. 16. 4. *de marcher exactement dans des voies dures & difficiles.* Et ce que dit le Seigneur dans l'Evangile: *Entrez par la porte étroite. Aimez vos* Matth. 7. *ennemis; priez pour ceux qui vous persecutent.* 13. Si ces commandemens sont difficiles, & si jamais personne ne les a inviolablement observez, comment osez-vous dire qu'ils sont faciles a observer? Ne voïez-vous pas que vous vous contredisez vous-même? car si les commandemens de Dieu sont faciles, une infinité de personnes auront été exacts & fidéles à les accomplir: S'ils sont difficiles, comment osez vous avancer qu'il est aisé de les mettre en pratique?

Vous dites encore que les commandemens de Dieu sont ou possibles, & qu'alors c'est avec justice qu'il les a faits; ou impossibles, & que sur ce pié-là on ne doit point blâmer ceux qui les ont reçûs, mais celui qui leur a imposé une loi impraticable. Mais Dieu m'a-t-il commandé de me rendre semblable à lui, d'égaler la sainteté du Créateur, de surpasser les Anges en vertu & en pureté, de m'élever à une perfection que ces esprits bienheureux n'ont pas? Ce n'est que de JESUS-CHRIST seul qu'il est écrit: *Il n'a commis aucun péché, & sa bouche n'a jamais été ouverte au déguisement & à la tromperie.* Si l'on en peut dire autant de moi, par quel endroit distinguera-t-on JESUS-CHRIST d'avec les hommes? Vous voïez bien par là que vôtre sentiment se détruit de lui-même.

1.Pet.2.22.

Vous soutenez qu'il ne tient qu'à l'homme d'être sans péché ; & après avoir fait de longues & de serieuses reflexions sur cette proposition, semblable à un homme qui se réveille d'un profond sommeil, vous tâchez, mais en vain, d'ajouter que ce n'est qu'avec la grace de Dieu que l'homme peut vivre en cet état. Artifice grossier dont vous vous servez pour imposer aux ignorans. Car enfin si l'homme peut-être sans peché, qu'a-t-il besoin de la grace de Dieu? ou s'il ne peut rien faire sans cette grace, pourquoi dire qu'il est en son pouvoir de faire une chose qui lui est absolument impossible? Il peut, dites vous, être sans peché, & devenir parfait, s'il le veut. Qui est le Chrétien qui ne souhaite pas d'être sans peché & de devenir parfait, s'il n'a qu'à le vouloir, & si l'effet dépend uniquement de sa volonté? Il n'y a aucun Chrétien qui ne desire être exemt de peché; il n'y aura donc personne qui ne se trouve dans cette heureuse situation, puisqu'il n'y a personne qui ne le desire. Vous ne sçauriez jamais vous tirer de là ; car comme il vous est impossible de produire un seul homme qui ait vécu sans peché, il faut malgré vous que vous avoüiez que tous les hommes peuvent être sans peché.

On peut, dites vous, accomplir tous les commandemens de Dieu. Tout le monde en convient ; mais l'Apôtre saint Paul nous explique d'une maniere très claire en quel sens cela se doit entendre, lors qu'il dit : *Ce qu'il* *étoit impossible que la loi fît, la chair la rendant foible & impuissante ; Dieu l'a fait, aïant envoïé son propre fils revêtu d'une chair semblable à la chair du peché, & à cause du peché il a condamné le peché dans la chair.* Et derechef : *Nul homme ne sera justifié devant Dieu par les œuvres de la loi.* Et de peur que vous ne croïez que cela doit s'entendre de la loi de Moïse, & non pas de tous les commandemens que nous comprenons sous le nom de loi, le même Apôtre dit encore ; *Car je me plais dans la loi de Dieu selon l'homme interieur, mais je sens dans les membres de mon corps une autre loi qui s'oppose à la loi de l'esprit, & qui me tient captif sous la loi du peché qui est dans les membres de mon corps. Malheureux homme que je suis ! qui me delivrera de ce corps de mort ? ce sera la grace de Dieu par* JESUS-CHRIST *nôtre Seigneur.* Il explique ailleurs sa pensée, & la met dans un nouveau jour ; *Nous sçavons,* dit-il, *que la loi est spirituelle ; mais pour moi je suis tout charnel, étant vendu pour être assujeti au peché. Je n'approuve pas ce que je fais, parce que je ne fais pas ce que je veux, mais au contraire je fais ce que je haïs. Que si je fais ce que je ne veux pas, je consens à la loi, & je re-*

Rom. 8. 3.

Ibid. 3. 20.

Ibid. 7. 22.

Ibid. ℣. 14.

connois qu'elle est bonne. Ainsi ce n'est plus moi qui fais cela, mais c'est le peché qui habite en moi. Car je sçai qu'il n'y a rien de bon en moi, c'est-à-dire dans ma chair ; parce que je trouve en moi la volonté de faire le bien, mais je ne trouve point le moïen de l'accomplir. Car je ne fais pas le bien que je veux, mais je fais le mal que je ne veux pas. Que si je fais ce que je ne veux pas, ce n'est plus moi qui le fais, mais c'est le peché qui habite en moi.

Vous ne manquerez pas de vous recrier ici, & de dire que nous donnons dans les opinions extravagantes des [a] Manichéens, & de ceux qui pour combattre la doctrine de l'Eglise, soutiennent qu'il y a dans l'homme une nature mauvaise qui ne peut jamais changer. Ce n'est point à moi que vous devez attribuer ce sentiment, mais à l'Apôtre saint Paul qui sçait la difference qu'il y a entre Dieu & l'homme, entre la foiblesse de la chair & la force de l'esprit. *Car la chair a des desirs contraires à ceux de l'esprit, & l'esprit en a de contraires à ceux de la chair, & ils sont opposez l'un à l'autre, ensorte que nous ne pouvons faire ce que nous voulons.* Vous ne m'entendrez jamais dire qu'il y a une mauvaise nature. Mais apprenons de l'Apôtre même ce que l'on doit penser des foiblesses & de la fragilité de la chair. Demandez lui pourquoi il a dit : *Je ne fais pas le bien que je veux, mais je fais le mal que je haïs,* & quelle est cette fatale necessité qui s'oppose à ses desirs ; cette puissance imperieuse &

Gal. 5. 17.

---

[a] Les Manichéens enseignoient qu'il y avoit deux principes, l'un bon, & l'autre mauvais. Que de celui-là procedoit la bonne ame de l'homme, & de celui-ci l'ame mauvaise, à laquelle ils attribuoient les mouvemens de la concupiscence.

tirannique qui le force à faire des actions dignes de sa haine ; ensorte qu'il ne fait pas ce qu'il veut, mais qu'il est contraint de faire ce qu'il ne veut pas, & ce qu'il haït ? Il vous répondra : *O homme qui êtes-vous pour contester* Rom. 9. 20. *avec Dieu ? Un vase d'argile dit-il à celui qui l'a fait, Pourquoi m'avez-vous fait ainsi ? Le potier n'a-t-il pas le pouvoir de faire d'une même masse d'argile un vase destiné à des usages honorables, & un autre destiné à des usages vils & honteux ?* Faites à Dieu un reproche encore plus injurieux & plus outrageant ; demandez lui pourquoi il a dit d'Esaü & de Jacob, même avant leur naissance ; *J'ai aimé Jacob,* Malach. 1. *& j'ai haï Esaü ?* Accusez-le d'injustice, & 2. demandez lui pourquoi il a exterminé tant de milliers d'hommes, pour punir le peché d'A- Jos. 7. chan fils de Charmi, qui avoit pris quelque chose du butin que les Israëlites avoient fait à Jericho ? Pourquoi l'arche d'alliance a été 1. Reg. 4. prise, & l'armée d'Israël presque entierement défaite, en punition des crimes des enfans d'Heli ? pourquoi la vanité de David qui avoit 2. Reg. 24. fait faire le dénombrement d'Israël a attiré sa colere & sa vengeance sur tant de milliers d'hommes ? Demandez lui enfin ce que vôtre ami Porphyre a coutume de nous objecter, comment étant aussi bon & aussi misericordieux qu'il est, il a laissé perir toutes les nations qui ont vêcu dans l'ignorance de sa loi & de ses commandemens, depuis Adam jusqu'à Moïse, & depuis Moïse jusqu'à la naissance de Jesus-Christ ? Car la Grand'-Bretagne, cette Province si fertile en tirans, les Ecossois & toutes ces nations barbares qui habitent sur les rivages de l'Ocean, n'avoient jamais eu aucune connoissance de Moïse ni des Prophetes. A quel dessein le Sauveur n'est-il venu qu'à la fin des tems, & pourquoi ne venoit-il pas avant que cette multitude prodigieuse d'hommes se fût perduë sans resource & sans aucune esperance de salut ? L'Apôtre saint Paul agitant cette question dans son Epître aux Romains, avoüe qu'il ne sçauroit pénetrer la profondeur de ce mistére, & il en reserve la connoissance à Dieu seul. Ne vous étonnez donc pas si vous ne pouvez l'approfondir. Laissez à Dieu sa puissance; il n'a pas besoin que vous preniez son parti. Je dois seul être en bute à vos reproches & à vos outrages; moi, dis-je, qui m'en tiens à ce que dit l'Ecriture : *C'est par la grace que vous êtes sauvez*. Et ailleurs : *Heureux ceux dont les iniquitez leur sont pardonnées, & dont les pechez sont couverts*. Il faut que je vous fasse ici un aveu sincere de mes propres foiblesses; il y a bien des choses que je veux faire, & ausquelles je suis obligé par devoir; cependant tous mes desirs sont vains & mes efforts inutiles. L'Esprit toûjours plein de force & de zele me conduit à la vie; mais la chair toûjours foible & fragile me mene à la mort. J'écoute ce que dit le Seigneur : *Veillez & priez, afin que vous n'entriez point en tentation, l'esprit est promt, mais la chair est foible.*

Ephes. 1. 8.
Psal. 31. 1.

Marc. 14. 38.

En vain tâchez vous par la plus noire de toutes les impostures, de nous faire passer dans l'esprit d'une populace ignorante & credule, pour des gens qui nient le libre arbitre. Nous disons anathéme à quiconque le nie. Au reste ce n'est point précisément le libre arbitre qui nous distingue des bêtes; puisque, comme j'ai déja dit, il a besoin que Dieu l'aide & le soutienne à tout moment. Mais c'est ce que vous ne voulez pas nous accorder: Vous pretendez au contraire que quand une fois on a reçû le libre arbitre, on peut aisément se passer du secours de Dieu. Il est vrai que le libre arbitre rend la volonté libre, mais il ne nous donne pas pour cela le pouvoir de faire le bien; il ne nous vient, ce pouvoir, que de Dieu seul, qui n'a besoin d'aucun secours étranger. Mais vous qui pretendez que l'homme peut s'élever à la perfection de la justice, & être aussi juste que Dieu même; & qui neanmoins avoüez que vous êtes pecheur: dites-moi, je vous prie, voulez-vous être sans peché, ou ne le voulez-vous pas? si vous le voulez, pourquoi n'en êtes vous pas exemt, puisque selon vos principes, il ne tient qu'à vous de vous affranchir de sa servitude? Si vous ne le voulez pas, vous faites voir que vous méprisez les commandemens de Dieu. Si vous les méprisez, vous êtes pécheur; & si vous êtes pécheur, écoutez ce que dit l'Ecriture: *Dieu a dit au pecheur, Pourquoi racontez-vous mes justices, & pourquoi avez vous toûjours à la bouche les paroles de mon Testament, vous qui haïssez la discipline, & qui avez rejetté mes paroles loin de vous?* Vous rejettez loin de vous la parole de Dieu en refusant de l'accomplir; & cependant vous venez comme un nouvel Apôtre prescrire à toute la terre ce qu'il faut faire. Mais vous ne nous dites pas ce que vous pensez, & vôtre cœur

Psal. 49. 16.

ne s'accorde pas avec vos paroles : Car en disant que vous êtes un pécheur, & qu'il ne tient qu'à l'homme d'être sans peché, vous voulez nous donner à entendre que vous êtes saint & exemt de tout péché : mais que vous prenez par humilité la qualité de pécheur, afin de donner aux autres par justice, les loüanges que vous vous refusez à vous-même par modestie.

Vous nous faites encore un autre argument qui n'est pas supportable. Il y a bien de la difference, dites vous, entre être sans peché, & pouvoir être sans péché. Il ne dépend pas de nous en particulier d'être sans péché ; mais l'on peut dire de tous les hommes en general qu'ils peuvent être sans péché : & quoi qu'il ne se trouve personne qui en ait été exemt, on peut neanmoins s'en exemter si l'on veut. Le beau raisonnement ! de dire que ce qui n'a jamais été, peut être ; & que ce qui ne s'est jamais fait se peut faire ; d'attribuer cette exemtion de péché & cette pureté de vie à un homme qui peut-être n'existera jamais ; & d'accorder à je ne sçai qui un avantage que ni les Patriarches, ni les Prophetes, ni les Apôtres n'ont jamais possedé. Accommodez-vous, je vous prie à la simplicité, ou selon vous, à l'ignorance & à la grossiereté de l'Eglise. Expliquez-nous de bonne foi vos sentimens ; ne nous cachez point ce que vous enseignez en secret à vos disciples. Puisque vous vous flatez d'avoir vôtre libre arbitre, usez de vôtre liberté, & declarez-nous franchement ce que vous pensez. Vous parlez en public tout autrement que vous ne faites dans le fond du cabinet.

cabinet. C'est que vos secrets & vos mystéres sont audessus de la portée du simple peuple, & que vôtre doctrine est une nourriture trop solide & trop forte pour ces ames basses & grossieres ; elles doivent se contenter du lait des enfans.

Avant même que j'aie écrit contre vos erreurs, vous me menacez de me foudroïer par vôtre réponse, & de mettre tout mon ouvrage en poudre. Vous voulez m'effraïer & me fermer la bouche par vos menaces ; & vous ne vous appercevez pas que je n'écris contre vous, qu'afin de vous obliger à répondre, & à declarer ouvertement ce que vous n'avez coutume de dire ou de taire que dans des conjonctures favorables à vos desseins. Je ne veux pas que vous aïez la liberté de nier ce que vous avez une fois avancé dans vos écrits. Expliquez-vous clairement, & l'Eglise triomphe ; vôtre aveu est sa victoire. Car si vôtre réponse est conforme à sa doctrine, nous vous regarderons non pas comme nos adversaires, mais comme nos amis : & si elle lui est contraire, nous sommes sûrs de vaincre, puisque toutes les Eglises connoîtront vos sentimens. Vous declarer ouvertement, c'est nous donner la victoire ; vos blasphémes sautent aux yeux de tout le monde ; & il est inutile de refuter une doctrine qui porte avec soi un caractere d'impieté. Vous me menacez d'une réponse ; on ne peut l'éviter qu'en n'écrivant point. Vous y travaillez par avance, mais pouvez-vous sçavoir ce que j'ai à vous objecter ? Peut-être entrerai-je dans vos sentimens ; si cela est, toutes vos peines seront inutiles. Les Eunomiens, les Ariens, les Macedoniens, qui sous des noms differens font profession d'une même impieté, tous ces gens-là ne nous embarassent point, parce qu'ils disent ce qu'ils pensent: il n'y a que cette heresie seule qui ait honte de declarer ouvertement, ce qu'elle ne craint point d'enseigner en secret. Mais le zele furieux & emporté des disciples nous fait assez connoître ce que les Maîtres nous cachent par leur mysterieux silence; car ceux-là prêchent sur les toits, ce que ceux-ci leur ont enseigné dans le cabinet, afin que si on approuve leur doctrine, l'honneur & la gloire en revienne aux Maîtres; & si on la condamne, la honte & l'infamie en retombe sur les disciples. C'est par cet artifice que vôtre heresie s'est établie & étenduë; c'est par là que vous avez séduit plusieurs personnes, & particulierement ceux qui étant attachez aux femmes, s'imaginent qu'ils peuvent sans peché avoir avec elles des liaisons criminelles. Puisque vous debitez & desavoüez tour à tour vôtre doctrine, vous meritez qu'on vous applique ce que dit un Prophete: *Ils tirent toute leur gloire des enfans qu'ils ont conçûs & mis au monde. Donnez-leur, Seigneur; & que leur donnerez vous ? donnez leur un sein sterile & des mammelles desséchées.*

Osée 9. 14.

Je sens mon zele s'enflammer, & je ne sçaurois me taire; mais cependant les bornes étroites d'une Lettre ne me permettent pas de m'étendre beaucoup sur ce sujet. Je ne nomme ici personne; je n'en veux qu'à celui qui a inventé cette pernicieuse heresie. Que s'il s'emporte contre moi, & s'il entreprend de me répondre, [a] il fera connoître lui-même ce qu'il est ; & je le pousserai encore plus vivement si jamais la dispute devient serieuse. J'ai composé plusieurs ouvrages depuis ma jeunesse jusqu'à present, & j'ai toûjours pris soin de ne rien dire que ce que j'ai entendu prêcher publiquement dans l'Eglise. J'ai préferé la simplicité des Apôtres aux vains raisonnemens des Philosophes, sçachant qu'il est écrit : *Je dé-* 1.Cor. 1. 19. *truirai la sagesse des sages, & je rejetterai la science des sçavans.* Et derechef : *Ce qui paroît* Ibid. ℣. 25. *en Dieu une folie, est plus sage que la sagesse de tous les hommes.* Que mes ennemis donc examinent mes écris depuis un bout jusqu'à l'autre, & s'ils y trouvent quelque chose à redire, qu'ils le declarent hautement : S'ils me condamnent à tort, je sçaurai bien repousser leur calomnie ; & s'ils me censurent avec raison, j'avoüerai mon erreur, aimant mieux me corriger de mes fautes, que de perseverer dans de mauvais sentimens.

Faites-en de même, Monsieur le Docteur ; soutenez ce que vous avez avancé, appuïez par vôtre éloquence les belles & sublimes pensées de vôtre esprit, & ne vous reservez point la liberté de les desavoüer quand il vous plaira : ou si vous êtes tombé dans des erreurs ausquelles tous les hommes sont sujets, avoüez-les de bonne foi, afin de reconcilier les esprits que vos opinions ont partagez. Souvenez-vous que des soldats même ne voulurent pas déchirer la robbe du Sauveur. Vous voïez la divi-

---

[a] Il y a dans le texte : Il se découvrira lui-même, comme fait la souris. Ce que S. Jerôme a emprunté de Terence, Eunuch. Act. 5. Scen. 7.

sion qui regne parmi nos Freres, dont les uns portent vôtre nom, & les autres celui de Jesus-Christ, & vous prenez un cruel plaisir à vous repaître de ce cruel spectacle. Imitez Jonas, & dites avec lui : *Si je suis cause de cette tempête, prenez-moi & me jettez dans la mer.* Ce fut par un profond sentiment d'humilité que ce Prophete consentit à être précipité dans la mer, afin de representer en sa personne une imagine de la glorieuse résurrection de Jesus Christ : & vous au contraire vous vous élevez jusqu'au ciel par vôtre orgueil, afin que le Sauveur dise de vous : *Je voïois Satan tomber du ciel comme un éclair.*

Jon. 1. 12.

Luc. 10. 18.

  Quant à ce que ces Heretiques nous objectent que l'Ecriture sainte donne le nom de *Justes* à plusieurs personnes, tels que sont Zacharie, Elizabeth, Job, Josaphat, Josias, & plusieurs autres dont il est fait mention dans les livres sacrez ; j'espere, si Dieu m'en fait la grace, répondre fort au long à cette objection dans l'ouvrage que je vous ai promis. Je me contenterai de dire ici en passant, que l'Ecriture les appelle *Justes*, non pas à cause qu'ils n'ont commis aucun péché, mais parce qu'ils se sont rendus recommandables par la pratique de presque toutes les vertus. En effet nous voïons que Zacharie est privé de l'usage de la parole en punition de son incredulité ; que Job se condamne lui-même ; que Josaphat & Josias, ausquels l'Ecriture donne expressément le nom de *Justes*, ont fait des actions desagreables au Seigneur : car celui-là fut repris par un Prophete pour avoir donné du secours à un Roi impie ; & celui-ci étant allé au devant

3. *Reg.* 22. ᵃ

a Achab Roi d'Israël.

de Necao Roi d'Egypte, pour lui donner 4. *Reg.* 23. bataille, malgré la deffense que Jeremie lui en avoit fait de la part du Seigneur, fut tué dans le combat. Cependant l'un & l'autre sont appellez *Justes* dans l'Ecriture sainte.

Ce n'est point ici le lieu de refuter leurs autres erreurs, car vous ne m'avez demandé qu'une Lettre, & non pas un Livre. Je veux travailler à loisir, & j'espere avec le secours de Jesus-Christ détruire tous leurs vains raisonnemens par l'autorité des Saintes Ecritures, dans lesquelles Dieu parle tous les jours aux Fidelles. Au reste je vous prie d'avertir & de conjurer de ma part toute vôtre sainte & illustre famille de se précautionner contre cette heresie infame, qui n'est pleine que d'ordure & de corruption, & qu'un petit homme sans nom, ou trois tout au plus tâchent de rendre par tout. Qu'ils se tiennent donc en garde contre les artifices de ces Heretiques, de peur qu'on ne voie regner la présomption, le déreglement & le libertinage, dans une Maison qui jusques ici s'est renduë recommandable par sa vertu & sa sainteté. Faites-leur bien comprendre que de favoriser des gens de ce caractere, c'est composer une societé d'Heretiques, c'est former un parti contre Jesus-Christ, c'est nourrir ses ennemis declarez; & qu'en vain ceux qui les protegent se flatent d'être dans de bons sentimens, si leurs actions démentent leur foi.

LETTRE LXXIV.
à saint Augustin.

Ecrite vers l'an 418. — Saint Jérôme le congratule de la fermeté & de la vigueur avec laquelle il a combattu l'heresie de Pelage.

J'AI toûjours eu pour vôtre Beatitude le respect qui lui est dû, me faisant un plaisir & un devoir d'aimer & de respecter une personne dont le cœur est la demeure de JESUS-CHRIST. Mais aujourd'hui ces sentimens d'estime & de veneration que j'ai pour vous, sont devenus encore plus vifs qu'ils n'étoient (si neanmoins cela est possible) & sont montez jusqu'à un tel point, que je ne puis être un moment sans parler de vous, & sans faire l'éloge de ce zele & de cette fermeté avec laquelle vous vous êtes opposé aux pernicieux desseins des ennemis de l'Eglise. Vous avez mieux aimé, autant qu'il a été en vôtre pouvoir, vous sauver seul du milieu de Sodome, que de demeurer avec ceux qui perissoient, & de vous voir envelopé dans leurs ruines. Fasse le ciel que ce beau zele que vous avez pour les interêts de JESUS-CHRIST ne se refroidisse jamais. Tout Rome vous applaudit. Les Catholiques vous regardent comme le Restaurateur de la foi ancienne; & ce qui releve encore davantage vôtre gloire, tous les Heretiques vous detestent. Ils ne me haïssent pas moins, & s'ils n'ont pas le pouvoir de nous tuer l'un & l'autre, ils ont du moins la volonté. Je prie nôtre Seigneur JESUS-CHRIST qu'il vous conserve, & je conjure vôtre Beatitude de ne me point oublier.

LETTRE LXXV.
à saint Augustin & à Alipius.

Cette Lettre est la derniere que saint Jerôme ait écrite à saint Augustin. Il le congratule, aussi-bien qu'Alipius, de la défaite de l'heresie. Il leur témoigne qu'il n'a pas encore eu le loisir de répondre à la Lettre d'Anian, disciple de Pelage. Il y parle aussi de la mort d'Eustoquie, qui mourut sur la fin de l'an 419. Ecrite l'an 419. ou 420.

LE saint Prêtre Innocent qui doit vous rendre cette Lettre, ne se chargea point de celle que je voulois vous écrire l'année passée, parce qu'il ne croïoit pas retourner en Afrique. Je remercie Dieu de ce contre-tems, puisque malgré le silence que j'ai gardé depuis ce tems-là, vous n'avez pas laissé de m'honorer de vos Lettres. Pour moi je suis ravi de trouver quelque occasion de vous écrire, & je n'en laisse échaper aucune. Dieu m'est témoin que si je pouvois, je prendrois des aîles de colombe pour satisfaire à l'empressement que j'ai de vous embrasser. C'est ce que j'ai toûjours ardemment souhaité, tant je fais d'estime de vôtre vertu ; mais je le souhaite aujourd'hui avec plus de passion que jamais, pour me réjoüir avec vous de la victoire que vous avez remportée sur l'heresie de [a] Celestius, que vous avez entierement étouffée par vôtre zele & par vos soins. Plusieurs personnes sont tellement infectez de cette erreur, que malgré leur défaite & leur condamnation ils en conservent toûjours le venin au fond du cœur. Mais tout ce qu'ils peuvent faire, c'est de nous haïr, persuadez qu'ils sont que c'est nous qui les avons empêchez de répandre leur heresie.

Quant à ce que vous me demandez si j'ai répondu au livre d'Anian prétendu Diacre de [b] Celede, que l'on nourrit grassement en récompense des méchans écrits qu'il fournit aux autres pour soutenir leurs blasphémes; vous sçaurez qu'il n'y a pas long-tems que nôtre saint frere le Prêtre Eusebe m'en a envoïé une copie; mais depuis que je l'ai reçûë, j'ai été si accablé de maladies, & si touché de la mort de vôtre sainte & venerable Fille Eustoquie, que j'ai crû en quelque façon devoir mepriser cet ouvrage. Car l'Auteur suit la doctrine corrompüe de ses Maîtres, & excepté quelques endroits qu'il a pillez, & qu'il tourne avec assez d'artifice, il n'y dit rien de nouveau. Nous y gagnons neanmoins beaucoup, parce qu'en tâchant de répondre à ma Lettre; il

---

a Disciple de Pelage.
b. Il faut lire *Telede* & non pas *Celede*, comme nous le disons ailleurs. Il y a de l'apparence que cet Anian est celui dont Paul Orose parle dans son apologetique, lors qu'il represente Pelage comme un autre Goliath, suivi de son Ecuier qui porte ses armes: *Stat immanissimus superbiá Goliath, .. habens post se armigerum suum, qui etsi ipse non dimicat, cuncta tamen aris & ferri suffragia subministrat.* Cependant quelques-uns croient que c'étoit Pelage lui-même qui avoit écrit contre S. Jerôme sous ce nom supposé.

s'explique plus clairement, il découvre ouvertement ses blasphémes, & avoüe dans cet ouvrage tout ce qu'il avoit nié dans ᵃ le malheureux Synode de Diospole. Il n'est pas difficile de refuter ses visions & ses impertinences, & pourvû que le Seigneur me donne des jours, & que je puisse trouver des copistes, j'espere y répondre en deux ou trois nuits, non pas pour combattre une heresie qui est déja éteinte, mais pour confondre l'ignorance & les blasphémes de cet Auteur. Il seroit neanmoins plus à propos que vôtre Sainteté voulut bien se charger elle-même de cette réponse, car je crains qu'en voulant deffendre les ouvrages que j'ai composez contre cet Heretique, je ne sois obligé de les loüer.

Vos chers enfans ᵇ Albine, Pinien & Melanie, vous presentent leurs très-humbles respects. Le saint Prêtre Innocent passant par Bethléem, a bien voulu se charger de cette Lettre. ᶜ Vôtre niéce Paule vous saluë avec bien du respect, & vous prie dans sa douleur de vous souvenir d'elle. Je vous conjure aussi, mes saints & venerables Peres, de ne me pas oublier, & je prie le Seigneur de vous conserver en santé.

a Saint Jerôme parle ainsi du Concile de Diospole, parce que Pelage y fut absous, aïant trompé par ses reponses équivoques les Eveques qui le composoient.

b Il y a dans le texte *Albinus*. Voïez sur cela les Remarques du 1. vol. pag. 509. Cette Albine dont saint Jerôme parle ici, n'est pas la même que celle dont il fait mention dans la Lettre 45. à Principie, & qui étoit mere de Marcelle. Celle-ci étoit fille de l'ancienne Melanie, & mere de la jeune Melanie dont saint Jerôme parle ici, & que Pinien avoit épousée.

c Saint Jerôme veut parler de la jeune Paule, fille de Leta & de Toxotius, petite fille de sainte Paule, & niéce d'Eustoquie. C'étoit la mort recente de cette chere & illustre tante qui lui causoit la douleur dont parle ici saint Jerôme.

LETTRE LXXVI.
à Marcellin & à Anapsychie.

Ecrite vers l'an 410. ou 411.

Saint Jérôme répond à Marcellin Gouverneur d'Afrique, sur la question qu'il lui avoit proposée touchant l'origine des ames. Il ne décide pas cette question, mais il marque qu'il en a dit son sentiment dans ses Livres contre Ruffin, & lui conseille de consulter saint Augustin sur cette matiere. Il ajoûte qu'il n'a pû encore achever son Commentaire sur Ezechiel, à cause des incursions des Barbares.

J'AI enfin reçû d'Afrique les Lettres que vous m'écrivez tous les deux en commun; & je ne me repens plus de la liberté que j'ai prise de vous écrire tant de fois, nonobstant le silence que vous avez toûjours gardé à mon égard, puisque j'ai enfin merité une réponse de vous, & que j'ai eu la joie d'apprendre par vous-même, & non par d'autres, que vous êtes en parfaite santé.

Je me souviens de la petite question que vous m'avez proposée touchant l'origine des ames (quoi qu'elle soit pourtant une des plus importantes qui se soit agitée dans l'Eglise,) sçavoir si elles descendent du ciel dans les corps, selon le sentiment du Philosophe Pythagore, de tous les Platoniciens & d'Origéne; ou si elles sont une portion de la propre substance de Dieu, comme le pensent les Stoïciens, Manichée, & les Priscillianistes, qui ont répandu leurs erreurs dans l'Espagne: ou si elles ont été toutes créés au commencement du monde, & renfermées dans les tresors de Dieu, pour être ensuite distribuées dans les corps, selon l'imagination folle & ridicule de quelques Catholiques: ou si Dieu en crée chaque jour plusieurs pour les mettre dans les corps au même instant qu'ils sont formez, suivant ce qui est marqué dans l'Evangile: *Mon Pere ne cesse point d'a-* *gir jusqu'à present, & j'agis aussi incessamment.* Ou enfin si selon le sentiment de Tertullien, d'Apollinaire & de la plus grande partie des Occidentaux, elles passent des Peres dans les enfans, ensorte que dans les hommes aussi-bien que dans les bêtes, l'ame soit engendrée par une autre ame, comme le corps l'est par un autre corps. Surquoi je me souviens d'avoir déja dit mon sentiment dans les Livres que j'ai faits contre Ruffin, pour répondre au libelle qu'il addressa au Pape Anastase d'heureuse memoire, où voulant se joüer de la simplicité de ses Lecteurs par une profession de foi équivoque & artificieuse, pour ne pas dire extravagante, il se joüe de sa propre foi, ou pour mieux dire, découvre sa perfidie, & s'expose aux railleries de tout le monde. Je croi que ces Livres sont entre les mains d'Oceanus, car il y a déja long-tems que je les ai donnez au public, pour répondre aux calomnies que Ruffin a répandües contre moi dans plusieurs de ses ouvrages. Au reste vous avez dans vos quartiers le très-saint & très-sçavant Evêque Augustin, qui poura vous instruire de vive voix sur cette matiere, & dont le sentiment sera toûjours le mien.

Joan. 5. 17.

LXXVI. LETTRE

J'ai voulu faire autrefois un Commentaire sur le Prophete Ezechiel, & donner aux curieux un ouvrage que je leur ai tant de fois promis : mais comme je commençois à le dicter, la nouvelle que j'appris des ravages que les Barbares avoient fait en Occident, & particulierement à Rome, me troubla si fort, & renversa tellement toutes mes idées, que j'en oubliai, comme dit le proverbe, jusqu'à mon propre nom. Depuis cela je suis demeuré longtems dans le silence, sçachant qu'il étoit tems de pleurer, & non pas d'écrire. J'ai neanmoins repris cet ouvrage au commencement de cette année, & j'en avois déja fait trois livres, lorsque je me suis vû obligé de l'interrompre, à cause d'une irruption imprévuë qu'ont fait ces Peuples barbares dont vôtre Virgile a dit :

Æneid. 4.

Avec les Barcéens qui font tant de ravages
Et qui remplissent tout de sang & de carnages ;

Gen. 16. 12. & dont l'Ecriture sainte a voulu parler lorsqu'elle a dit d'Ismaël : *Il dressera ses pavillons vis-à-vis de tous ses freres.* Ces Barbares, dis-je, semblables à un torrent qui entraîne avec soi tout ce qu'il rencontre, ont ravagé avec tant de fureur l'Egypte, la Palestine, la Syrie & la Phenicie, qu'il s'en est peu fallu que je ne sois tombé entre leurs mains ; il n'y a que la misericorde de JESUS-CHRIST qui m'en ait preservé. Que si la guerre, selon le

Cic. orat. pro Milon. plus éloquent des Orateurs, fait cesser l'exercice des loix & l'étude de la Jurisprudence ; à combien plus forte raison doit-elle interrompre l'étude de l'Ecriture sainte, qui a befoin d'un grand nombre de livres & d'un profond silence, & qui demande beaucoup de foin & d'application dans ceux qui transcrivent ces sortes d'ouvrages, & sur tout un grand repos & une entiere sécurité pour ceux qui les dictent.

J'ai envoïé deux de ces livres à ma sainte fille Fabiole, de qui vous pouvez les emprunter, si vous voulez les lire. Je n'ai pas eu le tems d'en faire transcrire davantage. Quand vous les aurez lûs, vous pourez aisément juger par ces commencemens, & pour ainsi dire, par ce vestibule, quel sera l'édifice entier quand il sera achevé ; car j'espere que le Seigneur qui par sa misericorde m'a aidé dans le commencement de cet ouvrage, qui est très difficile, m'aidera encore dans les penultiémes chapitres où le Prophete décrit les combats de Gog & de Magog, & dans les derniers où il parle de la construction, de la grandeur & des differens ornemens du sacré & ineffable temple du Seigneur.

Nôtre saint frere Oceanus auquel vous souhaitez que je vous recommande, est un homme d'un si grand merite, d'un caractere si honnête & si obligeant, & il est d'ailleurs si versé dans la connoissance de la loi de Dieu, qu'il peut aisément, sans qu'il soit necessaire que je l'en prie, vous expliquer toutes les difficultez que vous aurez à lui proposer, & vous dire ce que j'en pense moi-même. Je prie Nôtre-Seigneur Jesus-Christ de vous donner une longue suite d'années, & de vous conserver en parfaite santé.

LETTRE LXXVII.
à Oceanus.

Saint Jerôme soutient dans cette Lettre qu'un homme qui a été marié en premieres nôces avant son batême, & en secondes nôces depuis son batême, n'est point dans le cas de la bigamie qui empêche d'être promû aux ordres sacrez, ce qu'il prouve par quantité de passages de l'Ecriture, & par plusieurs raisonnemens.

JE n'aurois jamais crû, mon cher Oceanus, que des criminels qui viennent d'obtenir leur grace de la bonté du Prince, fussent capables de le blâmer de l'Indulgence avec laquelle il traite leur complices ; ni que des gens qui sortent de prison, tout couverts encore d'ordure & de poussiere, & portant sur leur corps les marques des chaînes dont ils viennent d'être délivrez, pussent avoir du chagrin de voir les autres en liberté. Cet envieux dont parle l'Evangile qui ne pouvoit souffrir qu'on fit du bien aux autres, entendit ce reproche que lui fit le Pere de famille : *Vôtre œil est-il mauvais parce que je suis bon. Dieu a voulu que tous fussent envelopez dans le peché, pour exercer sa misericorde envers tous ; afin que là où il y a eu une abondance de peché, il y ait une surabondance de graces.* Tous les premiers nez des Egyptiens furent mis à mort, sans que les Juifs perdissent dans l'Egypte une seule bête de charge.

Matth. 20. 15.
Rom. 11. 31.
Ibid. 5. 20.

L'heresie des [a] Caïnites commence aujourd'hui à renaître. Cette vipére qui avoit été écrasée & qui étoit déja morte depuis longtems, commence encore à lever la tête, & tâche, non pas comme elle a voulu faire autrefois, de donner quelque atteinte au sacrement de Jesus-Christ, mais de le détruire entierement. Car elle pretend qu'il y a des pechez qui ne peuvent être effacez par le sang du Sauveur, & qui font dans le corps & dans l'ame des plaïes si profondes, que le remede que Jesus-Christ nous a donné n'est pas assez efficace pour les guerir. N'est-ce pas là rendre la mort de Jesus-Christ inutile? Car en vain est-il mort, s'il ne peut pas donner la vie aux autres. S'il y a encore des hommes au monde dont Jesus-Christ n'ait pas effacé les péchez, saint Jean-Baptiste s'est trompé quand il l'a montré au doigt, & qu'il a dit de lui: *Voilà l'Agneau de Dieu, voilà celui qui ôte les pechez du monde.* Ou il faut faire voir que ces gens-là ne sont point de ce monde, puisque le pardon que Jesus-Christ a obtenu pour tous les hommes ne s'est point étendu jusqu'à eux; où s'ils sont de ce monde, il faut demeurer d'accord de l'une de ces deux choses: ou que Jesus-Christ peut pardonner toutes sortes de pechez, s'il les a purifiez de ceux dont ils étoient coupables; ou

Joan. I. 29.

---

a Ces Heretiques, qui vivoient dans le second siecle de l'Eglise, honoroient d'un culte particulier Caïn, Coré, Dathan, Abiron, & le traître Judas. Ce n'est pourtant pas pour cela que saint Jerôme appelle l'opinion qu'il combat ici, *l'heresie des* Caïnites; mais parce que ceux contre lesquels il écrit, soutenoient que nous n'étions pas entierement purifiez par le batême; de même que Caïn disoit que son peché étoit trop grand pour que Dieu pût le lui pardonner.

qu'il n'a pû les en délivrer, s'ils en sont encore infectez. Mais à Dieu ne plaise que nous croïons qu'il y ait quelque chose d'impossible à celui qui est tout-puissant. Tout ce que fait le Pere, le Fils le fait aussi comme lui. L'impuissance du Fils interesseroit la gloire du Pere, & dérogeroit à sa puissance. Ce divin Pasteur a rapporté toute entiere sur ses épaules la brebis égarée. Toutes les Epîtres de l'Apôtre ne nous parlent que de la grace de Jesus-Christ; & de peur que nous n'ussions encore de trop bas sentimens de cette grace, s'il se contentoit simplement de nous dire qu'elle nous est donnée, il ajoûte : *Que Dieu vous comble de plus en plus de sa grace & de sa paix.* Dieu nous promet une plenitude de paix & une abondance de graces, & cependant nous voulons en retressir le canal, & donner des bornes à sa liberalité. Vous sçavez dequoi il s'agit; voici le fait.

1. Pet. 1. 2.

Carterius Evêque d'Espagne, homme fort avancé en âge & très-ancien dans l'Episcopat, aïant été marié avant que d'être batisé, s'est remarié depuis son batême & après la mort de sa premiere femme. Vous croïez qu'en cela il a agi contre le precepte de l'Apôtre, qui entre autres vertus veut que celui qu'on éleve à l'Episcopat n'ait été marié qu'une fois. Je m'étonne que vous ne m'apportiez que ce seul exemple, vû que le monde est rempli aujourd'hui d'une infinité de personnes qui se trouvent dans le même cas. Je ne dis rien des Prêtres, ni des ordres inferieurs; je ne parle que des Evêques : le nombre en est si grand, que si je voulois les nommer tous ici, j'en trouverois

1. Tim. 3. 2.

plus qu'il n'y en eut au ᵃ Concile de Rimini. Mais il ne feroit pas juste d'accufer plufieurs Prelats pour en deffendre un feul, ni de justifier un coupable par l'exemple de fes complices, quand on ne peut foutenir fa caufe par de bonnes raifons.

Je vous dirai donc que lors que j'étois à Rome, un homme fort éloquent me propofa un dilemme fi embaraffant, que je ne pouvois y répondre fans m'enfermer moi-même. Il me demanda d'abord : Est-ce un peché, ou non, d'époufer une femme ? Comme je ne me defiois de rien, je lui répondis bonnement qu'il n'y avoit point de péché. Il me fit enfuite cette autre queftion : Sont-ce les pechez, ou les bonnes œuvres, que le batême nous remet ? Je lui répondis avec la même fimplicité, que c'étoient les pechez qui nous étoient remis par le batême. Je crûs m'être tiré d'affaire par cette réponfe ; mais un moment après je me fentis vivement preffé par la force de fon argument, & je commençai à appercevoir le piege qu'il me tendoit. S'il n'y a point de peché à fe marier, me dit-il, & fi le batême n'efface que les pechez, il s'enfuit donc qu'il nous laiffe tout ce qu'il n'efface point. Je me trouvai alors auffi étourdi, que fi un puiffant & vigoureux athléte m'eût donné un coup de gantelet fur la tête, & je me fouviens de ce Sophifme de Chryfippe : Si vous mentez, & fi l'aveu que vous en faites eft veritable & fincere, cet aveu même eft un menfonge.

Etant revenu de mon étourdiffement, je lui

---

a Il fe trouva à ce Concile près de 300. Evêques. Sevére Sulpice en met plus de 400. mais il s'eft trompé.

retorquai son Sophisme en cette sorte : Dites moi, je vous prie, le batême rend-il l'homme nouveau, ou non ? Il eût bien de la peine à m'avoüer qu'il le rend nouveau. Ensuite m'avançant pié-à-pié & comme par degrez, je lui demandai : Le rend-il entierement nouveau, ou seulement en partie ? Il me répondit qu'il le rendoit entierement nouveau. Je lui dis ensuite, il ne reste donc rien du vieil homme après le batême ? il me témoigna par un signe de tête que c'étoit son sentiment. Alors reprenant toutes les propositions qu'il m'avoit accordées, je lui dis : Si le batême rend l'homme nouveau, & entierement nouveau, sans lui rien laisser du vieil homme ; on ne peut donc imputer à cet homme tout nouveau ce qu'il y avoit auparavant en lui du vieil homme ? D'abord mon Sophiste devint muet, & ne sçut que répondre, mais ensuite il tomba dans le deffaut que Ciceron reprochoit autrefois à Pison, c'est-à-dire, qu'il ne pouvoit se taire, quoiqu'il ne sçût ce qu'il disoit. Cependant la sueur lui monta au visage, il commença à pâlir, les lévres lui tremblerent, sa langue s'épaissit, sa bouche se dessecha, & son front parut tout ridé, moins de vieillesse que d'appréhension. Enfin après s'être un peu remis, il me dît : Ne sçavez-vous pas que l'Apôtre veut que ceux qu'on éleve à l'Episcopat, n'aïent été mariez qu'une fois, & qu'il leur impose cette loi, sans avoir égard au tems qu'ils se sont engagez dans le mariage ? Comme il m'avoit d'abord assez vivement pressé par ses argumens, & que je m'appercevois qu'il ne cherchoit qu'à m'embarasser par les questions qu'il me faisoit ; je commençai à repousser ses traits contre lui-même. Je lui dis donc : l'Apôtre veut-il qu'on choisisse pour Evêques ceux qui sont batisez, ou qui ne sont encore que Catéchuménes ? il ne me répondit rien à cela ; je lui fis la même question deux ou trois fois ; mais il étoit si interdit & si déconcerté, qu'à le voir on l'eût pris pour Niobé changée en pierre à force de pleurer. Alors me tournant vers ceux qui nous écoutoient, je leur dis : Pourvû que je lie mon adversaire, je croi, Messieurs, qu'il n'importe que je l'aïe surpris endormi ou éveillé : si ce n'est qu'il est plus facile de lier un homme lors qu'il n'est point sur ses gardes, que quand il se met en deffense. Si l'Apôtre donc, poursuivis-je, n'admet dans le Clergé que ceux qui sont batisez, & non point les Catéchumenes, & si celui que l'on ordonne Evêque doit être batisé, on ne doit point lui imputer les fautes qu'il a faites étant Catéchumene. Je lançois tous ses traits contre mon adversaire qui étoit sans mouvement comme un homme tombé en letargie. Cependant il disoit en bâillant & semblable à un homme qui cuve son vin. Voilà ce que dit l'Apôtre, voilà ce qu'enseigne saint Paul.

On apporte donc les deux Epîtres de saint Paul, l'une à Timothée, & l'autre à Tite. Dans la premiere on lut ces paroles : *Si quel-* *1. Tim.3. 1.* *qu'un souhaite l'Episcopat, il desire une fonction & une œuvre sainte. Il faut donc que l'Evêque soit irreprehensible, qu'il n'ait épousé qu'une femme, qu'il soit sobre, prudent, grave & modeste, aimant l'hospitalité, capable d'instruire;*

qu'il ne soit ni sujet au vin, ni violent & promt à fraper ; mais équitable & moderé, éloigné des contestations, desinteressé ; qu'il gouverne bien sa propre famille, & qu'il maintienne ses enfans dans l'obéïssance & dans toute sorte d'honnêteté : car si quelqu'un ne sçait pas gouverner sa propre famille, comment poura-t il conduire l'Eglise de Dieu. Que ce ne soit point un Neophite, de peur que s'élevant d'orgueil, il ne tombe dans la même condamnation que le diable. Il faut encore qu'il ait bon témoignage de ceux qui sont hors de l'Eglise, de peur qu'il ne tombe dans l'opprobre & dans le piege du demon. Aïant ouvert ensuite l'Epître qu'il adresse à Tite, nous y trouvâmes dès le commencement ces avis qu'il lui donne : *Je vous ai laissé en Crete afin que vous y regliez ce qui reste à y regler, & que vous établissiez des Prêtres en chaque ville selon l'ordre que je vous en ai donné, choisissant celui qui sera irreprochable, qui n'aura épousé qu'une femme, dont les enfans seront fidelles, non accusez de debauche, ni desobeïssans ; car il faut que l'Evêque soit irreprochable, comme étant le dispensateur & l'économe de Dieu, qu'il ne soit point altier, ni colere, ni sujet au vin, ni violent & promt à fraper, ni porté à un gain honteux : mais qu'il exerce l'hospitalité, qu'il aime les gens de bien, qu'il soit sage & bien reglé, juste, saint, temperant ; qu'il soit fortement attaché à la parole de la verité, telle qu'on la lui a enseignée, afin qu'il soit capable d'exhorter selon la saine doctrine, & de convaincre ceux qui s'y opposent.* Dans ces deux Lettres l'Apôtre ordonne qu'on n'éleve à l'Episcopat ou à la Prêtrise (quoique dans les premiers

Tit. 1. 5.

siecles la Prêtrise & l'Episcopat ne fussent qu'une même chose sous deux noms differens, dont l'un marque l'âge, & l'autre la dignité.) Il ordonne, dis-je, qu'on n'y éleve que ceux qui n'ont été mariez qu'une fois. Or il est clair que l'Apôtre ne parle ici que de ceux qui ont reçû le batême. Si donc toutes les qualitez requises pour être Evêque se trouvent dans celui qu'on veut ordonner, quoi qu'elles ne s'y fussent pas rencontrés avant son batême, (car il n'est question que de ce qu'il est, & non pas de ce qu'il a été) pourquoi le mariage seul, qui n'est point un peché, sera-t-il un obstacle à son ordination ?

Vous direz que c'est parce que le mariage n'est point peché, qu'il n'a point été remis par le batême. Mais il est inoüi qu'on impute à peché, ce qui n'est point peché. Quoi les déreglemens les plus scandaleux, les plus infames débauches, les blasphémes, les parricides, les incestes, les pechez contre nature, tout cela est remis par le batême, & il n'y aura que le mariage seul dont il ne pourra effacer les taches ? & ceux qui se seront plongez dans les desordres les plus honteux, seront préferables à ceux qui auront contracté un mariage legitime ? Pour moi je ne vous reproche plus depuis vôtre batême ni ces commerces scandaleux que vous avez entretenus avec des femmes de mauvaise vie, ni ces crimes abominables qui font horreur à la nature, ni ce sang innocent que vous avez répandu, ni ces plaisirs infames dans lesquels vous vous êtes plongé comme un pourceau qui se veautre dans la fange & dans l'ordure ; & vous allez

loi autorise; & vous n'avez point rougi de commettre sous les yeux de tout le monde ce que la loi condamne. C'est pour lui que saint Paul a dit: *Que le mariage soit traité avec honêteté, & que le lit nuptial soit sans tache*; mais c'est à vous que s'addresse ce que dit le même Apôtre: *Dieu condamnera les fornicateurs & les adultéres.* Et ailleurs: *Si quelqu'un profane le temple de Dieu, Dieu le perdra.*

Hebr. 13. 4.

Ibid.

I. Cor. 3. 17.

Tous nos pechez, dites vous, nous sont remis par le batême, & après cette grace nous n'avons plus rien à craindre de la severité de nôtre Juge, suivant ce que dit l'Apôtre: *Voilà ce que vous avez été autrefois, mais vous avez été lavez, vous avez été sanctifiez, vous avez été justifiez au nom de nôtre Seigneur Jesus-Christ & par l'esprit de nôtre Dieu.* Vous dites que tous nos pechez nous sont remis par le batême. Cela est vrai, & la foi, ne nous permet pas d'en douter. Mais je vous demande, comment se peut il faire que ce qui est pur en moi, soit soüillé par la chose même qui vous purifie de ce qu'il y a en vous d'impur ? Je ne prétens pas, me direz-vous, que ce qu'il y avoit de pur en vous, ait été soüillé par le batême; mais seulement qu'il est demeuré dans le même état qu'il étoit auparavant; car s'il y avoit quelque chose d'impur, il auroit sans doute été lavé en vous comme en moi. Mais à quoi bon tous ces détours & toutes ces vaines subtilitez ? Il y a du peché, dites-vous, parce qu'il n'y a point de peché : il y a quelque chose d'impur, parce qu'il n'y a rien d'impur : Dieu n'a point remis de peché, parce qu'il n'a point trouvé de

Ibid. 6. 11.

peché à remettre, donc ce peché reste, parce qu'il n'a point été remis.

Je vous expliquerai bien-tôt quelle est la vertu du batême, & quelle source de graces nous trouvons dans cette eau que JESUS-CHRIST a sanctifiée. Cependant comme il faut se servir, selon le Proverbe, d'un méchant coin pour fendre un méchant nœud, je pourois vous dire qu'on peut donner encore un autre sens à ce que dit l'Apôtre saint Paul, *Qu'il faut que l'Evêque n'ait épousé qu'une femme.* L'Apôtre étoit Juif de nation; les commencemens de l'Eglise naissante se sont formez en des debris du peuple Juif. Saint Paul sçavoit que la loi soutenüe par l'exemple des Patriarches & de Moïse même permettoit à ceux de sa nation d'avoir plusieurs femmes en même-tems, afin d'avoir un plus grand nombre d'enfans, & que cela étoit permis aux Prêtres comme aux autres. C'est ce qu'il deffend ici aux Prêtres de JESUS-CHRIST; il ne veut pas qu'ils aïent deux ou trois femmes en même-tems, mais qu'ils se contentent d'en avoir une, & qu'ils n'en épousent point d'autres qu'après la mort de celle-là.

Mais de peur que vous ne me reprochiez de prendre plaisir à vous chicanner par des explications forcées & contraires au sens naturel de l'Ecriture; je vais vous en rapporter encore une qu'on donne à ce passage de l'Apôtre, afin que vous ne vous donniez pas seul la liberté d'accommoder, non pas vôtre volonté à la loi, mais la loi à vôtre volonté. Quelques-uns disent, quoique dans un sens un peu forcé, que par les femmes, on doit entendre les Eglises; & par les hommes, les Evêques; & qu'il a été deffendu dans le Concile de Nicée de transferer un Evêque d'une Eglise à un autre, de peur qu'il ne semblât qu'on voulût quitter une épouse chaste, parce qu'elle est pauvre, pour s'attacher à une adultere, parce qu'elle est plus riche. Que quand l'Apôtre dit qu'un *Evêque doit avoir des enfans qui ne soient ni débauchez ni libertins*; cela doit s'entendre de ses pensées qui doivent toûjours être bien reglées. Que quand il dit, *Qu'il doit gouverner sa maison avec sagesse*, cela s'entend de son corps & de son ame. De même quand il parle des femmes des Evêques, cela se doit entendre de leurs Eglises. C'est dans ce sens que le Prophete Isaïe a dit : *Venez [a] femmes qui avez été témoins de ce spectacle, car ce peuple n'a point d'intelligence*. Et derechef : *Femmes comblées de richesses, levez-vous, & entendez ma voix*. Et le Sage dans le Livre des Proverbes : *Qui trouvera une femme forte ? Elle est plus rare & plus estimable que les pierres precieuses ; le cœur de son mari met sa confiance en elle*. Et ailleurs : *La femme sage bâtit sa maison, & l'insensée detruit de ses mains celle même qui étoit déja bâtie*. Ils ajoûtent que cette explication ne déroge point à la dignité Episcopale, puisqu'il est écrit de Dieu même : *Israël m'a meprisé, comme une femme meprise son mari*, Et que l'Apôtre dit : *Je vous ai fiancé à cet unique Epoux, qui est JESUS-CHRIST, pour vous presenter à lui comme une*

Isai. 27. 11.
Sec. LXX.

Ibid. 32. 9.

Prov. 31. 10.
Sec. LXX.

Ibid. 14. 1.

Jer. 3.
2. Cor. 11. 2.

---

a Le Prophete donne ici le nom de femmes aux Villes de Judée.

Vierge très pure. Or comme dans le grec le mot de *femme* peut avoir deux sens, il faut le prendre dans tous les endroits que nous venons de citer, pour une épouse legitime. γυνὴ

Mais, me direz-vous, cette explication est trop dure & trop violente. Expliquez-donc vous-même l'Ecriture dans son sens naturel, & ne me forcez point à me servir contre vous des regles que vous avez établies vous-même. Voici encore une autre question à laquelle je vous prie de me répondre. Un homme qui avant que d'être batisé a eu une concubine, & qui après la mort de cette débauchée, reçoit le batême, & contracte ensuite un mariage legitime avec une autre femme ; cet homme peut-il être élevé à la Clericature, ou est-il indigne de ce rang ? Vous me répondrez sans doute qu'on peut l'admettre dans le Clergé, parce que la premiere femme qu'il a eüe n'étoit qu'une concubine, & non pas une épouse legitime. Ce n'est donc que le Contrat de mariage & l'alliance conjugale que l'Apôtre a voulu condamner, & non pas le commerce infame qu'un homme peut avoir avec une femme ? Or combien voit-on de gens qui ne veulent pas se charger d'une femme, parce qu'ils n'ont pas le moïen de l'entretenir, & qui prennent leurs esclaves & élevent les enfans qu'ils en ont comme s'ils étoient legitimes ? Que s'il arrive que le Prince enrichisse ces gens-là, & leur donne quelque emploi ; vous les voïez aussi-tôt obéïr au precepte de l'Apôtre, & changer malgré eux leur concubinage en un mariage honnête & legitime. Mais s'ils restent toûjours pauvres comme ils étoient, & qu'ils ne puissent trouver moïen de s'élever aux dignitez de l'état, alors on voit changer les loix de l'Eglise avec celles de l'Empire. Prenez donc garde qu'on ne puisse expliquer ces paroles de l'Apôtre, *Que l'Evêque doit n'avoir eu qu'une femme*, du commerce qu'on peut avoir avec toutes sortes de femmes, soit débauchées, soit legitimes; & que ce ne soit pas tant la pluralité des mariages que saint Paul condamne, que la pluralité des femmes. Je vous ai rapporté tous ces differens sentimens, non pas pour donner au passage de l'Apôtre une explication violente & forcée, mais pour vous apprendre à expliquer vous-même l'Ecriture dans son sens naturel, à ne point rendre vain & inutile le batême du Sauveur, & à ne point anneantir la vertu du myftére de la Croix.

Il faut maintenant que je m'acquite de la promesse que je vous ai faite de relever à la maniere des Rhétoriciens l'efficace & la vertu du batême. Avant que Dieu eût créé le soleil, la lune & les étoiles, le monde n'étoit qu'une masse informe couverte d'épaisses tenebres, & qu'un amas confus d'êtres sans ordre, sans distinction, & sans aucune des qualitez qui frapent nos sens. Le saint Esprit, semblable en quelque façon à un cocher qui conduit un chariot, étoit porté sur les eaux, & animoit le monde naissant par sa fécondité divine, qui étoit une figure de celle qu'il devoit communiquer un jour aux eaües sacrées du batême. Dieu créa ensuite le firmament, & le plaça entre le ciel & la terre; aussi voïons-nous que le mot Hebreu *Samaïm* qui signifie *ciel*, tire son étymologie & sa dénomination des eaux

Gen. 1. 2.

Ibid. ☧. 7.

qu'il contient, & qui selon l'Ecriture sont-là *Psal.* 148. comme en reserve pour loüer le Seigneur. Nous 4. lisons aussi dans Ezechiel que ce Prophete vit au dessus de la tête des Cherubims comme une *Ezech.* 1. espece de cristal, qui n'étoit autre chose que 22. des eaux épaissies & condensées. Les premieres creatures qui ont eu vie sur la terre, sont sorties des eaux, pour nous marquer que les Fidelles en sortant des eaux sacrées du batême, s'élevent de la terre au ciel. Dieu en formant *Gen.* 2. 7. l'homme du limon, c'est-à-dire, d'une terre détrempée d'eau, porta dans ses mains toutes puissantes cet element qu'il destinoit pour en faire un des Sacremens de son Eglise. Il plante à Eden un jardin delicieux d'où s'éleve une *Ibid.* ℣. 10. fontaine qui se divise en quatre fleuves differens, & qui *sortant* ensuite *du temple, & pre-* *Ezech.* 47. *nant son cours vers l'Orient*, rend douces & 1. vivifiantes des eaux qui auparavant étoient comme mortes & très-ameres. Le monde peche, *Gen.* 7. 10. & il faut un déluge d'eau pour le purifier de ses iniquitez. Après que le corbeau, cet oiseau affreux & de mauvais augure est sorti de l'arche; la colombe, simbole du saint-Esprit, *Ibid.* 8. 11. revient à Noé, qui figuroit JESUS-CHRIST, sur lequel elle devoit se reposer lors qu'il se feroit batiser dans les eaux du Jourdain; & apportant à son bec une branche d'olivier, qui nous sert tout à la fois & de nourriture & de lumiere, elle annonce la paix à toute la terre. Pharaon n'aïant pas voulu permettre au peu- *Exod.* 14. ple de Dieu de sortir de l'Egypte, est submer- 23. gé dans les eaux avec toute son armée; ª autre

---

a Parce que le peché ou le démon dont Pharaon étoit la figure, sont ensevelis dans les eaux du batême.

figure du batême ; auſſi eſt-ce de lui qu'il eſt dit dans les Pſeaumes : *C'eſt vous qui avez affermi la mer par vôtre puiſſance, & briſé les têtes des dragons dans le fond des eaux ; c'eſt vous qui avez écraſé la tête du grand dragon.* De là vient que les baſilics & les ſcorpions ſe retirent ordinairement dans des lieux ſecs & arides ; & s'il arrive qu'ils approchent de l'eau, ceux qui en boivent deviennent inſenſez, & ſont ſaiſis de fraïeur dès qu'ils apperçoivent de l'eau. Les eaux de Mara d'améres qu'elles étoient, deviennent douces par le moïen d'un bois qui étoit la figure de la Croix : & ces eaux aïant perdu leur amertume, arroſent ſoixante & dix palmiers, qui repreſentoient les Apôtres & les diſciples de Jesus-Christ, qui a adouci pour eux la ſeverité de la loi ancienne par les Sacremens de la nouvelle. Abraham & Iſaac creuſent des puits ; les étrangers s'y oppoſent ; & c'eſt d'un de ces puits que tire ſon nom la ville de Berſabée, juſqu'où s'étendoit le roïaume de Salomon, & où Abraham & Abimelech ſe jurerent l'un à l'autre une alliance éternelle. C'eſt auprès d'un puits que le ſerviteur d'Abraham rencontre Rebecca, & que Jacob ſaluë Rachel & lui donne un baiſer. Moïſe prend la deffenſe des filles du Prêtre de Median, & aïant puiſé de l'eau, il fait boire leurs troupeaux malgré les bergers qui vouloient les en empêcher.

C'eſt au milieu des eaux de Salim qui ſignifie *paix* ou *perfection*, que le Précurſeur de Jesus-Christ lui prépare un peuple parfait. Le Sauveur lui-même ne commence à prêcher le roïaume du ciel, qu'après avoir reçû le batême, & sanctifié par son attouchement les eaux du Jourdain. C'est avec de l'eau qu'il a fait le premier de ses miracles. C'est sur le bord d'un puits qu'il appelle la Samaritaine, & qu'il l'invite à boire de cette eau vive qui vient du ciel. Il dit en secret à Nicodéme : *Si un homme ne renaît de l'eau & de l'esprit, il n'entrera point dans le roïaume de Dieu.* Comme il a commencé le premier de ses mystéres dans les eaux, il accomplit aussi le dernier dans les eaux. Son côté est percé d'un coup de lance, & il en sort du sang & de l'eau, qui representoient les deux Sacremens du batême & du martyre. Après sa résurrection il envoïe ses Apôtres annoncer l'Evangile aux Gentils, & leur ordonne de les batiser au nom de la Trinité. Les Juifs étant touchez de repentir d'avoir fait mourir le Sauveur, saint Pierre leur ordonne de se faire batiser pour obtenir le pardon de leurs pechez. *Sion enfante devant que d'être en travail, & elle engendre tout un peuple en même-tems.* Paul, le persecuteur de l'Eglise, ce loup ravissant de la Tribu de Benjamin, courbe la tête devant Ananie qui n'étoit qu'une simple brebis du troupeau de JESUS-CHRIST ; & il ne recouvre la vûë corporelle, qu'après avoir été gueri par le batême de son aveuglement spirituel. L'Eunuque de Candace Reine d'Ethiopie, se prepare par la lecture du Prophete à recevoir le batême de JESUS-CHRIST ; & contre le cours ordinaire de la nature, *l'Ethiopien change de peau, & le léopard la varieté de ses couleurs.* Ceux qui avoient reçû le batême de Jean, parce qu'ils ne connoissoient pas le Saint-Esprit, furent rebati-

Joan. 2. 9.
Ibid. 4. 6.

Ibid. 3. 5.

Isai. 66. 7.

Act. 9. 18.

Ibid. 8. 28.

Jer. 13. 23.

circoncifion de nôtre chair, JESUS-CHRIST *nous a fait revivre avec lui, nous pardonnant tous nos pechez ; & il a effacé la cedule qui nous étoit contraire, & la entierement abolie en l'attachant à fa croix.* Tout ce qui étoit en nous, est mort avec JESUS-CHRIST; la cedule où tous nos pechez étoient écrits a été entierement effacée; il n'y a que le seul nom d'épouse qui ne la point été. Je ne finirois jamais si je voulois rapporter ici tous les passages de l'Ecriture qui parlent de l'efficacité du batême, & établir la vertu du mistére de nôtre seconde, ou plûtôt de nôtre premiere naissance en JESUS-CHRIST.

Mais avant que de finir (car je m'apperçois bien que j'ai déja passé les bornes d'une Lettre) je suis bien aise de vous expliquer en peu de mots les endroits de l'Apôtre que nous avons citez, où il marque les qualitez que doit avoir celui qu'on veut élever à l'Episcopat; afin que nous ne nous arrêtions pas seulement à ce qu'il dit de l'unité du mariage, mais que nous examinions encore les autres qualitez qu'il demande dans un Evêque. Je prie cependant le Lecteur d'être persuadé que je n'écris ceci que pour le bien & l'utilité de l'Eglise, & non point pour censurer les mœurs & la conduite des Evêques de ce tems. Car comme les Orateurs & les Philosophes ne donnent aucune atteinte à la reputation de Platon & de Demosténe, lors qu'ils parlent des qualitez qui sont necessaires pour être un parfait Orateur ou un excellent Philosophe; se contentant de determiner les choses, sans toucher aux personnes : de même lors que je décris les qualitez que doit avoir un veritable Evêque, & que j'explique ce que l'Ecriture sainte dit là-dessus ; je n'ai en vûë que de mettre devant leurs yeux un miroir dans lequel ils puissent se considerer eux-mêmes ; laissant à la liberté & à la conscience d'un chacun, de s'y voir tel qu'il est, & d'entrer dans des sentimens ou de douleur, s'il reconnoît en soi quelque difformité ; ou de joie s'il n'y remarque rien que de beau & de parfait.

Si quelqu'un desire l'Episcopat, dit l'Apôtre saint Paul, *il desire une fonction sainte.* Il dit une fonction, & non pas une dignité ; le travail, & non pas les plaisirs ; une fonction qui le rende plus humble, & non pas une dignité qui lui inspire l'orgueil & le rende plus superbe. *Il faut donc*, poursuit-il, *que l'Evêque soit irreprehensible.* C'est ce qu'il repete dans l'Epître à Tite, lors qu'il dit : *Il faut que l'Evêque soit irreprochable.* Il comprend dans cette seule parole toutes les vertus ensemble, & il exige une chose qui est presque au dessus des forces de la nature ; car s'il n'y a point de peché, jusqu'à une parole inutile, qui ne soit digne de reprehension ; qui est l'homme qui puisse mener une vie irreprochable, & exemte de tout peché ? Ce que l'Apôtre demande donc, & que celui qu'on veut élever à l'Episcopat, soit tel, que ceux qui sont sous sa conduite puissent imiter ses exemples, & le suivre comme les brebis font le pasteur. Les Rhetoriciens nous apprennent que deux choses sont necessaires pour faire un parfait Orateur ; les bonnes mœurs & l'éloquence, c'est-à-dire que la vertu doit preceder la doctrine, & qu'il faut com-

1. Tim. 3. 1.

Ibid. ℣. 2.

Tit. 1. 7.

mencer par bien vivre avant que d'enseigner ; car dès qu'on fait le contraire de ce que l'on enseigne aux autres, l'on perd toute l'autorité dont on a besoin pour les instruire.

Il faut, ajoûte l'Apôtre, *que celui qu'on choisit pour Evêque n'ait été marié qu'une fois.* Nous avons assez parlé de cette condition ; j'ajoûterai seulement que si elle doit s'étendre jusqu'au tems qui a precedé le batême, il faut dire la même chose de toutes les autres qualitez que saint Paul demande dans un Evêque ; car il n'est pas à croire que celle-ci seule doive s'entendre du tems qui a precedé le batême, & que toutes les autres ne s'entendent que du tems qui le suit.

νηφάλιȢ.

Qu'il soit sobre, ou *vigilant*, car le mot grec signifie l'un & l'autre. *Qu'il soit prudent, grave & modeste, aimant l'hospitalité, capable d'instruire.* L'ancienne loi interdisoit aux Prêtres qui servoient dans le temple du Seigneur, l'usage du vin & de tout ce qui peut enïvrer, *de peur que leurs cœurs ne fussent appesantis par l'excés des viandes & du vin*, & que les fumées qu'elles font monter à la tête ne les empêchassent de s'acquiter dignement des fonctions de leur ministere. Lors que l'Apôtre ajoûte que l'Evêque doit être *prudent*, il condamne ceux qui donnent le nom de simplicité & de franchise aux folies & aux extravagances de certains Prêtres ; car quand le cerveau est une fois blessé, tous les membres se sentent de son dérangement & de sa foiblesse. L'Evêque doit encore être *grave & modeste*. Cette qualité que saint Paul demande dans un Evêque, n'est qu'une extension de celle *d'irreprehensible*, &

Levit. 10. 9.

ne sert qu'à la mettre dans un plus grand jour. Etre *irreprehensible*, c'est être sans deffauts; être *grave & modeste*, c'est être vertueux. Nous pourions encore donner à ce mot un autre explication, & l'entendre dans le sens de ces paroles de Ciceron, qui dit, Que l'art des arts est de garder dans tout ce que l'on fait les regles de la bienséance. Il est des gens qui ne sçavent ce que c'est que de demeurer dans les bornes que la bienséance leur prescrit, & qui portent leur folie & leur extravagance jusqu'à se rendre ridicules par les airs qu'ils affectent, soit dans leurs gestes, soit dans leur démarche, soit dans leurs habits, soit dans leur conversation; & qui croïant sçavoir en quoi consiste cette bienséance que demande l'Apôtre, veulent être toûjours proprement vêtus, & entretenir une table delicate & bien servie; ne faisant pas reflexion que cette propreté si étudiée les deshonore davantage qu'une negligence sans affectation. Pour ce qui est de la science que l'Apôtre demande dans un Evêque, l'ancienne Loi en faisoit une obligation indispensable aux Prêtres, & saint Paul s'ex explique encore plus au long dans son Epître à Tite. En effet quelque pure & quelque innocente que fût la vie d'un Evêque, s'il n'étoit pas capable d'instruire son peuple, il nuiroit autant à l'Eglise par son silence & son ignorance, qu'il l'édifieroit par sa vertu & par ses exemples. Il faut que le Pasteur se serve de la houlette, & que les chiens aboïent pour écarter les loups de son troupeau.

Il ne doit point être sujet au vin, ni violent & promt à fraper. Saint Paul oppose ici les vices aux vertus. Il a parlé d'abord des bonnes qualitez qu'un Evêque doit avoir ; il parle maintenant des defauts dont il doit être exemt. Il n'appartient qu'à ceux qui aiment la débauche & la bonne chere, d'être sujets au vin. Car quand une fois le corps est échauffé par les vapeurs du vin, il se porte bien-tôt à de honteux excès qui blessent la pudeur. Le vin fait naître l'intemperance, l'intemperance nous porte à la volupté, & la volupté est une source de corruption & d'impureté. Celui qui vit dans l'intemperance, *est mort, quoi qu'il paroisse vivant* ; & par conséquent celui qui s'enïvre, est comme un homme mort & déja enseveli dans le tombeau. Noé s'étant enïvré en une heure de tems, fit voir ce que la pudeur oblige de cacher, & ce qu'il n'avoit jamais découvert durant les six cens ans qu'il avoit passez sans boire de vin. Lot durant son ïvresse commet un inceste sans le sçavoir ; & tout victorieux qu'il étoit des abominations de Sodome, il se laisse vaincre par le vin. L'Evêque qui est *violent & promt à fraper*, trouve sa condamnation dans la patience de celui *qui a enduré les foüets, & qui étant chargé d'injures, n'a point repondu par des injures.*

Qu'il soit moderé. Saint Paul oppose une vertu à deux vices, sçavoir la moderation à l'ïvrognerie & à la colere. *Qu'il soit éloigné des contestations, qu'il ne soit point interessé.* Il n'est rien de plus opposé à la modestie & à l'honnêteté, que la fierté mal entendüe de certains esprits grossiers & rustiques, qui font consister leur autorité à criailler sans cesse, qui sont toûjours prêts à quereller, & qui ne

1. Tim. 6.

Gen. 9. 21.

Ibid 19. 33.

1. Pet. 2.

traitent leurs peuples qu'avec une domination superbe & tirannique, des airs hautains & méprisans; des paroles dures & imperieuses. Samüel nous apprend quel doit être le desinteressement d'un Evêque, lors qu'il prend les Israëlites à témoins de celui qu'il a toûjours fait paroître dans l'exercice de son ministere. Nous en trouvons encore un bel exemple dans la pauvreté dont les Apôtres ont toûjours fait profession, se contentant de recevoir des Fidéles ce qui étoit précisément necessaire pour leur subsistance, & faisant gloire de ne rien avoir & de ne rien desirer que ce qu'il leur faloit pour vivre & pour se vêtir. Ce que saint Paul appelle avarice dans son Epître à Timothée, il le nomme dans celle qu'il écrit à Tite *un gain honteux & un sordide interêt*. 1. *Reg.* 12. 3.

Qu'il gouverne bien sa propre famille, non pas en travaillant à amasser des richesses, en ne refusant rien à sa delicatesse, en couvrant sa table de plats bien cizelez, & en y faisant servir des faisans rôtis à petit feu, dont la chaleur temperée penetre jusqu'aux os sans rompre les viandes; mais en commençant par faire observer dans sa famille ce qu'il doit enseigner à son peuple.

Qu'il maintienne ses enfans dans l'obeïssance & dans toute sorte d'honnêteté; de peur qu'ils n'imitent les déreglemens des enfans d'Heli, qui dormoient avec des femmes à l'entrée du Temple, & qui croïant que la Religion leur permettoit de voler impunément, prenoient parmi les offrandes que l'on presentoit au Seigneur ce qu'il y avoit de plus friand & de plus delicat. 1. *Reg.* 2. 22.

Que ce ne soit point un Neophite, de peur qu'en s'elevant d'orgüeil, il ne tombe dans la même condamnation que le diable. Je ne sçaurois comprendre jusqu'où va l'aveuglement des hommes, qui condamnent le mariage contracté avant le batême, & qui font un crime d'une chose qui a été détruite dans ce Sacrement, ou plûtôt qui a été vivifiée en JESUS-CHRIST, tandis que personne n'observe un commandement aussi clair & aussi précis que celui-ci. Tel étoit hier Catechumene, qui aujourd'hui est Evêque : tel paroissoit hier dans l'amphithéatre, qui préside aujourd'hui dans l'Eglise : tel assistoit hier au soir aux jeux du Cirque, que l'on voit ce matin à l'Autel parmi les Ministres du Seigneur. Tel étoit ci-devant protecteur des baladins & des comediens, qui aujourd'hui consacre des Vierges à JESUS-CHRIST. L'Apôtre ignoroit-il nos détours & nos vaines subtilitez? Il dit, *Il faut que celui qu'on choisit pour Evêque n'ait épousé qu'une femme* ; mais il dit aussi : *Il faut qu'il soit irreprehensible, sobre, prudent, grave & modeste, aimant l'hospitalité, capable d'instruire ; qu'il ne soit ni sujet au vin, ni violent & promt à fraper, qu'il soit éloigné des contestations, desintereßé, & que ce ne soit point un Neophite.* Nous fermons les yeux à tout cela, & nous ne les ouvrons que pour examiner ce que l'Apôtre dit du mariage.

Quant à ce qu'il ajoûte ; *De peur que s'elevant d'orgüeil, il ne tombe dans la même condamnation que le diable* ; quelle experience ne faisons-nous pas tous les jours de cette importante verité ? Un homme qu'on éleve tout d'un coup à l'Episcopat, ne sçait ce que c'est que d'être humble, de s'accommoder à la grossiereté d'un homme simple & rustique, d'emploïer la douceur & les caresses pour gagner les ames à Dieu; de se méprifer & de s'anneantir soi-même. On le fait passer d'une dignité à une autre, sans qu'il ait jamais pensé à jeûner, à pleurer ses déreglemens, à condamner les desordres de sa vie passée, à se corriger de ses vices par de continuelles reflexions sur lui-même, à soulager les necessitez des pauvres. Il va de dignitez en dignitez, c'est-à-dire d'orgueil en orgueil. Or personne ne doute que l'orgueil est la cause de la ruine & de la condamnation du diable. Voilà l'écueil de ceux qui tout à coup deviennent maîtres avant que d'avoir été disciples.

Il faut encore *qu'il ait bon temoignage de ceux qui sont hors de l'Eglise.* L'Apôtre finit par où il a commencé. Un homme qui mene une vie irreprochable, est universellement estimé & des siens & des étrangers *qui sont hors de l'Eglise*, on doit entendre les Juifs, les heretiques & les païens. La reputation d'un Evêque doit donc être si bien établie, que ceux même qui décrient sa Religion, ne puissent trouver à redire à sa conduite. Mais combien en voit-on aujourd'hui qui semblables à ceux qui disputent dans le Cirque le prix de la course des chevaux, tâchent de gagner à force d'argent les suffrages & les applaudissemens du peuple? ou qui sont si universellement haïs, qu'ils ne peuvent obtenir, même par leur argent, ce que les comediens obtiennent si aisément par leurs bouffonneries?

Voilà, mon cher fils Oceanus, ce qui doit faire le sujet de vos plus serieuses reflexions. Voilà les regles que doivent observer ceux qui tiennent le premier rang dans l'Eglise ; c'est par là qu'ils doivent juger du merite de ceux qu'ils veulent élever à l'Episcopat ; sans entreprendre d'expliquer la loi de JESUS-CHRIST à leur fantaisie, & selon les differentes passions de haine, de vengeance ou d'envie dont ils sont possedez. Jugez vous-même quel doit être le merite & la vertu d'un homme, auquel ses ennemis n'ont rien autre chose à reprocher, que les liens d'un mariage legitime & contracté avant le batême. *Celui*

Jacob. 2. 11. *qui a dit, Ne commettez point d'adultere ; a dit aussi, Ne tuez point. Si donc nous tuons, quoique nous ne commettions point d'adultere, nous sommes violateurs de la loi. Car quiconque aïant gardé toute la loi, la viole en un seul point, est coupable comme l'aïant toute violée.* Ainsi quand il nous viennent objecter qu'il n'est pas permis d'élever au Sacerdoce un homme qui a été marié une premiere fois avant son batême ; demandons leur s'il est plus permis d'y élever des gens qui n'ont pas même gardé depuis leur batême tout ce qui est ordonné par l'Apôtre. Ils nous font un crime des choses les plus permises, tandis qu'ils passent sous silence celles qui sont deffendües.

LETTRE LXXVIII.
à Evagre.

Saint Jerôme écrivit cette Lettre contre une personne qui vouloit preferer les Diacres aux Prêtres. Il y releve la dignité des Prêtres jusqu'à les égaler aux Evêques. Il rapporte les témoignages des Lettres des Apôtres, où ils donnent le nom d'Evêques à de simples Prêtres, & il ajoûte que c'est pour remedier au schisme que dans la suite on en a choisi un pour l'élever au dessus des autres.

Nous lisons dans le Prophete Isaïe : *L'imprudent dira des extravagances.* J'aprens qu'un certain personnage a été assez impudent pour preferer les Diacres aux Prêtres, c'està-dire aux Evêques; car l'Apôtre saint Paul fait assez voir qu'il n'y a aucune difference entre les Evêques & les Prêtres. Qui peut donc souffrir que les Ministres des tables & des veuves s'elevent insolemment au dessus de ceux qui consacrent par leurs prieres le corps & le sang de JESUS-CHRIST ? Voulez-vous une preuve de ce que je viens d'avancer ? écoutez ce que dit l'Apôtre saint Paul dans son Epître aux Philippiens : *Paul & Timothée serviteurs de JESUS-CHRIST à tous les Saints en JESUS-CHRIST qui sont à Philippes, avec les Evêques & les Diacres.* En voulez-vous encore une autre ? Voici comme saint Paul parle dans les Actes des Apôtres aux Prêtres

Isaï. 32. 6.

Phil. 1. 1.

Act. 20. 28.

d'une seule Eglise : *Prenez garde à vous même, dit-il, & à tout le troupeau sur lequel le Saint-Esprit vous a établis Evêques, pour gouverner l'Eglise de Dieu qu'il a acquise par son propre sang.* Mais pour convaincre entierement ceux qui voudroient chicaner sur ce passage, & soutenir qu'il y avoit plusieurs Evêques dans une seule Eglise; voici un autre endroit qui montre clairement que l'Apôtre ne met aucune difference entre l'Evêque & le Prêtre : *Je vous ai laissé en Crete*, dit-il écrivant à Tite, *afin que vous y regliez tout ce qui reste à y regler, & que vous établissiez des Prêtres en chaque ville selon l'ordre que je vous en ai donné, choisissant celui qui sera reprochable, qui n'aura épousé qu'une femme, dont les enfans seront fidelles, non accusez de debauche, ni desobeïssans. Car il faut que l'Evêque soit irreprochable, comme étant le Dispensateur & l'Econome de Dieu.* Et dans sa premiere Epître à Timothée : *Ne negligez pas la grace qui est en vous, qui vous a été donnée suivant une revelation prophetique, par l'imposition des mains des Prêtres.* Saint Pierre dans sa premiere Epître dit encore : *Je m'addresse à vous qui êtes Prêtres, étant Prêtre comme vous, & temoin des souffrances de* Jesus-Christ, *& devant participer à sa gloire qui sera un jour decouverte; paissez le troupeau de Dieu qui vous est commis, veillant sur sa conduite, non par une necessité forcée, mais par une affection toute volontaire, qui soit selon Dieu.* Le texte grec a quelque chose encore de plus fort & de plus expressif, car il porte ἐπισκοποῦντες, qui signifie *surveillant, surintendant*, d'où est

Tit. 1. 5.

1. *Tim.* 4. 14.

1. *Pet.* 5. 1.

derivé le nom d'*Evêque*. Que si toutes ces autoritez vous paroissent foibles & de peu d'importance, écoutez la trompette Evangelique, écoutez ce que dit *l'enfant du tonnerre*, le Disciple que Jesus aimoit si tendrement, & qui aïant eu l'avantage de reposer dans son sein, y a puisé comme dans sa source une doctrine celeste. *Le Prêtre à la Dame Elûe, & à ses enfans que j'aime dans la verité*; & dans une autre Epître: *Le Prêtre à mon cher Caïus que j'aime dans la verité*.

2. Joan. 1.

3. Joan. 1.

Que si dans la suite on en a choisi un pour l'élever au dessus des autres, cela ne s'est fait que pour empêcher les schismes & les divisions, qui auroient immanquablement dechiré l'Eglise de JESUS-CHRIST, si un chacun avoit entrepris de s'attribuer la prééminence & l'autorité sur le reste des Fidelles. En effet nous voïons que dans l'Eglise d'Alexandrie depuis l'Evangeliste saint Marc jusqu'au tems des Evêques Heraclas & Denis, les Prêtres en choisissoient un d'entre eux qu'ils mettoient dans un siege plus élevé, & auquel ils donnoient le nom d'*Evêque*; à peu près de la même maniere qu'une armée élit un General, ou comme les Diacres choisissent le plus capable d'entre eux, pour le mettre à leur tête, en lui donnant le nom d'*Archidiacre*. En effet qu'est-ce que fait l'Evêque, que le Prêtre ne fasse aussi, [a] si l'on en excepte l'ordination? Il ne faut pas s'imaginer que l'Eglise de Rome soit une Eglise differente de celle qui est répandüe par toute la terre. Les Gaulois, les

[a] Saint Jerôme dans son dialogue contre les Luciferiens attribüe encore aux Evêques seuls le pouvoir de confirmer.

Anglois, les Afriquains, les Persans, les Indiens, tout l'Orient, & tous les autres peuples n'adorent qu'un même JESUS-CHRIST, & n'ont point d'autres regles que celle qu'une même foi leur prescrit. Si c'est l'autorité que l'on recherche, le monde est plus grand qu'une seule ville. Un Evêque, de quelque ville du monde qu'il soit Evêque, de Rome ou de Gubio, de Constantinople ou de Rhegio, d'Alexandrie ou de Tanis; il porte par tout le même caractere; c'est la même dignité & le même Sacerdoce. Qu'il soit riche, qu'il soit pauvre, il ne devient ni plus considerable par ses richesses, ni plus méprisable par sa pauvreté. Tous les Evêques sont les successeurs des Apôtres.

Mais, me direz-vous, d'où vient donc qu'à Rome on n'ordonne point un Prêtre, si un Diacre ne rend témoignage en sa faveur? Pourquoi m'opposer la coûtume d'une seule Eglise? Pourquoi vouloir nous faire une loi d'un usage particulier qui est une source d'orgüeil & de présomption? Plus une chose est rare, plus elle est estimée. On fait plus de cas du poüillot dans les Indes que du poivre, parce qu'il n'y est pas si commun. Le petit nombre a fait estimer les Diacres, & le grand nombre de Prêtres les a rendus méprisables. Au reste dans l'Eglise de Rome même, les Diacres se tiennent debout, pendant que les Prêtres sont assis; quoique par un abus qui s'est insensiblement glissé, j'y aie vû un Diacre s'asseoir au rang des Prêtres en l'absence de l'Evêque, & même donner la bénediction de la table en leur présence. Mais que ceux qui usurpent cette autorité, sçachent que cette entreprise est contre les regles de l'Eglise; qu'ils écoutent ce que disent les Apôtres : *Il n'est pas juste que nous quittions la predication de la parole de Dieu, pour avoir soin des tables*; qu'ils apprennent pourquoi les Diacres ont été établis dans l'Eglise, qu'ils lisent les Actes des Apôtres, & qu'ils se souviennent de leur condition. Le nom de Prêtre marque l'âge; & celui d'Evêque la dignité. Delà vient que dans les Epîtres à Timothée & à Tite, il n'est parlé que de l'ordination des Evêques & des Diacres, sans faire aucune mention des Prêtres, parce que les Prêtres sont compris sous le nom d'Evêques. Quand on veut élever quelqu'un, on le tire d'un rang plus bas, pour le faire monter à un degré plus haut. Si l'on prétend donc que le Prêtre est au dessous du Diacre, qu'on le fasse passer de la Prêtrise au Diaconat, comme d'un ordre inferieur à un ordre superieur ? Mais puisque l'on passe du Diaconat au Sacerdoce, il faut qu'on avoüe que le Prêtre est audessus du Diacre par sa dignité & son caractere, quoique peut-être le Diacre soit au dessus du Prêtre par ses revenus & par ses richesses. Et pour faire voir que les traditions Apostoliques sont fondées sur l'ancien Testament, c'est que les Evêques, les Prêtres & les Diacres sont maintenant dans l'Eglise, ce qu'Aaron, ses Enfans & les Levites étoient autrefois dans l'ancienne Loi.

Act. 6. 2.

LETTRE LXXIX.
à Magnus Orateur Romain.

Ecrite vers l'an 398.

Saint Jérôme fait voir par l'exemple de saint Paul & des plus illustres Ecrivains Ecclesiastiques, qu'un Auteur Chrétien peut se servir, comme il le faisoit, des Ecrits des Auteurs profanes. On trouve dans cette Lettre un Catalogue de presque tous les Ecrivains Ecclesiastiques jusqu'à saint Jérôme.

JE m'apperçois bien que nôtre cher Sebesius a profité de vos conseils; c'est ce que son changement de vie me fait encore mieux connoître que vôtre Lettre. Sa conversion me donne plus de joie, que ses égaremens ne m'ont causé de chagrin. On a vû dans cette occasion une espece de combat entre la tendresse d'un pere & la pieté d'un enfant; celui-là oubliant le passé, & celui-ci promettant de mieux vivre à l'avenir. Cet heureux changement doit être & pour vous & pour moi un grand sujet de joie, puisque je retrouve un fils, & vous un disciple.

Quant à ce que vous me demandez sur la fin de vôtre Lettre, pourquoi je cite dans mes ouvrages les Auteurs profanes, & que je mêle avec la pure doctrine de l'Eglise les ordures du paganisme; je n'ai sur cela qu'un mot à vous dire : c'est que vous ne me feriez jamais une pareille question, si vous n'étiez point si entêté de Ciceron, & si vous aviez

abandonné

abandonné ᵃ Volcatius pour lire l'Ecriture sainte & les ouvrages des Interpretes. Car qui ne sçait que Moïse & les Prophetes se sont servi des Auteurs païens ; & que Salomon a fait des questions aux Philosophes de Tyr, & répondu à celles qu'ils lui ont proposé ? C'est pour cela que dès le commencement de ses Proverbes, il nous avertit qu'il ne les a écrits que *pour nous faire comprendre les discours* *Prov.* 1. 5. *de la sagesse, les paroles ambigües, les paraboles & leur sens mysterieux, les maximes & les énigmes des Sages* ; ce qui ne convient qu'aux Dialecticiens & aux Philosophes. L'Apôtre saint Paul écrivant à Tite, ne cite-t-il pas ce vers d'Epimenide : *Les Cretois sont toû-* *Tit.* 1. 12. *jours menteurs ; ce sont de mechantes bêtes, qui n'aiment qu'à manger & à ne rien faire.* Callimaque a depuis inseré dans ses ouvrages l'hemistique de ce vers heroïque. Au reste il ne faut point s'étonner que la traduction Latine ne réponde pas exactement à l'original, puis qu'à peine trouve-t-on quelque sens dans celle qu'on a faite des ouvrages d'Homére. Ce même Apôtre s'est encore servi dans une autre de ses Epîtres de ce vers de Menandre : *Les mauvais entretiens corrompent les bonnes* 1. *Cor.* 15. *mœurs.* Et disputant à Athénes dans le ᵇ Palais de Mars, il cite ces paroles d'Aratus : *Nous sommes les enfans de la race de Dieu.* *Act.*17. 28. C'est la fin d'un vers heroïque. Ce chef de

---

ᵃ Volcatius Sedigitus, Poëte Il a composé un poëme des Poëtes comiques.

ᵇ L'Areopage, qui veut dire, montagne de Mars, du mot grec Ἄρης, *Mars* ; & πάγος, qui signifie, montagne, coline ; parce que ce Palais consacré à Mars, & où l'on rendoit la justice, étoit situé sur une coline.

l'armée Chrétienne, & ce grand Orateur n'en demeure pas là; car pour soutenir les interêts de Jesus-Christ, & pour prouver la verité de nôtre Religion, il se sert avec avantage d'une inscription qu'il avoit vûë par hazard sur un Autel. C'est qu'il sçavoit qu'on doit à l'exemple du veritable David desarmer son ennemi, & couper la tête au superbe Goliath avec sa propre épée. C'est qu'il avoit lû *Deut. 21. 12.* que Dieu même ordonne dans le Deuteronome qu'avant que d'épouser une prisonniere de guerre, on doit lui raser la tête & les sourcils, & lui couper le poil & les ongles. Faut-il donc s'étonner que charmé des beautez de l'éloquence humaine, je mette au nombre des Israëlites cette belle captive; & qu'après l'avoir rasée, c'est-à-dire, purifiée de ses idolatries, de ses erreurs, de ses saletez, de ses déreglemens, & de tout ce qui est mort en elle; je la prenne pour mon épouse, & que j'en aie des enfans legitimes capables de servir le Dieu des armées? Je travaille pour l'établissement de la famille de Jesus-Christ, & le commerce que j'ai avec cette étrangere ne sert qu'à augmenter le nombre de ses serviteurs. *Osée 1. 3.* Le Prophete Osée épouse une femme prostituée nommée *Gomer*, fille de Debelaïm dont il a un fils appellé *Jezrhael*, c'est-à-dire, *Isai. 7. 20.* enfant de Dieu. Isaïe prend *un rasoir tranchant pour raser le menton & les pieds des pecheurs.* *Ezech. 5. 1.* Le Prophete Ezechiel voulant nous representer les malheurs dont l'impie Jerusalem étoit menacée, se rase la tête, & en retranche tout ce qui est sans sentiment & sans vie.

On a trouvé à redire, au rapport de Firmien, de ce que saint Cyprien, cet homme si celebre dans l'Eglise par son éloquence & par son martyre, écrivant contre Demetrien, avoit cité plusieurs passages tirez des Prophetes & des Apôtres, que son adversaire pretendoit être faux & supposez ; & de ce qu'il ne s'étoit pas plûtôt appuïé de l'autorité des Philosophes & des Poëtes à laquelle un païen n'eût pas osé contredire. Celse & Porphyre ont écrit contre la Religion Chrétienne ; Origéne a répondu à celui-là d'une maniere très solide ; & Methodius, Eusebe & Apollinaire ont écrit contre celui-ci avec beaucoup de force & d'éloquence. Origéne a composé huit livres contre Celse ; l'ouvrage que Methodius a fait contre Porphyre contient jusqu'à dix mille lignes ; Eusebe & Apollinaire ont composé contre lui, l'un vingt-cinq volumes, & l'autre trente. Lisez-les, & vous avoüerez que je suis un ignorant en comparaison d'eux, & qu'après avoir tant étudié, je me souviens à peine, & encore d'une maniere très-confuse, de ce que j'ai appris dans ma jeunesse. L'Empereur Julien durant la guerre des Parthes, composa sept livres où il vomit ses blasphémies contre JESUS-CHRIST, ou plûtôt, comme parle la fable, où il se détruit lui-même par ses propres armes. Si j'entreprenois d'écrire contre lui, vous ne me permetteriez pas sans doute d'emploïer l'autorité des Philosophes & des Stoïciens, & de m'en servir comme de la massüe d'Hercule pour écraser la tête de ce chien enragé. Il est vrai que bien-tôt après il sentit dans le combat la puissance de nôtre Nazaréen, ou comme il l'appelloit par mépris, du Galiléen, aïant été percé d'un coup de lance, qui lui fit recevoir la juste punition de ses impietez & de ses blasphêmes.

Joseph, qui a si bien deffendu l'antiquité du Peuple Juif, a écrit deux livres contre Appion d'Alexandrie surnommé le Grammairien, où il cite un si grand nombre de passages tirez des Auteurs profanes, que je ne sçaurois comprendre comment un homme Juif de nation, & qui s'étoit appliqué dès ses plus tendres années à l'étude de l'Ecriture sainte, a pû lire tous les ouvrages des Auteurs Grecs. Que dirai-je de Philon que les sçavans regardent comme le Platon des Juifs? Continüons à parcourir tous les Auteurs qui citent les profanes dans leurs ouvrages. Quadratus disciple des Apôtres, & Evêque de l'Eglise d'Athènes ne presenta-t-il pas à l'Empereur Adrien, dans le tems qu'il alloit au Temple de [a] Cerés, un livre pour la deffense de la Religion Chrétienne, où la force & l'élevation de son genie parut avec tant d'éclat, qu'il s'attira l'admiration de tout le monde, & fit cesser une cruelle persecution qui s'étoit élevée contre l'Eglise? Le Philosophe Aristides, homme très-éloquent, presenta au même Empereur une apologie pour les Chrétiens toute remplie de passages tirez des Philosophes. Justin, qui étoit aussi Philosophe, suivit son exemple, &

---

[a] Le texte porte, d'*Fleusine*; c'est le nom qu'on donnoit à la Déesse Cerés, parce que son temple étoit dans Eleusis, ancienne ville de l'Attique, qu'on appelle aujourd hui *Leptine*.

présenta à l'Empereur Antonin, à ses Fils, & au Senat un livre qu'il avoit composé contre les Gentils, où il deffend hautement l'ignominie de la Croix, & confesse avec une liberté veritablement Chrétienne la résurrection de Jesus-Christ. Que dirai-je de Meliton Evêque de Sardes ? d'Apollinaire Evêque d'Hierapole ? de Denis Evêque de Corinthe ? de Tatien, de Bardesane, & d'Irenée successeur de saint Photin Martyr, qui tous ont écrit plusieurs volumes, pour faire voir dans quels Philosophes Origéne avoit puisé le venin de son heresie ? Pantenus Philosophe de la secte des Stoïciens, fut envoïé aux Indes par Demetrius Evêque d'Alexandrie, qui connoissoit sa profonde érudition, afin d'annoncer Jesus-Christ aux Bracmanes & aux Philosophes de ces païs-là. Clement Prêtre de l'Eglise d'Alexandrie, qui à mon sens est le plus habile de tous ceux qui ont écrit sur la Religion, a fait huit livres intitulez *des Stromates*, & huit autres qui ont pour titre *des Expositions*, un contre les Gentils, & trois autres intitulez *du Pedagogue*, ou *de l'instruction des enfans*. Qu'y a-t-il dans tous ces ouvrages qui ne soit plein d'érudition & de tout ce qu'il y a de plus curieux & de plus recherché dans la Philosophie ? Origéne à son imitation a écrit huit livres *des Stromates*, où il compare la doctrine des Chrétiens avec celle des Philosophes, & où il confirme tous les dogmes de nôtre Religion par l'autorité de Platon, d'Aristote, de Numenius, & de Cornutus. Milciades a écrit aussi un livre fort sçavant contre les Gentils. Hippolite, & Apollonius ᵃ Senateur Romain, ont donné aussi quelques ouvrages au public. Nous avons encore les livres de Jules l'Afriquain, qui a écrit l'histoire des tems; de Theodore, qui depuis fut appellé ᵇ Gregoire, homme égal aux Apôtres en miracles; de Denis d'Alexandrie, d'Anatolius de Laodicée; comme aussi des Prêtres Pamphile, Piérius, Lucien & Malchion; d'Eusebe de Cesarée, d'Eustate d'Antioche, d'Athanase d'Alexandrie, d'Eusebe d'Emése, de Triphille de Cypre, d'Astère de Scitople, & du Confesseur Serapion, de Tite Evêque de Bostres; de Basile, de Gregoire & d'Amphilochius, tous trois de Cappadoce. Tous les ouvrages de ces Auteurs sont tellement farcis de passages & de sentences des Philosophes, qu'on ne sçait ce que l'on doit le plus admirer en eux, ou de la science de l'Ecriture sainte, ou de la connoissance profonde qu'ils ont eu des Auteurs profanes.

Venons maintenant aux Ecrivains de l'Eglise Latine. Ou trouve-t-on plus d'érudition & de subtilité que dans Tertullien? Son Apologetique & ses livres contre les Gentils sont remplis de ce qu'il y a de plus sublime & de plus delicat dans les Lettres humaines. Y a-t-il quelque chose de beau dans les profanes que Minutius Felix, ce celebre Avocat de Rome, n'ait fait entrer dans son livre qui a pour ti-

---

a L'Edition d'Erasme porte: *Hippolitus & Apollonius Romanæ urbis Senatores*. Mais c'est une faute; car saint Jerôme dans son Catalogue des Ecrivains Ecclesiastiques ne donne la qualité de Senateur qu'à Apollonius. Pour ce qui est d'Hippolite, il dit qu'il étoit Evêque, mais qu'il ne sçavoit pas de quelle Eglise: *Hippolitus cujusdam urbis Episcopus, nomen enim urbis scire non potui*.

b Saint Gregoire de Thaumaturge Evêque de Neocesarée.

tre *Octavius*, & dans un autre qu'il a fait contre les Astrologues ? (si neanmoins il en est l'Auteur, comme le titre le porte.) Arnobe a écrit sept livres contre les Gentils. Lactance son disciple en a écrit autant, outre deux autres volumes intitulez, l'un *de la colere*, & l'autre *de l'ouvrage de Dieu*. Si vous voulez vous donner la peine de les lire, vous trouverez que ce n'est presque qu'un abregé des dialogues de Ciceron. Pour ce qui est du Martyr Victorin, s'il n'y a pas beaucoup d'érudition dans ses ouvrages, il paroît cependant qu'il n'a rien épargné pour cela. Quelle briéveté, quelle profonde connoissance de l'histoire, quelle beauté, quelle éloquence ne trouve-t-on pas dans les ouvrages que saint Cyprien a faits pour prouver que les Idoles ne sont point des Dieux ? Hilaire, ce grand Evêque, qui de nos jours a confessé avec tant de zele la divinité de JESUS-CHRIST, a imité les douze livres de Quintilien, & pour le [a] nombre & pour le stile. Dans le petit livre qu'il a fait contre le Medecin Dioscore, il fait assez voir jusqu'où alloit la connoissance qu'il avoit des belles Lettres. Le Prêtre Juvencus sous le regne de Constantin a écrit en vers l'histoire de nôtre Sauveur, sans craindre que la poësie diminuât quelque chose de la majesté de l'Evangile. J'en passe sous silence une infinité d'autres tant morts que vivans qui font assez voir par leurs ouvrages qu'ils ne manquoient ni d'érudition, ni de volonté de s'en servir.

Mais de crainte que vous ne tombiez dans

[a] Saint Jerôme veut parler des douze livres de la Trinité que saint Hilaire a composez.

une autre erreur, en vous imaginant qu'il n'eſt permis de ſe ſervir de l'autorité des Auteurs profanes que lorſque l'on écrit contre les Gentils, il faut que vous ſçachiez qu'il n'y a preſque aucun Ecrivain, ſi vous en exceptez ceux qui n'ont jamais plus cultivé les belles Lettres qu'Epicure, dont les livres ne ſoient pleins d'une ſcience & d'une érudition profonde. Au reſte je ne ſçaurois vous diſſimuler ici ce qui vient de me venir tout preſentement en penſée, c'eſt que je ſuis bien convaincu que vous n'ignorez pas la maniere dont tous les habiles Ecrivains en ont uſé : mais je m'imagine que quelqu'un vous a inſpiré de me faire cette queſtion, & que ce pouroit bien être [a] Calpurnius ſurnommé Lanarius, à cauſe qu'il aime à lire l'hiſtoire de Salluſte. Je vous prie donc de lui dire de ma part, que s'il n'a point de dents pour manger, il ne porte point envie à ceux qui en ont encore de bonnes ; & qu'étant auſſi aveugle qu'une taupe, il ne doit point ſe mocquer de ceux qui ont des yeux de chévre. J'aurois ici, comme vous voïez, un beau champ pour m'étendre, ſi je ne craignois de paſſer les bornes d'une Lettre.

Voïez les Remarques.

LETTRE LXXX.
à Bonase.

Cette Lettre est une Satire contre un nommé Ecrite vers *Bonase, qui avoit pris pour lui ce que saint* l'an 384. *Jerôme avoit écrit en general contre les vices.*

ON regarde les Chirurgiens comme des gens cruels & impitoïables ; mais pour moi je les trouve fort à plaindre. Est-il en effet une condition plus malheureuse que d'être obligé de traiter un pauvre malade sans misericorde ? de porter impitoïablement le fer jusques dans ses plaïes pour couper les chairs mortes & cangrenées ? de panser de sang froid un mal que le malade même ne peut regarder sans horreur ? & de passer pour l'ennemi de celui qu'on veut guerir ? Tel est le caractere de l'homme ; la verité lui paroît amere, & le vice seul a des attraits pour lui. Isaïe n'a point *Isaï. 20. 2.* de honte de marcher tout nud, pour marquer l'état déplorable où les Egyptiens & les Ethiopiens se verroient reduits durant leur captivité. Dieu ordonne à Jeremie de sortir de Jerusa- *Jerem. 13. 4.* lem, d'aller vers l'Euphrate qui est un fleuve de la Mesopotamie, d'y cacher sa ceinture parmi des nations ennemies où étoit le camp des Assiriens & des Caldéens, & de l'y laisser jusqu'à ce qu'elle fût entierement pourie. Il commande aussi à Ezechiel de faire un pain *Ezech. 4.* de plusieurs sortes de grains, & de le man- 12. ger premierement avec de l'ordure qui sort du corps de l'homme, & ensuite avec de la fiente de vache. Ce Prophete sans répandre une seule larme voit expirer sa femme à ses yeux. Amos est chassé de Samarie. Pourquoi tout cela ? c'est que ces Medecins spirituels exhortoient le Peuple à la penitence, & emploïoient le fer pour guerir les plaïes que le peché avoit fait à Israël. C'est ce qui fait dire à l'Apôtre saint Paul : *Je suis devenu vôtre ennemi, parce que je vous ai dit la verité.* C'est aussi pour cela que plusieurs Disciples abandonnerent Jesus Christ, parce que ses paroles leur paroissent trop dures.

Amos. 7. 12.

Gal. 4. 16.

Faut-il donc s'étonner que le zele avec lequel je me suis declaré contre le vice, m'ait attiré la haine & l'indignation de plusieurs personnes ? ^a J'entreprens de m'opposer à la licence & au libertinage ; que les libertins s'en allarment. Je veux m'élever contre la médisance & la calomnie ; que les medisans, les railleurs & les faux plaisans apprehendent ma censure. Mais n'y a-t-il dans Rome qu'une seule personne qui se décrie par une vie scandaleuse & libertine ? Bonase de ^b Sageste est-il le seul qui déchire la reputation d'autrui par ses railleries & ses medisances ? Je dis que quelques-uns ont emploïé le crime, le parjure & le mensonge pour s'élever à je ne sçai quelles dignitez ; quel interêt prenez vous à cela,

---

a Il y a dans le texte : J'entreprens de couper un nez qui sent mauvais, que ceux qui ont les écrouelles tremblent. Je veux rabattre le caquet de la corneille, que la corneille reconnoisse qu'elle n'est qu'une babillarde. N'y a-t-il dans Rome qu'un seul homme à qui on ait coupé le nez & defiguré le visage ? On a crû que saint Jerôme par ces expressions figurées, vouloit parler des vices qu'on a marquez.

b Ville de Ligurie appellée aujourd'hui *Sestri di Levante*.

vous qui sçavez par le témoignage de vôtre propre conscience, que vous ne vous êtes point avancé par ces voïes injustes & criminelles? Je me ris d'un Avocat qui fait pitié, je me mocque de sa mince & fade éloquence; pourquoi le trouvez-vous mauvais, vous qui vous distinguez par vôtre éloquence? Je veux declamer contre la sordide avarice de quelques Ecclesiastiques qui ne sont occupez que du soin d'amasser des richesses; quel sujet avez vous de vous fâcher contre moi, vous qui n'êtes point riche? Je veux renfermer Vulcain & le consommer dans ses propres flammes; êtes vous son hôte ou son voisin pour vous opposer à mon dessein, & pour empêcher qu'on ne mette le feu au temple de cet idole? Je prens plaisir à me mocquer des loups-garoux, des chat-hüants, des hiboux, & des monstres du Nil; vous vous appliquez tout ce que je dis, & dès que je declame contre quelque vice, vous prétendez que c'est à vous que j'en veux; vous voulez me faire un procès sur cela, & vous m'accusez d'écrire des Satires en prose. Vous flatez-vous d'être beau garçon, parce que vous portez un nom qui marque quelque chose d'heureux & de grand? Ne sçavez-vous pas qu'on donne à un taillis le nom de *lucus*, parce que la lumiere a peine à y penetrer? aux Déesses qui president à la vie, celui de *Parques*, parce qu'elles n'épargnent personne? aux Furies celui d'*Eumenides*, parce qu'elles sont cruelles & impitoïables? Ne sçavez vous pas aussi qu'on appelle ordinairement les Ethiopiens *des hommes argentez*? Mais puis qu'on ne peut parler contre le vice sans vous mettre

LXXX. Lettre

de mauvaise humeur, il faut s'accommoder à vôtre delicatesse, & vous dire avec Perse:

Perf. Sat. 2. *Au fort le plus heureux puissiez vous pretendre;*
Que tous les jeunes cœurs cedent à vos appas,
Que la rose & le lis éclosent sous vos pas.
Et que les plus grands Rois vous souhaitent pour gendre.

Cependant si vous voulez rehausser l'éclat de vôtre beauté, & relever vôtre bonne mine, j'ai sur cela un avis à vous donner; c'est de cacher vôtre nez & de garder le silence; par ce moïen vous pourez paroître éloquent & beau garçon.

Fin du second Volume.

REMARQUES

SUR LE SECOND VOLUME
des Lettres de Saint Jerôme.

[*Plût à Dieu que jamais sur le mont Pelion.*]   *Sur la Lettre 45. à Principio.*

Pour comprendre le sens de ces paroles, il faut sçavoir que Jason Roi de Thessalie & chef des Argonautes, étant venu à Colchos pour enlever la toison d'or, & s'en étant rendu maître par les artifices & avec le secours de Medée fille du Roi de Colchos ; une des femmes de cette Princesse, sensible à cette perte, & voïant d'ailleurs que sa Maîtresse vouloit suivre Jason dont elle étoit devenuë amoureuse, (comme Ennius la fait parler.) Plût aux Dieux qu'on n'eût jamais coupé sur le mont Pelion, (c'est une montagne de Thessalie) le bois qui a servi à faire ce vaisseau fatal sur lequel les Argonautes sont venus à Colchos enlever nôtre toison.

Utinam ne in nemore Pelio securibus
Cæsa cecidisset abiegna ad terram trabes;
Neve inde navis inchoanda exordium
Cœpisset, quæ nunc nominatur nomine Argo.

On s'est servi depuis des premieres paroles

de ces vers, *Utinam ne in nemore Pelio*, quoi qu'elles aient un sens imparfait, comme d'une espece de proverbe, pour déplorer les malheurs qui arrivoient à quelqu'un par quelque fausse démarche, ou par quelque disgrace imprévûë; de même qu'on se sert souvent de celles-ci de Virgile, *Sic vos non vobis*, quoi qu'elles n'aïent aussi qu'un sens imparfait, pour marquer l'injustice de ceux qui joüissent des travaux d'autrui, & moissonnent ce qu'ils n'ont point semé; & comme on se sert aussi du *Parturient montes* d'Horace, pour se moquer de ces promesses frivoles, ou de ces vaines fanfaronnades qui n'aboutissent à rien; ainsi que le plus sçavant homme du dernier siecle s'en est servi dans un de ses ouvrages, où il dit: Y eut-il jamais de plus ridicule *Parturient* que ce que l'on voit ici. C'est dans ce sens que Ciceron a emploïé le vers d'Ennius dans son oraison pour Cœlius, pour faire voir que ce Chevalier Romain ne s'étoit attiré de fâcheuses affaires, que parce qu'il étoit allé demeurer sur le mont Palatin dans le voisinage de Clodia, qui étoit sa partie: Conduxit, dit-il, in Palatio non magno domum... Quo loco possum dicere: *Utinam ne in nemore Pelio*. On a donc aussi laissé à ces paroles un sens imparfait dans la traduction, afin de se conformer au texte & à l'usage des Auteurs.

Au reste il est assez difficile de comprendre pourquoi saint Jerôme applique cet endroit d'Ennius à Sophronie & aux autres Dames Romaines qui avoient embrassé la profession Monastique à l'exemple de Marcelle; car ce n'étoit pas un malheur pour elles, mais un avantage que saint Athanase & les Prêtres d'Alexandrie eussent apporté à Rome cet institut. Erasme croit que ces Dames se laisserent depuis infecter des erreurs d'Origéne, dont saint Jerôme parle dans la suite de cette Lettre, en disant que *les Heretiques firent entrer jusques dans le Port de Rome un vaisseau chargé de blasphemes.* Mais surquoi Erasme fonde-t-il cette conjecture ? & où trouve-t-il que ces Dames aient jamais été soupçonnées de l'heresie d'Origéne ? Est-il permis de noircir ainsi sans sujet la reputation du prochain ? Il paroît plus vrai-semblable que ces paroles d'Ennius aïant passé comme en proverbe, quoi qu'elles ne paroissent propres que pour exprimer un malheur imprévû qui nous vient de loin ; saint Jerôme s'en est neanmoins servi pour marquer le bien & l'avantage que saint Athanase avoit procuré aux Dames Romaines en apportant à Rome de delà les mers l'institut Monastique.

[*Ce pouroit bien être Calpurnius surnommé Lanarius, à cause qu'il aime à lire l'histoire de Salluste.*] On a déja remarqué sur la Lettre 72. à saint Paulin, que saint Jerôme donnoit à Ruffin le nom de *Calpurnius Lanarius* dans plusieurs endroits de ses ouvrages, par allusion peut-être à ce que dit Plutarque dans la vie de Sertorius, d'un certain *Calpurnius* surnommé *Lanarius*, qui tüa en trahison Julius Salinator ; Saint Jerôme voulant par cette injurieuse comparaison accuser Ruffin d'avoir eu dessein de le faire tuer, comme il le lui reproche dans plusieurs endroits de son Apologie. Il est certain que c'est de lui qu'il veut parler

Sur la Lettre 79. à Magnus.

NOTES CHRONOLOGIQUES

Sur le second Tome des Lettres de Saint Jerôme ;

Où l'on fait voir en quel tems elles ont été écrites.

LETTRE XXXVII.
à Heliodore.

L'an 396.

SAINT Jerôme écrivit cette Lettre, comme il le marque lui-même, environ un ou deux ans après la mort tragique de Ruffin Préfet du Prétoire, & le bannissement d'Abondantius & de Timase, qui avoient eu part à sa revolte. Or celui-là fut tué, & ceux-ci bannis l'an 395. Ce qui fait voir que cette Lettre est de l'an 396. ou 397. Ce que saint Jerôme dit des ravages que les Huns faisoient dans l'Empire Romain, confirme cette époque ; car Ruffin attira ces Barbares en l'année 395. pour appuïer sa revolte & ses ambitieux projets.

LETTRE XXXVIII.
à Marcelle.

L'an 384.

Saint Jerôme étoit à Rome lors qu'il écrivit cette Lettre. La comparaison qu'il y fait de la mort précieuse de Léa, avec la fin malheureuse de Prétextat qui étoit mort un peu auparavant elle, fait voir qu'elle a été écrite l'an 384. car ce Senateur, qu'on venoit de nommer au Consulat, mourut en cette année, comme nous l'apprenons d'une Lettre de Symmaque Préfet de Rome, par laquelle il prie les Empereurs de permettre d'élever une statüe à sa memoire.

LETTRE XXXIX.
à la même.

L'an 384.

Cette Lettre est de la même année que la précédente, comme saint Jerôme le témoigne par ces paroles : *Je vous donnai avant hier une legere idée des vertus de Léa d'heureuse memoire.*

LETTRE XL.
à la même.

L'an 384.

Lors que saint Jerôme composa le Traité de la Virginité qu'il dédia à Eustoquie, Blesille sa sœur étoit actuellement malade de cette maladie dont il parle ici, comme il le témoigne par ces paroles : *L'on s'apprête déja à faire les funerailles de vôtre sœur.* Ce qui fait voir que cette Lettre est de la même année que le Traité de la Virginité, c'est-à-dire de l'an 384.

LETTRE XLI.
à Paule.

L'an 384.

Blesille fille de sainte Paule, s'étant entierement convertie à Dieu durant cette grande maladie dont il est parlé dans la Lettre précédente, mourut trois ou quatre mois après, comme on le peut juger par ce que dit ici saint Jerôme : *Le vœu qu'elle avoit fait près de quatre mois avant sa mort de se consacrer à* Jesus-Christ, *a été pour elle comme un second batême.* Cette Lettre a donc été écrite la même année que la précédente. Aussi saint Jerôme dans l'éloge funebre de Nepotien, dit qu'il écrivit cette Lettre lors qu'il étoit encore à Rome, d'où il ne partit que l'an 385.

L'an 398.

LETTRE XLII.

à Pammaque.

Saint Jerôme écrivant à Oceanus sur la mort de Fabiole, dit qu'il y avoit quatre ans qu'il avoit écrit une Lettre à Heliodore pour le consoler de la mort de Nepotien, & deux ans qu'il en avoit aussi écrite une à Pammaque sur la mort de Pauline. Ce qui fait voir que celle-ci a été écrite deux ans après la Lettre 37. c'est-à-dire l'an 398.

L'an 404.

LETTRE XLIII.

à Eustoquie.

Saint Jerôme nous marque lui-même l'époque de cette Lettre, puis qu'il dit que sainte Paule mourut sous le Consulat d'Honorius pour la sixiéme fois, & d'Aristenéte, qui revient à l'année de Jesus-Christ 404.

LETTRE XLIV.
à Théophile.

L'an 404.

Cette Lettre a été écrite la même année que la précedente, comme on le peut juger par ce que dit saint Jerôme, Que la douleur dont il étoit accablé à cause de la mort de sainte Paule, ne lui avoit pas permis d'entreprendre aucun ouvrage, excepté la traduction de la Lettre paschale de Théophile.

LETTRE XLV.
à Principie.

L'an 412.

Saint Jerôme a eu soin de nous marquer lui-même l'époque de cette Lettre, puis qu'il dit qu'il ne l'a écrite que deux ans après la mort de Marcelle, qui mourut quelques jours après la prise de Rome par Alaric, qui s'en rendit maître l'an 410. & par consequent cette Lettre est de l'an 412.

LETTRE XLVI.
à Oceanus.

L'an 400.

Cette Lettre a été écrite quatre ans après celle que saint Jerôme adressa à Heliodore sur la mort de Nepotien, & deux ans après celle qu'il écrivit à Pammaque sur la mort de Pauline. Ainsi elle est de l'an 400.

LETTRE XLVII.
à Lucine.

L'an 394.

Lors que saint Jerôme écrivit cette Lettre,

il travailloit actuellement, comme il le dit lui-même, à la version de l'Octateuque. Or il commença cet ouvrage dès l'an 394. & il ne le finit qu'après la mort de sainte Paule, comme il le témoigne dans sa Préface sur la version du livre de Josüé. Il y a bien de l'apparence que lors qu'il écrivit cette Lettre, il n'avoit pas encore achevé la traduction de la Genese, car il n'auroit pas manqué de l'envoïer à Lucine. Cette Lettre est donc du même tems que la version de la Genése, c'est-à-dire l'an 394.

L'an 394. ou 395.

LETTRE XLVIII.
à Theodore.

Cette Lettre est de la même année que la précedente, ou de l'année suivante, puisque saint Jerôme l'écrivit à Theodore pour le consoler de la mort de Lucine son mari, qui mourut peu de tems après avoir reçû la Lettre precedente, comme saint Jerôme semble le témoigner dans celle-ci, lors qu'il dit : *Ce qui fait mon chagrin, c'est de me voir privé du plaisir dont je me flatois de le voir bien-tôt ici.*

L'an 385.

LETTRE XLIX.
à Aselle.

Saint Jerôme écrivit cette Lettre du Port de Rome, d'où il étoit prêt à faire voile pour retourner en Palestine. Elle est donc de l'an 385. car ce fut en cette année, qui est la premiere du Pape Sirice que saint Jerôme quitta Rome pour retourner à Bethléem.

LETTRE L.
au Pape Damase.
L'an 377.

Saint Jerôme écrivit cette Lettre du desert de Syrie, peu de tems après qu'il s'y fut retiré. Il paroît qu'il ne l'écrivit que vers l'an 377. puis qu'il y fait mention de Vital qui fut élû Evêque des Apollinaristes, l'an 376.

LETTRE LI.
au même.
L'an 377. ou 378.

Saint Jerôme n'aïant point reçû réponse du Pape Damase à la Lettre précedente, lui écrivit celle-ci sur le même sujet, ce qui fait voir qu'elle est aussi de la même année ou de la suivante.

LETTRE LII.
à Marc.
Vers le même tems.

Cette Lettre a été écrite sur le même sujet, & par consequent vers le même tems que les deux précedentes. Marc étoit Prêtre de Telede, qui est un grand bourg de Syrie, & non pas de Celede, comme nous le lisons dans les livres imprimez.

LETTRE LIII.
à Marcelle.
L'an 400.

Comme l'époque de cette Lettre est incertaine, on a suivi la Chronologie d'un Auteur moderne qui la met en l'année 400. sans neanmoins en donner de raison.

L'an 409.

LETTRE LXI.
à Avitus.

Saint Jerôme nous marque lui-même qu'il écrivit cette Lettre dix ans après les deux précedentes ; ainsi elle est de l'an 409.

L'an 399.

LETTRE LXII.
à Pammaque.

On trouve dans cette Lettre deux époques differentes qu'il est assez difficile de concilier ensemble. Car 1°. saint Jerôme dit qu'il l'écrivit quelques mois après une éclipse du soleil dont il y fait mention : Or selon Socrates, Prosper & Marcellin, cette éclipse arriva sous le Consulat de Theodose pour la troisiéme fois, & d'Abondantius, ce qui revient à l'année de JESUS-CHRIST 393. 2°. Saint Jerôme marque dans cette Lettre qu'il y avoit environ dix ans qu'il avoit donné au public son Commentaire sur l'Ecclesiaste. Or il publia cet ouvrage l'an 389. ainsi selon cette époque il faut mettre cette Lettre en 399. On a crû devoir suivre cette Chronologie, d'autant plus que saint Jerôme semble la confirmer par ce qu'il dit dans la Lettre 66. à Theophile d'Alexandrie, comme nous le ferons voir bien-tôt.

L'an 393.

LETTRE LXIII.
à Theophile.

Saint Epiphane aïant accusé Jean de Jerusalem d'être Origéniste dans une Lettre qu'il lui écrivit en 392. Ce Prélat accusé envoïa son Apologie à Theophile Evêque d'Alexandrie, qui écrivit aussi-tôt à saint Jerôme pour l'exhorter à la paix. Ce qui fait voir que la réponse que lui fait ici saint Jerôme est de l'an 393.

LETTRE LXIV.
au même.

L'an 396. ou 397.

Comme saint Jerôme se plaint dans cette Lettre de la trop grande douceur avec laquelle Theophile traitoit les Origénistes, il est aisé de juger qu'elle a été écrite un ou deux ans avant la suivante, où il le felicite de ce qu'il a chassé ces heretiques des Monasteres de Nitrie. Ainsi elle est de l'an 396. ou 397.

LETTRE LXV.
au même.

L'an 398.

Theophile aïant chassé l'an 398. tous les Solitaires de Nitrie qui étoient infectez des erreurs d'Origéne, saint Jerôme lui écrivit cette Lettre pour l'en féliciter. Ainsi elle est de la même année.

LETTRE LXVI.
au même.

L'an 400.

Saint Jerôme écrivit cette Lettre pour remercier Theophile de ce qu'il avoit condamné les Origénistes dans un Synode assemblé l'an 399. ce qui fait voir que cette Lettre a été écrit la même année ou la suivante. *Dieu a permis*, lui dit-il, *que vous aiez écrit au Pape Anastase dans le même tems que j'ai écrit aussi en Occident contre ces Heretiques.* Il veut parler de la Lettre 62. qu'il écrivit à Pammaque contre les erreurs de Jean de Jerusalem. Ce qui confirme la datte que nous lui avons donnée.

Vers l'an 397.
LETTRE LXVII.
à Tranquillin.

Il y a bien de l'apparence que cette Lettre a été écrite dans le tems que les disputes sur l'Origénisme commencerent à s'élever, & avant que cette heresie eût été condamnée à Rome par le Pape Anastase, & à Alexandrie par Theophile, & qu'ainsi elle est de l'année 397. & 398.

L'an 405.
LETTRE LXVIII.
à Pammaque & à Marcelle.

Saint Jerôme parlant ici de la traduction d'une Lettre Paschale qu'il envoïe à Pammaque & à Marcelle, donne à entendre qu'il leur en avoit déja envoïé une dès l'année précedente. C'est celle qu'il traduisit en 404. comme il le témoigne dans la Lettre 44. adressée à Theophile. Ainsi celle-ci doit être de l'année 405.

Vers l'an 400.
LETTRE LXIX.
à Riparius.

Cette Lettre est encore écrite à l'occasion de

la condamnation des Origéniftes ; ainfi on doit la mettre en 400. ou 401.

LETTRE LXX.
à Apronius.

La même année.

Ce que dit ici faint Jerôme, Que les Heretiques n'ofoient ouvrir la bouche, quoi qu'ils confervaffent toûjours dans le cœur le poifon de l'herefie ; fait voir qu'elle eft une fuite de la condamnation des Origéniftes, & qu'elle a été écrite vers la même année que la précedente.

LETTRE LXXI.
à faint Auguftin.

Vers l'an 410.

L'on a fuivi dans cette Lettre l'époque qu'on lui donne dans la nouvelle édition des ouvrages de faint Auguftin.

LETTRE LXXII.
à faint Paulin.

L'an 406.

A juger du tems de cette Lettre par le foin que faint Jerôme prend d'expliquer fes fentimens fur les ouvrages d'Origénes, on pouroit croire qu'elle a été écrite dans le tems des difputes qu'il a eües avec Ruffin, & un peu avant la condamnation des Origéniftes, c'eft-à-dire vers l'an 398. ou 399. Mais comme cette époque n'eft pas bien marquée, on a mieux aimé fuivre celle d'un Auteur moderne, qui neanmoins ne s'eft pas affujetti à juftifier fa Chronologie.

LETTRE LXXIII.
à Ctefiphon.

L'an 412.

Comme saint Jerôme est le premier qui ait écrit contre le Pelagianisme, il est aisé de juger que cette Lettre a été écrite dès le tems de la naissance de cette heresie, c'est-à-dire, en 412.

LETTRE LXXIV.
à saint Augustin.

Vers l'an 418.

On a encore suivi la Chronologie de la nouvelle édition des ouvrages de saint Augustin.

LETTRE LXXV.
à saint Augustin & à Alipius.

L'an 419.

Ce que saint Jerôme dit de la mort d'Eustoquie, qui mourut l'an 419. fait voir que cette Lettre est de la même année.

LETTRE LXXVI.
à Marcellin & à Anapsychie.

Vers l'an 411. ou 412.

On ne peut guére donner d'autre époque à cette Lettre, puisque Marcellin Tribun d'Afrique, auquel elle est adressée, n'a demeuré dans cette Province qu'environ trois ans, c'est-à-dire depuis l'an 410. jusqu'en l'an 413. qui fut celui de son martire.

LETTRE LXXVII.
à Oceanus.

Avant l'an 400.

On ne sçait pas au juste la datte de cette

Lettre. Ce qu'il y a de certain est qu'elle a été écrite après l'an 385. puis que saint Jerôme dit qu'étant à Rome, d'où il ne partit qu'en 385. il avoit disputé avec un sçavant homme sur la même question dont il parle ici. Elle a aussi été écrite avant l'an 400. puisque saint Jerôme dans le premier livre de son Apologie contre Ruffin, qu'il composa vers ce tems-là, dit que Chrysogone partisan de Ruffin lui faisoit un crime de l'opinion qu'il soutient dans cette Lettre à Oceanus.

LETTRE LXXVIII.
à Evagre.

Vers l'an 387.

Le tems de cette Lettre est assez incertain ; l'on a suivi la Chronologie d'un Auteur moderne qui la met en 387. peu de tems après que saint Jerôme eut quitté Rome pour retourner en Palestine.

LETTRE LXXIX.
à Magnus.

Avant l'an 400.

Cette Lettre a été écrite avant l'an 400. puisque saint Jerôme dans son Apologie contre Ruffin, qu'il composa vers ce tems-là, lui reproche d'avoir engagé Magnus à lui faire la question à laquelle il répond par cette Lettre. *Nimirum*, dit-il, *iste est Calpurnius Sallustianus, qui nobis per Magnum Oratorem non magnam moverat quæstionem.*

LETTRE LXXX.
à Bonase.

Vers l'an 384.

Il y a de l'apparence que saint Jerôme étoit encore à Rome lors qu'il écrivit cette Lettre, parce que ce fut là qu'il s'attira plusieurs ennemis par le zele avec lequel il declamoit contre les vices. C'est aussi ce qui avoit irrité Bonase contre lui. On a donc mis cette Lettre en 384. saint Jerôme n'étant sorti de Rome qu'en 385.

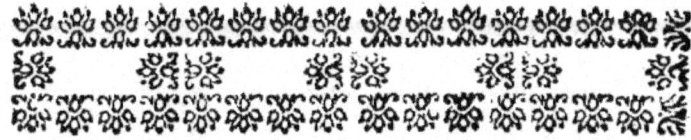

SOMMAIRES
DES LETTRES
DE SAINT JERÔME.
Contenuës dans ce second Volume.

XXXVII. LETTRE
Ou Eloge funebre à Heliodore. page 1

SAint Jerôme témoigne à Heliodore la part qu'il prend à la mort de Nepotien son neveu. Pour moderer la douleur que cette perte lui causoit, il le fait souvenir du triomphe que JESUS-CHRIST a remporté sur la mort, & de la constance que les Païens même ont fait paroître dans les plus cruelles disgraces. Il fait ensuite l'éloge des vertus de Nepotien, & nous donne en sa personne l'idée d'un parfait Ecclesiastique Bien loin de plaindre sa destinée, il l'estime heureux d'être affranchi par la mort des miseres de la vie presente, dont il fait voir la fragilité & l'inconstance.

XXXVIII. LETTRE
à Marcelle sur la mort de Léa. pag. 36

Saint Jerôme parle dans cette Lettre de la mort

bre de sainte Paule. Saint Jerôme après avoir parlé de son illustre naissance, fait voir comment elle renonça au commerce du monde, & à toutes les grandeurs du siecle, pour se consacrer entierement à Dieu. Il décrit fort au long son voïage de Rome en Palestine, où elle se retira pour y vivre dans la separation des creatures. Il parle des Monasteres qu'elle fit bâtir à Bethléem, de l'ordre qu'elle y établit, & des vertus qu'elle y pratiqua. Il fait l'éloge de son humilité, de ses mortifications, de sa douceur, de sa patience dans les adversitez, de sa charité envers les pauvres & les malades, de son détachement de toutes les choses de la terre, de la pureté de sa foi, & de l'aversion qu'elle avoit pour les heretiques. Il finit par une description vive & touchante de sa mort & de ses funerailles.

XLIV. LETTRE
à Theophile Evêque d'Alexandrie.   pag. 157

Saint Jerôme fait ses excuses à Theophile d'avoir différé si long-tems de répondre à ses Lettres, & de traduire sa Lettre Paschale. Il attribuë la cause de ce retardement & de son silence, à la douleur que lui causoit la mort de sainte Paule.

XLV. LETTRE
Ou Eloge funebre de Marcelle Veuve, à la Vierge Principie.   pag. 160

Marcelle fille d'Albine, étoit d'une des premieres familles de Rome. Etant demeurée Veuve après sept mois de mariage, elle fit vœu de vivre en continence, quoiqu'elle fût recherchée par plusieurs Seigneurs, & particulierement par Cereal Consul Romain. Elle mourut quelques jours après qu'Alaric Roi des Goths eût pris & saccagé Rome. Saint Jerôme fait ici son éloge ; il loüe sa chasteté, sa modestie, son amour pour la retraite, ses jeûnes, sa charité envers les pauvres, son application à l'étude de l'Ecriture sainte, son zele contre les erreurs des Origenistes qu'elle fit condamner par le Pape Anastase, sa constance au milieu des ruines de sa patrie, & sa mort qui couronna heureusement une si belle vie.

XLVI. LETTRE
Ou Eloge funebre de Fabiole à Oceanus. p. 180

Fabiole, Dame Romaine, étant mariée à un homme fort debauché, se separa de lui, & en épousa un autre. Saint Jerôme après avoir tâché de diminuer la grandeur de sa faute, décrit d'une maniere fort touchante la penitence publique qu'elle en fit. Il passe ensuite à ses vertus dont il fait l'éloge. Il loüe particulierement son application à l'étude de l'Ecriture sainte, & sa charité envers les pauvres & les malades, qu'elle servoit elle-même, & pour le soulagement desquels elle fit bâtir, conjointement avec Pammaque, un hôpital au Port de Rome.

XLVII. LETTRE
à Lucine.   pag. 200
Lucine étoit Espagnol de nation, homme riche

& vertueux. Il avoit distribué une grande partie de son bien aux pauvres ; mais saint Jerôme lui dit ici que le renoncement aux richesses est la vertu des commençans, & non pas des parfaits, & il l'exhorte de venir à Jerusalem, afin de s'y consacrer entierement à Dieu. Ce vertueux Espagnol avoit envoïé en Palestine six Copistes pour transcrire tous les ouvrages de saint Jerôme ; & ce Pere lui rend compte ici de leur travail & des ouvrages qu'il lui envoie. Enfin Lucine lui aïant demandé s'il faloit jeûner le Samedi, & communier tous les jours ; saint Jerôme lui répond qu'il faut suivre les pratiques de l'Eglise où l'on est, quand elles n'ont rien de contraire à la foi.

XLVIII. LETTRE
à Theodore veuve de Lucine.   pag. 210

Lucine à qui saint Jerôme adresse la Lettre précedente, étant mort, ce Pere écrivit cette Lettre à Theodore sa veuve, pour la consoler de la perte de son mari, dont il loüe les vertus, & particulierement l'affection qu'il avoit pour l'Ecriture sainte, & le zele avec lequel il s'opposa aux erreurs de Basilide.

XLIX. LETTRE
à Aselle.   pag. 217

Saint Jerôme aïant été obligé de sortir de Rome, pour se dérober aux calomnies & aux persécutions de ses ennemis, écrivit cette Lettre du bord du vaisseau sur lequel il s'étoit embarqué pour retourner en Palestine. Il s'y deffend avec chaleur contre les faux bruits que ses calomniateurs avoient fait courir contre lui à cause de la familiarité qu'il avoit eüe à Rome avec quelques Dames Romaines, particulierement avec Paule & Melanie.

L. LETTRE
au Pape Damase.   pag. 224

Saint Jerôme écrivit cette Lettre au Pape Damase du desert de Syrie. Il le consulte pour sçavoir quel parti il doit prendre parmi les contestations qui étoient alors en Orient, & qui divisoient l'Eglise d'Antioche; & avec qui il doit communiquer de Meléce, de Paulin, ou de Vital.

LI. LETTRE
au même sur le même sujet.   pag. 230

LII. LETTRE
à Marc Prêtre.   pag. 232

Sur le même sujet.

LIII. LETTRE
à Marcelle.   pag. 236

Saint Jerôme fait ici le dénombrement des erreurs des Montanistes. Il les accuse 1. de ne croire qu'une seule personne en Dieu. 2. De condamner les secondes noces. 3. De croire qu'on est obligé de faire trois Carêmes. 4. De refuser aux Evêques le premier rang de l'ordre hie-

LXIII. LETTRE
à Théophile.   pag. 446

Theophile Evêque d'Alexandrie aïant envoïé Isidore en Palestine pour tâcher d'accomoder un different qui s'étoit élevé entre Jean Evêque de Jerusalem & saint Jerôme au sujet de l'Origenisme, ce saint Docteur lui écrivit cette lettre pour le remercier des soins qu'il s'étoit donné pour terminer leur different ; il lui témoigne qu'il est prest à accepter la paix, pourvû qu'elle soit sincere & chrétienne, & non point fausse & artificieuse. Il justifie encore saint Epiphane sur l'ordination de Paulinien, & soutient qu'elle n'a point été faite dans le Diocése de Jean de Jerusalem, & que Paulinien avoit l'âge requis pour le Sacerdoce lors qu'il a été ordonné Prêtre par S. Epiphane.

LXIV. LETTRE
au même.   pag. 465

Theophile aïant écrit à Saint Jerôme d'être exact à observer les Canons, ce Pere le remercie de cet avertissement. Il l'exhorte ensuite d'emploïer son autorité contre les Origénistes, puisque la douceur & la patience ne les faisoient point revenir de leurs erreurs.

LXV. LETTRE
au même.   pag. 467

Saint Jerôme remercie Theophile dans cette Lettre de ce qu'il a chassé les Origenistes,

& loüe particulierement la prudence qu'il a fait paroître dans cette occasion.

LXVI. LETTRE
au même.   pag. 468

Saint Jerôme loüe encore Theophile dans cette Lettre du zele qu'il a fait paroître contre l'heresie des Origenistes, & lui marque que non seulement l'Egypte & la Syrie, mais l'Italie même lui sont redevables de leur délivrance.

LXVII. LETTRE
à Tranquillin.   pag. 471

Saint Jerôme marque ici à Tranquillin avec quelle précaution on doit lire les ouvrages d'Origene, lui repetant ce qu'il a dit en plusieurs endroits, qu'Origene merite d'être loüé pour son sçavoir, mais qu'on ne doit pas suivre ses dogmes.

LXVIII. LETTRE
à Pammaque & à Marcelle.   pag. 473

Saint Jerôme leur parle dans cette Lettre du zele que Theophile Evêque d'Alexandrie a fait paroître pour l'extinction de l'heresie des Origenistes. Il leur envoïe aussi la seconde Lettre Pascale de Theophile, & les prie d'engager le Pape Anastase à confirmer par son autorité tout ce que l'Evêque d'Alexandrie a fait & écrit contre Origéne.

LXIX LETTRE
à Riparius.   pag. 478

Après avoir loüé le zele avec lequel Riparius s'opposoit aux Heretiques, il lui mande que Ruffin, qu'il appelle son Catilina, a été chassé de la Palestine ; il lui marque en même-tems les persecutions que les Heretiques ont excité contre lui, jusqu'à l'obliger d'abandonner son Monastere.

LETTRE LXX.
à Apronius.   pag. 480

Saint Jerôme loüe dans cette Lettre Apronius de ce qu'il s'est opposé aux erreurs des Heretiques. Il l'invite à venir à Jerusalem, & deplore la ruine du Monastere de Bethléem que les Heretiques avoient détruit.

LXXI. LETTRE
à saint Augustin.   pag. 482

Il lui mande que les Heretiques quoique condamnez plusieurs fois, font encore tous leurs efforts pour réveiller leurs erreurs.

LXXII. LETTRE
à Saint Paulin.   pag. 483

Saint Jerôme répond à deux questions que saint Paulin lui avoit proposées, la premiere comment on pouvoit accorder le libre arbitre avec ce qui est dit dans l'Ecriture que Dieu a endurci le cœur de Pharaon. La se-

conde, pourquoi faint Paul appelle Saints les
enfans nez des fidelles. Il lui explique auſſi
en quel ſens il a loüé les ouvrages d'Origéne.

LXXIII. LETTRE
à Creſiphon.   pag. 488

Pelage aïant publié ſes erreurs, ſaint Jerôme
qui ſe declaroit contre toutes les nouvelles opinions, l'attaqua fortement dans cette Lettre,
ſans neanmoins le nommer. Le premier des
dogmes qu'il y combat, eſt celui de l'Apathie, c'eſt-à dire, de l'exemtion des paſſions.
Le ſecond regarde la grace de JESUS-
CHRIST dont Pelage combattoit la neceſſité.
Le troiſiéme eſt l'exemtion du péché à laquelle
cet Heretique pretendoit que l'homme pouvoit
parvenir ſans le ſecours de Dieu.

LXXIV. LETTRE
à ſaint Auguſtin.   pag. 518

Saint Jerôme le congratule de la fermeté & de
la vigueur avec laquelle il a combattu l'hereſie
de Pelage.

LXXV. LETTRE
à ſaint Auguſtin & à Alipius.   pag. 519

Cette Lettre eſt la derniere que ſaint Jerôme ait
écrite à ſaint Auguſtin. Il le congratule,
auſſi-bien qu'Alipius, de la défaite de l'hereſie. Il leur témoigne qu'il n'a pas encore eu
le loiſir de répondre à la Lettre d'Anian,
diſciple de Pelage. Il y parle auſſi de la mort

d'Eustoquie, qui mourut sur la fin de l'an 419.

LXXVI. LETTRE
à Marcellin & à Anapsychie.   pag. 522

Saint Jerôme répond à Marcellin Gouverneur d'Afrique, sur la question qu'il lui avoit proposée touchant l'origine des ames. Il ne decide pas cette question, mais il marque qu'il en a dit son sentiment dans ses Livres contre Ruffin, & lui conseille de consulter saint Augustin sur cette matiere. Il ajoûte qu'il n'a pû encore achever son Commentaire sur Ezechiel, à cause des incursions des Barbares.

LXXVII. LETTRE
à Oceanus.   pag. 526

Saint Jerôme soutient dans cette Lettre qu'un homme qui a été marié en premieres nôces avant son batême, & en secondes nôces depuis son batême, n'est point dans le cas de la bigamie qui empêche d'être promû aux ordres sacrez, ce qu'il prouve par quantité de passages de l'Ecriture, & par plusieurs raisonnemens.

LXXVIII. LETTRE
à Evagre.   pag. 555

Saint Jerôme écrivit cette Lettre contre une personne qui vouloit preferer les Diacres aux Prêtres. Il y releve la dignité des Prêtres jusqu'à les égaler aux Evêques. Il rapporte les témoignages des Lettres des Apôtres, où ils donnent le nom d'Evêques à de simples Prêtres

tres, & il ajoûte que c'est pour remedier au schisme que dans la suite on en a choisi un pour l'élever au dessus des autres.

LXXIX. LETTRE
à Magnus Orateur Romain.   pag. 560

Saint Jerôme fait voir par l'exemple de Saint Paul & des plus illustres Ecrivains Ecclesiastiques, qu'un Auteur Chrétien peut se servir, comme il le faisoit, des Ecrits des Auteurs profanes. On trouve dans cette Lettre un Catalogue de presque tous les Ecrivains Ecclesiastiques jusqu'à saint Jerôme.

LXXX. LETTRE
à Bonase.   pag. 569

Cette Lettre est une Satire contre un nommé Bonase, qui avoit pris pour lui ce que saint Jerôme avoit écrit en general contre les vices.

ERRATA.

Page.	Ligne.	Lisez.	Page.	Ligne.	Lisez.
25.	5.	viverions.	228.	29.	des Atiens.
42.	10.	voulu lui.	253.	19.	doit.
48.	8.	comme elle est.	254.	1.	permet.
78.	2.	qu'il n'a.	263.	19.	entend.
80.	15.	trouve.	283.	32.	l'un & l'autre.
85.	17.	raillâmes.	313.	11.	avec raison.
96.	33.	donneroit.	318.	19.	par la comparaison.
98.	25.	merita.	346.	7.	non pas ; mais celle.
101.	21.	étoit mere.	368.	3.	nous.
113.	11.	luxure.	382.	19.	endroit.
Ibid.	14.	trop nous.	384.	32.	verve.
122.	29.	trompois.	394.	19.	proposition.
183.	33.	joint.	408.	11.	usera.
220.	17.	N'y avoit-il encore.	413.	13.	de ses yeux.
225.	4.	m'empêcher.	540.	31.	aux eaux.

TABLE
DES MATIERES

Contenües dans le second Volume des Lettres de Saint Jerôme.

A

ABRAHAM exerce l'hospitalité envers les étrangers. page 88
Dieu éprouve la foi de ce Patriarche. 44
La ville d'Alexandrie appellée *No*. 119
De l'origine des ames 522. *& suivantes*.
Ange Gardien. 95
Anastase succede au Pape Sirice. 174
Rome ne merita pas de posseder long-tems ce grand Pape. *ibid.*
Antioche assiegée par les Huns. 195
Metropole de tout l'Orient. 433
Apollinaire a tronqué le mystére de l'Incarnation. 317
Apollonius de Tiane. 427
Apologistes de la Religion Chrétienne. 564
Le Comte Archelaüs. 437
Aselle. Son éloge. 41. 44
Les Ariens font semblant de condamner le mot *Homousion*. 366
S. Athanase se retire à Rome. Il inspire aux Romains l'estime & l'amour de la vie mo-

nastique par le recit de la vie de saint Antoine, 167
L'avarice est une passion insatiable. 135
Elle ne nous permet pas de penser aux choses de Dieu. 205
Elle n'est digne que d'être foulée aux pieds. 206
S. Augustin Restaurateur de la foi ancienne. 518
Eloge de l'aumône. 124
Auteurs Païens, Moïse, les Prophetes & saint Paul s'en servent. 561
Auteurs Chrétiens & leur éloge. 563. & suivantes.

B

Profession de foi en recevant le Batême. 235
Sa figure. 540. 541. &c.
Barabannus Juif apprend l'Hebreu à saint Jerôme. 318
Ravage des Barbares. 524
L'heresie de Basilides infecte l'Espagne. 214
Noms barbares dont les disciples de Basilides se servoient pour séduire les simples. *ibid.*
Eloge de la ville de Bethléem. 108
Bigamie & ses especes. 528. & *suivantes.*
Blesille parloit Grec & Hebreu. 51
Sa conversion. 47. Sa mort & ses funerailles. *ibid.*
Son éloge. 51

C

Calpurnius Lanarius. 485
Heresie des Caïnites. 527
Le Canon de la verité Hebraïque. 207

Jeûne du Carême. 43. 238
Inſtruction des Catechuménes. 384
Celibat des Eccleſiaſtiques. 257. 283
Jesus-Christ a mangé après ſa réſurrection. 425
Ceſarée Metropole de la Paleſtine.
Les Chrétiens appellés *Cendriers* à cauſe de l'honneur qu'ils rendent aux Reliques des Saints. 298
Cierges allumés devant les tombeaux des martyrs. 299
Diſpoſitions où l'on doit être pour communier tous les jours. 208
Il faut s'éprouver avant que d'approcher de la communion. 272
On communioit tous les jours dans les Egliſes de Rome & d'Eſpagne. 208. 271
La confeſſion eſt une ſeconde planche après le naufrage. 326
Robbe des Conſuls Romains parſemée de palmes. 38
La converſion du pecheur n'eſt jamais hors de ſaiſon. 231
S. Cyprien, en quoi il n'eſt pas approuvé. 563

D

Pourquoi David pleure la mort d'Abſalon. 60
Le Pape Damaſe approuve le traité de la virginité, & le livre que saint Jerôme compoſa contre Helvide. 277
Oraiſon de Demoſthéne contre Eſchinés. 383
Denys le Philoſophe. 485
Didyme maître de ſaint Jerôme. 318

Jugemens de Dieu dans les adversitez des Justes, & la prosperité des méchans. 53
Dieu éprouve la foi d'Abraham. 44
Dieu livre saint Paul à l'Ange de Satan. 56
Une personne sans merite deshonore la dignité où on l'éleve. 81
Les mauvais discours sont la marque d'une ame corrompüe. 135
l'Empereur Domitien relegue Flavie Domitille dans l'Isle de Pontia. 102

E

Ecrivains Ecclesiastiques differens des Apôtres. 457
Les pratiques d'une Eglise particuliere, ne préjudicient point à celles qui s'observent dans une autre. 208
l'Eglise a été établie en souffrant, &c. 461
Les Encratistes, heretiques qui condamnoient le mariage. 256
C'est être impie envers Dieu que d'aimer ses enfans avec trop de tendresse. 67
Les Enfans avoient coutume autrefois de faire l'éloge funebre de leurs parens. 3
L'Eglise Romaine est la veritable Eglise, hors laquelle il n'y a point de salut. 226
Enoch & Elie. 419
L'envie attaque les vertus les plus éclatantes. 125
L'envieux se ronge lui-même. 132. 220
Eleus de Manichée. 494
S. Epiphane vient à Rome. 100
Il reçoit sainte Paule dans l'isle de Cypre. 103
Il accuse Jean de Jerusalem d'être Origé-

niste. 368
Les heretiques même le respectent. 369
l'Empereur Valens n'ose le persecuter. ibid.
Son éloge. 383
Etude de l'Ecriture. 525
Evagre l'Iberien, ses livres. 495
Eunomius nie l'existence d'un Dieu. 377
Les Evêques tiennent le rang des Apôtres. 239
Leurs qualitez. 546. 547. &c.
Eusebe a été Arien. 317
Il a fait l'apologie d'Origéne. 333
Il prend le nom de Pamphile. 335
Eustoquie. Son éloge. 74
Elle apprend l'Hebreu. 148
Sa mere lui laisse de grandes dettes. 123
Sa soumission aux volontez de sa mere. 148
Avec quel soin elle sert sa mere durant sa maladie. 149
Elle est élevée par Marcelle. 168
Sa mort. 520

F

Fabiole. Son éloge 181
Son illustre naissance. 182
Elle quitte son mari pour en épouser un autre. 183
Elle fait une confession & une pénitence publique de sa faute. 185
Elle vend tout son bien & en donne le prix aux pauvres. 189
Elle fait bâtir un hôpital. ibid.
Sa charité envers les pauvres & les malades. 190
Elle va à Jerusalem. 191
Son application à l'étude de l'Ecriture sainte. 192

Sa mort & ses funerailles. 198
Femmes mondaines. 46
Les Heretiques se sont soutenus par les femmes 498. 499
La foi sans les bonnes œuvres, est une foi morte. 250
Quand la foi est pure elle se declare hautement. 376
En quel sens les enfans des fideles sont appellez saints. 486

G

Présomption de Gorgias le Leontin. 382

H

LE mot *Hebreu* signifie *passager*. 263
Henoch & Elie se nourrissent de Dieu. 414
Herodes surnommé *le grand* fait rebâtir la tour de Straton, & la nomme Cesarée. 104
Il fait bâtir la ville d'Antipatride. *ibid.*
S. Hilaire a traduit quelques ouvrages d'Origéne. 306
La gloire suit les humbles. 97
L'humilité est la premiere vertu du Chrétien. 120
Les Huns ravagent l'Empire Romain. 193
Ce que veut dire le mot *Hypostase*. 227

I

SAint Jean l'Evangeliste fut toûjours vierge. 169
Jean de Jerusalem fait taire saint Epiphane

qui prêchoit dans l'Eglise. 380
Il est accusé d'être Origéniste. 368
S. Jerôme fait bâtir un monastere à Bethléem, avec un hôpital pour les étrangers. 92
Il envoïe son frere Paulinien en son païs pour vendre son patrimoine. *ibid.*
Il s'applique à la langue Hebraïque. 148
Il va à Rome avec saint Paulin & saint Epiphane. 170
Il soutient la foi en Orient. 175
Les Heretiques en veulent à sa vie. *ibid.*
Il corrige la version des septante. 207
On le juge digne du souverain Pontificat. 219
Il reçoit le batême à Rome. 225. 231
Il dispute contre un Sophiste. 529. *& suivantes.*
Il ne s'attache qu'à la chaire de saint Pierre. 225. 232
Il est persecuté par les differens partis qui divisoient l'Eglise d'Antioche. 227. 231
On l'accuse de condamner le mariage. 242
Son zele pour les interêts de la foi. 376
Son humilité. 215
Il se sert des Auteurs profanes. 560. *& suivantes.*
Sa patience dans les injures. 223
La ville de Jerusalem appellée *Ælia*. 106
Ce que c'est que suivre JESUS-CHRIST. 84
Jeûne du Samedi. 208
On ne doit pas jeûner le Dimanche. 209
Jeûne deffendu depuis Pâques jusqu'à la Pentecôte. 209. 239
Intercession des Saints. 70. 155
Constance de Job dans ses disgraces. 65
S. Irenée disciple de Papias. 214

S. Isidore de Damiette reçoit sainte Paule. 119
Isidore Prêtre. 433. & suivantes.
Ceremonies superstitieuses des Juifs aux funerailles des morts. 62
Julien l'apostat a écrit contre J. C. 563
Justes. 516

L

Lactance nie la divinité du saint Esprit. 327
On change le palais de Lateranus en une Eglise qu'on a depuis appellée saint Jean de Latran. 186
Mort de Léa. 37
Ses vertus. 38
Lincée voïoit au travers des murailles. 429
Libre arbitre. 503. 511
Lucine Espagnol distribüe son bien aux pauvres. 215
Il envoie des aumônes à Jerusalem & à Alexandrie. ibid.
Son amour pour l'Ecriture sainte. ibid.
Il envoïe six Copistes en Palestine pour transcrire tous les ouvrages de S. Jerôme. ibid.
Son zele contre les erreurs de Basilides. 214

M

Mariage des Ecclesiastiques. 528. & suivantes.
Marie Magdeleine surnommée *de la Tour*. 168
Marc disciple de Basilides répand ses erreurs dans les Gaules & dans l'Espagne. 214
Heresie de Marcion qui admet deux Dieux. 389

DES MATIERES. 319

Ce que difoit un difciple de Marcion. 431
Marcelle, fon illuftre naiffance. 161
Elle refufe de fe remarier. *ibid.*
Son application à l'étude de l'Ecriture fainte. 165. 171
Son abftinence. 166
Elle embraffe l'état monaftique. 167
On la confulte fur les endroits les plus difficiles de l'Ecriture fainte. 171
Elle s'oppofe dans Rome aux Origéniftes. 173
Son zele contre les heretiques. 174
Sa conftance dans le faccagement de la ville de Rome. 178
Martyrs du paganifme. 58
Une vie innocente eft un continuel martyre. 154
Le mariage eft une veritable fervitude. 269
Il eft le remede de l'incontinence. *ibid.*
L'ufage du mariage empêche de vaquer à l'oraifon, & de recevoir le corps du Seigneur. 270
Melanie fe retire à Jerufalem. 66
Sa conftance dans la mort de fes proches. *ibid.*
Sa profeffion monaftique inconnüe à Rome. 167
Vanité du monde. 34
Erreurs des Montaniftes. 238
Leurs Patriarches & leurs *Cenons*. 239
L'impieté de leurs myftéres. 240
La mort vaincüe & détruite par JESUS-CHRIST. 4
Elle n'eft qu'un fommeil. 3. 211
Moïfe & Elie ont jeûné 40. jours, &c. 426

N

NAtions sans connoissance de la loi & des Prophetes. 510
Nepotien mene dans le siecle une vie austere & penitente. 13
Il est fait Prêtre malgré lui. 15
Sa charité envers les pauvres. 16
Sa modestie. 17
Son zele pour la décoration de l'Eglise. 20
Le Nil appellé *Sihor*, 119
La ville de *No* appellée depuis Alexandrie. *ibid.*
Noëmi perd son mari & ses enfans. 65

O

OCeanus ami de saint Jerôme. 471
Onesime esclave ordonné Diacre. 455
S'offrir soi-même à Dieu est la plus agreable de toutes les offrandes qu'on lui puisse faire. 90
Oracle de Delphes appellé Louche. 323
Erreurs d'Origéne. 306. 327. 338. 372
Il autorise le Mensonge. 321
Il est la source de l'Arianisme. 322
Il meurt à Tir. 329
Son éloge. 330
Les Origénistes répandent leurs erreurs dans Rome. 172
Ils surprennent la Religion du Pape Sirice. 173
Ils sont condamnez. 465. *& suivantes.*
Leurs sentimens sur la Resurrection. 140. 314
Comment on peut lire Origéne. 472

Celui qui fait un outrage est plus à plaindre
que celui qui le souffre. 233

P

PAix veritable. 448
Pammaque, son éloge. 74. 76
Sa charité envers les pauvres. 77
Il fait bâtir un hôpital à Porto. 87. 197
Il est le premier des Senateurs Romains qui
    ait embrassé la vie Monastique. 90. 76
Il s'emploïe à faire condamner les erreurs de
    Jovinien. 242
Parques & furies. 571
Patience dans les adversitez. 54
Sainte Paule ; sa famille. 94
Son excessive tendresse envers ses enfans. 68.
    102
Sa charité envers les pauvres. 99. 122
Son humilité. 121. Ses mortifications. 125
Sa chasteté. 122. Sa patience dans les injures
    qu'on lui faisoit. 126
Elle quitte Rome pour aller en Palestine. 101
Elle bâtit 4. Monastéres à Bethléem. 133
Le bel ordre qu'elle y établit. *ibid.*
L'usage qu'elle fait de l'Ecriture Sainte pour
    se soutenir dans ses peines. 127
Elle apprend l'Hebreu. 148
Sa charité envers les malades. 136
Son aversion pour les heretiques. 140
Sa mort & ses funerailles. 152
Son épitaphe. 155
Pauline femme de Pammaque, son éloge. 74
La perfection ne consiste pas dans le seul mé-
    pris des richesses. 83. 205

Porphire & Celse combatus par les Chrétiens. 563
Constance de Periclés. 8
Penitence publique. 186
La penitence defarme la colere de Dieu. *ibid.*
Prétextat Consul designé, proposition impie & ridicule qu'il fait au Pape Damase. 375
Sa mort. 38
La Philosophie est une méditation de la mort. 24. 169
Deux sectes de Philosophes. 489
Patriarches des Heretiques. 490
Pierre Prêtre d'Alexandrie se refugie à Rome. 167
Prêtres, leur dignité. 556. *& suivantes.*
Constance de Pulvillus. 8
Du livre des Principes. 484

Q

Quintus Aterius ; raillerie que Cesar Auguste fait de son éloquence. 383

R

Les Reliques des Saints deviennent le supplice des démons. 117
Il faut honorer les Reliques, & non pas les adorer. 299
La résurrection nous rend semblables aux Anges. 143. 213
En quelle maniere elle se doit faire. 416. *& suivantes.*
Personne n'a parlé de la Résurrection future plus clairement que Job. 415

DES MATIERES. 623

Renoncer aux richesses, c'est la vertu des commençans. 205
La ville de Rome prise par les Goths. 176
Les Romains reduits aux plus fâcheuses extremitez durant le siege de Rome. 177
Ruffin traduit le livre des Principes d'Origéne. 175
Il veut faire tuer saint Jerôme. 176
Ruth par sa charité envers Noëmi merita d'être mise au nombre des ancêtres de JESUS-CHRIST. 65

S

Les Saints n'ont pas vêcu sans tache. 491 512
La ville de Samarie appellée par Herode Sebaste en l'honneur de Cesar Auguste. 117
La ville de Segor auparavant appellée *Bala*, & depuis *Zoara*. 113
La ville de Sichem appellée mal à propos *Sichar*. 116
Le Simbole des Apôtres. 411
La premiere vertu d'un Solitaire est de mépriser les jugemens des hommes. 79
Sophronie embrasse la vie Monastique, à l'exemple de Marcelle. 167

T

Tatien chef des Encratistes regardoit le mariage comme une chose infame. 244
Tarsiens Heretiques. 230
Traditions Ecclesiastiques, on doit les observer quand elles n'ont rien de contraire à la oi. 208

PRIVILEGE DU ROY.

LOUIS par la grace de Dieu Roi de France & de Navarre; A nos amez & feaux Conseillers les Gens tenans nos Cours de Parlemens, Maîtres des Requestes ordinaires de nôtre Hôtel, Prevôt de Paris, Baillifs, Senéchaux, leurs Lieutenans Civils, & tous autres nos Officiers qu'il appartiendra; SALUT: Nôtre bien amé GUILLAUME ROUSSEL Religieux Benedictin de la Congrégation de saint Maur, Nous a très-humblement fait remontrer qu'il desiroit donner au public une *Traduction françoise des Lettres de Saint Jerôme*, & de la vie du même Pere; ce que ne pouvant faire sans nôtre permission, il nous a supplié de lui accorder nos Lettres sur ce necessaires : A CES CAUSES voulant favorablement traiter l'Exposant, Nous lui avons permis & accordé, permettons & accordons par ces presentes de faire imprimer ledit Livre ci-dessus par tel Libraire ou Imprimeur en un ou plusieurs volumes & en tel marge, caracteres, & autant de fois que bon lui semblera pendant le tems de quinze années consecutives, à commencer du jour que ledit Livre aura été achevé d'imprimer pour la premiere fois ; icelui faire vendre & debiter par tout vôtre Roïaume : Faisons deffenses à tous Libraires Imprimeurs & autres d'imprimer, faire imprimer, vendre & debiter ledit Livre sous quelque pretexte que ce soit, même de correction, augmentation, changement de titre, impression étrangere ni autrement, sans le consentement dudit Exposant ou de ses aïans cause ; à peine de confiscation des exemplaires contrefaits, trois mille livres d'amende, & de tous dépens, dommages & interêts ; à condition qu'il sera mis deux exemplaires dudit Livre dans nôtre Bibliotheque publique, un en celle de nôtre Cabinet des Livres de nôtre Château du Louvre, & un en celle de nôtre cher & feal Chevalier Chancelier de France le Sieur Boucherat, Commandeur de nos Ordres ; comme aussi de faire imprimer ledit Livre sur de beau & bon papier & en beaux caracteres, suivant les Reglemens de la Librairie & Imprimerie des années 1618. & 1686. que l'impression s'en fera dans nôtre Roïaume & non ailleurs, & de faire enregistrer ces presentes sur le Registre de la

Communauté des Marchands Libraires & Imprimeurs de Paris; le tout à peine de nullité des Presentes, du contenu desquelles Nous vous mandons & enjoignons faire joüir & user ledit Exposant & ses aïans cause pleinement & paisiblement, cessant & faisant cesser tout troubles & empêchemens contraires : Voulons qu'en mettant au commencement ou à la fin dudit Livre l'Extrait des Presentes, elles soient tenuës pour deüement signifiées, & qu'aux copies collationnées par l'un de nos amez & feaux Conseillers Secretaires foi soit ajoûtée comme à l'original : Commandons au premier nôtre Huissier ou Sergent sur ce requis, faire pour l'execution des presentes tous Exploits, Significations, & autres Actes de Justice requis & necessaires, sans pour ce demander autre permission; nonobstant clameur de Haro, Chartre Normande & Lettres à ce contraires : CAR tel est nôtre plaisir. Donné à Versailles le vingt-neuviéme jour de Janvier l'an de grace mil six cens quatre-vingt dix-neuf, & de nôtre Regne le cinquante-sixiéme. Par le Roi en son Conseil,

DE S. HILAIRE.

Et Dom GUILLAUME ROUSSEL a cedé son droit du present Privilege à LOUIS ROULLAND Libraire à Paris, pour en joüir suivant l'accord fait entre eux.

Regiftré sur le Livre de la Communauté des Imprimeurs & Libraires, conformément aux Reglemens. A Paris le premier Juillet 1699.

C. BALLARD, *Syndic.*

Achevé d'imprimer pour la premiere fois le vingt-sixiéme Novembre 1703.

www.ingramcontent.com/pod-product-compliance
Lightning Source LLC
Chambersburg PA
CBHW060503230426
43665CB00013B/1366